# Axiome der Entwicklungen jeder Volkswirtschaft

Vom Autor:

*Das Buch geeignet sich als Lehrbuch für Schüler, Abiturienten, die die Wirtschaftslehre und Philosophie studieren wollen, für die Studenten, die wirtschaftslehre und Philosophie studieren, Politiker, Unternehmer und Wirtschaftswissenschaftler*

Gewidmet meiner Mutter - Aneta Hermes-Hahn

Waldemar Hahn

# Axiome der Entwicklungen
# jeder Volkswirtschaft

## Wirtschaftsphilosophie

Bibliografische Information der deutschen Bibliothek
Die Deutsche Bibliothek verzeichnet diese Publikation
in der Deutschen Nationalbibliografie;
detaillierte bibliografische Daten sind im Internet über
http://dnb.ddb.de abrufbar

Axiome der Entwicklungen jeder Volkswirtschaft,
Wirtschaftsphilosophie

ISBN: 978-3-7345-1884-3 (Paperback)
   978-3-7345-1885-0 (Hardcover)
   978-3-7345-1886-7 (e-Book)
Printed in Germany. Alle Rechte beim Autor.


Verlag: tredition GmbH, Hamburg

# Inhaltsverzeichnis

Vorwort
Literaturverzeichnis

1. Noch einmal über ›Die Dialektik und Funktion der Äquivalenz‹
   in Bezug auf die ökonomischen Verhältnisse der Unternehmen .............13 - 17
2. Kurz über die Grundlagen der Warenproduktion .............................18 - 20
3. Die ökonomischen Kategorien ›Der Wert‹ und ›Der Gebrauchswert‹
   der Güter ....................................................................20 - 25
3.1. Bedeutungen der ökonomischen Kategorie ›Der Wert‹
   der Güter hinsichtlich der Nachfrage der Kunden .........................25 - 26
4. Die Inbegriffe: ›Das ökonomische Verhältnis‹, ›Das Produktionsverhältnis‹
   und ›Die Wirtschaftsbeziehung‹ der Wirtschaftssubjekte ..................27 - 28
5. Grundbestandteile der ökonomischen Verhältnisse der Unternehmen ........28 - 32
6. Gegenteile der ökonomischen Verhältnissen der Unternehmen .............33 - 37
7. Die erstrangige Voraussetzung für Rentabilität der Unternehmen
   und Stabilisierung des Geldwertes .......................................37 - 39
7.1. Berechnung der günstigen Angebote der Güter ...........................39 - 47
8. Auslegung der Begriffe ›Die Proportion‹ und "Die Antiproportion" .......47 - 53
9. Das Vermögen zur Verwirklichung der Veränderungen der ökonomischen
   Verhältnisse der Unternehmen ............................................53 - 63
10. Die Entwicklungen der betrieblichen Aufwendungen und der Erträge der
   Unternehmen in einem Verhältnisse zueinander ...........................63 - 65
10.1. Einwirkungen der ›Angeordneten Aufwendungen‹ auf die ›Andere
   Betrieblichen Aufwendungen‹ der Unternehmen ............................65 - 66
10.2. Einwirkungen der ›Angeordneten Aufwendungen‹ auf die Veränderungen
   der ›Personalaufwendungen‹ der Unternehmen ............................67 - 68
10.3. Einwirkungen der ›Angeordneten Aufwendungen‹ der Unternehmen
   auf die Entwicklungen der Gebrauchswerte der Arbeitnehmer .............69 - 71
10.4. Das Arbeitnehmerentgelt der Arbeitnehmer und Gewinne der Unternehmer
   als Gegenteile eines ökonomischen Verhältnisses der Unternehmen .......71 - 75
11. Proportionen bzw. Antiproportionen als Vermögen zur Verwirklichung
   der Veränderungen der Quantitäten der Aufwendungen und der Erträge
   der Unternehmen .........................................................76 - 79
11.1. Proportionale und antiproportionale Gestaltung der ökonomischen
   Verhältnisse der Unternehmen ...........................................79 - 89
11.2. Kalkulation der Preise der Güter der Unternehmen .....................89 - 92
11.3. Antiproportionale Entwicklungen der Preise der Güter,
   die die schlechten Gebrauchswerte haben................................92 - 97
12. Subjektive bzw. antreibende Kraft der Warenproduktion .................98 - 103
13. Objektive Kraft bzw. die Wirkung des Axioms der Äquivalenz
   in Produktionsverhältnissen ...........................................104 - 106
14. Reduzierung der Staatseinnahmen der Unternehmen und ihre Auswirkungen

auf die Preise der Güter und folglich auf den Geldwert ...............................106 - 110
15. Erhöhung der Staatseinnahmen der Unternehmen und ihre Auswirkungen
auf die Preise der Güter und auf den Geldwert ....................................110 - 113
16. Einwirkungen der betrieblichen Aufwendungen und der Erträge
der Unternehmen auf die Bildungen der Marktpreise der Güter
und deren Wechselwirkungen ..................................................114 - 117
17. Infrastruktur und ihre Bedeutung für die Entwicklung der Volkswirtschaft ...........117 - 121
18. Wirtschaftskreislauf ..........................................................121 - 124
18.1. Kreditinstitute - Subjekte des Wirtschaftskreislaufes ........................124 - 127
18.2. Private Haushalte-Subjekte des Wirtschaftskreislaufes ......................127 - 130
19. Entwicklung meiner Lehre über philosophische Kategorien ›Raum‹
und ›Zeit‹ hinsichtlich der Wirtschaftsbeziehungen der Wirtschaftssubjekte ........131 - 132
19.1. Meine Definition zum Wesen ›Raum‹ .......................................132 - 134
19.2. ›Der Volkswirtschaftsraum‹ und dessen Bedeutung für die Entwicklungen
der Werte und der Kurse der Währungen bzw. der Gelder .........................135 - 144
20. Subventionen ..............................................................145 - 147
21. Das Sozialprodukt und das Wesen der Währung bzw. des Geldes .................147 - 159
21.1. Das Wesen des Sozialproduktes und seine Struktur ..........................147 - 150
21.2. Gebrauch der Angaben vom Sozialprodukt für Forschung der Entwicklungen der ökonomischen Verhältnisse der Wirtschaftssubjekte ...................150 - 152
21.3. Geld als Maß der Werte aller Güter und als Zirkulationsmittel ...............152 - 155
21.4. Wert der Währung bzw. der Gelder und ihre Entwicklungen ..................155 - 159
22. Das Verhältnis zwischen Währungen .........................................159 - 163
23. Einwirkungen der Werte der Güter auf die Entwicklung des Kurses
der Währung ...............................................................163 - 167
24. Nettowertschöpfung und ihre Einwirkungen auf den Realwert
und die Kaufkraft des Geldes ................................................168 - 178
25. Erläuterung der Veränderungen der Geldwerte unter Anwendung
der Beispiele von gegenwärtigen geldlosen Rechtsgeschäften
der Unternehmen ...........................................................179 - 184
26. Ursachen der gegenwärtigen Krise in Ländern der Eurozone
und Kurse der Währungen ...................................................184 - 190
27. Die Auffassung des ›Wirtschaften auf Pump‹ und ihre
möglichen Folgen ..........................................................190 - 193
28. Die Krise in Griechenland und die Überwindung ihrer Ursachen ...............193 - 202
29. Philosophisches Kausalitätsprinzip: ›Von Ursache zur Wirkung und
zur Wechselwirkung‹ und dessen Anwendung bei Aufklärung
der Entwicklungen der ökonomischen Verhältnisse der Unternehmen .............202 - 208
29.1. Anwendung der philosophischen Kategorie ›Wechselwirkung‹
zur Aufklärung der Entwicklungen der Preise der Güte und Veränderungen
der Kaufkraft und des Wertes des Geldes .....................................209 - 214
29.2. Gegenwirkungen und deren Einflüsse auf die Entwicklungen
der Unternehmen ..........................................................214 - 215
30. Bedarf an vervollkommnenden Regelungen der Entwicklungen
der ökonomischen Verhältnisse der Unternehmen nach Axiomen ...............215 - 234
30.1. Kurz über Axiome, die die Regelung der ökonomichcn
Verhältnisse der Unternehmen verlangen.....................................215 - 219
30.2. Axiom der Äquivalenz und andere Axiome, die die Entwicklungen
der Produktionsverhältnisse der Unternehmen bewirken und nach

denen sie geregelt werden sollten ............................................220 – 234

31. Ursachen der Wirtschaftskrise ............................................235 - 245

31.1. Unpassender Aufbau der Infrastruktur als mögliche Ursache
der Wirtschaftskrise ............................................245 - 249

31.2. Millionen-Gehälter der Vorsitzenden bzw. der Manager der Unternehmen
als Ursache der Wirtschaftskrise und Bedarf an ihrer Regelung ............249 - 253

31.3. Drastische Kürzungen oder Erhöhungen der Vergütungen
der Arbeitnehmer als Ursache der Wirtschaftskrise ............................253 - 256

31.4. Einfluss der gesetzlichen Mindestlöhne der Arbeitnehmer auf die
Handlungen der Arbeitgeber und ihre Bedeutung für die Entwicklung
der Volkswirtschaft ............................................256 - 259

32. Die ökonomische Kategorie ›Die Marktwirtschaft‹ und die
Lohn- und Arbeitsstellenpolitik der Bundesregierung ............................259 - 260

32.1. Werkvertrag als Werkzeug zur Ausbeutung der Menschen ............................261 - 266

32.2. Verstöße gegen die Gesetze der freien Marktwirtschaft durch die
Handlungs- und Rechtsgeschäfte der Verleiher-Unternehmen ............................266 - 271

33. Maßnahmen, die eine stabile Entwicklung der mittleren
und kleinen Unternehmen der Volkswirtschaft fördern sollen ............................271 - 290

33.1. Schutz der ökonomischen Privatautonomie der Unternehmen
vor Eingriffen durch die Staatseinnahmen ............................271 - 273

33.2. Beschränkung der Millionen-Gehälter der Manager der Unternehmen ............273

33.3. Beteiligung der Mitarbeiter an Gewinnen der Unternehmen
und Reserven zur Reduzierung der Herstellungskosten ............................274 - 290

33.3.1. Zeitverschwendung als Ursache der Senkung
der Produktivität der Maschinenbediener ............................278 - 279

33.3.2. Ziel des Teams: Erreichung der Nutzenschwelle
und guter Qualität der herstellenden Waren ............................280 - 282

33.3.3. Zeitverschwendung, Mehrstromverbrauch, Mehrpersonalaufwand ............282 - 287

33.3.4. Ausschussware als Ursache der zusätzlichen Kosten ............................287 - 288

33.3.5. Verzögernde Einsätze der Maschinen zur Herstellung der Waren
als Ursache der Steigerung der Herstellungskosten ............................288 - 290

33.4. Steigen der Arbeitnehmerentgelte als wichtige Voraussetzung
für eine stabile Entwicklung jeder Volkswirtschaft ............................290 - 291

34. Vorschlag zur Reformierung der gesetzlichen Sozialversicherungen ............291 - 294

35. Andere Maßnahmen, die zu stabilen Entwicklungen der deutschen
Volkswirtschaft und der Volkswirtschaften der Länder der Europäischen
Union beitragen würden ............................................295 - 298

*Vorwort*

Mit diesem Buch habe ich meine Theorie, die ich seit 2003. entwickele, erweitert und vervollkommnet.

Seit dem nehme ich vor, die Prinzipien, die ich seit 2012 als Axiome nenne, zu erkennen und sie meinen Lesern zu erläutern, auf deren Grund die Entwicklungen jeder Volkswirtschaft geschehen und die zur Grundlage bei der Regelung der Wirtschaftsbeziehungen aller Wirtschaftssubjekte sowohl einer Volkswirtschaften als auch mit Wirtschaftssubjekten der anderen Volkswirtschaften gelegt werden müssen.
Juristisch gesehen, sollten die Gesetze der Staaten und die wirtschaftlichen Abkommen der Länder die Grundlagen enthalten.

Dabei sollten die Gesetze der einzelnen Länder und die wirtschaftlichen Abkommen zwischen Ländern nicht gegen die Axiome der Volkswirtschaften verstoßen, weil sie die Entwicklungen der freien Marktwirtschaften ihrer Volkswirtschaften fördern sollten.

In meinem ersten Buch: ›Philosophie – Wissenschaft zur Aufklärung der Ursachen der Wirtschaftskrise‹, das im 2005 in Hamburg erschien, habe ich als Erster die Ursachen der Wirtschaftskrise aufgeklärt.
Mit den nachfolgenden Werken habe ich die Axiome ausgearbeitet und vervollkommnet, auf deren Grund die Entwicklungen der Volkswirtschaften verlaufen.

Damit zeigte ich, dass die Axiome als Grundlagen zur Regelung der Wirtschaftsbeziehungen der Wirtschaftssubjekte aller Volkswirtschaften gelegt werden müssen.

Die Axiome, die ich in meinen Werken entwickelt habe, stammen aus meiner Sicht selbst aus der Natur der Warenproduktion.

In meinen Büchern kläre ich sowohl die subjektive als auch die objektive Kraft der Entwicklungen jeder Volkswirtschaft sowie der Weltwirtschaft.
Manche Leser sehen in meinen Werken Quelle von Materialismus. Aber im Gegensatz zu Materialisten zeige ich, was als subjektive und objektive Kräfte die Entwicklung (Entstehung, Veränderung) jeder Volkswirtschaft in Bewegung setzen und zu Veränderungen drängen.
Wie ich es sehe, besteht der Bedarf in Wiederholung der Inhalte der Begriffe ›Die Dialektik‹, ›Die Funktion‹ und ›Die Äquivalenz‹ sowohl in Bezug auf die

Entwicklungen der Gegenstände der Natur als auch auf die Entwicklungen der ökonomischen Verhältnisse der Unternehmen.

Der Verlauf der Entwicklungen (Entstehungen, Veränderungen) der betrieblichen Aufwendungen bzw. der Erträge der Unternehmen ereignen sich durch ihre Proportionalen bzw. ihre Antiproportionalen Veränderungen.
Dadurch kommt zu proportionalen Veränderungen in den Verhältnissen der Teile des Produktionswertes des Sozialproduktes, das zur Folge die Veränderungen der Werte und der Kaufkräfte der Gelder (Währungen) jeder Volkswirtschaft hat.
Das Axiom ›Äquivalent für Äquivalent‹ und daraus folgende Axiome nenne ich in meinen Werken als Axiome der Entwicklungen der ökonomischen bzw. der Produktionsverhältnisse der Wirtschaftssubjekte und folglich der Entwicklungen der Volkswirtschaften.
Der griechische Begriff ›Das Axiom‹ bedeutet erstens, ›aus sich selbst heraus erklärender Basis-Grundsatz‹, zweitens, ›Grundsatz, aus dem sich andere Grundsätze logisch ableiten lassen‹, und drittens, ›ohne Beweis einleuchtender, grundlegender Lehrsatz‹.[1]

Aus diesem Grund wende ich nicht die Begriffe ›Der Grundsatz› bzw. ›Der Lehrsatz› sondern, wie gesagt, den Begriff ›Das Axiom‹ an.
Wie uns bekannt ist, sind für Unternehmen als maßgebliche Grundlagen zu Herstellung und Angebote der Güter (Ware, Leistungen) auf den Märkten Bedürfnisse, Bedarf und Nachfragen der Menschen nach ihnen.

Allein die Begriffe sagen uns noch gar nichts von der Gesetzmäßigkeit der Entwicklungen der ökonomischen Verhältnisse der Wirtschaftssubjekte.
Aber meine Theorie macht dem Leser deutlich, dass sich die Entwicklungen in den Volkswirtschaften, die sich in den Begriffen widerspiegeln, immer nach bestimmten arithmetischen Proportionen bzw. Antiproportionen ereignen und deshalb nehmen sie eine Form des arithmetischen Axioms an.

Mit jedem Werk versuche ich den Verlauf der Verwirklichungen der Erfordernisse des Axioms der Äquivalenz in Produktionsverhältnissen der Unternehmen möglichst deutlicher und einfacher vorzubringen, um meine Theorie für jeden Leser verständlicher zu machen.

Aus meiner Sicht ist es mir mit dem Werk besonders gut gelungen, die Axiome der Entwicklungen der Volkswirtschaften zu erläutern.
Darum habe ich im Buch einige Standpunkte über Proportionen und Antiproportionen als Vermögen zu Verwirklichungen der Entwicklungen der ökonomischen Verhältnisse der Unternehmen nicht nur wiederholt, sondern auch

---

[1] Neues Deutsches Wörterbuch, 2003 by Lingen Verlag, Köln, Seite 100.

verbessert. Darüber schrieb ich neue Abschnitte, damit schon Schüler von Haupt- und Realschule meine Theorie verstehen können.

Dadurch mache ich offensichtlich:
- Dass sich die Entwicklungen der betrieblichen Herstellungskosten (Aufwendungen) der Unternehmen im Verhältnisse zueinander sowie zu ihren Erträgen und folglich die Entwicklungen der entsprechenden Teile des Produktionswertes des Sozialproduktes im Verhältnisse zueinander nach den Proportionen bzw. nach den Antiproportionen verwirklichen, die die entsprechenden Veränderungen der Kaufkraft und des Wertes des Geldes herbeiführen.

- Dass die Ursachen der Wirtschaftskrise wegen der Verstöße gegen die Axiome der Entwicklungen der ökonomischen Verhältnisse bzw. der Produktionsverhältnisse der Unternehmen entstehen.
- Dass man die Ursachen der Wirtschaftskrise nur durch die Einhaltung der Erfordernisse der Axiome der Entwicklungen der Produktionsverhältnisse der Unternehmen überwinden kann.

Dass sich die Stabilität des Geldes und mithin die stabilen Marktpreise der Güter (Ware, Leistungen) nur durch die Einhaltung der Erfordernisse der Axiome der Entwicklungen der ökonomischen Verhältnisse bzw. der Produktionsverhältnisse der Unternehmen bilden.

Dieses Buch vermittelt meinem Leser präzise Kenntnisse von den Entwicklungen der Produktionsverhältnisse der Unternehmen.

Mit der Absicht verzichte ich auf die Vielzahl der philosophischen Aussprüche und führe nur die wichtigsten Zitaten an, indem ich meine Lehre zur Untersuchung der Ursachen der Wirtschaftskrise so verfasst habe, dass sogar Leser, die keine gute Kenntnisse von philosophischen Kategorien haben, die Bedeutung der Methoden der Philosophie für die praktische Anwendung zu schätzen lernen können.

Allerdings strebt jeder Leser seine Kenntnisse zu vervollkommnen, und deshalb empfehle ich ihnen meine Bücher:
1) ›Philosophie – Wissenschaft zur Aufklärung der Ursachen der Wirtschaftskrise‹, 1. Auflage (2005) und 2. Auflage (2006).
2) ›Dialektik und Funktion der Äquivalenz in Produktionsverhältnissen‹.
3) ›Axiome der Dialektik in Produktionsverhältnissen‹.
4) ›Transzendentale Philosophie und Ökonomie‹.
5) ›Methodologie zur Forschung der Ursachen der Wirtschaftskrise‹, 2010. und

6) ›Axiome der Entwicklungen jeder Volkswirtschaft und ihre Auswirkungen auf die Entwicklung der Europäischen Union‹, 1. Auflage, 2012, durchzuarbeiten.

Ich gehe davon aus, dass man nur durch die Erläuterungen der Axiome, den Bedarf an der Regelung der ökonomischen Verhältnisse der Unternehmen verstehen kann; dass durch die Erläuterungen der Axiomen meinen Lesern die Kenntnisse vermittelt werden, auf deren Grund sie die bewegenden Kräfte in den Entwicklungen der Produktionsverhältnisse der Unternehmen erkennen können.

Aus meiner Sicht kann man besser die Wirkungen der Kräfte, die die Entwicklungen der betrieblichen Herstellungskosten bzw. Aufwendungen und der Erträge der Unternehmen bewirken, nicht nur durch die Erläuterungen der ökonomischen Begriffe, sondern auch durch die Erläuterungen der Axiome begreifen.

Obwohl ich beim Ziehen der Schlussfolgerungen bzw. zur Begründung meiner Positionen in vielen Fällen die statistischen Daten über das Sozialprodukt von Deutschland anwende, heißt das überhaupt nicht, dass sich nur die Volkswirtschaft von Deutschland nach diesen Prinzipien entwickelt; dass diese Theorie nur zur Forschung der Ursachen der Wirtschaftskrise in unserem Land geeignet ist.

Diese Theorie ist bei der Forschung der Ursachen der Wirtschaftskrise in jedem Land anwendbar.

Mit meiner Lehre von Axiomen lege ich den Menschen das Instrument zur rechtzeitigen Erkennung der bevorstehenden bzw. anbrechenden Ursachen der Krise.

Dass die Methoden der Philosophie wissenschaftliche sind, ist ohne Zweifel, obwohl sie bis jetzt von vielen Wissenschaftlern nicht anerkannt bzw. nicht ernst genommen worden sind.

Dadurch schaden solche Wissenschaftler nicht nur der Wissenschaft – Philosophie, sondern auch den anderen Wissenschaften, einschließlich den Volks- und Wirtschaftswissenschaften sowie der politischen Ökonomie.

Je schneller meine Theorie von Volks- und Wirtschaftswissenschaftlern, Ökonomen und Philosophen anerkannt wird, desto nützlicher könnte sie in der Praxis von den Wirtschaftswissenschaftlern sowie von den Wirtschaftsexperten jedes Landes angewandt werden.

Ich bedanke mich bei den Kollegen des statistischen Bundesamtes und bei den Kollegen der Deutschen Bundesbank für die statistischen Daten, die sie mir zur Verfügung gestellt haben.

Das Werk habe ich im November 2013 angefangen zu screiben.

Wegen meiner Krankheit habe ich meine Arbeit unterbrochen.

Marsberg, den 16.03.2016

## Literaturverzeichnis

Aristoteles: ›Metaphysik‹, Verlag Philipp Reclam Jun. Stuttgart, 2000.

Hahn, Waldemar: ›Philosophie-Wissenschaft zur Aufklärung der Ursachen der Wirtschaftskrise‹,Verlag ›Mein Buch‹, Hamburg 2005.

Hahn, Waldemar: ›Philosophie - Wissenschaft zur Aufklärung der Ursachen der Wirtschaftskrise‹, Verlag ›Mein Buch‹, Hamburg 2006, 2. Auflage.

Hahn, Waldemar: ›Dialektik und Funktion der Äquivalenz in Produktionsverhältnissen‹, dialektische Forschungsmethode der Philosophie, 2. Auflage, ›Boxberger Verlag – Marsberg‹, 2007.

Hahn, Waldemar: ›Transzendentale Philosophie und Ökonomie‹, ›Boxberger Verlag – Marsberg‹, 2010.

Hayek, F.A.v.: ›Die Verfassung der Freiheit‹, J.C.B. Mohr (Paul Siebeck)-Verlag, Tübingen 1991.

Hegel, G.W.F.: ›Wissenschaft der Logik‹ II, Werke 6, Suhrkamp Verlag Frankfurt am Main, 1969.

Kant, I.: ›Kritik der reinen Vernunft, Kritik der praktischen Vernunft, Kritik der Urteilskraft‹, Fourier Verlag GmbH, Wiesbaden 2003.

Marco von Münchhausen: ›BGB Allgemeiner Teil I‹, Studium Jura, Verlag C. H. Beck, München 1996.

Marx, K.: ›Das Kapital‹, Parkland Verlag, 1980, Seite 103.

Gregor Wurm, Heinz Möhmeier, Günther Nath: ›Wirtschaftslehre und Wirtschaftsrecht...‹, Stam Verlag, Köln1995.

Grundgesetz: Deutscher Taschenbuch Verlag, 2002.

Bürgerliche Gesetzbuch: Komet Verlag GmbH, Köln 2003.

Wichtige Steuergesetze: Verlag Neue Wirtschafts-Briefe Herne/Berlin, 2004, 52. Auflage.

Das neue deutsche Wörterbuch: Wilhelm Heyne Verlag München, 1997.

Göttert, Karl-Heinz: ›Neues Deutsches Wörterbuch‹, Helmut Lingen Verlag, Köln -2007.

Götze, L., K. Heller, K., ›Die Deutsche Rechtschreibung‹, Bertelsmann Lexikon, Wissen Media Verlag, 2003.

Hell, Ilse: ›Neues Grosses Universal Lexikon‹, Compact Verlag, München – 2003.

# 1. Noch einmal über ›Die Dialektik und Funktion der Äquivalenz‹ in Bezug auf die ökonomischen Verhältnisse der Unternehmen

Meiner Meinung nach beherrschen viele Politiker und auch Wissenschaftler nicht das dialektische Denken, und von daher begreifen sie nicht, dass sich alle Gegenstände (Dinge, Substanzen) in der Welt durch ihre gegenteiligen Eigenschaften entwickeln; dass sich die Entwicklung jeder Volkswirtschaft sowie der ganzen Weltwirtschaft durch verschiedene Urteile der Menschen, die eine Widerspiegelung der Axiomen der Volkswirtschaften sind, ereignen.

Wenn Bundesfinanzminister W. Schäuble überzeugt ist, dass für Griechenland die beste Lösung ›Grexit auf Zeit‹ wäre, damit die griechische Regierung mehr über die Reformen und ihre Umsetzung tun würde, dann machen die anderen Politiker daraus Tragödie.
Das ist das dialektische Denken und ist ganz normal für das Treffen der konstruktiven Entscheidungen. Verschiedenheit der Meinungen ist normal für die demokratische Entwicklung in der Gesellschaft. Damit unterscheiden sich Demokratie von Diktatur.

Außerdem ist Herrn W. Schäuble bekannt, wie sich die Sachverhalte beim Einziehen der Steuer und der anderen Abgaben an Staat gewissenhaft erfüllt sein müssen. In Finanzbehörden von Griechenland fehlen dafür notwenige Programme für Computer. Den Beamten fehlen bestimmte Kenntnisse. Bürokratie muss abgebaut und Korruption bekämpft werden. Bis das ganze System aufgebaut und alles in Ordnung gebracht wird, braucht man ein paar Jahre. Dafür sollte die Infrastruktur von Griechenland umgebaut werden.

Das Schlimmste wäre die Verschiedenheit der Meinungen bzw. der Positionen der Politiker, der Wissenschaftler zu ignorieren, wie es der Präsident vom Parlament der Europäischen Union Herrn Martin Schulz hält, wenn er vorschlägt eine Regierung der Europäischen Union zu bilden, damit
die Regierung über wichtige wirtschaftliche Problemen der Länder selber Entscheidungen treffen würde.
Das würde für die ganze Europäische Union ein schreckliches Unglück sein!
Und das ist der Ausdruck auf Deutsch der Tragödie, weil das Wort Tragödie ein griechischer Begriff ist.
Deshalb habe ich vor, noch etwas meinen Lesern über die Dialektik zu erläutern.

Dialektische Entwicklung bedeutet stets nicht nur die Verschiedenheit der Meinungen, sondern auch ihre Gegensätzlichkeit in Betracht zu nehmen. Durch verschiedene Urteile der Gesprächspartner das einheitliche Werturteil bzw. Schlussfolgerung treffen. Wie es bekannt ist, wende ich in meinen vorigen philosophischen und ökonomischen Werken den Inbegriff ›Die Dialektik und die Funktion der Äquivalenz‹ an.
Es ist sehr wichtig, für das Verstehen der Prozesse der Entwicklungen der ökonomischen Verhältnisse der Unternehmen nach den Axiomen der Dialektik diesbezüglich die Inhalte der Begriffe:
›Die Dialektik‹, ›Die Funktion‹ und ›Die Äquivalenz‹ zu erkennen.
Zunächst, ist aus meiner Sicht von enormer Bedeutung die Interpretation des Begriffes ›Die Dialektik‹, in Bezug auf die ökonomischen Verhältnisse der Unternehmen verständlich zu machen.

Im Buch ›Axiome der Dialektik in Produktionsverhältnissen‹ machte ich umfangreiche Erläuterungen aller vorhandenen Theorien, die das Wesen der Dialektik betreffen. Dabei zeigte ich auch, wie die Begründer des ›Marxismus-Leninismus‹ eigene Theorie über die Dialektik entwickelt hatten und die Lehre über die Dialektik bei der Durchsetzung der Politik von Sozialismus ausgenutzt hatten. Von daher ist jede Theorie über Dialektik unerwünscht bzw. unliebsam geworden.

In gegenwärtigen Wörterbüchern hat der Begriff ›Die Dialektik‹ verschiedene Interpretationen, je nach ihren Entstehungen in den Geschichten der Philosophie. Ich führe einige Auffassungen von dem Begriff ›Die Dialektik‹ an.
Im Wörterbuch - ›Die deutsche Rechtschreibung‹ steht:
›Dialektik. 1. Kunst des Diskutierens; 2. Methode zur Wahrheitsfindung durch Denken in Gegensatzbegriffen, durch Aufdecken und Überwindung von Gegensätzen.‹ [2]
Im ›Neues Deutsches Wörterbuch‹ ist der Begriff folgendermaßen aufgefasst:
›Dialektik. (griech.) 1) Rhetorik - Kunst der Gesprächsführung, durch geschickte Rede und Gegenrede der Gesprächsredner zu überzeugen. 2) Philosophie - Methode, die durch Hinterfragen der eigenen Position diese in Frage stellt und durch die Verbindung der beiden Perspektiven oder Standpunkte zu einer höheren Erkenntnis gelangen will‹ [3].
Im ›Großes Wörterbuch, Die neue Rechtschreibung‹ steht: ›Dialektik (griech.) Redekunst; Gegensätzlichkeit; philosophische Beweisführung‹ [4].

---

[2] L. Götze, K. Heller, ›Die Deutsche Rechtschreibung‹, Bertelsmann Lexikon Institut, Wissen Media Verlag, 2003, Seite 297.
[3] ›Neues Deutsches Wörterbuch‹, Lingen Verlag, 2003, Seite 185.
[4] ›Großes Wörterbuch, Die neue Rechtschreibung‹, Buch und Zeit Verlagsgesellschaft mbH, Köln 1997, Seite 103.

›Für I. Kant ist die transzendentale Dialektik als Kritik der übernatürlichen Erkenntnisse. Bei Hegel die Struktur des Denkens, die sich in These, Antithese und Synthese entfaltet‹ [5].

K. Marx schätzte sehr die Grundsätze der Dialektik von Hegel. Aufgrund seiner Lehrsätze entwickelte er dialektische Methode, die als Grundlagen der Theorie von ›Marxismus-Leninismus‹ geworden sind.

Bei der Erläuterung der Warenproduktion erklärte er die Produktionsverhältnisse des Kapitalismus als Unpassende zu den hochentwickelten Produktivkräften. Da sah er den Widerspruch der Gegenteile, die unbedingt zu Krise führen. In der Abschaffung des Privateigentums an Produktionsmittel der Unternehmen und ihre Verstaatlichung fand er den Weg zu möglichen Vermeidung der Krisen.

Der Fehler besteht darin, dass ›Marxismus-Leninismus‹ die Entwicklungen der Produktionsverhältnisse der Unternehmen den Entwicklungen der Dinge der Natur gleichgestellt hatten, nämlich ihre Entwicklungen als Materielle betrachtet hatten.

Ich führe ein Zitat von K. Marx an:
›Meine dialektische Methode ist der Grundlage nach von der Hegelschen nicht nur verschieden, sondern ihr direktes Gegenteil. Für Hegel ist der Denkprozess, den er sogar unter dem Namen Idee in ein selbständiges Subjekt verwandelt, der Demiurg des Wirklichen, das nur seine äußere Erscheinung bildet. *Bei mir ist umgekehrt das Ideelle nichts anderes als das im Menschenkopf umgesetzte und übersetzte Materielle‹*, so K. Marx.[6]

*Mit meinen Werken mache ich klar, dass man unter der Dialektik die Weise der Entwicklungen der betrieblichen Herstellungskosten bzw. der betrieblichen Aufwendungen und der Erträge der Unternehmen verstehen sollte, indem die Veränderungen der Anteile einiger betrieblichen Herstellungskosten bzw. Aufwendungen nach sich zu proportionalen bzw. zu antiproportionalen Veränderungen der Anteile der anderen betrieblichen Herstellungskosten bzw. Aufwendungen der Unternehmen ziehen; dass sich diese Veränderungen durch die Tätigkeiten der Menschen (Regierungen, Unternehmer) ereignen, die die Auswirkungen der gegenteiligen betrieblichen Aufwendungen und der Erträge bzw. der Gewinne der Unternehmen erkennen müssen und durch die rechtzeitigen Veränderungen der Proportionen bzw. der Antiproportionen den Sturz der Volkswirtschaften in die Krise vermeiden können.*

---

[5] ›Neues Grosses Universal Lexikon‹, Sonderausgabe, Compact Verlag München, 2003, Seite 189.
[6] K. Marx ›Das Kapital‹, 4. Auflage 2003, Seite 45-46.

Meine Auffassung der philosophischen Kategorie ›Die Dialektik‹ als Weise der Entwicklungen der betrieblichen Herstellungskosten bzw. der betrieblichen Aufwendungen und der Erträge der Unternehmen bedeutet, dass man ihre Entwicklungen durch die Bewegungen bzw. die Veränderungen der einzelnen betrieblichen Kosten und der Erträge der Unternehmen als Gegenteile eines ökonomischen Verhältnisses betrachten sollte.

Die Besonderheit der dialektischen Entwicklungen in den ökonomischen Verhältnissen der Unternehmen besteht darin, dass sie sich zwar durch die Tätigkeiten der Menschen entwickeln (entstehen, sich verändern), ihre Grenzen aber durch die Größen der einzelnen gegenteiligen betrieblichen Aufwendungen der Unternehmen vorausbestimmt werden.

Diese Auffassung der Dialektik kann nur *a priori* verstanden werden.

*Mit dem Inbegriff ›Funktion der Äquivalenz‹ verdeutliche ich, dass gegenüber den hergestellten Gütern (Waren, Leistungen) der Unternehmen auf den Märkten ein entsprechender Geldwert bzw. eine Menge von Geld auftreten müssen; und, dass sich dementsprechend die Werte der nationalen Gelder bzw. der jeweiligen Währungen verändern.*

Der Inbegriff ›Funktion der Äquivalenz‹ hat nicht nur einen philosophischen Sinn, sondern hat auch eine Bedeutung der Entstehungen der Gegenwerte, die sich in den Handlungs- und Rechtsgeschäften der Unternehmen durch die mathematischen Gleichungen aufgrund der Proportionen und der Antiproportionen bilden.

In der Mathematik versteht man unter einer Funktion abhängige Größen, in dem zu jeder Größe eines ersten Bereiches genau eine Größe eines zweiten Bereiches gehört. Deshalb mache ich in all meinen Werken den Gebrauch vom Begriff ›Die Funktion‹ hinsichtlich des Äquivalentes für die Güter (Ware, Leistungen), in dem als Äquivalent für die Letzte das Geld bzw. eine Menge vom Geld auf den Märkten auftritt.

Somit hat der Begriff ›Die Funktion‹ hinsichtlich des Inbegriffes ›Funktion der Äquivalenz‹ folgende wirtschaftliche bzw. ökonomische Bedeutung (Sinn):

1) Dass den Gütern (Waren, Leistungen) auf den Märkten immer ein Gegenwert, nämlich ein Äquivalent gegenüber stehen muss.

2) Dass sich das Äquivalent mit einem Geldbetrag auspreisen oder mit einer Menge der Güter (Ware, Leistungen) ausweisen muss.

3) Dass sich die Höhe der Geldbeträge bzw. der Preise oder der Menge von Gütern (Waren, Leistungen) als Äquivalente zu den verkauften Gütern (Waren, Leistungen) durch die stufenförmigen Abläufe der Kürzungen oder der Erhöhungen der Arbeitnehmerentgelte (Gehälter, Löhne) bilden.

4) Dass sich die proportionalen oder die antiproportionalen Entwicklungen der Marktpreise der Güter (Ware, Leistungen) nicht nur von ihren Gebrauchswerten, sondern auch von der Menge der Gelder, die auf die Märkte kommen, abhängig sind.

*Um die Proportionen bzw. die Antiproportionen als Vermögen in den Entwicklungsprozessen der Gegenstände (Dinge, Substanzen) deutlicher zu machen, erläutere ich in den nächsten Abschnitten im Detail die Bedeutungen dieser Begriffe und dadurch auch ihr Wesen. Die Proportionen und die Antiproportionen betrachte ich als Vermögen bzw. als ein sozusagen im übertragenen Sinne Antriebsrad in den ökonomischen Verhältnissen der Unternehmen zu Veränderungen der Anteile der Herstellungskosten und der der Erträge.*

Die Philosophen und besonders die Dialektiker haben schon immer versucht die Kräfte zu erläutern, die die Entwicklungen der Gegenstände (Dinge, Substanzen) der Natur in Bewegung setzten und zu Veränderungen drängen.

Das Buch sollte man auch als ein philosophisches Werk betrachten, denn durch die Auslegung der Begriffe ›Die Proportion‹ und ›Die Antiproportion‹ erläutere ich das Wesen der Dialektik, in dem ich durch verschiedene Verhältnisgleichungen, die die physikalischen Entwicklungen der Gegenstände (Dinge, Substanzen) der Natur widergeben, auf die Kräfte hinweise, die ihre Entwicklungen und zwar ihr Entstehen, ihre Veränderungen, ihr Übergehen in einen anderen Zustand vorantreiben.
Durch die Verhältnisgleichungen zeige ich meinen Lesern, wie sich durch die Veränderungen der Proportionen bzw. der Antiproportionen in den Verhältnissen zwischen den Teilen bzw. den Gegenteilen der Gegenstände (Dinge, Substanzen) die Letzten als Ganze zu Veränderungen kommen.
Proportionen und Antiproportionen sind eben das Vermögen, das die Entwicklungen der Gegenstände (Dinge, Substanzen) verwirklichen.

Danach übergehe ich zur Erläuterung der Auswirkungen der Veränderungen der Proportionen bzw. der Antiproportionen auf die Veränderungen der Herstellungskosten bzw. der Erträge der Unternehmen.
*Zwar erläutere ich die Ähnlichkeit der Entwicklungen der ökonomischen Verhältnissen der Unternehme als ein Ganzes durch die Verhältnisgleichungen ihrer Bestandteilen, nämlich der Herstellungskosten und der Erträge, dabei betone ich aber, dass meine Methode zum Materialismus nicht gehört, weil die Entwicklungen der ökonomischen Verhältnissen der Unternehmen durch die planmäßiigen Tätigkeiten der Menschen in Erfüllung gehen.*

## 2. Kurz über die Grundlagen der Warenproduktion

Wirtschaftssubjekte (Unternehmen, Unternehmer) produzieren Güter (Ware, Leistungen) für die Märkte (Produktionsgütermärkte, Konsumgütermärkte, Immobilienmärkte, Finanzmärkte), um die Bedürfnisse der Menschen zu befriedigen.
Aber die Bedürfnisse der Menschen bzw. der Unternehmen interessieren die Wirtschaftssubjekte insofern als Quelle zu Veräußerungen ihrer Güter (Ware, Leistungen), um dadurch mehr und mehr Gewinne zu erzielen und ihr Vermögen zu vermehren.

Sollte ich den Begriff ›Unternehmen‹ anwenden, dann sind damit auch die einzelnen Unternehmer gemeint, das heißt alle Wirtschaftssubjekte.
Ich wende die Begriffe ›Güter‹, ›Ware‹, ›Leistungen‹ an. Wenn ich lediglich einen Begriff ›Ware‹ nutze, dann hat er die gleiche Bedeutung wie Güter.
Nach der wirtschaftlichen Verwendung der Güter unterscheidet man zwischen den Konsumgütern und den Produktionsgütern.

Konsumgüter dienen unmittelbar der Befriedigung der Bedürfnisse der Menschen und werden zum Verkauf (zur Veräußerung) auf dem Konsumgütermarkt angeboten.
Summe aller Bedürfnisse der privaten Haushalte (Bürger), die mit den vorhandenen Geldmitteln befriedigt werden können, bildet ihren Bedarf.

Aber jedes private Haushalt bzw. jeder Bürger kann sich je nach ihrem Einkommen ihre Wünsche befriedigen. Der individuelle Bedarf tritt auf dem Konsumgütermarkt als Nachfrage auf.

Angebote der Güter (Ware, Leistungen) und Nachfragen nach ihnen bestimmen die Marktpreise der Güter (Ware, Leistungen) und dadurch auch die Veränderungen der Proportionen bzw. der Antiproportionen in den Entwicklungen der ökonomischen Verhältnisse der Unternehmen.

Das ist die Grundlage der freien Marktwirtschaft bzw. der Ursprung aller Veränderungen in ökonomischen Verhältnissen der Unternehmen.
Allerdings gibt es in der Tat viele anderen Faktoren (Umstände), die die Veränderungen der Marktpreise der Güter beeinflussen.

Aber derartige Umstände beeinflussen die Veränderungen der Angebote der Güter und der Nachfragen nach ihnen und dadurch beeinflussen sie die Veränderungen der Marktpreise der Güter.

Jetzt äußere ich mich ganz kurz über die Produktionsgüter, die hergestellt und eingesetzt werden, um mit ihnen andere Güter (Ware) zu produzieren.
Das können Gebrauchsgüter (Maschinen, Werkzeuge usw.), sowie Verbrauchsgüter (Rohstoffe, Rohmaterial, Strom, Ölprodukte sowie andere Produktionsmittel usw.) sein.

Produktionsgüter treten zu Veräußerungen auf den Produktionsgütermärkten auf, und werden von Unternehmen (Unternehmer) zur Warenproduktion erworben.
Somit beeinflussen Angebote der Produktionsgüter und Nachfragen nach ihnen die Entwicklungen ihrer Marktpreise.
Sowohl Produktionsgüter als auch Konsumgüter werden im Endeffekt zur bestmöglichen Befriedigung der menschlichen Bedürfnisse produziert, die sich stets mit dem zunehmenden Wohlstand der privaten Haushalte und kultureller Entwicklung der Bürger verändern.

Dabei ist das Ziel der Unternehmen, ob Konsumgüter oder Produktionsgüter hergestellt werden, bei der Warenproduktion durch die besten Befriedigungen der menschlichen Bedürfnisse so viel wie möglich Gewinne zu erzielen.
So realisieren die Unternehmer, Geschäftsführungen der Unternehmen ihr Streben nach Vermögensvermehrung.

Da ich als Instrument bzw. als Werkzeug für Feststellung der Ursachen der Veränderungen der Marktpreise der Güter, der Ursachen der Veränderungen der Werte und der Kaufkraft der Gelder sowie der Ursachen der Wirtschaftskrise die transzendentale Philosophie anwende, entwickele ich auch die Methoden der Philosophie dazu.
Alle Dinge der Natur (lebendige und unlebendige Substanzen, Gegenstände) und ihre Derivate bekommen ihre Eigenschaften, ihre Beschaffenheit durch proportionale bzw. antiproportionale Entwicklungen ihrer Bestandteile zueinander.

Ihre quantitativen und qualitativen Entwicklungen ereignen sich durch Veränderungen ihrer Bestandteile, besonders durch Veränderungen ihrer gegensätzlichen Bestandteile.

Methoden der Philosophie, die ich während meiner Forschung der Entwicklungen der ökonomischen Verhältnisse der Unternehmen anwende, basieren sich auf dem Erkennen der Gegenteile in den ökonomischen Verhältnisse der Unternehmen.

Beim Erkennen der Gegenteile eines Verhältnisses entdeckt man auch die Kräfte, die die Geschäftsführungen der Unternehmen bzw. die einzelne Unternehmer in Bewegungen setzen, um in Verhältnissen zwischen ihren betrieblichen Aufwendungen und ihren Erträgen richtige proportionale bzw. antiproportionale Veränderungen vorzunehmen, damit die Entwicklungen der Unternehmen erfolgreich verlaufen würden.

Deshalb ist sehr wichtig die richtige Gliederung der betrieblichen Aufwendungen der Unternehmen durchzuführen, um dadurch in den betrieblichen Aufwendungen der Unternehmen ihre Gegenteile zu erkennen, und folglich erkennt man auch die Tendenzen ihrer Veränderungen.

## 3. Die ökonomischen Kategorien ›Der Wert‹ und ›Der Gebrauchswert‹ der Güter

Wenn man behauptet, dass Angebote der Güter (Ware, Leistungen) auf den Märkten und Nachfragen nach ihnen ihre Marktpreise bestimmen, dann sollte man die ökonomischen Kategorien ›Der Wert‹ und ›Der Gebrauchswert‹ der Güter (Ware, Leistungen) verdeutlichen.

Durch welche ökonomischen Kategorien könnte man das Vorausbestimmen der Marktpreise der Güter erläutern?
Den Inhalt der ökonomischen Kategorie bzw. des Verstandesbegriffes ›Der Wert‹ der Güter (Ware, Leistungen) habe ich in meinen Werken erläutert, aber unter der Anwendung der anderen Begriffe, wie z. Selbstkosten und Gewinne der Unternehmen bzw. Herstellungskosten und Gewinne der Unternehmen.

Wenn ich von allen betrieblichen Aufwendungen und Erträgen (Gewinne) der Unternehmen als von einem Ganzen schreibe bzw. rede, dann handelt es sich ebenso um den Begriff ›Der Wert‹ der Güter (Ware, Leistungen), deren Messungen man in Zahlen, Menge, Maß, Gewicht, Größe fassen und in Preisen veranschlagen kann.

Der Begriff ›Der Wert‹ der Güter (Ware, Leistungen) hat einen Sinn der zusammengerechneten einkalkulierten Preise, die die betrieblichen Aufwendungen und ihre Erträge (Gewinne) beinhalten, und in einer Menge von Geld bzw. in einem Geldbetrag ausgepreist sind.

Somit bedeutet in all diesen Fällen der Begriff ›Der Wert‹ der Güter (Ware, Leistungen) ihre Preise, die in sich die Herstellungskosten und Gewinne der Unternehmen beinhalten.

Um die ökonomische Kategorie ›Der Gebrauchswert‹ der Güter (Ware, Leistungen) zu erläutern, sollte man zur grammatikalischen Auslegung greifen.

Der Begriff ist ein Nomen bzw. ein Substantiv, der von zwei zusammengesetzten Nomen bzw. Substantiven besteht.

Der Begriff ›Der Gebrauch‹ bedeutet die Nutzung, die Benutzung, das Verbrauchen, die Anwendung, die Verwendung irgendwelcher Leistungen, Dinge, Gegenstände, Sache, Nahrungsmittel, Lebensmittel, Maschinen, Autos usw., wodurch man die Befriedigung der bestimmten Bedürfnisse der Menschen und auch der Wirtschaftssubjekte (Unternehmen, Unternehmer, staatlichen Einrichtungen usw.) erfüllen kann.

Jetzt erläutere ich den Begriff ›Der Wert‹ in Bezug auf den Gebrauch der Güter (Ware, Leistungen). In dem Sinne hat der Begriff ›Der Wert‹ die Bedeutung von Qualität, Klasse, Art, Nutzbarkeit, Brauchbarkeit, Bedeutsamkeit, Sparsamkeit, Anwendbarkeit, usw. der Güter (Ware, Leistungen), die aus ihren Eigenschaften bzw. aus ihren Beschaffenheit entstehen.

Das heißt, dass der Begriff ›Der Wert‹ in Bezug auf den Begriff ›Der Gebrauch‹ eher die Bedeutung der Eigenschaften bzw. der Beschaffenheit der Güter, (Ware, Leistungen) ausdrückt, die ihre Nutzungen, Anwendungen, Verwendungen bestimmen.

In unseren Gesprächen (Unterhaltungen) werden die Werte, die das Gebrauchen der Güter (Ware, Leistungen) erläutern, durch die Anwendungen der Adjektive ausgedrückt.

Die Erhöhungen der Gebrauchswerte der Güter (Ware, Leistungen) ereignen sich durch die Veränderungen (Modernisierungen, Verbesserungen) ihrer Eigenschaften bzw. ihrer Beschaffenheit und ihrer Qualität, wodurch sich ihre Nutzbarkeit, Brauchbarkeit, Bedeutsamkeit, Sparsamkeit, Anwendbarkeit usw. vervollkommnet werden.

Güter (Ware, Leistungen) werden immer wieder durch die Arbeit (Beschäftigungen, Tätigkeiten, Handlungen) der Arbeitnehmer und der Angestellten bzw. der Beschäftigten von Unternehmen auf die hohen Stufen ihrer Entwicklungen gebracht, um mehr die Nachfragen der Kunden zu befriedigen.

Ich glaube, dass mir es gelungen ist, die ökonomische Kategorie ›Der Gebrauchswert‹ zu verdeutlichen.

Jetzt schreibe ich ganz kurz von den Bedeutungen der ökonomischen Kategorien ›Der Wert‹ und ›Der Gebrauchswert‹ der Güter für die Bildungen der Preise der Güter (Ware, Leistungen).

In meinem ersten Buch ›Philosophie – Wissenschaft zur Aufklärung der Ursachen der Wirtschaftskrise‹ habe unter Anwendung der statistischen Angaben gezeigt, dass die Staatseinnahmen der Unternehmen zu hoch sind, und zur Folge die Verdrängung der betrieblichen Personalaufwendungen der Unternehmen aus den Preisen ihrer Güter (Ware, Leistungen) haben.

Das heißt, dass viele Unternehmen entweder das Arbeitnehmerentgelt (Löhne, Gehälter) gekürzt oder die Arbeitsplätze abgeschafft haben, um ihre Herstellungskosten zu reduzieren und dadurch ihre Gewinne stabil zu behalten bzw. sie zu erhöhen.
Auf solche Weise wurden die Herstellungskosten der Güter reduziert und die Gewinne der Unternehmen stabil gehalten bzw. erhöht.
Es gibt auch Unternehmen, die trotz der Wirtschaftskrise alljährlich nicht nur die Gewinne der Unternehmen stabil behalten bzw. erhöht haben, sondern auch Arbeitnehmerentgelte (Löhne, Gehälter) ihrer Arbeitnehmer erhöht sowie Arbeitsplätze behalten haben, was ganz wichtig für die Volkswirtschaft ist.

Die Geschäftsführungen von solcher Unternehmen haben verstanden, dass man nur gemeinsam stark werden kann; dass man die Reduzierung der Herstellungskosten und die Verbesserung der Gebrauchswerte der Güter (Ware, Leistungen) nur mit vereinten Kräften, nämlich zusammen mit Arbeitnehmern umsetzen kann.

Wenn man die Entwicklung jedes einzelnen Unternehmens, das sich auf Grund solcher Grundsätze entwickelt, betrachtet, dann wird uns klar sein, dass die Grundsätze, auf denen sich die Entwicklungen solcher Unternehmen basieren, von enormer Bedeutung für die Entwicklung der ganzen Volkswirtschaft sind.

Das Wichtigste ist, dass auf Grund der Grundsätze immer wieder schöpferische Ideen aus Kenntnissen und Erfahrungen aller Mitarbeiter des Unternehmens benutzt werden, um die Herstellungskosten der Güter (Ware, Leistungen) zu reduzieren, und Arbeitnehmerentgelte (Löhne, Gehälter) bzw. Arbeitsplätze der Arbeitnehmer sowie Gewinne des Unternehmens stabil zu behalten.
Dadurch wird die Bildung der richtigen Proportionalität im Verhältnisse sowohl zwischen betrieblichen Aufwendungen als auch den Letzten zu Erträgen der Unternehmen erreicht und demnach wird auch die richtige Proportionalität im Verhältnisse zwischen den Teilen des Produktionswertes des Sozialproduktes gefördert.

In Bezug auf ein Unternehmen ist sehr gut, wenn die betrieblichen Personalaufwendungen der Unternehmen niedrig sind, aber für die Volkswirtschaft kann es fatal sein, weil durch die Kürzungen der Personalaufwendungen bzw. der Arbeitnehmerentgelte (Löhne, Gehälter) der Unternehmen das eigentliche Äquivalent für die Güter (Ware, Leistungen) der Unternehmen, die auf den Märkten auftreten, nicht geschaffen wird.

Mit dem Begriff ›Das eigentliche Äquivalent‹ meine ich die gesamten Gelder von Nettowertschöpfung (Gehälter, Löhne, Gewinne usw.) der entsprechenden Volkswirtschaft.

Darin besteht die Zwiespältigkeit der Interessen zwischen einerseits den Mitarbeitern und andererseits den Wirtschaftssubjekten (Unternehmen, Unternehmer):

1) Die Mitarbeiter geben sich Mühe besser ihre Arbeit zu erfüllen, um gute Löhne (Gehälter) zu beziehen.

2) Die Geschäftsführungen (Manager) der Wirtschaftssubjekte (Unternehmen, Unternehmer) bemühen sich stabile Gewinne zu erzielen. Dabei streben sie zur Reduzierung der Herstellungskosten und mithin kürzen sie die Personalaufwendungen der Unternehmen, nämlich das Arbeitnehmerentgelt.

Und hinsichtlich der Entwicklung der Volkswirtschaft besteht die Zwiespältigkeit zwischen den einzelnen Wirtschaftssubjekten (Unternehmen, Unternehmer) einerseits, und andererseits, der Volkswirtschaft darin, dass durch die Kürzungen der Arbeitnehmerentgelte der Unternehmen eine Menge von Geld, nämlich das notwendige Äquivalent für die Güter (Ware, Leistungen), die auf den Märkten auftreten werden, nicht geschaffen wird.

Man kann die Auswirkungen der gegenteiligen betrieblichen Aufwendungen der Unternehmen, wovon ich in den anderen Abschnitten im Detail eingehe, nicht beseitigen.

Aber mittels solch einer Lohn- und Arbeitsstellenpolitikpolitik der Unternehmen, von denen ich oben schrieb, können die Verminderungen der Widersprüche zwischen den gegenteiligen betrieblichen Aufwendungen der Unternehmen und mithin der entsprechenden Teilen des Produktionswertes des Sozialproduktes herbeigeführt werden.

Die Stabilität der Personalaufwendungen (Löhne, Gehälter) der Unternehmen und die Beteiligung der Arbeitnehmer an den Verteilungen der Gewinne der Unternehmen ist nicht nur eine Gegebenheit zur Erhöhung der Produktivität der Unternehmen, sondern auch zur Schaffung der richtigen Proportionalität bei der

Verteilungen der Nettowertschöpfung des Produktionswertes des Sozialproduktes zwischen den privaten Haushalten, was sehr wichtig für die Erhöhung bzw. für die Stabilität der Kaufkraft des Geldes und mithin der Marktpreise der Güter (Ware, Leistungen) der Unternehmen ist.

Die Bildung der Marktpreise der Güter der Unternehmen werden sowohl durch die Werte (Herstellungskosten + Gewinne) als auch durch die Gebrauchswerte der Güter (Ware, Leistungen) beeinflusst.

Die Werte der Güter (Ware, Leistungen) bewirken die Entstehung des Produktionswertes des Sozialproduktes und mithin den Wert und die Kaufkraft des Geldes.

Die Gebrauchswerte der Güter (Ware, Leistungen) beeinflussen die Entwicklungen der Angebote der Güter (Ware, Leistungen) und die Nachfragen der Kunden nach den Gütern (Waren, Leistungen), die ebenso Einfluss auf die Bildungen der Marktpreise der Waren haben.

Dadurch kommen zu Veränderungen die Verhältnisse der entsprechenden Teile des Produktionswertes des Sozialproduktes, die zur Folge die Veränderungen des Wertes und der Kaufkraft des Geldes haben.

Die Veränderungen des Wertes und der Kaufkraft des Geldes beeinflussen die Veränderungen die Nachfragen der Kunden nach den Gütern (Ware, Leistungen) und mithin die Angebote der Güter (Ware, Leistungen), die die Vervollkommnung (Verbesserungen, Modernisierungen) der Gebrauchswerte der Güter (Ware, Leistungen) fördern.

Mit den Modernisierungen der Gebrauchswerte der Güter (Ware, Leistungen), die zu Angeboten auf den Märkten kommen, werden gleichzeitig Güter (Ware, Leistungen) mit geringen Herstellungskosten produziert, um den Wettbewerb mit anderen Unternehmen zu gewinnen.

Auf solche Weise wird immer wieder die Fortsetzung der Entwicklung der Volkswirtschaft gefördert.

Positive Entwicklungen sowohl der einzelnen Unternehmen als auch der ganzen Volkswirtschaft können nur auf dem Wege der unendlichen Verbesserungen der Gebrauchswerte der Güter (Ware, Leistungen) der Unternehmen erreicht werden.

Ganz anders sieht es mit der Reduzierung der Herstellungskosten der Güter (Ware, Leistungen) aus, weil ein Teil davon, und zwar die Personalaufwendungen (Löhne, Gehälter) der Unternehmen gerade die Veränderung des Wertes und der Kaufkraft des Geldes beeinflussen.

Diesem Teil der Herstellungskosten der Unternehmen und dem entsprechenden Teil der Nettowertschöpfung (Arbeitnehmerentgelt) des Sozialproduktes sind alle meine Werke gewidmet.

Ich glaube, dass mir damit gelungen ist, den Unterschied zwischen den ökonomischen Kategorien ›Der Wert‹ und ›Der Gebrauchswert‹ der Güter (Ware, Leistungen) und deren Bedeutungen für die Entwicklungen der Warenproduktion der Unternehmen und die der Volkswirtschaft deutlich zu machen.

### 3.1. Bedeutungen der ökonomischen Kategorie ›Der Wert‹ der Güter hinsichtlich der Nachfrage der Kunden

Wie man sieht, wende ich in meinen Werken den Begriff ›Der Wert‹ der Güter (Ware, Leistungen) an, um hiermit zu zeigen, dass die Preise der Güter in sich die Herstellungskosten und die Gewinne der Unternehmen enthalten müssen und somit haben sie einen bestimmten Wert für die Unternehmen.

Aber hinsichtlich der Nachfrage der Kunden auf den Märkten hat die ökonomische Kategorie ›Der Wert‹ der Güter (Ware, Leistungen) eine andere Bedeutung. Die Kunden interessiert der Preis der Güter und dessen Gebrauchswert, nämlich ihre Qualität, ihre Nutzbarkeit, ihre Einsatzbarkeit, ihre Sparsamkeit usw. Deshalb habe ich deutlich die ökonomische Kategorie ›Der Gebrauchswert‹ der Güter gemacht.

Schon die Anwendung des Begriffes ›Der Gebrauchswert‹ der Güter spricht dafür, dass die Güter (Ware, Leistungen) für die Märkte produziert werden, nämlich für die Kunden, die mit ihrem Geld auf den Märkten auftreten und die Güter erwerben. Von daher ist ganz wichtig, dass die Güter (Ware, Leistungen) die schönsten Gebrauchswerte und vor allem die schönsten Qualitäten haben sollen.

Die gegenwärtige und die zukünftige Entwicklungen vieler Unternehmen von Volkswirtschaften, wie z. B. China, Indien usw., deren Güter (Ware, Leistungen) immer mehr den Weltmarkt erobern, fordern konstante Verbesserungen der Qualität und der anderen Gebrauchswerte der Güter (Ware, Leistungen).

In der ersten Auflage (2012) rechnete ich zu solchen Unternehmen auch Unternehmen von Russland zu. Durch die Sanktionen der Europäischen Union und USA im 2014 wurden viele Rechtsgeschäfte mit den Unternehmen von Russland beendet. Auf solche Weise sind die Märkte von Russland aus den Volkswirtschaftsräumen der Länder der Europäischen Union ausgeschlossen worden.

Solche Maßnahmen schädigen nicht nur der Volkswirtschaft von Russland, sondern auch allen Volkswirtschaften der Länder der Europäischen Union, deren Unternehmen eng mit den Unternehmen von Russland Wirtschaftsbeziehungen gehabt hatten.

Solche Sanktionen verstoßen gegen die freie Marktwirtschaft aller beteiligten Volkswirtschaften.

Güter (Ware, Leistungen), die keine entsprechende gute Qualität bzw. keine anderen schöne Gebrauchswerte haben, werden immer mehr durch die Güter (Ware, Leistungen), die die bessere Qualität bzw. die besseren Gebrauchswerte haben, aus den Märkten verdrängt.

Unternehmen, die auf den Märkten den Kunden ihre Güter (Ware, Leistungen) mit modernisierten Gebrauchswerten und vor allem mit den ausgezeichneten Qualitäten anbieten, werden mehr Chancen haben, den Wettbewerb zu gewinnen.

Nach den Gütern (Waren, Leistungen), die die unmodernen (nicht zeitgemäße, nicht aktuelle, nicht modische bzw. altmodische) Gebrauchswerte und vor allem die schlechten Qualitäten haben, wird keine Nachfrage von Kunden entstehen. Von daher werden solche Güter (Ware, Leistungen) stets aus den Märkten verdrängt.

Das bedeutet, dass solche Güter (Ware, Leistungen) auf den Märkten keinen Wert mehr haben werden.

*Eben in diesem Sinne spricht man davon, dass solche Güter (Ware, Leistungen) keinen Wert mehr haben; obwohl für ihre Herstellung die Unternehmen bestimmte Kosten und sogar große Kosten getragen haben.*

Die gegenwärtige und die zukünftige Politik jedes Unternehmens nicht nur der Volkswirtschaft von Deutschland, sondern auch aller anderen Volkswirtschaften von der Europäischen Union müssen die Herstellungskosten der Güter (Ware, Leistungen) reduzieren, um wettbewerbsfähig bleiben zu können.

Gleichzeitig müssen die Unternehmen die Gebrauchswerte und vor allem die Qualität ihrer Güter (Ware, Leistungen) verbessern.

## 4. Die Inbegriffe: ›Das ökonomische Verhältnis‹, ›Das Produktions- verhältnis‹ und ›Die Wirtschaftsbeziehung‹ der Wirtschaftssubjekte

Bei der Warenproduktion entstehen den Unternehmen verschiedene Kosten, die die Herstellungskosten ausmachen und als betriebliche Aufwendungen auf den Konten der Unternehmen gebuchte werden:
- Betriebliche Aufwendungen der Unternehmen, die durch ihre Abgaben der Gelder an Staat (Steuer, Sozialversicherungsbeiträge, andere Abgaben) entstehen.
- Betriebliche Personalaufwendungen (Löhne, Gehälter) der Unternehmen, die gegen die Leistungen ihrer Arbeitnehmer entstehen.
- Andere betrieblichen Aufwendungen der Unternehmen, die durch ihre Vorleistungen und Abschreibungen entstehen.

Die Differenz zwischen den Herstellungskosten und den Verkaufspreisen bzw. den Marktpreisen der Güter (Ware, Leistungen) macht die Erträge bzw. die Gewinne der Unternehmen aus.
Durch die Handlungs- und Rechtsgeschäfte der Geschäftsführungen (Manager) der Unternehmen verändern sich im Verhältnisse zueinander die Anteile der oben genannten betrieblichen Aufwendungen und die der Erträge bzw. der Gewinne der Unternehmen.
Das Verhältnis der verschiedenen betrieblichen Aufwendungen zueinander und den Letzten zu den Erträgen (Gewinnen) der Unternehmen bezeichne ich in meinen Büchern mit dem Verstandesbegriff ›Das ökonomische Verhältnis‹ bzw. ›Das Produktionsverhältnis‹ der Unternehmen.

Die Handlungs- und Rechtsgeschäfte der Unternehmen, durch die sich die Verhältnisse der betrieblichen Aufwendungen und der Erträge der Unternehmen zueinander verändern, bezeichne ich mit dem Begriff ›Die Wirtschaftsbeziehungen‹ der Unternehmen.
Aber die Inhalte der Handlungs- und Rechtsgeschäfte, genauer gesagt die Inhalte der Handlungsverträge sowie der Arbeitsverträge der Unternehmen werden immer durch die Verhältnisse zwischen ihren betrieblichen Aufwendungen zueinander und zu den Erträgen (Gewinnen) vorausbestimmt.
Z. B. bevor die Geschäftsführungen bzw. die Manager der Unternehmen oder die einzelnen Unternehmer einen Handlungs- und Rechtsvertrag mit einem anderen Unternehmen abschließen, vergleichen sie ihre Herstellungskosten mit den Verkaufspreisen bzw. mit den Marktpreisen derartiger Güter (Ware, Leistungen).

Ebenso wird auch beim Abschließen der Arbeitsverträge die Höhe der Personalaufwendungen bzw. die der gesamten Herstellungskosten der Unternehmen berücksichtigt.

Mittels der Berechnungen der Nutzenschwelle bzw. ›Break-even-Point‹ für die Güter (Ware, Leistungen) ermitteln die Unternehmen die notwendige Höhe der variablen und der fixen Kosten in den Preisen der Güter, die die kostendeckende Herstellung sichern würden, um in die Gewinnzone zu kommen.

## 5. Grundbestandteile der ökonomischen Verhältnisse der Unternehmen

Um die Warenproduktion zu ermöglichen, schafft jedes Unternehmen Produktionsgüter (Gebrauchs- und Verbrauchsgüter) an, und stellt dafür Arbeitnehmer (Angestellte, Arbeiter) ein.

Die Produktionsgüter werden je nach dem Bedarf der Unternehmen angeschafft.
Die Produktionsgüter teilen sich auf Gebrauchsgüter (Gebäude, Maschinen, Werkzeuge usw.), die über einen längeren Zeitraum genutzt werden, deren Nutzungen in Form von Abschreibungen in die Preise der hergestellten Güter (Ware) miteinkalkuliert werden und deshalb spricht man darüber noch vom konstanten Kapital.

Davon unterscheiden sich Verbrauchsgüter (Rohstoffe, Rohmaterial, Strom, Ölprodukte, Halbfabrikate, Hilfsstoffe, Betriebsstoffe), die nur einmal verwendet werden, nämlich während der Herstellung bestimmter Güter (Ware), und deren Preise völlig in die Preise der hergestellten Güter (Ware) miteinkalkuliert werden und darum redet man vom variablen Kapital.

Die Herstellung der Produktionsgüter erfüllt sich in allerlei Unternehmen, die zu einer oder zu verschiedenen Wirtschaftsstufen gehören können.
Durch die Arbeitsverträge stellen die Unternehmen Arbeitnehmer (Arbeiter, Angestellte) ein, die durch ihre Arbeit Güter (Ware, Leistungen) herstellen.

Die Arbeitskräfte der Arbeitnehmer gehören ebenso zum variablen Kapital und die Kosten für die Leistungen der Arbeitnehmer bilden die Personalaufwendungen (Löhne, Gehälter), die in gleichem Maße in die Preise der Güter (Ware) mit einkalkuliert werden.

Die Geschäftsführungen üben die Leitungen der Unternehmen aus. Ihre Leistungen werden ebenso bezahlt und die Kosten bilden auch einen Anteil der Personalaufwendungen.

Während der Warenproduktion muss jedes Unternehmen Staatseinnahmen (Steuer, Sozialversicherungsbeiträge, und anderen Abgaben) an Staat abführen. Somit entstehen den Unternehmen verschiedene Aufwendungen, wie z. B.:
- Aufwendungen für Roh-, Hilfs-, und Betriebsstoffe und für bezogene Waren (Fremdleistungen).
- Anschaffungsnebenkosten (Bezugskosten).
- Leergut.
- Zölle und Einfuhrabgaben.
- Aufwendungen für Miete, Pacht, Heizung, Reinigung, Gas, Wasser, Strom, Reinigung und Reparaturen, Kfz-Kosten, Werbekosten usw.
- Instandhaltung betrieblicher Räume.
- Sonstige Raumkosten.
- Versicherungen.
- Reparaturen und Instandhaltung von technischen Anlagen und Maschinen.
- Personalaufwendungen, wie Löhne und Gehälter, einschließlich Geschäftsführergehälter, Aushilfslöhne, Fahrtkostenerstattungen.
- Aufwendungen durch Sozialversicherungsbeiträge, Steuern und andere Abgaben an Staat.
- Aufwendungen durch Zinsen, Gebühren.
- Abschreibungen auf Vermögensgegenstände (Gebäuden, Maschinen) sowie immaterielle Vermögensgegenstände.

So kurz habe ich den Kreis der möglichen betrieblichen Aufwendungen der Unternehmen beschrieben.
Aber solch eine einfache Beschreibung der betrieblichen Aufwendungen der Unternehmen bringt nichts für ihre Untersuchung.

Um die Bedeutungen der betrieblichen Aufwendungen der Unternehmen sowohl für das Unternehmen als auch für die Entstehung des Produktionswertes des Sozialproduktes und mithin des Geldwertes und der Kaufkraft des Geldes aufzuklären, sollte man dafür eine Gliederung der gesamten betrieblichen Aufwendungen der Unternehmen durchführen.

Als Basis der Gliederung der betrieblichen Aufwendungen der Unternehmen nehme ich ihre Eigenschaften bzw. Beschaffenheit, die uns die Frage beantworten: Wodurch? bzw. durch wessen Leistungen? die betrieblichen Aufwendungen der Unternehmen entstehen?

Ich gliedere alle betrieblichen Aufwendungen der Unternehmen auf folgende:

- Betriebliche Aufwendungen der Unternehmen, die ihnen durch die Abführungen an Staat der Staatseinnahmen (Steuer, Sozialversicherungsbeiträge, und andere Abgaben) entstehen.
Da diese betrieblichen Aufwendungen der Unternehmen auf Grund der Gesetze des Staates entstehen, bezeichne ich derartige Aufwendungen der Unternehmen rein bedingungsweise als ›Angeordnete Aufwendungen‹ der Unternehmen.

- Betriebliche Aufwendungen der Unternehmen, die durch die Arbeit (Leistungen) der Arbeitnehmer entstehen.

Das sind die Personalaufwendungen der Unternehmen: Das Arbeitnehmerentgelt: Gehälter der Geschäftsführung, Löhne, Gehälter der Arbeitnehmer (Angestellte, Arbeiter, Aushilfskräfte).
Rein bedingungsweise bezeichne ich derartige betrieblichen Aufwendungen der Unternehmen als ›Personalaufwendungen‹ der Unternehmen. Ebenso sind sie auch in den Buchführungen der Unternehmen genannt.

- Und endlich betriebliche Aufwendungen der Unternehmen, die durch die Anschaffung der Produktionsgüter (Gebrauchs- und Verbrauchsgüter) und ihre Wertminderungen (Vorleistungen und Abschreibungen) entstehen.
Rein bedingungsweise bezeichne ich derartige betrieblichen Aufwendungen der Unternehmen als ›Andere betrieblichen Aufwendungen‹ der Unternehmen.

Was gibt uns so eine Gliederung?
Erstens, solch eine Gliederung zeigt uns, dass die betrieblichen Aufwendungen der Unternehmen, die durch die Staateinnahmen entstehen, für die Unternehmen obligatorische sind.

Zweitens, zeigt uns solch eine Gliederung, dass die entstehenden durch die Staatseinnahmen betrieblichen Aufwendungen der Unternehmen die Veränderungen aller anderen betrieblichen Aufwendungen der Unternehmen beeinflussen, und zwar verändern sie das Ausmaß der Vorleistungen sowie das Ausmaß der Abschreibungen, die in die Preise der Güter (Ware, Leistungen) miteinkalkuliert werden.

Drittens, zeigt uns so eine Gliederung, dass durch die zu hohen Staatseinnahmen der Unternehmen aus den Herstellungskosten der Unternehmen entweder ein Anteil von den ›Anderen betrieblichen Aufwendungen‹ (Vorleistungen) oder ein Anteil von den ›Personalaufwendungen‹ der Unternehmen verdrängt werden.

Viertens, solch eine Gliederung macht offensichtlich die Verschiedenheiten (Unterschiede) der Eigenschaften der betrieblichen Aufwendungen der Unternehmen, auf dessen Grund ihre Zugehörigkeit zu den Gegenteilen eines Verhältnisses bestimm wird.

Um solch eine Gliederung der betrieblichen Aufwendungen der Unternehmen vorzunehmen, lege ich eben das Allgemeine in ihren Aufwendungen zu Grunde und beantworte die Frage: Wodurch?, Durch wessen Leistungen?, den Unternehmen derartige betrieblichen Aufwendungen entstehen, wie z. B. durch die Staatseinnahmen, durch die betrieblichen Anschaffungen, durch die geleistete Arbeit der Arbeitnehmer.

Die betrieblichen Aufwendungen der Unternehmen bilden ihre Herstellungskosten und werden, wie gesagt, in die Preise der Güter (Ware, Leistungen) mit einkalkuliert.

Die Verhältnisse zwischen den verschiedenen betrieblichen Aufwendungen (Kosten) zueinander und den Letzten zu Erträgen bzw. zu Gewinnen der Unternehmen drücke ich mit dem Inbegriff ›Das ökonomische Verhältnis‹ oder ›Das Produktionsverhältnis‹ aus.

Die ökonomischen Verhältnisse bzw. die Produktionsverhältnisse der Unternehmen verändern sich stets durch die Handlungs- und Rechtsgeschäfte, genauer gesagt durch die Verträge der Unternehmen mit anderen Unternehmen (Lieferanten und Kunden), mit Arbeitnehmern und bekommen ein Rechtsverhältnis, wie z. B. ein Arbeitsverhältnis, ein Dienstverhältnis, ein Rechtsverhältnis zwischen dem Käufer und dem Verkäufer, ein Rechtsverhältnis zwischen dem Darlehensgeber und dem Darlehensnehmer, ein Rechtsverhältnis zwischen dem Verleiher und dem Entleiher usw., usw..

Der Wille der Vertragsparteien eines Rechtsverhältnisses hinsichtlich der Marktpreise der Güter (Ware, Leistungen) oder hinsichtlich der Löhne, Gehälter werden immer durch das ökonomische Verhältnis, nämlich durch die Berücksichtigung der Höhe ihrer betrieblichen Aufwendungen bzw. ihrer Herstellungskosten und ihrer gewünschten Erträge bzw. ihrer Gewinne vorausbestimmt.

Wie ich schon oben schrieb, ermitteln die Unternehmen mittels der Berechnungen der Nutzenschwelle bzw. ›Break-even-Point‹ für die Güter (Ware, Leistungen) die notwendige Höhe der variablen und der fixen Kosten, die die kostendeckende Herstellung der Güter (Ware) sichern würden, um in die Gewinnzone zu kommen.

Um meine Untersuchung zu vereinfachen, habe ich in meinen Schriften auch die Produktionsverhältnisse der Unternehmen (Unternehmer) auf die Produktionsverhältnisse ›im engeren‹ und ›weiteren Sinne‹ gegliedert.

- Zu den Produktionsverhältnissen ›im engeren Sinne‹ zähle ich die Arbeitsverhältnisse und die Dienstverhältnisse zwischen, einerseits, den Arbeitgebern (Unternehmen, Unternehmer) und, andererseits, den Arbeitnehmern (Angestellte, Arbeiter), wodurch die Arbeitnehmerentgelte (Löhne, Gehälter) und die Gewinne der Unternehmen entstehen, die zugleich einen Teil des Produktionswertes des Sozialproduktes bilden.

- Zu den Produktionsverhältnissen im ›weiteren Sinne‹ zähle ich:
a) Rechtsverhältnisse zwischen, einerseits, den Arbeitgebern (Unternehmen, Unternehmer) und, andererseits, dem Staat wegen der Abführungen der Staatseinnahmen (Steuer, Beiträge, Abgaben), weil dadurch ›Die Angeordneten Aufwendungen‹ der Unternehmen entstehen, die zugleich einen Anteil der ›Vorleistungen und Abschreibungen‹ des Produktionswertes des Sozialproduktes bilden.
b) Rechtsverhältnisse der Unternehmen mit ihren Lieferanten, bei denen sie die Produktionsgüter (Gebrauchs- und Verbrauchsgüter) einkaufen, wodurch die ›Andere betrieblichen Aufwendungen‹ entstehen, die auch zugleich auf die Bildung des Produktionswertes des Sozialproduktes einwirken.
c) Rechtsverhältnisse der Unternehmen mit ihren Kunden, denen sie ihre Güter (Ware, Leistungen) absetzen (verkaufen, veräußern), wodurch den Unternehmen entweder Erträge bzw. Gewinne oder Verluste entstehen, und das Ergebnis fliest auch zugleich in einen Teil des Produktionswertes des Sozialproduktes ein.

Ich habe die Gliederung der Rechtsverhältnisse bzw. der Produktionsverhältnisse der Unternehmen so vereinfacht, dass jeder Leser verstehen kann:
- Erstens, um welche Verhältnisse es sich handelt, wenn die Rede von den ökonomischen Verhältnissen bzw. von den Produktionsverhältnissen der Unternehmen ist.
- Zweitens, dass sich in all diesen Produktionsverhältnissen der Unternehmen das Axiom der Äquivalenz auswirkt, das durch die Proportionen bzw. durch die Antiproportionen die entsprechenden Aufwendungen bzw. die Erträge der Unternehmen im Verhältnisse zueinander verändert.
Um den Gang der Entwicklungen (Entstehungen, Veränderungen) der betrieblichen Aufwendungen und der Erträge der Unternehmen voraussehen zu können, sollte man sowohl die subjektiven als auch die objektiven Kräfte, die die Warenproduktion der Unternehmen bewegen, erkennen.
Man kann nur durch die jeweilige Gliederung der betrieblichen Aufwendungen der Unternehmen die subjektiven als auch die objektiven Kräfte, die die Warenproduktion der Unternehmen in Bewegung und Veränderung setzen, erkennen, und folglich begreift man auch die erforderlichen Veränderungen der Inhalte der Handlungs- und Rechtsgeschäfte der Unternehmen.

## 6. Gegenteile der ökonomischen Verhältnisse der Unternehmen

Also, auf Grund der Eigenschaften der betrieblichen Aufwendungen der Unternehmen, die die Aufwendungen der Unternehmen zu Gegenteilen eines ökonomischen Verhältnisses machen, habe ich alle betrieblichen Aufwendungen der Unternehmen auf folgende gegliedert:

1) Die betrieblichen Aufwendungen der Unternehmen, die ihnen durch die Abführungen an den Staat der Staatseinnahmen entstehen.

Ich bezeichne derartige Aufwendungen der Unternehmen als: ›Angeordnete Aufwendungen‹ der Unternehmen.

Diese betrieblichen Aufwendungen entstehen den Unternehmen ohne Gegenleistungen. Deshalb habe ich solche betriebliche Aufwendungen aus den betrieblichen Aufwendungen ausgesondert.

Um meine Behauptung zu bekräftigen, zitiere ich den § 3 der Abgabenordnung (AO):

›(1) Steuern sind Geldleistungen, die nicht eine Gegenleistung für eine besondere Leistung darstellen und von einem öffentlich-rechtlichen Gemeinwesen zur Erzielung von Einnahmen allen auferlegt werden, ... ‹. [7]

2) Die betrieblichen Aufwendungen der Unternehmen, die ihnen durch die Vergütungen bzw. die Arbeitnehmerentgelte entstehen.

Die Personalaufwendungen der Unternehmen, wie Gehälter der Geschäftsführung, Löhne, Gehälter der Arbeitnehmer (Angestellte, Arbeiter).

Derartige betriebliche Aufwendungen der Unternehmen nenne ich, wie sie sind, als ›Personalaufwendungen‹ der Unternehmen.

3) Den Rest von den betrieblichen Aufwendungen der Unternehmen (Vorleistungen und Abschreibungen), die durch die Anschaffungen der Produktionsgüter (Gebrauchs- und Verbrauchsgüter) und ihre Wertminderungen entstehen, bezeichne ich rein bedingungsweise als: ›Andere betriebliche Aufwendungen‹ der Unternehmen.

Welche Eigenschaften machen die ›Angeordnete Aufwendungen‹, die ›Personalaufwendungen‹ und die ›Andere betrieblichen Aufwendungen‹ der Unternehmen zu den Gegenteilen der ökonomischen Verhältnisse?

---

[7] Wichtige Steuergesetze, Verlag Neue Wirtschafts-Briefe Herne/Berlin, 2004, 52. Auflage, Seite 9.

Durch die Abgaben der Gelder der Unternehmen an Staat (Steuer, Sozialversicherungsbeiträge und andere Abgaben) entstehen den Unternehmen ohne Gegenleistungen Aufwendungen, die ich als ›Angeordnete Aufwendungen‹, oder wie ich sie vorher in meinen Schriften mit Recht als ›Nicht erarbeitete Aufwendungen‹ der Unternehmen bezeichnet habe. Aber in der Tat müssen die Ausgaben erarbeitet werden.

In der Wirklichkeit muss dieser Anteil der Herstellungskosten der Unternehmen gewissermaßen durch die Leistungen der Geschäftsführungen, Angestellten, Arbeiter, die bei den Unternehmen beschäftigt sind, erarbeitet werden. Unternehmen, die nicht in der Lage sind, diese Kosten zu erarbeiteten, müssen die Arbeitnehmerentgelte (Löhne, Gehälter) kürzen oder Arbeitsplätze abschaffen bzw. Arbeitnehmer entlassen.
Die ›Personalaufwendungen‹ der Unternehmen entstehen den Unternehmen gegen Leistungen bzw. gegen Arbeit, Beschäftigung der Mitglieder der Geschäftsführung, Angestellte, Arbeiter.

Ich zitiere den § 611 des BGB:
›(1) Durch den Dienstvertrag wird derjenige, welcher Dienste zusagt, zur Leistung der versprochenen Dienste, der andere Teil zur Gewährung der vereinbarten Vergütung verpflichtet.
(2) Gegenstand des Dienstvertrages können Dienste jeder Art sein.‹ [8]

Die ›Andere betrieblichen Aufwendungen‹ der Unternehmen entstehen den Unternehmen ebenso gegen Leistungen.
Z. B. betriebliche Aufwendungen der Unternehmen für Roh-, Hilfs-, und Betriebsstoffe und für bezogene Güter, Ware werden in anderen Unternehmen produziert, die oft zu den anderen Wirtschaftsstufen gehören.
Solche Güter (Ware, Leistungen) haben ihre Werte, die in ihren Preisen zum Ausdruck kommen, und deshalb entstehen solche betriebliche Aufwendungen den Unternehmen auch gegen Leistungen.
Das sind Leistungen, die durch die Handlungs- und Rechtsgeschäfte den Unternehmen entstehen, wie z. B. durch Kaufverträge (§ 433 des BGB), Darlehensverträge (§ 488 des BGB), Mietverträge (§ 535 des BGB), Pachtverträge (§ 581 des BGB), Leihverträge (§ 598 des BGB) usw. .

Aus den Inhalten der entsprechenden Normen des Bürgerlichen Gesetzbuches sieht man, dass durch solche Rechtsgeschäfte die Unternehmen Leistungen gegen Leistungen beziehen.

---

[8] Bürgerliches Gesetzbuch, Komet Verlag GmbH, Köln, 2003, Seite 169.

Zur Überzeugung zitiere ich beispielsweise den § 433 des BGB:

>(1) Durch den Kaufvertrag wird der Verkäufer einer Sache verpflichtet, dem Käufer die Sache zu übergeben und das Eigentum an der Sache zu verschaffen. Der Verkäufer hat dem Käufer die Sache frei von Sach- und Rechtsmängeln zu verschaffen.
(2) Der Käufer ist verpflichtet, dem Verkäufer den vereinbarten Kaufpreis zu zahlen und die gekaufte Sache abzunehmen.< [9]

Somit macht uns so eine Gliederung der betrieblichen Aufwendungen (Kosten) der Unternehmen ein klares Bild, wodurch die Arbeitsplätze aus den Arbeitsverhältnissen verdrängt werden können.

Sofern die Staatseinnahmen den Unternehmen durch die Gesetze des Staates angeordnet sind und für die Unternehmen obligatorische sind, verdrängen sie aus ihren Herstellungskosten einen Anteil der betrieblichen Aufwendungen und zwar:
- Entweder einen Anteil von den anderen betrieblichen Aufwendungen der Unternehmen, weil durch die permanent steigende Staatseinnahmen die betrieblichen Aufwendungen für die Vorleistungen und Abschreibungen der Unternehmen auf jeder Stufe der Warenproduktion steigen.

Die Herstellungskosten werden dann bei der Veräußerung der Güter (Ware, Leistungen) durch ihre Preise an die Kunden (Unternehmen, private Haushalte, Staatseinrichtungen) weitergegeben.

- Oder einen Anteil der betrieblichen Personalaufwendungen (Löhne, Gehälter der Arbeitnehmer) der Unternehmen.
Da jede Geschäftsführung die vorhandene Kapazität des Unternehmens erhalten oder sogar erweitern möchte, kürzen sie die Herstellungskosten durch die Kürzung der Personalaufwendungen (Löhne, Gehälter) der Unternehmen.

In meinem ersten Buch (2005) bei der Forschung der Ursachen der Wirtschaftskrise zog ich die Schlussfolgerung, dass die Ursache der Wirtschaftskrise die übermäßige Versteuerung durch die Mineralöl- und Stromsteuer (Ökosteuer) der Unternehmen ist, und die dadurch entstandene zu hohen betrieblichen Aufwendungen der Unternehmen die Arbeitnehmerentgelte (Löhne, Gehälter) aus den ökonomischen Verhältnissen verdrängt haben.
Sollten die Unternehmen ihre derartigen betrieblichen Aufwendungen nicht reduzieren können, dann werden sie an Gewinnen verlieren.

---

[9] Bürgerliches Gesetzbuch, Komet Verlag GmbH, Köln, 2003, Seite 116.

Solch eine Gliederung der betrieblichen Aufwendungen der Unternehmen gibt die Möglichkeit die wirkenden *subjektiven* und *objektiven* Kräfte in Produktionsverhältnissen zu erkennen, und dadurch erkennt man auch die Ursachen der Veränderungen der Struktur der Herstellungskosten der Unternehmen und dementsprechend die Ursachen der Veränderungen der Struktur der Nettowertschöpfung, der Vorleistungen und Abschreibungen des Produktionswertes des Sozialproduktes.

Beim Erkennen der Auswirkungen der subjektiven und der objektiven Kräfte können die entsprechenden Veränderungen der betrieblichen Aufwendungen und der Erträge (Gewinne) der Unternehmen durch die Gesetze des Staates beeinflusst werden.

Die betrieblichen Aufwendungen der Unternehmen bilden ihre Herstellungskosten und werden, wie gesagt, in die Preise der Güter (Ware, Leistungen) mit einkalkuliert.

Mittels solch einer Synthese der Entwicklungen der Herstellungskosten der Unternehmen kann man deutlicher machen, dass sich der gleiche Gegenwert (Äquivalent) bzw. eine Menge von Geld für die Güter (Ware, Leistungen), die auf den Märkten, einschließlich auf den Konsumgütermärkten auftreten sollten, durch die Verhältnisse sowohl aller betrieblichen Aufwendungen zueinander als auch den Letzten zu Erträgen (Gewinnen) der Unternehmen ereignen.

Die Wirkung des Axioms der Äquivalenz in ökonomischen Verhältnissen der Unternehmen verlangt:

1) Eine richtige Proportionalität im Verhältnisse zwischen Nettowertschöpfung (Arbeitnehmerentgelte, Unternehmens- und Vermögenseinkommen, einschließlich Gewinne der Unternehmen (Unternehmer) sowie Einkommen der Selbständigen), und andererseits, dem Produktionswert des Sozialproduktes.

2) Eine richtige Proportionalität im Verhältnisse zwischen den Abgaben der Unternehmen an Staat (Steuer, Sozialversicherungsbeiträge, andere Abgaben) einerseits, und andererseits, den Vorleistungen und Abschreibungen des Produktionswertes des Sozialproduktes.

3) Eine richtige Proportionalität im Verhältnisse zwischen dem gesamten Arbeitnehmerentgelt (Gehälter, Löhne) und der Nettowertschöpfung des Sozialproduktes.

4) Eine richtige Proportionalität im Verhältnisse zwischen dem gesamten Arbeitnehmerentgelt (Löhne, Gehälter) und dem Unternehmens- und Vermögenseinkommen der Unternehmer.

Die oben genannten Proportionalität können durch die Verteilungen der Arbeitnehmerentgelte (Löhne, Gehälter) mittels der Entlohnungen der Arbeitnehmer nach den Gebrauchswerten ihrer Arbeitskräfte erreicht werden, die die rationelle dem Äquivalent zweckdienliche Aufteilung der Arbeitnehmerentgelte zwischen den privaten Haushalten fördern sollte.

Die richtige Proportionalität bringt die Kaufkraft und den Wert des Geldes zum Steigen.

Um die Ursache der Wirtschaftskrise aufzuklären, ist notwendig jedes Mal das Vorhandensein der o. g. Proportionalität in Frage zu stellen und sie zu forschen.

Schon auf Grund solch einer theoretischen Analyse dieser Werte eines Verhältnisses zog ich in meinem ersten Buch eine Schlussfolgerung, dass die Verhältnisse durch die Gesetze des Staates mehr geregelt werden müssen; dass sowohl die Höhe der Millionen-Gehälter als auch die der Mindestlöhne ebenso nach dem Prinzip ›Äquivalent für Äquivalent‹ geregelt werden müssen.


## 7. Die erstrangige Voraussetzung für Rentabilität der Unternehmen und Stabilisierung des Geldwertes


Die richtige Proportionalität in Verhältnissen zwischen den betrieblichen Aufwendungen zueinander und den Letzten zu den Erträgen bzw. Gewinnen der Unternehmen einer Volkswirtschaft ist eine erstrangige Voraussetzung für die Rentabilität der Unternehmen, für Stabilisierung der Marktpreise der Güter (Ware, Leistungen) der Unternehmen sowie für Stabilisierung des Geldwertes.

Um die Bildung der ökonomischen Verhältnissen der Unternehmen nach der Proportionalität bzw. nach der Antiproportionalität zu verstehen, sollte man Kenntnisse von den mathematischen Regeln über die Proportionen bzw. die Antiproportionen haben, in denen sich ihre Beschaffenheit widerspiegelt.

Der Staat darf nicht durch seine Staatseinnahmen (Steuer, Sozialversicherungsbeiträge und andere Abgaben) gegen die richtige Proportionalität in ökonomischen Verhältnissen zwischen den gegenteiligen betrieblichen Aufwendungen zueinander und den Letzten zu den Erträgen bzw. Gewinnen der Unternehmen verstoßen.

Wie gesagt, zum Zweck der Erleichterung der Forschung der Entwicklungen der betrieblichen Aufwendungen und der Erträge der Unternehmen in einem Verhältnisse zueinander, das ich als ökonomisches Verhältnis bezeichne, habe ich alle betrieblichen Aufwendungen der Unternehmen gegliedert und eingeteilt in:

1) Die betrieblichen Aufwendungen der Unternehmen, die ihnen durch die Abführungen an den Staat der Staatseinnahmen entstehen, nämlich die ›Angeordnete Aufwendungen‹ der Unternehmen.

2) Die betrieblichen Personalaufwendungen der Unternehmen, die ihnen durch die Vergütungen bzw. das Arbeitnehmerentgelt entstehen. Das sind die Personalaufwendungen der Unternehmen, wie Gehälter der Geschäftsführer, Löhne, Gehälter der Arbeitnehmer (Angestellte, Arbeiter).

3) ›Andere betrieblichen Aufwendungen‹ der Unternehmen.

Wie gesagt, das ist der Rest von den betrieblichen Aufwendungen der Unternehmen, die durch die Anschaffungen der Produktionsgüter (Gebrauchs- und Verbrauchsgüter) und ihre Wertminderungen (Vorleistungen und Abschreibungen) entstehen.

In Bezug auf das Sozialprodukt des Landes bilden die gesamten ›Angeordnete Aufwendungen‹ der Unternehmen und die ›Andere betrieblichen Aufwendungen‹ der Unternehmen aller Unternehmen einer Volkswirtschaft die Vorleistungen und Abschreibungen des Produktionswertes des Sozialproduktes.

Und die ›Personalaufwendungen der Unternehmen‹ aller Wirtschaftssubjekte (Unternehmen, einzelne Unternehmer) einer Volkswirtschaft bilden einen Anteil der Nettowertschöpfung des Produktionswertes des Sozialproduktes.

Nehmen wir an, dass einem Anteil der Staatseinnahmen der Unternehmen irgendwelche Anteile von den anderen betrieblichen Aufwendungen der Unternehmen entsprechen, die im Verhältnisse zueinander die richtige Proportionalität bilden.

Aber nach der Änderung (Erhöhung, Senkung) der Anteile der Staatseinnahmen ›Angeordnete Aufwendungen‹ der Unternehmen werden sich auch die Anteile von den anderen betrieblichen Aufwendungen, einschließlich von den Personalaufwendungen und Anteile der Erträge bzw. Gewinne der Unternehmen verändern, und mithin bildet sich eine andere Proportionalität in ihren Verhältnissen zueinander.

Bei der permanenten Steigerung der Staatseinnahmen der Unternehmen werden sich immer wieder die Anteile der Staatseinnahmen der Unternehmen im Verhältnisse zu den Anteilen der anderen betrieblichen Aufwendungen der Unternehmen verändern, und mithin wird sich stets die Proportionalität zwischen den entsprechenden Teilen der ökonomischen Verhältnisse der einzelnen Unternehmen verändern.

Durch die Wechselwirkungen der Ergebnisse der gesamten betrieblichen Aufwendungen und der gesamten Gewinne aller Wirtschaftssubjekte (Unternehmen, Unternehmer) der Volkswirtschaft, die den Produktionswert des Sozialproduktes und folglich den Wert und die Kaufkraft des Geldes bilden, ereignen sich jedes Mal die Veränderungen der Proportionen der betrieblichen Aufwendungen zueinander und mithin verändern sich ihre Anteile, die die Proportionalität in ihren Verhältnissen zueinander abändern.

Auf solche Weise, nämlich durch die Veränderungen der oben genannten Proportionen setzen sich die Veränderungen der betrieblichen Aufwendungen und der Erträge der Unternehmen immer wieder fort, weil sich durch die Proportionen bzw. die Antiproportionen die Auswirkung des Axioms der Äquivalenz in ökonomischen Verhältnissen der Unternehmen verwirklicht.

Den Ablauf der permanenten Fortsetzungen der Veränderungen der betrieblichen Aufwendungen der Unternehmen beschreibe ich im Detail in anderen Abschnitten.

In all meinen Büchern habe ich unter Anwendung der statistischen Angaben über das Sozialprodukt unseres Landes ersichtlich gemacht, wie sich im Zeitraum 1993.- 2003. wegen der permanent steigenden Staatseinnahmen die Proportionalität zwischen den betrieblichen Aufwendungen und den Erträgen (Gewinnen) der Unternehmen verändern hatten, die zur Folge die Veränderungen der Teile des Produktionswertes gehabt haben.


## 7.1. Berechnung der günstigen Angebote der Güter


Jede Geschäftsführung bzw. jeder einzelne Unternehmer weiß genau, dass bevor das Unternehmen irgendwelche Handlungs- und Rechtsgeschäfte mit anderen Unternehmen eingeht, müssen die Preise der Güter (Ware, Leistungen), die zum Angebot kommen, überprüft werden.
Diese Arbeit ist eng mit der Kalkulation verbunden, weil auf diesem Stadium überprüft werden muss, ob solche Handlungs- und Rechtsgeschäfte für das Unternehmen günstig sein würden.
Was bedeutet günstig sein?
Das bedeutet, dass schon auf diesem Stadium Geschäftsführungen oder einzelne Unternehmer genau ausrechnen müssen, welche betrieblichen Kosten ihren Unternehmen durch diese Handlungs- und Rechtsgeschäfte entstehen können und

ob die Kosten mittels des Einkalkulierens in die Preise ihrer hergestellten Güter (Ware, Leistungen) beim Verkauf durch die Marktpreise gedeckt und Gewinn bringen würden. Bei der Berechnung der günstigen Angebote wendet man sowohl die lineare Gleichung mit zwei Variablen ($y = m * x + b$) als auch die proportionale Gleichung ($y = m * x$) an.

Mit den Berechnungen zeige ich meinen Lesern, dass sich die betrieblichen Herstellungskosten und die Erträge der Unternehmen immer wieder zueinander in Proportionen verändern.

Ob man die betrieblichen Herstellungskosten oder die Preise der Güter (Ware, Leistungen) kalkuliert oder die Prozent- und Zinsrechnung durchführt, verändern sich die Anteile der betrieblichen Herstellungskosten im Verhältnisse zueinander und der Letzten zu Erträgen der Unternehmen immer wieder nach bestimmten Proportionen.

*Geschäftsführungen der Unternehmen bzw. die einzelne Unternehmer wenden verschiedene Methoden der Mathematik für die Prozent- und Zinsrechnung, beim Kalkulieren der Herstellungskosten, der Preise der Güter (Ware, Leistungen), bei der Berechnung der günstigen Angebote usw. an, aber jedes Mal suchen sie die notwendigen Proportionen, die aus ihrer Sicht positiv die Anteile der betrieblichen Herstellungskosten und die der Erträge gestalten würden.*

Was heißt für die Geschäftsführung oder für einen einzelnen Unternehmer positive Gestaltung der Anteile der Herstellungskosten?

*Man merkt nicht, dass in der Tat durch die verändernde Proportionen die Geschäftsführungen der Unternehmen bzw. die einzelnen Unternehmer der betroffenen Volkswirtschaften in ihren Unternehmen auch adäquat die Anteile von ihren Herstellungskosten und mithin die Anteile von ihren Aufwendungen und die Anteile von ihren Erträgen verändern müssen.*

*Das heißt, dass sie ihre Herstellungskosten in die Preise ihrer Güter (Ware, Leistungen) mit solchen Proportionen mit einkalkulieren müssen, die ihnen bei ihren Veräußerungen nicht nur ihre Herstellungskosten decken, sondern auch stabile oder steigende Erträge bzw. Gewinne bringen würden.*

Mit einigen Beispielen zu Berechnungen der Höhe der vorteilhaften betrieblichen Herstellungskosten und der erwünschten Erträge der Unternehmen zeige ich meinen Lesern, wie sich ihre Veränderungen nach Proportionen ereignen.

I. Berechnung des Punktes, ab dem die Einnahmen für die verkauften (veräußerten) Güter (Ware, Leistungen) die Einsatz- bzw. die Herstellungskosten des Unternehmens, die ihm durch das Handlungsgeschäft entstehen, übersteigen, nämlich wie man die so genannte Nutzenschwelle oder "Break-even-Point" ausrechnet.

Beispiele:

A.) Bei der Produktion der Elektronikbauteile rechnet ein Unternehmen mit 100,00 EUR Fixkosten und 0,10 EUR Produktionskosten pro Stück. Die hergestellten Teile können für 0,15 EUR verkauft werden. Bei welcher Stückzahl liegt die Nutzenschwelle? Welche Formeln wendet man dafür an?

Dafür wende ich die Formeln von der proportionalen Gleichung und von der linearen Gleichung an.

$y = mx + b$

$y = mx$

$y = 0,10 \text{ EUR} * x + 100,00 \text{ EUR}$

$y = 0,15 \text{ EUR} * x$

$0,15 * x = 0,10 * x + 100,00$

$0,15 * x - 0,10 * x = 100,00$

$0,05 * x = 100,00 \quad | : 0,05$

$x = 2000 \text{ Stück}$

A.: Die Nutzenschwelle bzw. ›Break-even-Point‹ liegt bei der Produktion von 2.000 Stück Teilen.

Was heißt das?

Das heißt, dass bei der Produktion von 2.000 Stück Teilen die Kosten und die Umsatzerlöse gleich sind, nämlich die Kosten gedeckt werden, und ab dem Punkt die Herstellung und Verkauf der Teile Gewinn bringen werden.

Wie hoch ist beispielsweise der Gewinn bei der Produktion und beim Verkauf von 500.000 Teilen?

$y = 0,10 \text{ EUR} * 500.000 \text{ Stück} + 100,00 \text{ EUR}$

$y = 0,15 \text{ EUR} * 500.000 \text{ Stück}$

Einnahmen: $0,15 * 500.000 = 75.000$
Kosten: $0,10 * 500.000 + 100,00 = 50.100$
Überschuss (Gewinn): 24.900 EUR

A.: Bei der Produktion von 500.000 Teilen ist der Gewinn 24.900 EUR hoch.

B.) Ein Unternehmen produziert Maschinenteile, deren fixe Kosten 485,00 EUR ausmachen.

Je Teil werden 1,50 EUR variable Kosten zugerechnet.

Beim Verkauf bringt jedes Teil 4,00 EUR.

Bei welcher Stückzahl übersteigen die Einnahmen die Kosten?

Für die Berechnung wendet man die Formeln an:

$y = m * x + b$

$y = m * x$

$y = 1,50\ EUR * x + 485,00\ EUR$

$y = 4,00\ EUR * x$

$1,50 * x + 485,00 = 4,00 * x$

$1,50 * x - 4,00 * x = -485,00$

$-2,50 * x = -485,00\ \ |:(-2,50$

$x = 194$


A.: Die Nutzenschwelle, nämlich der Punkt ab dem die Kosten gedeckt werden und die Produktion Gewinn bringen wird, liegt bei der Produktion und beim Verkauf von 194 Maschinenteilen.

Wie hoch ist der Gewinn bei der Produktion und beim Verkauf von 1.200 000 Stück Teilen?

Einnahmen: $1.200\ 000 * 4,00\ EUR = 4\ 800\ 000,00\ EUR$

Herstellungskosten: $1,50\ EUR * 1.200\ 000 + 485,00\ EUR = 1.800485,00\ EUR$

Gewinn: 2.999 515,00 EUR

A.: Bei der Herstellung von 1.200000 Stück Maschinenteilen beträgt der Gewinn 2.999 515,00 EUR.

Sollten die Herstellungskosten, wie z. B. Beiträge zu Staatseinnahmen bzw. die Materialkosten usw. steigen oder die Marktpreise der Güter (Ware, Leistungen) senken, dann werden die Geschäftsführungen der Unternehmen bzw. die einzelnen Unternehmer die variablen Kosten reduzieren müssen, um kostendeckend zu produzieren oder beim Gewinnerzielen auf demselben Niveau zu bleiben.

Durch die Lösung der anschließenden Aufgabe mache ich meinen Lesern nicht nur deutlich die Ermittlung der Nutzenschwelle bzw. ›Break-even-Point‹, sondern versuche ich mein Werk für die Praxis nützlicher zu machen.

Herr Hofmann ist selbständig und produziert Ersatzteile für ein Unternehmen. Die feststehenden bzw. die fixen monatlichen Kosten betragen 1098,00 EUR. Die variablen Kosten für die Herstellung eines Ersatzteiles belaufen sich auf 12,99 EUR.

Der Verkaufspreis macht 21,99 EUR je Ersatzteil aus.

Ich beantworte folgende Fragen:

1) Berechne die Nutzenschwelle bzw. ›Break-even-Point‹ des Unternehmens von Herrn Hofmann.

2) Wie groß sollten der Verlust bei 80. und der Gewinn bei 260. hergestellten und verkauften Ersatzteilen sein?

3) Auf welchen Betrag sollte man die fixen Kosten reduzieren, um schon bei 90. verkauften Teilen die Nutzenschwelle zu erreichen?

42

| Menge (x) | 40 | 80 | 120 | 160 | 200 | 240 |
|---|---|---|---|---|---|---|
| K=12,99 * x +1098 | 1617,60 | 2137,20 | 2656,80 | 3176,40 | 3696,00 | 4215,60 |
| U=21,99 * x | 879,60 | 1759,20 | 2638,80 | 3518,40 | 4398,00 | 5277,60 |

K = Kosten
U = Umsatzerlöse

Aus der Tabelle sieht man, dass am Anfang der Herstellung der Ersatzteile die Kosten schon 1098,00 EUR betragen, obwohl noch nichts produziert und verkauft worden ist.

Berechnung der Nutzeschwelle bzw. >Break-even-Point< erfolgt folgendermaßen: Dafür wendet man die lineare (y = mx +b) und proportionale Gleichungen (y = mx) an.
y = 12,99 EUR * x + 1098,00 EUR
y = 21,99 EUR * x

12,99 * x + 1098,00 = 21,99 * x
12,99 * x – 21,99 * x = - 1098,00
- 9 * x = - 1098,00   I : ( -9
x = 122

Probe:
y = 12,99 EUR * 122 + 1098,00 EUR
Kosten = 2682,78 EUR

y = 21,99 EUR * 122
Umsatzerlöse = 2682,78 EUR
Wie man sieht, sind die Kosten und die Umsatzerlöse gleich.
Somit liegt der Punkt ab dem die Kosten durch die Produktion und den Verkauf der Ersatzteile gedeckt werden, bei 122 Ersatzteilen.
Bis zur Herstellung der Ersatzteile in Menge von 122 ist der Unternehmer in der Verlustzone.
Ab der Herstellung des 123. Ersatzteils kommt er in die Gewinnzone und die Umsatzerlöse für die hergestellten und verkauften weiteren Ersatzteile werden dem Unternehmer Gewinn bringen.
Um die 2. Frage zu beantworten, setzt man an die Stelle von >x< die Zahlen 80. und 260. ein und berechnet.

a)   y = 12,99 EUR * 80 + 1098,00 EUR
Kosten = 2137,20 EUR
y = 21,99 EUR * 80
Umsatzerlöse = 1759,20 EUR
Verlust = Umsatzerlöse - Kosten
Verlust = 1759,20 - 2137,20
Verlust = - 378,00 EUR

43

b)  y = 12,99 EUR * 260 + 1098,00 EUR
    Kosten = 4475,40 EUR
    y = 21,99 * 260
    Umsatzerlöse = 5717,40 EUR
    Gewinn = Umsatzerlöse – Kosten
    Gewinn = 5717,40 – 4475,40
    Gewinn = 1242,00 EUR

Wie errechnet man die Höhe der fixen Kosten bei 90. verkauften Teilen, die die Erreichung der Nutzenschwelle ermöglichen?
Man setzt an die Stelle ›x‹ die Zahl 90. ein und man rechnet unter Anwendung der Formel für die proportionale Gleichung (y = mx) die Höhe der Umsatzerlöse aus.
y = 21,99 EUR * 90
Umsatzerlöse = 1979,10 EUR

Jetzt wendet man die Formel zur linearen Gleichung (y = mx + b) an und ermittelt die Höhe der fixen Kosten, die die Erreichung der Nutzenschwelle bei der Herstellung 90. Ersatzteile ermöglichen.
1979,10 EUR = 12,99 EUR * 90 + b
b (fixe Kosten) = 1979,10 – 12,99 * 90
b (fixe Kosten) = 810,00 EUR
Probe:
Kosten = 12,99 * 90 + 810 = 1979,10 EUR
Umsatzerlöse = 21,99 * 90 = 1979,10 EUR

*Und die Proportionen zu Veränderungen der Herstellungskosten werden wieder den Marktpreisen der Güter (Ware, Leistungen) und den erwünschten Gewinnen (Erträgen) der Unternehmen angepasst.*
Auf welche Weise wird die Anpassung der Herstellungskosten, einschließlich der Arbeitnehmerentgelte (Gehälter, Löhne) der Unternehmen mit den Marktpreisen der Güter (Ware, Leistungen) umgesetzt?
Die Geschäftsführungen der Unternehmen bzw. die einzelnen Unternehmer müssen die Angebote auf die Güter (Ware, Leistungen) ihrer Lieferanten überprüfen. Das heißt, dass sie von verschiedenen Angeboten auf die Güter (Ware, Leistungen) und einschließlich auf die Arbeitnehmerentgelte (Gehälter, Löhne) die passende bzw. die günstige für sie auswählen müssen. Über die passende bzw. die günstige Angebote kann man nur unter Anwendung der Proportionen, die durch die Prozentsätze ausgedrückt werden, urteilen.
I.   Mit einem Beispiel zur Berechnung der günstigen Höhe der Gehälter der Unternehmen zeige ich meinen Lesern, wie sich ihre Veränderungen ebenso nach Proportionen ereignen.
Herr K. Müller bewarb sich als Handelsvertreter bei einem Unternehmen und bekam zwei verschiedene Gehaltsangebote.

Angebot - A.: Er sollte ein Grundgehalt von 1.200,00 EUR bekommen und 2,5 % auf alle von ihm verkauften Güter (Ware) im Monat.

Angebot – B.: Er sollte ein Grundgehalt von 800,00 EUR bekommen und 4 % auf alle von ihm verkauften Güter (Ware) im Monat.

Ich wende wieder die folgende Formel an:

$y = m * x + b$

Für die Berechnung der Höhe der Umsätze, die Herr Müller in beiden Fällen leisten sollte, um das gleiche Gehalt zu bekommen, wandelt man die Prozentsätze der Umsätze in die Faktoren um, die man dann an die Stelle $m$ in den Gleichungen einsetzten sollte.

2,5 % : 100 = 0,025 (Faktor)

4 % : 100 = 0,04 (Faktor)

$y = 0,025 * x + 1200,00$ EUR

$y = 0,04 * x + 800,00$ EUR

$0,025 * x + 1200,00 = 0,04 * x + 800,00$

$0,025 * x - 0,04 * x = -1200,00 + 800,00$

$-0,015 * x = -400,00$ I : (-0,015

$x = 26.666,67$ EUR (Umsatz)

Sollten die Umsatzerlöse von Herrn Müller die Höhe von 26.666,67 EUR im Monat erreichen, dann würde sein Gehalt von 1866,67 EUR hoch sein.

Sollten die Umsatzerlöse die Höhe von 26.666,67 EUR nicht erreichen, dann wäre für Herr Müller das Angebot A. günstiger und für das Unternehmen würde das Angebot unwirtschaftlich sein.

Bei einem höheren Umsatz als 26.666,67 EUR würde für Herr Müller das Angebot B. günstiger und für das Unternehmen das Angebot unwirtschaftlich sein.

II. Mit ein paar Beispielen zu Berechnungen der günstigen Angebote für Anschaffungen der Rohstoffe oder Rohmaterial bzw. für die Auswahl der Lieferanten von Strom usw. zeige ich meinen Lesern, wie sich die Unterschiede ebenso nach Proportionen ereignen.

1) Ein Stromversorger bietet einem Unternehmen zwei Angebote für die Stromversorgung an.

Tarif A: Grundgebühr 80,00 EUR und Verbrauchspreis von 0,2553 EUR pro kWh.

Tarif B: Grundgebühr 50,00 EUR und Verbrauchspreis von 0,2653 EUR pro kWh.

Für welchen Tarif sollte sich das Unternehmen entscheiden?

Für die Berechnung wendet man wieder die Formel $(y = m * x + b)$ an.

Tarif A: $y = 0,2553$ EUR $* x + 80,00$ EUR

Tarif B: $y = 0,2653$ EUR $* x + 50,00$ EUR

0,2553 * x + 80,00 EUR = 0,2653 * x + 50,00
0,2553 - 0,2653 = - 80,00 + 50,00
- 0,01 EUR * x = - 30,00   I : (- 0,01
x =  3000 kWh


Würde das Unternehmen jeden Monat Strom weniger als 3000 kWh verbrauchen, dann würde das Angebot nach dem Tarif B für das Unternehmen günstiger als das Angebot nach dem Tarif A.

0,2553 EUR * 2700 kWh + 80,00 EUR = 769,31 EUR
0,2653 EUR * 2700 kWh + 50,00 EUR = 766,31 EUR

Falls das Unternehmen jeden Monat Strom mehr als 3000 kWh verbrauchen würde, dann würde das Angebot nach dem Tarif B für das Unternehmen unwirtschaftlich und das Angebot nach dem Tarif A günstiger sein.

0,2553 EUR * 5000 kWh + 80,00 EUR = 1356,50EUR
0,2653 EUR * 5000 kWh + 50,00 EUR = 1376,50 EUR

2) Ein Unternehmen produziert aus Kunststoff (Plastik-Granulat) Güter (Ware).

Jeden Monat verbraucht das Unternehmen 520 t = 520 000 kg Granulat für die Herstellung der Güter (Ware).

Dem Unternehmen liegen 2. Angebote vor:

a) Angebot (A) - von einem Unternehmen aus Belgien, das das Material (Plastik-Granulat) zum Preis je 1. kg für 1,66 EUR verkauft. Für die Lieferung des Materials mit LKW betragen die Kosten 8114,40 EUR.

b) Angebot (B) – von einem Unternehmen aus Frankreich, das das Material (Plastik-Granulat) zum Preis je 1. kg für 1,40 EUR verkauft. Für die Lieferung des Materials mit LKW betragen die Kosten 13910,40 EUR.

Das günstige Angebot sollte man wieder unter Anwendung der Formel *(y = m * x + b) ermitteln.*

y = 1,66 EUR * x + 8114,40 EUR
y = 1,40 EUR * x + 13910,40 EUR


1,66 * x + 8114,40 = 1,40 * x + 13910,40
1,66 * x - 1,40 * x = - 8114,40 + 13910,40


0,26 EUR * x = 5796,00   I : 0,26
x = 22292,308 kg


Also, wenn das Unternehmen 22292,308 kg Material (Plastik-Granulat) einkauft, dann werden die Kosten gleiche sein.

A. 45119,63 EUR = 1,66 EUR * 22292,308 kg + 8114,40 EUR
B. 45119,63 EUR = 1,40 EUR * 22292,308 kg + 13910,40 EUR

Sollte das Unternehmen weniger Material (Plastik-Granulat) einkaufen, wie z. B.
20000 kg, dann würde das Angebot (A) günstiger als Angebot (B) sein.

A. 41 314,40 EUR = 1,66 EUR * 20000 kg + 8114,40 EUR
B. 41 910,40 EUR = 1,40 EUR * 20000 kg + 13910,40 EUR

Falls das Unternehmen mehr Material (Plastik-Granulat) einkaufen würde, wie z. B.
520000 kg, dann würde das Angebot (B) günstiger als Angebot (A) sein.

A. 871 314,40 EUR = 1,66 EUR * 520 000 kg + 8114,40 EUR
B. 741 910,40 EUR = 1,40 EUR * 520 000 kg + 13910,40 EUR

*Wie man sieht, werden jedes Mal beim Kalkulieren der betrieblichen Kosten und der erwünschten Erträge der Unternehmen nach den richtigen Proportionen gesucht, um mehr Gewinne zu erzielen oder in schlimmsten Fällen kostendeckend zu produzieren.*

*Sollten die Herstellungskosten der Unternehmen zu hoch sein, dann werden sich die Geschäftsführungen der Unternehmen bzw. die einzelne Unternehmer entweder nach günstigen Angeboten erkundigen oder im eigenen Unternehmen Informationen über mögliche Reserven beschaffen, um die Herstellungskosten zu reduzieren.*

## 8. Auslegung der Begriffe ›Die Proportion‹ und "Die Antiproportion"

Um die Verstandesbegriffe ›Die Proportion‹ und ›Die Antiproportion‹ bzw. ›Die Disproportion‹ für die Aufklärung der Entwicklungen der ökonomischen Verhältnisse der Unternehmen rationeller zu gebrauchen, sollte man ihr Wesen und ihre Bedeutungen kennen.
Meine Transzendentale Philosophie lernt, dass man die Verstandesbegriffe durch ihre Zergliederung erläutern sollte; dass man dadurch erkennen kann, was in diesen Begriffen enthalten ist.

Analyse und Synthese dieser Begriffe geben uns die Möglichkeit *a priori* ihre Inhalte zu erkennen.
Die Bedeutungen der oben genannten Begriffe kläre ich wie immer mittels der grammatikalischen Auslegung auf.
Der Verstandesbegriff ›Die Proportion‹ ist ein lateinischer Begriff und besteht aus der Vorsilbe (dem Präfix) ›pro‹ und dem Begriff ›Die Portion‹.

Der Begriff ›pro‹ bedeutet: Zu, für, jeweils, je.
Und als Vorsilbe bzw. als Präfix hat er den Sinn der zustimmenden Einstellung.
Der Begriff ›Die Portion‹ ist ein lateinischer Begriff und bedeutet eine abgemessene bzw. ausgewogene Menge oder ein abgemessener Anteil an einem Gegenstand (Sache, Ding, Substanz).

Daraus kann gesagt werden, dass der Verstandesbegriff ›Die Proportion‹ eine Bedeutung von Größenverhältnissen hat, in der die Anteile der Teilen oder der Gegenteilen eines Gegenstandes im Verhältnisse zueinander abgemessene bzw. passende sind, und dass dadurch zwischen den Teilen bzw. der Gegenteilen eines Gegenstandes ein proportionales Verhältnis entsteht.

Somit hat der Begriff ›Die Proportion‹ die Bedeutung des Größenverhältnisses verschiedener Teile bzw. Gegenteile eines Ganzen zueinander sowie das Verhältnis der Größe eines Teils bzw. eines Gegenteils zur Größe des Ganzen.

Da die betrieblichen Herstellungskosten und die Erträge der Unternehmen sich als Gegenteile eines Ganzen bzw. eines ökonomischen Verhältnisses entwickeln, und ihre Anteile zueinander in Proportionen mit Methoden der Mathematik ermittelt werden, sollte man auch andere Bedeutungen des Begriffes ›Die Proportion‹ kennen.
Von daher erkläre ich die Bedeutungen der verschiedenen Gleichungen, die durch die mathematische Formel ausgedrückt und in der Praxis angewandt werden.

Eine Gleichung der Form $\frac{a}{b} = \frac{c}{d}$ bzw. $\frac{b}{a} = \frac{d}{c}$ nennt man Verhältnisgleichung oder Proportion. In solchen Proportionen verhalten sich a zu b wie c zu d bzw. b zu a wie d zu c. Das bedeutet, dass die Quotienten von den gegenüberstehenden Brüchen gleiche sind. Sollten die Quotienten ungleiche sein, dann werden weder eine Proportion noch eine Verhältnisgleichung vorhanden sein.

Damit beantworte ich die Bedeutung des Begriffes ›Die Proportion‹ als Verhältnis von verschiedenen Größen, deren Gleichungen sich in den gleichen Quotienten zweier oder mehrerer Zahlen äußern.
Wenn man einige Verhältnisgleichungen in Betracht zieht, in denen sich verschiedene physikalische Entwicklungshergänge der Gegenstände (Dinge, Substanzen) widergeben, wie z. B. bei:

Flächenberechnungen von:
A = a * a (Quadrat);
A = a * b (Rechteck);
$A = \frac{G * h}{2}$ (Dreieck);

$A = G * h$ (Parallelogramm);

$A = \frac{a+c}{2} * h$ (Trapez);

$A = \frac{d * D * \pi}{4}$ (Ellipse);

$A = \frac{\pi * d2}{4}$ bzw. $A = \pi \, r^2$ (Kreisfläche);

$A = (D^2 - d^2) * \frac{\pi}{4}$ bzw. $A = \pi \, (r_1^2 - r_2^2)$ (Fläche eines Kreisringes).

Volumenberechnung von:
$V = a * a * a$ (Würfel);
$V = a * b * c$ (Quader);
$V = G * h$ (Prisma);
$V = \frac{d2 * \pi}{4} * h$ (Zylinder).

Berechnungen von:
$m = \varrho * V$ (Masseberechnung);

$v = \frac{s}{t}$ (Geschwindigkeitsberechnung);

$G = m * g$ (Gewichtskraftberechnung);

$F_1 * l_1 = F_2 * l_2$ (Hebelgesetz);

$F_R = \mu * F_N$ (Haft- und Gleitreibung);

$F_R = \mu * F_N$ (Reibung am Zapfen);

$M_R = F * \mu * \frac{D+d}{4}$ ( Reibung am Ringzapfen);

$W = \mu * F_N * s$ (Reibungsarbeit);

$F * s = F_G * h$ (Flaschenzug);

$W = F * s$ (Mechanische Arbeit);

$W = P * t$ (Mechanische Arbeit);

$W = F_G * h$ (Hubarbeit);

$P = \frac{W}{t}$ (Mechanische Leistung);

$P = F * v$ (Leistung bei Drehbewegung);

$\Delta V = V_1 * \dot{\alpha}_V * (t_2 - t_1)$ (Volumenänderung);

$\Delta t = t_2 - t_1$ (Temperaturdifferenz);

$\Delta V = V_1 * \dot{\alpha}_V * \Delta t$ (Volumenänderung);

$Q = m * c * (t_2 - t_1)$ (Wärmemenge und spezifische Wärmekapazität);

$\Delta t = (t_2 - t_1)$ (Temperaturdifferenz);

$Q = m * c * \Delta t$ (Wärmemenge);

$P = U * I$ (Elektrische Leistung);

$W = U * I * t$ (Elektrische Arbeit);

dann merkt man, dass sich jede Gegenstände (Dinge, Substanzen) durch die Proportionen ihrer Teile bzw. ihrer Gegenteile entwickeln (entstehen, sich verändern, übergehen in einen anderen Zustand); dass sich in den Gleichungen jedes Vergrößern bzw. jedes Verkleinern sowohl der Teile bzw. der Gegenteile als auch der ganzen Gegenstände (Dinge, Substanzen) äußern; um wie viel sich deren Teile vergrößern bzw. verkleinern, um so viel vergrößern sich bzw. verkleinern sich die Gegenstände (Dinge, Substanzen) selbst.

Eben zur Verdeutlichung der Gänge der Entwicklungen der Gegenstände (Dinge, Substanzen) durch die Proportionen und die Antiproportionen führe ich die oben genannten Verhältnisgleichungen an.

Die Größe von jedem Teil der Gegenstände (Dinge, Substanzen) wird ebenso durch die proportionalen Umstellungen der Verhältnisgleichungen ermittelt werden, wie beispielsweise Durchmesser vom Kreis:

$A = \frac{\pi * d2}{4}$ bzw. $A = \pi\ r^2$ (Kreisfläche);

$d^2 = \frac{\sqrt{A * 4}}{\pi}$

$r^2 = \frac{\sqrt{A}}{\pi}$

Jedes Mal behaupte ich, dass sich auf solche Weise nicht nur die Gegenstände (Dinge, Substanzen) der Natur, sondern auch Gegenstände (Dinge, Substanzen), die durch die Tätigkeiten der Menschen für die Herstellung bzw. für die Produktion der Güter (Ware) verwendet werden, entwickeln.
Und adäquat ändern sich auch die Proportionen der Kosten der Unternehmen.

Ferner sollte man die Bedeutung des Begriffes ›Die Proportion‹ für die mathematische Ermittlung der veränderbaren Größen kennen, die mittels der proportionalen bzw. linearen Funktionen festgestellt werden.

Über die Anwendung der proportionalen Funktion f(x) = m * x bzw. y = m * x und der linearen Gleichung mit den zwei Variablen x und y (y = m * x + b) gehe ich im Detail in den nächsten Abschnitten meines Werkes ein.

Sollten sich durch die Ausdehnungen (Vergrößern oder Verkleinern) der Teile bzw. der Gegenteile der Gegenstände (Dinge, Substanzen) zwischen ihnen Missverhältnisse bzw. Unverhältnismäßigkeiten gestalten, dann zerstören sich dadurch die Verhältnisgleichungen und ihre Entwicklungen nehmen umgekehrte Wendung an.

Diese Phase in den Entwicklungen der Gegenstände (Dinge, Substanzen) dauern solange, bis sich durch die neuen Proportionen neue Verhältnisgleichungen gestalten.

Sobald sich neue Verhältnisgleichungen gestalten, kommen zu Vollendungen die Veränderungen der ganzen Gegenstände (Dinge, Substanzen) bzw. zu Entstehungen der neuen Gegenstände (Dinge, Substanzen).
Deshalb erläutere ich die Bedeutungen der Verstandesbegriffe ›Die Antiproportion‹ bzw. ›Die Disproportion‹.

50

Ich wende den Begriff ›Die Antiproportion‹ an, weil ich glaube, dass man durch die Erläuterung ihrer Bedeutung mehr den Unterschied zwischen proportionalen und antiproportionalen Entwicklungen der Gegenstände (Dinge, Substanzen) klar machen kann und außerdem kann man dadurch auch den Inbegriff ›Die antiproportionale Zuordnung‹ verständlicher machen.

Wie gesagt der Begriff wurde aus dem Begriff ›Die Proportion‹ und der Vorsilbe (dem Präfix) ›anti‹ gebildet.

In der griechischen Sprache ist das Wort ›anti‹ eine Präposition und als Vorsilbe bzw. als Präfix hat es die Bedeutung ›gegen‹ bzw. ›wider‹ oder ›anstelle von‹.

Wenn man jetzt die Auslegung unter Anwendung der Präpositionen aus deutscher Grammatik ›gegen‹, ›wider‹ durchführt, dann wird es heißen, dass man mit dem Begriff auch ein Größenverhältnis ausdrückt, aber das Verhältnis sollte ein unpassendes, unausgewogenes, unverhältnismäßiges sein, sozusagen ein Missverhältnis.

In allen meinen Werken wende ich den Verstandesbegriff ›Die Antiproportion‹ an und bringe ich zum Ausdruck die Unverhältnismäßigkeit zwischen einiger betrieblichen Aufwendungen und den Erträgen der Unternehmen zueinander, und dass dadurch ein antiproportionales ökonomisches Verhältnis entsteht.

Die Begriffe ›proportional‹, ›proportioniert‹ haben adäquate bzw. entsprechende Bedeutungen, weil sie dem Begriff ›Die Proportion‹ entstammen.
Und die Begriffe ›antiproportional‹, ›antiproportioniert‹ stammen aus dem Begriff ›Die Antiproportion‹ und haben adäquate bzw. entsprechende Bedeutungen.

Um besser die Auswirkungen der Proportionen auf die Entwicklungen der einzelnen betrieblichen Aufwendungen und der Erträge der Unternehmen zu verstehen, wende ich die Methoden der Mathematik zu Erläuterungen der Bedeutungen der Begriffe ›proportional‹ und ›antiproportional‹ an.

Der Begriff ›proportional‹ bedeutet eine Zuordnung, in der der Eingabegröße, wie z. B. dem Doppelten, dem Dreifachen, dem Vierfachen, dem Fünffachen usw. die entsprechende Ausgangsgröße gehört, nämlich das Ergebnis verändert sich doppelt, dreifach, vierfach, fünffach usw.
Die Entwicklungen (Entstehungen, Veränderungen) der betrieblichen Aufwendungen bzw. der betrieblichen Herstellungskosten sowie der Erträge der Unternehmen ereignen sich stets nach bestimmten Proportionen oder Antiproportionen und dementsprechend redet man von einer proportionierten bzw. einer antiproportionierten Entwicklung und die Begriffe heißen ›proportioniert‹ oder ›antiproportioniert‹.

In Bezug auf die ökonomischen Verhältnisse der Unternehmen kann gesagt werden, dass, wenn sich die Kalkulation der betrieblichen Herstellungskosten und der Erträge der Unternehmen nach bestimmten Proportionen ereignet, und das geschieht auch genauso, dann spricht man von einer proportionierten Entwicklung der betrieblichen Kosten und der Erträgen der Unternehmen.

Und wenn die Unternehmen die Güter (Ware) wegen ihrer schlechten Gebrauchswerten gegen niedrige bzw. Spottpreise verkaufen müssen, dann können in die Preise der Güter (Ware) nicht nur die erwünschten Erträge, sondern auch einige Kosten nicht mehr mit einkalkuliert werden.

In solchen Fällen spricht man von antiproportionierten Entwicklungen der betrieblichen Herstellungskosten und der Erträge der Unternehmen.

Durch die Ergebnisse der Handlungs- und Rechtsgeschäften aller Unternehmen jeder Volkswirtschaft bilden sich die Teile des Sozialproduktes jedes Landes, in dessen Verhältnissen zueinander spiegelt sich der Durchschnittswert der gesamten Aufwendungen und der gesamten Gewinne aller Wirtschaftssubjekten wider.

Dadurch gestaltet sich eine Proportionalität in ihren Verhältnissen, die ebenso eine Verhältnisgleichung bildet.

$$\frac{N}{P} = \frac{A + U + S + V}{P}$$ (Nettowertschöpfung zum Produktionswert des Sozialproduktes)

N – Nettowertschöpfung;
P – Produktionswert des Sozialproduktes;
A – Arbeitnehmerentgelt (Gehälter, Löhne);
U – Einkommen der Unternehmer, einschließlich Gewinne;
S – Einkommen der Selbständigen;
V – Vermögenseinkommen (Zinsen, Miete).

Aber im Gegensatz zu Verhältnisgleichungen, die die physikalischen Entwicklungen der Gegenstände (Dinge, Substanzen) widerspiegeln, bilden sich die Verhältnisgleichungen in den ökonomischen Verhältnissen der Unternehmen und folglich die Teile der Sozialprodukte rein durch die Handlungs- und Rechtsgeschäfte der Unternehmen, nämlich nur durch die Tätigkeiten der Menschen.

*Und die Gestaltung der Kurse der nationalen Währungen und der internationalen Währungen, dazu zähle ich sowohl den US-Dollar als auch den EURO, haben ihren Ursprung in den ökonomischen Verhältnissen der Unternehmen der jeweiligen Volkswirtschaften.*

Jede Werte der Güter (Ware, Leistungen), ob es sich um ihren Gebrauchswerte oder ihren Herstellungskosten handelt, werden im Endergebnis auf den Märkten durch ihre Preise ausgeprägt.

Die Gebrauchswerte der Güter (Ware, Leistungen) beeinflussen das Streben der Menschen zum Erwerb der Güter (Ware, Leistungen), das sich in den Nachfragen der Kunden nach den Gütern (Waren), äußert.

Und in dem Preise jedes Gutes (Ware, Leistung) sind bestimmte Anteile der betrieblichen Herstellungskosten und die Anteile der erwünschten Erträge (Gewinne) der Unternehmen nach entsprechenden Proportionen und in schlimmsten Fällen nach entsprechenden Antiproportionen mit einkalkuliert, die sich im Verhältnisse zueinander entweder  proportioniert oder antiproportioniert befinden.

Wer meine Bücher gelesen hat, weiß Bescheid, dass ich dieses Verhältnis mit dem Inbegriff ›Das ökonomische Verhältnis‹ bezeichnet habe.
Es ist ohne Unterschied in welchem Bereiche man die Entwicklungen (Entstehungen, Veränderungen) der Gegenstände (Dinge, Substanzen) und ihrer Bestandteile untersucht, wendet man dafür die Methoden der Mathematik an.

## 9. Das Vermögen zur Verwirklichung der Veränderungen der ökonomischen Verhältnisse der Unternehmen

Die Proportionen und die Antiproportionen als Vermögen zu Verwirklichungen der Entwicklungen der betrieblichen Herstellungskosten bzw. der Aufwendungen und der Erträge der Unternehmen bewirken ihre Veränderungen in einer Verhältnisgleichung oder Verhältnisungleichung zueinander und folglich verändern sich entsprechend alle ökonomischen bzw. Produktionsverhältnisse der Unternehmen, die nach sich die Veränderungen der Verhältnisse der jeweiligen Teile des Produktionswertes des Sozialproduktes zueinander ziehen, die zur Folge die Veränderungen der Kaufkraft und des Wertes des Geldes haben.

Sollte der Staat einige Staatseinnahmen (Steuer, Sozialversicherungsbeiträge, andere Abgaben) verändern, dann verändern sich ebenso verhältnisgleich nach den Proportionen bzw. verhältnisungleich nach den    Antiproportionen die betrieblichen Herstellungskosten bzw. die Aufwendungen und die Erträge der

Unternehmen, die zur Folge auch die Veränderungen der Verhältnisse der jeweiligen Teile des Produktionswerteses des Sozialproduktes zueinander haben, und bewirken die Veränderung der Kaufkraft und des Wertes des Geldes.

*Um meine Auffassung von den Begriffen ›Die Proportion‹ und ›Die Antiproportion‹ als Vermögen im Sinne der Fähigkeit bzw. der Begabung zur Verwirklichung der Veränderungen der ökonomischen Verhältnisse der Unternehmen zu verdeutlichen, entwickelte ich in meinen Werken meine Definition zur philosophischen Kategorie ›Materie‹.*

Die Entwicklung meiner Definition zur philosophischen Kategorie ›Materie‹ hat folgenden Zweck:

1) Die Definition soll jeden Forscher auf den Gedanken bringen, dass man in den ökonomischen Verhältnissen der Unternehmen die objektiven Kräfte erkennen soll, die man mit Sinnesorganen nicht wahrnehmen und erkennen kann. Das ist gerade der Gegenstand der Wissenschaft-Philosophie.

2) Meine Definition der philosophischen Kategorie ›Materie‹ hilft eben das Vermögen zu Verwirklichungen der Veränderungen der ökonomischen Verhältnisse der Unternehmen zu erkennen; dass als Vermögen ihrer Veränderungen die Folgen der mathematischen Proportionen bzw. Antiproportionen sind.

3) Dadurch erkennt man auch, dass die Verwirklichung des Prinzips der freien Marktwirtschaft ›Äquivalent für Äquivalent‹ mittels der Proportionen bzw. der Antiproportionen herbeigeführt wird; dass die Verwirklichungen durch Tätigkeit der Menschen bewirkt werden, die dabei die mathematischen Regeln über die Proportionen und die Antiproportionen anwenden.

*Sollte man die Bedeutung meiner Definition der philosophischen Kategorie ›Materie‹ für das Begreifen der Entwicklung der ökonomischen Verhältnisse der Unternehmen verstehen, dann wird man auch fassen, dass meine Theorie kein Körnchen vom Materialismus enthält, und umgekehrt; dass meine Definition die Widerlegung der Lehre des Materialismus in Bezug auf die Entwicklungen der ökonomischen Verhältnisse der Unternehmen ist.*

Ich wiederhole meine Definition zur philosophischen Kategorie ›Materie‹.

›Unter ›Materie‹ als philosophische Kategorie verstehe ich vorrangige (primäre) körperliche bzw. unkörperliche Eigenschaften, Beschaffenheit (Systemen, Strukturen, Funktionen) der Substanzen (Gegenständen, Dingen, Stoffen) sowie ihrer Bestandteilen, die unabhängig vom menschlichen Wissen existieren können, und eben die bewirkende Kräfte sind, nach denen sich die Substanzen bzw. ihre Bestandteile während ihren Entwicklungen ordnen; die ihre Entwicklungen in einer bestimmten Aufeinanderfolge bestimmen, und den Entwicklungen einen Charakter zur Gesetzmäßigkeit geben.‹ [10]

Die philosophische Kategorie ›Materie‹ bringt uns auf den Gedanken, dass sowohl in den Lebenswesen der Natur (Dingen, Substanzen) als auch in den anderen Daseinsformen innewohnende Eigenschaften, Beschaffenheit vorhanden sind, die ihren Entwicklungen (Entstehungen, Veränderungen) einen objektiven Charakter geben, d. h. dass solche Eigenschaften, Beschaffenheit nicht nur ohne menschliches Bewusstsein existieren können, sondern auch ihre Entwicklungen vorausbestimmen.

Die Anwendung der philosophischen Kategorie ›Materie‹ zur Verdeutlichung der bewirkenden Kräfte der Entwicklungen der Produktionsverhältnisse der Unternehmen heißt noch gar nicht, dass man bei den Forschungen der Entwicklungen der Produktionsverhältnisse der Unternehmen die Tätigkeiten (Handlungen) der Menschen, die durch ihr Anstreben nach Vermögensvermehrung geprägt werden, ignorieren sollte.

Im Gegenteil, man sollte die Auswirkungen der Proportionen bzw. der Antiproportionen als Vermögen zur Verwirklichung der Entwicklungen der ökonomischen Verhältnisse der Unternehmen erkennen, um richtige Maßnahmen treffen zu können.
Wie gesagt, ich untersuche die Entwicklungen der betrieblichen Aufwendungen und der Erträge der Unternehmen in einem Verhältnisse zueinander.

Die quantitativen Entwicklungen der betrieblichen Aufwendungen und der Erträge der Unternehmen ereignen sich nicht nur in einem Verhältnisse miteinander, sondern müssen zueinander in bestimmten Proportionen stehen, weil sich dadurch die Verhältnisse der Teile des Produktionswertes des Sozialproduktes und mithin der Wert und die Kaufkraft des Geldes bilden.

Während die Proportion das Vermögen zur Gleichsetzung in den Entwicklungen zweier oder mehrerer gegensätzlichen Bestandteilen eines Verhältnisses hat, besitzt die Antiproportion das Vermögen zur Ungleichsetzung in den Entwicklungen zweier oder mehrerer gegensätzlichen Bestandteilen eines Verhältnisses, und dementsprechend bewirken sie die Veränderungen der Anteile der gegenteiligen

---

[10] Hahn, Waldemar, ›Dialektik und Funktion der Äquivalenz in Produktionsverhältnissen‹, dialektische Forschungsmethode der Philosophie, 2. Auflage, ›Boxberger Verlag-Marsberg‹, 2007, Seite 133.

betrieblichen Aufwendungen und der Erträge der Unternehmen, die zueinander in einem Verhältnisse stehen.

Die Grenzen der quantitativen Veränderungen der betrieblichen Aufwendungen und der Erträge der Unternehmen werden eben durch die Veränderungen der Proportionen bzw. der Antiproportionen in ihren Verhältnissen zueinander vorausbestimmt.

Unter Anwendung der Lehre der Mathematik über die arithmetische Proportion (Verhältnisgleichung) bzw. die Antiproportion (Verhältnisungleichung) mache ich offensichtlich die Auswirkungen ihrer Beschaffenheit zur Verwirklichung der Veränderungen der Anteile der bezüglichen betrieblichen Aufwendungen und der Erträge der Unternehmen und mithin die Veränderungen der Proportionalität in ihren Verhältnissen.

Ganz kurz mit ein paar Beispielen mache ich ersichtlicher, wie sich die Verhältnisse zwischen den betrieblichen Aufwendungen und den Erträgen der Unternehmen verändern.
Zunächst beschreibe ich die Auswirkungen der Staatseinnahmen auf die Veränderungen der ›Angeordneten Aufwendungen‹ der Unternehmen und mithin auf ihre Verhältnisse zu den anderen betrieblichen Aufwendungen und den Erträgen der Unternehmen, die mit ihnen in Beziehung stehen.

Durch die Erhöhung bzw. durch die Reduzierung der Staatseinnahmen der Unternehmen erhöht sich bzw. vermindert sich der Anteil der entsprechenden betrieblichen Aufwendungen ›Angeordnete Aufwendungen‹ der Unternehmen, der sich als Ausgangspunkt für die Entstehung der neuen Proportionen in Verhältnissen zwischen den betrieblichen Aufwendungen der Unternehmen erweist, und die Anteile der betrieblichen Aufwendungen und der Erträge (Gewinne) der Unternehmen zu Veränderungen treibt.

Nehmen wir an, dass bei einem Unternehmen die ›Angeordnete Aufwendungen‹ in Höhe von 97.512,00 EURO, die Personalaufwendungen von 342.000,00 EURO, die ›Andere betrieblichen Aufwendungen‹ von 417.900,00 EURO und der Gewinn von 105.000,00 EURO bestehen.

Die Verhältnisse der Personalaufwendungen und den ›Anderen betrieblichen Aufwendungen‹ der Unternehmen zu den ›Angeordneten Aufwendungen‹ lauten:

342.000,00 EURO : 97.512,00 EURO = 3,507260645
417.900,00 EURO : 97.512,00 EURO = 4,285626384

Würden z. B. die Staatseinnahmen auf 5.000,00 EURO erhöht, was 5,13 % entspricht, dann würden auch die ›Angeordneten Aufwendungen‹ auf 102.512,00 EURO steigen.

Das ökonomische Verhältnis zwischen den betrieblichen Aufwendungen des Unternehmens verändert sich folgendermaßen:

342.000,00 EURO : 102.512,00 EURO = 3,336194787
417.900,00 EURO : 102.512,00 EURO = 4,076595911

3,336194787 : 3,507260645 = 0,951225222 (Faktor)
4,076595911 : 4,285626384 = 0,951225222

Das Verhältnis zwischen dem Gewinn des Unternehmers von 105.000,00 EURO und den Personalaufwendungen des Unternehmens lautet:

105.000,00 EURO : 342.000,00 EURO = 0,307017543 (Faktor)

Würden danach z. B. die ›Angeordnete Aufwendungen‹ bis auf 95.512,00 EURO reduziert, was 6,83 % ergibt, und die 7.000,00 EURO proportional in die Personalaufwendungen und in die ›Anderen betrieblichen Aufwendungen‹ des Unternehmens investiert, dann verändern sich die Verhältnisse proportioniert folgendermaßen.

7000.00 EURO : 759.900,00 EURO = 0,009211738

342.000,00 EURO * 0,009211738 = 3.150,414396 EURO
417.900,00 EURO * 0,009211738 = 3.849,58531 EURO

342.000,00 EURO + 3.150,414396 EURO = 345.150,414396 EURO (Personalaufwendungen)

417.900,00 EURO + 3.849,58531 EURO = 421.749,5853 EURO (Andere betrieblichen Aufwendungen)
345.150,414396 EURO : 95.512,00 EURO = 3,613686388 (Faktor)
421.749,5853 EURO : 95.512,00 EURO = 4,415671175

3,613686388 : 3,336194787 = 1,083176079 (Faktor)
4,415671175 : 4,076595911 = 1,083176079

Das Verhältnis zwischen dem Gewinn des Unternehmers von 105.000,00 EURO und den Personalaufwendungen des Unternehmens lautet:
105.000,00 EURO : 345.150,414396 EURO = 0,304215193 (Faktor)

Nehmen wir an, dass der Unternehmer geplant hat, den vorjährigen Gewinn von 105.000,00 EURO auch im laufenden Jahr zu erzielen.

Aber nach der Reduzierung der Staatseinnahmen von 102.512,00 EURO auf 95.512,00 EURO überlegte sich der Unternehmer anders: Anstatt die 7.000,00 EURO proportioniert in die Löhne, Gehälter und in die ›Andere betrieblichen Aufwendungen‹ des Unternehmens zu investieren, erhöht er seinen Gewinn von 105.000,00 EURO auf 112.000,00 EURO.

Dann verändern sich diese Verhältnisse folgendermaßen:
342.000,00 EURO : 95.512,00 EURO = 3,580701901
417.900,00 EURO : 95.512,00 EURO = 4,375366446

3,580701901 : 3,613686388 = 0,990872343 (Faktor)
4,375366446 : 4,415671175 = 0,990872343

Das Verhältnis zwischen dem Gewinn des Unternehmers von 112.000,00 EURO und den Personalaufwendungen des Unternehmens von 342.000,00 EURO lautet:

112.000,00 EURO : 342.000,00 EURO = 0,32748538 (Faktor)

Stellen wir uns vor, dass die Marktpreise auf die Rohstoffe, Rohmaterial usw. steigen, und der Unternehmer käme auf die Idee das angelegte Geld im Unternehmen umzuverteilen. Er reduziert die Löhne seiner Arbeitnehmer (Personalaufwendungen) auf 10 %, was 34.200,00 EURO ausmacht. Davon investiert er 20.200,00 EURO (5,91 %) in die ›Andere betrieblichen Aufwendungen‹ seines Unternehmens und 14.000,00 EURO (4,09 %) sollten sein Gewinn erhöhen.

Nach solch einer Umverteilung der betrieblichen Kosten des Unternehmens verändern sich die Verhältnisse zwischen den betrieblichen Aufwendungen und den Erträgen folgendermaßen:
342.000,00 EURO − 34.200,00 EURO = 307.800,00 EURO (Personalaufwendungen).
417.900,00 EURO + 20.200,00 EURO = 438.100,00 EURO (Andere betrieblichen Aufwendungen)
Die Verhältnisse der Personalaufwendungen sowie der ›Anderen betrieblichen Aufwendungen‹ zu den ›Angeordneten Aufwendungen‹ des Unternehmens lauten:
307.800,00 EURO : 95.512,00 EURO = 3,222631711
438.100,00 EURO : 95.512,00 EURO = 4,586858196
3,222631711 − 3,580701901 = − 0,35807019 * 95.512,00 EURO = − 34.200,00 EUR
4,586858196 − 4,375366446 = 0,21149175 * 95.512,00 EURO = 20.200,00 EUR

Die Verhältnisse der Gewinne des Unternehmers zu den Löhnen, Gehältern der Arbeitnehmer entsprechen:
342.000,00 EURO : 112.000,00 EURO = 3,053571429, wie ungefähr 3,05 EURO zu 1,00 EURO.
307.800,00 EURO : 126.000,00 EURO = 2,442857143, wie etwa 2,44 EURO zu 1,00 EURO

Die Verhältnisse zeigen, dass auf 1,00 EURO, den der Unternehmer durch Gewinne erzielt, 3,05 EURO bzw. 2,44 EURO aller Arbeitnehmer entfallen. Durch derartige antiproportionale Verteilungen der Arbeitnehmerentgelte (Löhne, Gehälter) und der Erträge (Gewinne) der Unternehmer verändert sich negativ die o. g. Proportionalität bei Verteilung der Arbeitnehmerentgelte zwischen den privaten Haushalten, was negative Auswirkung auf die Entwicklung der Kaufkraft des Geldes hat.

Sollte die Tendenz derartigen antiproportionalen Vergrößerungen der Erträge (Gewinne) der Unternehmen im Verhältnisse zu Arbeitnehmerentgelte (Löhne, Gehälter) innerhalb einer Volkswirtschaft zunehmen, dann kommt es zur umgekehrten Proportionalität, deren Auswirkungen auf die Entwicklungen der ökonomischen Verhältnisse der Unternehmen ich im Teil ›Das quantitative Verhältnis‹ meines Buches beschreibe.

Wie verändern sich die betrieblichen Aufwendungen und die Erträge der Unternehmen bei den Veränderungen der Marktpreise der Güter (Ware, Leistungen)?
Würden die Marktpreise der Güter (Ware, Leistungen) auf 4 % senken, dann würden auch die Anteile der Erlöse der Unternehmen senken, die die Gewinnspanne vermindern würden. In solchem Fall werden die Unternehmen die Anteile der entsprechenden Kosten der Unternehmen reduzieren.
Und umgekehrt, würden die Marktpreise der Güter (Ware, Leistungen) auf 4 % steigen, dann würden auch die Erlöse der Unternehmen und mithin die Gewinnspanne steigen.

In beiden Fällen würde es zu entsprechenden Veränderungen der Anteile der bezüglichen betrieblichen Kosten bzw. Aufwendungen und der Erträge der Unternehmen kommen.

Also, ob sich die Veränderungen der Anteile der betrieblichen Aufwendungen bzw. der Erlöse der Unternehmen durch Eingriffe des Staates, bzw. durch die Handlungen der Unternehmen bzw. durch die verändernden Marktpreise der Güter (Ware, Leistungen) ereignen, verlangen sie mindestens die proportionierten Veränderungen der Anteile der bezüglichen betrieblichen Aufwendungen bzw. der Anteile der Erträge (Gewinne) der Unternehmen.
Man sieht, dass jeder Proportion bzw. jeder Antiproportion der einigen betrieblichen Aufwendungen die übereinstimmenden Proportionen bzw. Antiproportionen von den anderen bezüglichen betrieblichen Aufwendungen bzw. von den Erträgen der Unternehmen entsprechen, die zur Folge entsprechende Veränderungen ihrer Anteile verlangen.

Die Proportionen bzw. die Antiproportionen verwirklichen die Veränderungen der Verhältnisse sowohl zwischen den betrieblichen Aufwendungen selbst als auch ihre zu den Erträgen der Unternehmen, deren Ergebnisse in den Produktionswert des Sozialproduktes des Landes fließen.

Die unternehmerischen Proportionen oder Antiproportionen beeinflussen die Veränderungen der Proportionalität in Verhältnissen der entsprechenden Teile des Produktionswertes des Sozialproduktes, durch die sich der Wert und die Kaufkraft des Geldes bilden.

In den Verhältnissen der Nettowertschöpfung zum Produktionswert des Sozialproduktes widerspiegeln sich in der Tat die Ergebnisse der Bewegungen der gesamten betrieblichen Aufwendungen und der gesamten Erträgen aller Unternehmen einer Volkswirtschaft.

Die Verteilungen des Volkseinkommens, nämlich der gesamten Arbeitnehmerentgelte (Löhne, Gehälter), Unternehmens- und Vermögenseinkommen, einschließlich der Einnahmen der Selbständigen bilden die rechtlichen, finanziellen und psychologischen Bestimmungen für die Entstehungen der Angebote der Güter (Ware, Leistungen) und der Nachfragen der Kunden nach den Gütern (Ware, Leistungen) auf den Märkten und mithin beeinflussen sie die Bildungen ihrer Marktpreise.

Deshalb betone ich, dass sich durch diese Verhältnisse die Wechselwirkung als Element der Kausalität in den Entwicklungen der betrieblichen Aufwendungen und der Erträge der Unternehmen auswirkt.

*Damit die Handlungs- und Rechtsgeschäfte der Unternehmen, der privaten Haushalten und der Einrichtungen des Staates zustande kommen können, müssen einerseits, die Güter (Ware, Leistungen) der Unternehmen bestmögliche Gebrauchswerte haben, und andererseits, muss sowohl auf den Binnenmärkten als auch auf den Auslandsmärkten das äquivalente Geld auftreten.*

Mit meiner Theorie mache ich ganz deutlich, dass nicht nur die Angebote der Güter (Ware, Leistungen) der Unternehmen, sondern auch die Nachfragen der Kunden nach ihnen für die Bestimmung der Höhe der Marktpreise der Güter (Ware, Leistungen) maßgeblich sind.

Ein Unternehmen kann für seine Güter (Ware, Leistungen) vom Markt nur so viel Geld holen, wie viel sich aus den Marktpreisen ergibt, deren Höhe im Endeffekt durch die Nachfragen der Kunden bestimmt werden.

Darum behaupte ich, dass maßgebend dafür nicht nur das Maß der Nettowertschöpfung ist, sondern entscheidend ist deren Verteilung zwischen den privaten Haushalten der gesamten Arbeitnehmerentgelte (Gehälter, Löhne), Unternehmens- und Vermögenseinkommen, einschließlich der Einnahmen der Selbständigen.

Sollte bei einigen privaten Haushalten für Befriedigung ihrer Bedürfnisse keine Geldmittel aus Arbeitnehmerentgelt, Unternehmens- und Vermögenseinkommen, Einkommen der Selbständigen vorhanden sein, oder sollten etlichen privaten Haushalte wegen ihrer Angewiesenheit auf die Staatshilfe kein Recht auf Erwerb irgendwelcher Güter (Ware, Leistungen) zustehen, dann kann auch keine Nachfrage von solchen privaten Haushalten nach den Güter (Ware, Leistungen) entstehen.

*Deshalb rede ich auch von rechtlichen, finanziellen und psychologischen Bestimmungen, die die Bildungen der Marktpreise prägen.*
Die Angewiesenheit der einigen privaten Haushalten auf die Staatshilfe bestimmt ihre Rechtsstellung auf Erwerb der Güter (Ware).

*Das Streben nach Vermögensvermehrung prädestiniert die psychologische Verfassung der Subjekte der Handlungs- und Rechtsgeschäfte, und zwar der Geschäftsführung, der Manager der Unternehmen, der einzelnen Unternehmer und der privaten Haushalte bzw. der Bürger, aber das Ausmaß der Nachfragen wird durch ihren finanziellen und rechtlichen Zustand bestimmt.*

Von daher ist sehr wichtig, dass sich durch die Handlungs- und Rechtsgeschäfte, besonders durch die Arbeitsverhältnisse der Unternehmen das Prinzip Äquivalent für Äquivalent ereignen würde.
Solche Maßnahmen hätten die Bildungen der richtigen Proportionalität in den oben genannten Verhältnissen und mithin die konjunkturellen Entwicklungen gefördert.

*Die rechtlichen, finanziellen und psychologischen Bestimmungen der Wirtschaftssubjekte (Unternehmen, Unternehmer) beeinflussen die Entstehungen der gesamtwirtschaftlichen Angebote:*
*- Die Menge der angebotenen Güter (Ware, Leistungen).*
*- Die Marktpreise der angebotenen Güter (Ware, Leistungen).*

Sowohl die Menge der angebotenen Güter (Ware, Leistungen) als auch ihre Preise werden durch die Herstellungskosten sowie durch die Gewinnspanne der Unternehmen, nämlich durch die Verhältnisse der betrieblichen Aufwendungen und der Erträge der Unternehmen beeinflusst.

Die rechtlichen, finanziellen und psychologischen Bestimmungen der Kunden (Unternehmen, Unternehmer, private Haushalte und Einrichtungen des Staates) beeinflussen die Entstehungen der gesamtwirtschaftlichen Nachfragen nach den Gütern (Ware, Leistungen):

- Konsumgüternachfragen werden durch das verfügbare Einkommen der privaten Haushalte beeinflusst.
Wie gesagt, maßgebend ist dabei die Verteilung der Arbeitnehmerentgelte (Löhne, Gehälter), Unternehmens- und Vermögenseinkommen zwischen den privaten Haushalten, sowie die Rechtsstellung der privaten Haushalte bzw. der Bürger auf Erwerb der Güter (Ware, Leistungen).
- Produktionsgüternachfragen werden durch Gewinne der Unternehmen beeinflusst.

Mittels solch einer Analyse zeige ich meinem Leser, dass sich das ganze Geldmittel, das den Kunden zur Verfügung steht und ihre Nachfragen nach den Gütern (Waren, Leistungen) bestimmt, durch die ökonomischen Verhältnisse der betrieblichen Aufwendungen und der Erträge der Unternehmen ereignet.

Dadurch ist nochmals verdeutlicht, dass sich die Nachfragen jeder Familie bzw. jedes privaten Haushaltes bzw. jedes Bürgers durch die Proportionen der betrieblichen Aufwendungen und der Erträge (Gewinne) der Unternehmen bilden.
Infolge der Wechselwirkung des Wertes und der Kaufkraft des Geldes verändern sich durch die Handlungs- und Rechtsgeschäfte der Unternehmen die Marktpreise der Güter (Ware, Leistungen), die zur Folge die proportionalen Veränderungen der betrieblichen Aufwendungen und der Erträge (Gewinne) der Unternehmen haben.

Jede Veränderungen der Anteile irgendwelcher betrieblichen Aufwendungen bzw. der Erträge der Unternehmen ziehen nach sich die entsprechenden proportionalen Veränderungen in den bezüglichen betrieblichen Aufwendungen und den Erträgen der Unternehmen.

Die Wechselwirkungen ereignen sich jedes Mal durch den neuen Wert und die neue Kaufkraft des Geldes, die sich durch die Verhältnisse der Teile des Produktionswertes des Sozialproduktes bilden, indem sie durch die Handlungs- und Rechtsgeschäfte der Unternehmen die Marktpreise der Güter (Ware, Leistungen) verändern und mithin verändern sie die Anteile der betrieblichen Aufwendungen und die der Erträgen der Unternehmen.

Dadurch entstehen auf solche Weise jedes Mal andere Anteile der betrieblichen Aufwendungen und andere Anteile der Erträge der Unternehmen, die durch die Anwendung der Proportionen bzw. der Antiproportionen verändert werden.

Dementsprechend verändert sich auch die Struktur des Produktionswertes des Sozialproduktes des Landes, der Wert und die Kaufkraft des Geldes.

Auf solche Weise wirkt sich das Axiom der Äquivalenz in Produktionsverhältnissen der Wirtschaftssubjekte (Unternehmen, Unternehmer) aus, wodurch die Menschen unter Anwendung der Proportionen bzw. der Antiproportionen die Anteile der betrieblichen Aufwendungen zueinander sowie zu den Erträgen verändern.

Somit bildet sich auch eine neue Proportionalität in Verhältnissen zwischen den Teilen des Produktionswertes des Sozialproduktes.

## 10. Die Entwicklungen der betrieblichen Aufwendungen und der Erträge der Unternehmen in einem Verhältnisse zueinander

Wie gesagt, ich betrachte die Entwicklungen der betrieblichen Aufwendungen und der Erträge (Gewinne) der Unternehmen, wie ein Ganzes, weil sie sich in einem ökonomischen Verhältnisse zueinander befinden.

Entwicklung der betrieblichen Aufwendungen der Unternehmen in einem Ganzen heißt, dass sich die gegensätzlichen betrieblichen Aufwendungen der Unternehmen in einem ökonomischen Verhältnisse miteinander, füreinander, zueinander und gegeneinander entwickeln.

Nimmt man die betrieblichen >Personalaufwendungen‹, die durch die Arbeit (Leistungen) der Arbeitnehmer und die >Anderen betrieblichen Aufwendungen‹ der Unternehmen, die durch die Anschaffungen der Produktionsgüter (Gebrauchs- und Verbrauchsgüter) entstehen, an, dann kann gesagt werden, dass sich ihre Entwicklungen miteinander, zueinander, füreinander und gegeneinander ereignen.

Nimmt man die betrieblichen Aufwendungen der Unternehmen, die durch die Gesetze des Staates >Angeordnete Aufwendungen‹ entstehen, einerseits, und andererseits, die betrieblichen >Personalaufwendungen‹, die durch die Arbeit (Leistungen) der Arbeitnehmer und die >Andere betrieblichen Aufwendungen‹ der Unternehmen, die durch die Anschaffungen der Produktionsgüter (Gebrauchs- und Verbrauchsgüter) entstehen, an, dann kann ebenso gesagt werden, dass sich ihre Entwicklungen miteinander, zueinander, füreinander und gegeneinander ereignen.

Was bedeutet das?

Das bedeutet:
- Dass sich alle betrieblichen Aufwendungen zueinander und zu den Erträgen (Gewinne) der Unternehmen in einer richtigen Proportionalität befinden müssen, die die Auswirkung des Axioms der Äquivalenz in den ökonomischen Verhältnissen bzw. in den Produktionsverhältnissen der Unternehmen fördern würden.

- Dass sich das Ganze im Sinne der gesamten Kostenverhältnisse zwischen den betrieblichen Aufwendungen und den Erträgen der Unternehmen, nur durch ihre Zusammensetzung in einem bestimmten Verhältnisse zueinander entwickeln können.

- Dass sich die einzelnen gegensätzlichen betrieblichen Aufwendungen der Unternehmen ebenso nur mit einander und füreinander in einem ökonomischen Verhältnisse entwickeln können, die auch zueinander eine richtige Proportionalität verlangen.

- Dass sich die Entwicklungen der betrieblichen Aufwendungen der Unternehmen miteinander, zueinander, füreinander und gegeneinander in einem ökonomischen Verhältnisse ereignen, wird durch die Eigenschaften, und die Beschaffenheit der betrieblichen Aufwendungen der Unternehmen verursacht, die ich im Detail in anderen Abschnitten beschreibe.
Und die Verursachungen werden durch die Handlungen bzw. Tätigkeiten der Geschäftsführungen der Unternehmen (Unternehmer, Manager usw.) herbeigeführt.

Eben darin besteht die Schwierigkeit der Erkennung der Ursachen und Wirkungen sowie der Wechselwirkungen und die Abgrenzung der Ursachen von den Wirkungen und den Wechselwirkungen in den Entwicklungen der ökonomischen Verhältnisse der Unternehmen, und dementsprechend erschwerte sich das Begreifen der Wirkung der objektiven Kraft, nämlich des Axioms der Äquivalenz in Produktionsverhältnissen der Unternehmen, und der Wirkung der subjektiven Kraft: Des Strebens nach Vermögensvermehrung.

Man kann die zusammengesetzten Teile eines Ganzen verderben, wenn man sie zu weit ausdehnt.

Hinsichtlich der betrieblichen Aufwendungen und besonders der ›Angeordneten Aufwendungen‹ der Unternehmen kann man von der zur weiten bzw. von der überschrittenen Ausdehnung reden, wenn die Staatseinnahmen entweder zu hoch oder zu niedrig angeordnet sind.

Aus der Lehre der Philosophie über ›das Positive‹ und ›das Negative‹, die ich in Bezug auf die Entwicklungen der Produktionsverhältnisse der Unternehmen entwickelt habe, folgt, dass in den Verhältnissen zwischen den gegensätzlichen betrieblichen Aufwendungen zueinander und den Letzten zu den Erträgen der Unternehmen die richtige Proportionalität vorhanden sein muss, die die Auswirkung des Axioms der Äquivalenz in Produktionsverhältnissen der Unternehmen fördern würde.

Eben durch die Erläuterungen der philosophischen Kategorien ›Das Positive‹ und ›Das Negative‹ klärt man die Bedeutung der Ausdehnungen bzw. der Größen der gegensätzlichen betrieblichen Aufwendungen der Unternehmen für die Auswirkungen ihrer Eigenschaften und ihrer Beschaffenheit auf, durch die sich ihr Miteinander, ihr Füreinander, ihr Zueinander und ihr Gegeneinander ereignen.

## 10.1. Einwirkungen der ›Angeordneten Aufwendungen‹ auf die ›Andere betrieblichen Aufwendungen‹ der Unternehmen

Die betrieblichen Aufwendungen der Unternehmen, die ihnen durch die Staatseinnahmen entstehen, wirken sowohl auf die Veränderungen der ›Vorleistungen‹ bzw. ›Andere betrieblichen Aufwendungen‹ als auch auf die Veränderungen der ›Abschreibungen‹ der Unternehmen ein.

Die Staatseinnahmen der Unternehmen (Steuer, Sozialversicherungsbeiträge und andere Abgaben an Staat) bewirken zu Veränderungen (Steigerung, Senkung) die ›Angeordnete Aufwendungen‹ der Unternehmen auf allen Stufen der Warenproduktion der Volkswirtschaft.

Produziert ein Unternehmen auf einer untersten Stufe der Volkswirtschaft Produktionsgüter (Gebrauchs- und Verbrauchsgüter) und bezieht in die Rechnungen die ›Angeordneten Aufwendungen‹ mit ein, so werden sie in die Verkaufspreise bzw. in die Marktpreise der Güter (Ware, Leistungen) mit einkalkuliert und beim Verkauf weitergegeben.

Dieser Wert der Ware wird ebenso in die Herstellungskosten der Güter (Ware, Leistungen) der Unternehmen, die auf einer anderen Stufe der Volkswirtschaft ihre Güter (Ware) produzieren, als Anschaffungskosten mit einbezogen.

Außerdem kalkuliert das Unternehmen die ›Angeordnete Aufwendungen‹ ein, die ihm durch die Staatseinnahmen (Steuer, Sozialversicherungsbeiträge, andere Abgaben) entstehen.

Sollte das Unternehmen ihre Güter (Verbrauchsgüter) an anderes Unternehmen zur Weiterverarbeitung liefern, dann werden diese betrieblichen Aufwendungen in die Herstellungskosten der Unternehmen und mithin in die Preise der Güter (Ware, Leistungen) mit einkalkuliert.

Außerdem kalkuliert auch das Unternehmen die ›Angeordnete Aufwendungen‹ ein, die ihm durch die Staatseinnahmen (Steuer, Sozialversicherungsbeiträge, andere Abgaben) entstehen.

So muss jedes Unternehmen einer Wirtschaftsstufe bis zur Fertigstellung und eher bis zur Veräußerung der Güter (Ware, Leistungen), die ›Angeordnete Aufwendungen‹ der Unternehmen der anderen Wirtschaftsstufe mittragen, nämlich die Anschaffungskosten in die Preise ihrer Güter (Ware, Leistungen) mit einkalkulieren.

Somit werden die betrieblichen Aufwendungen, die den Unternehmen durch die Staatseinnahmen entstehen, in ihre Herstellungskosten und, demnach in die Preise der Güter (Ware, Leistungen) auf jeder Stufe der Warenproduktion mit einbezogen, sodass sie in den Wareneinsätzen, Bezugs- und Handlungskosten, Geschäftskosten der Unternehmen mit einkalkuliert werden.

Durch das Einkalkulieren auf jeder Stufe der Warenproduktion in die Herstellungskosten und mithin in die Preise der Güter (Ware, Leistungen) der ›Angeordneten Aufwendungen‹ der Unternehmen steigen die Herstellungskosten, die Anschaffungs- und Bezugskosten, Geschäftskosten und mithin auch die betrieblichen Aufwendungen, die durch die Abschreibungen entstehen, die ebenso in die Preise der Güter (Ware) mit einkalkuliert werden.

Steigen die Verkaufspreise der Güter (Ware, Leistungen) der Unternehmen auf der einen Wirtschaftsstufe, dann steigen sofort die Wareneinsätze auf den anderen Wirtschaftsstufen der Volkswirtschaft.

Somit sind die betrieblichen ›Angeordneten Aufwendungen‹ der Unternehmen in ihren Vorleistungen und Abschreibungen mit einkalkuliert und das heißt, dass sich die gesamten Vorleistungen und Abschreibungen aller Unternehmen der Volkswirtschaft in den entsprechenden Teilen des Produktionswertes des Sozialproduktes widerspiegeln.

## 10.2. Einwirkungen der ›Angeordneten Aufwendungen‹ auf die Veränderungen der ›Personalaufwendungen‹ der Unternehmen

Die betrieblichen Aufwendungen der Unternehmen, die ihnen durch die Staatseinnahmen entstehen, wirken auf die Veränderungen der Personalaufwendungen der Unternehmen ein.

Die Staatseinnahmen der Unternehmen (Steuer, Sozialversicherungsbeiträge und andere Abgaben an Staat) bewirken zu Veränderungen (Steigerung, Senkung) die ›Personalaufwendungen‹ der Unternehmen auf allen Stufen der Warenproduktion der Volkswirtschaft.

Durch das Einkalkulieren auf jeder Stufe der Warenproduktion in die Herstellungskosten und mithin in die Preise der Güter (Ware, Leistungen) der ›Angeordneten Aufwendungen‹ der Unternehmen steigen die Herstellungskosten, die Anschaffungs- und Bezugskosten, Geschäftskosten und mithin auch die betrieblichen Aufwendungen durch die Abschreibungen, die ebenso in die Preise der Güter (Ware, Leistungen) mit einkalkuliert werden.

Deshalb beinhalten ihre Warenpreise einen großen Anteil von den so genannten ›Angeordneten Aufwendungen‹, die die ›Personalaufwendungen‹ der Unternehmen nach und nach aus den Preisen der Güter (Ware) verdrängen.

Je höher die betrieblichen Aufwendungen durch Vorleistungen und Abschreibungen der Unternehmen sind, desto intensiver verdrängen sie aus den Herstellungskosten der Unternehmen und aus den Preisen der Güter (Ware) das Arbeitnehmerentgelt (Löhne, Gehälter) und Erträge (Gewinne) der Unternehmen.

Aber weil jedes Unternehmen (Unternehmer) ohne Gewinne nicht existieren kann, kürzen die Unternehmen das Entgelt ihrer Arbeitnehmer (Löhne, Gehälter).
Das heißt, dass dadurch die Gebrauchswerte der Arbeitskräfte billiger bewertet werden.

Das führt dazu, dass die Arbeitnehmer für ihre Arbeitsleistungen (für ihre Arbeit) Arbeitnehmerentgelt (Löhne, Gehälter) erhalten, die unter ihren Gebrauchswerten liegen.

Man sieht, wie die ›Angeordnete Aufwendungen‹ und die ›Andere betrieblichen Aufwendungen‹ der Unternehmen ein Quantum der menschlichen Arbeit aus den Herstellungskosten und mithin aus den Preisen der Güter (Ware) verdrängen. Im Endeffekt kommt es zur Senkung der Realeinkommen der privaten Haushalte und hierdurch verliert das Geld seine Kaufkraft.

In meinen Büchern betone ich immer wieder, dass im Verhältnisse zwischen den betrieblichen Aufwendungen der Unternehmen eine richtige Proportionalität bestehen muss und deshalb beschreibe ich im Detail die Einwirkung der Staatseinnahmen (›Angeordneten Aufwendungen‹) auf die ›Andere betrieblichen Aufwendungen‹ und, einschließlich auf die Personalaufwendungen der Unternehmen, sodass nicht nur sachverständige Fachmänner, sondern auch Personen, wie z. B. Abiturienten, Studenten usw. die Entwicklung der ökonomischen Verhältnisse der Unternehmen verstehen können.

Im Oktober 2011 strebte Bundeskanzlerin Dr. Angela Merkel in der Diskussion über Steuerentlastungen eine Senkung des Solidaritätszuschlags an.
Ich finde, dass die Kürzungen des Solidaritätszuschlags eine richtige Maßnahme würde, weil dadurch nicht nur die Bürger, sondern auch die Unternehmen entlastet würden.
Unternehmen hätten die Möglichkeit bekommen, zusätzliche Arbeitsplätze zu schaffen bzw. die Arbeitnehmerentgelte (Löhne, Gehälter) zu erhöhen.

Bundesfinanzminister Wolfgang Schäuble hatte sich gegen die Senkung des Solidaritätszuschlags ausgesprochen, und stattdessen schlug er vor, die Progression, nämlich den ansteigenden Steuersatz bei zunehmendem Einkommen, nach dem § 32 b des EStG abzuschaffen.
Solch eine Maßnahme würde nur Bürger entlasten, die die mittleren und die höheren Einkommen haben, und würde nichts den Bürgern, die geringe und kleine Einkommen haben, bringen.

Eine Kürzung des Solidaritätszuschlags würde der Volkswirtschaft Vorteile verschaffen, weil diese Maßnahme sowohl zur Senkung der Staatseinnahmen der Unternehmen als auch zur Erhöhung der Realeinkommen der privaten Haushalte führen würde.
Sollten die Staatseinnahmen der Unternehmen durch den Solidaritätszuschlag reduziert werden, dann wird sich die Proportionalität im Verhältnisse zwischen den betrieblichen Aufwendungen der Unternehmen verändern, was nach sich die Veränderung der Proportionalität im Verhältnisse zwischen den Teilen des Produktionswertes des Sozialproduktes ziehen wird.
Dadurch verändern sich auch die Kaufkraft und der Wert des Geldes.

## 10.3. Einwirkungen der ›Angeordneten Aufwendungen‹ der Unternehmen auf die Entwicklungen der Gebrauchswerte der Arbeitnehmer

Um die Einwirkungen der Aufwendungen der Unternehmen auf die Gebrauchswerte der Arbeitskräfte der Arbeitnehmer zu begreifen, sollte man den Unterschied zwischen der Arbeit der Arbeitnehmer und der Arbeitskraft der Arbeitnehmer kennen, da es wesentliche, sowohl juristische als auch ökonomische Bedeutung hat.

Eine juristische Bedeutung hat solch eine Zergliederung für die Abgrenzung des Arbeitsverhältnisses von den anderen Rechtsverhältnissen, sowie von den Schuldverhältnissen, wie z. B. Werkvertrag.

Die Normen des BGB und die der Arbeitsgesetze regeln sowohl das Schuldverhältnis zwischen den Arbeitgebern (Unternehmen, Unternehmer) und den Arbeitnehmern (Arbeiter, Angestellte) als auch andere Rechte und Pflichte der Vertragsparteien, die aus den Arbeitsverhältnissen entstehen.

Somit hat das Arbeitsverhältnis eine Besonderheit, weil als Gegenstand in dem Verhältnisse die Arbeit (Leistungen) des Arbeitnehmers (Arbeiter, Angestellte) ist, und die Bestimmung der Höhe der Vergütung für die geleistete Arbeit durch Bewertung der Arbeitskraft des Arbeitnehmers erfüllt wird.

Mein Ziel ist die Auswirkung der betrieblichen Aufwendungen der Unternehmen auf die Gebrauchswerte der Arbeitskräfte zu analysieren, um zu zeigen, wodurch sich die Wirkung der betrieblichen Aufwendungen der Unternehmen auf die Personalaufwendungen der Unternehmen ereignet.

Deshalb sollte man den Unterschied zwischen der Arbeit der Arbeitnehmer und der Arbeitskraft der Arbeitnehmer kennen. Dies ist durch die Erläuterung der Begriffe ›Arbeit‹ und ›Arbeitskraft‹ zu erreichen.

Was versteht man unter dem ökonomischen Begriff ›Die Arbeit‹ der Arbeitnehmer? Um den Begriff ›Die Arbeit‹ deutlicher zu machen, erläutere ich zunächst den ökonomischen Begriff ›Die Arbeitskraft‹ der Arbeitnehmer, und dadurch mache ich klar, was man unter der Arbeit im wirtschaftlichen Sinne verstehen sollte.

Unter Arbeitskraft versteht man geistige und körperliche Fähigkeit des Arbeitnehmers, wie z. B. Alter, Gesundheit, Berufsausbildung, Qualifikation, Berufserfahrung usw. .

Die Bewertung der Arbeitskraft sollte nach dem Prinzip Äquivalent für Äquivalent erfolgen, das sich beim Zusammentreffen des Angebots der Arbeitskraft und der Nachfrage nach ihr, ereignen sollte.

Der Gebrauchswert der Arbeitskraft realisiert sich durch Kraftäußerung, nämlich durch die Erfüllung der Arbeit.

In der Praxis kommt es vor, dass manche Arbeitnehmer wegen ihren verschiedenen angeborenen Fähigkeiten die Arbeit auch besser erfüllen können, obwohl sie solch einen Anschein erwecken, dass sie gleiche Gebrauchswerte haben, wie die anderen Arbeitnehmer.

Man sollte solche Fähigkeiten der Arbeitnehmer nicht nur kennen, sondern auch in der Praxis in Betracht nehmen, andernfalls wird eine ›gleiche Behandlung‹ der Arbeitnehmer, wie z. B. bei gleichen Löhnen, in der Tat zur Ungleichheit in ihrer Behandlung führen.

Während der Arbeit müssen die Arbeitnehmer (Angestellte, Arbeiter) sowohl die Arbeitnehmerentgelte (Löhne, Gehälter), nämlich den Wert ihrer Arbeitskräfte, als auch einen Mehrwert bzw. einen Wertüberschuss erarbeiten, der alle anderen betrieblichen Aufwendungen der Unternehmen, wie z. B. die Staatseinnahmen, die Bezugs- und Geschäftskosten, betrieblichen Aufwendungen für die verschiedenen Veranstaltungen der Unternehmen decken sollte, und außerdem sollte etwas für die Gewinne der Unternehmen erarbeitet werden.

Solch eine Erläuterung macht uns den Unterschied zwischen den ökonomischen Begriffen ›Die Arbeit‹ und ›Die Arbeitskraft‹ der Arbeitnehmer klar.

Dadurch verdeutliche ich, dass man die Arbeitnehmerentgelte (Löhne, Gehälter) der Arbeitnehmer nach ihren Gebrauchswerten bestimmen sollte.

Man sollte den Unterschied zwischen der Arbeit und der Arbeitskraft der Arbeitnehmer, deren Bewertung mit Rücksicht auf die Gebrauchswerte der Arbeitnehmer erfolgen sollte, kennen.

Das ist sehr wichtig, für die Bestimmung der richtigen Lohn- und Arbeitsstellenpolitik.

In die Einzelheiten über die Gebrauchswerte der Arbeitnehmer gehe ich im Abschnitt: ›Einfluss der gesetzlichen Mindestlöhne der Arbeitnehmer auf die Handlungen der Arbeitgeber und ihre Bedeutung für die Entwicklung der Volkswirtschaft‹, ein, um meinem Leser deutlich zu machen, dass die Höhe der Vergütungen (Löhne, Gehälter) der Arbeitnehmer schon an Natur ihrer Gebrauchswerte liegen.

## 10. 4. Das Arbeitnehmerentgelt der Arbeitnehmer und Gewinne der Unternehmer als Gegenteile eines ökonomischen Verhältnisses der Unternehmen

Wie gesagt, das Vermögen der Verwirklichung der Auswirkung des Axioms der Äquivalenz in ökonomischen Verhältnissen der Unternehmen sind die Proportionen bzw. die Antiproportionen, unter deren Anwendung die Arbeitgeber (Geschäftsführung) die Anteile ihrer verschiedenen betrieblichen Aufwendungen und die der Erträge verändern.

Deshalb sind von enormer Bedeutung für die Entwicklung der Volkswirtschaft die Eingriffe des Staates in die ökonomischen Verhältnisse der Unternehmen, durch die die richtige Proportionalität in folgenden Verhältnissen geschaffen wird:

- Eine richtige Proportionalität im Verhältnisse zwischen dem gesamten Arbeitnehmerentgelt (Löhne, Gehälter) und der Nettowertschöpfung des Sozialproduktes.

- Eine richtige Proportionalität im Verhältnisse zwischen dem gesamten Arbeitnehmerentgelt (Löhne, Gehälter) und den Gewinnen der Unternehmer.

Als Grundsatz zur Verteilung des Arbeitnehmerentgeltes (Löhne, Gehälter) sollte die Entlohnung der Arbeitnehmer nach den Gebrauchswerten ihrer Arbeitskräfte sein, um mehr oder weniger eine rationelle Verteilung der Gelder zwischen den privaten Haushalten zu erreichen.

Da ihre Entwicklungen sich durch die Arbeitsverhältnisse ereignen, sehe ich den Bedarf in der Erläuterung der Wirkung ›der subjektiven Kraft‹, die die betrieblichen Aufwendungen und die Erträge (Gewinne) der Unternehmen zu Gegenteilen der ökonomischen Verhältnisse bzw. ihrer Arbeitsverhältnisse macht.

In all meinen Werken seit 2005 behaupte ich, dass das Arbeitnehmerentgelt (Gehälter, Löhne) das eigentliche Äquivalent der Güter (Ware) ist und, dass sich deshalb die Entlohnungen der Arbeitnehmer (Arbeiter, Angestellte) nach den Gebrauchswerten ihrer Arbeitskräfte ereignen sollen.

Dabei kritisierte ich die Maßnahmen der Bundesregierung nach denen sich die Unternehmen die Mehrarbeit ohne Lohnausgleich praktizierten, einige Politiker forderten sogar die Abschaffung von Feiertagen.

In meinen nachfolgenden Werken übte ich die Kritik an anderen Formen der Kürzungen der Entlohnungen der Arbeitnehmer, wie z. B. durch Einsätze der Aushilfskräften, Mini-Job, Ein-EURO-Job usw.

Sollte im Gesetz des Landes eine Lücke bestehen, die die Arbeitgeber nutzen können, um das Gesetz in ihren Interessen zu interpretieren und die Arbeitnehmer auszubeuten, um ihr Vermögen zu vermehren, dann wenden sie sofort solche Gesetze an.

Die Zuwanderung der Menschen aus osteuropäischen (Rumänien, Bulgarien, Albanien, Kosovo, Serbien) Ländern, aus Griechenland und anderen Ländern der Europäischen Union sowie aus den afrikanischen Ländern, aus Afghanistan, Syrien und Irak nach Deutschland gibt den Unternehmen die Möglichkeit die Menschen gegen billige Gehälter, Löhne einzustellen und dadurch das Arbeitnehmerentgelt unter die tarifliche Normen zu drücken.

Die deutschen Unternehmer bzw. Arbeitgeber nutzen die Lage der Einwanderer aus und schließen mit ihnen Werkverträge ab.

Ja, mit ihnen werden nicht Arbeitsverträge, sondern Werkverträge abgeschlossen; obwohl die Arbeiter ganz normale Arbeitsverhältnisse mit den Unternehmen eingehen.

Statt die Normen der Gesetze über Dienst- bzw. Arbeitsverhältnisse anzuwenden, wenden einige Unternehmer (Arbeitgeber) die Normen zum Werkvertrag an.

So wird die ›Lohndumping‹ durchgesetzt, wodurch die Löhne deutlich unter Tarifen eingestuft werden.
Durch solche Rechtsgeschäfte wird gegen die Grundrechte der Menschen verstoßen, weil solche Rechtsgeschäfte gegen das Sittengesetz (§ 138 des BGB ›Sittenwidriges Rechtsgeschäft; Wucher‹) verstoßen, die nach dem Bürgerlichen Gesetz schon von Anfang an als nichtige erklärt werden müssen.

Ich betonte schon immer, dass in solchen Fällen der Verstoß gegen die Menschenrechte vorhanden ist.

Wenn die Bundesregierung keine Maßnahmen treffen kann, um die Verbreitung solcher Rechtsgeschäfte anzuhalten, dann sollte sich die Justiz einmischen und mittels Rechtslinien eine klare Abgrenzung zwischen dem Werkvertrag und dem Arbeitsvertrag schaffen, um die Arbeitnehmer vor Ausbeutung in Schutz zu nehmen.

Und den Rechtsgrund zur klaren Abgrenzung zwischen den Arbeitsverträgen und den Werkverträgen, um die Arbeitnehmer zu schützen, findet man im Grundgesetz der Bundesrepublik Deutschland.

Ich zitiere:

›(1) Jeder hat das Recht auf die freie Entfaltung seiner Persönlichkeit, soweit er nicht die Rechte anderer verletzt und nicht die verfassungsmäßige Ordnung oder das Sittengesetz verstößt.

(2) Eigentum verpflichtet. Sein Gebrauch soll zugleich dem Wohle der Allgemeinheit dienen‹. [11]

Damit jeder sein Recht auf die freie Entfaltung seiner Persönlichkeit verwirklichen könnte, müsste auch jeder finanziell in der Lage sein, nämlich Geld zur Verfügung haben und besonders, wenn die Menschen ganz normal 8. Stunden täglich arbeiten.

Wenn das Bundesgerichtshof (BGH) oder das Bundesverfassungsgericht eine klare Abgrenzung zwischen dem Arbeitsvertrag und dem Werkvertrag nicht schaffen können, dann sollten sie aus meiner Sicht zur Rechtsfortbildung greifen und eine Rechtslinie schaffen.

Der Gesetzgeber kann nicht alle zukünftige Fälle voraussehen, aber die verbleibenden Gesetzeslücken können das Bundesgerichtshof (BGH) und das Bundesverfassungsgericht ausfüllen.

›Zur Ausfüllung von Gesetzeslücke stehen zwei Möglichkeiten zur Verfügung, nämlich die Analogie und die teleologische Reduktion‹. [12]

Ich zitiere Dr. Marco von Münchhausen, der die Auffassungen der Analogie und der teleologischen Reduktion verdeutlicht.

›Analogie bedeutet, dass die für einen bestimmten Fall zutreffende Norm auch auf einen gesetzlich nicht geregelten, aber vergleichbaren Fall angewendet wird‹, so Dr. Marco von Münchhausen. [13]

---

[11] Grundgesetz, Deutscher Taschenbuch Verlag, 2002, Seite 14-19
[12] Marco von Münchhausen, „BGB Allgemeiner Teil I", Verlag C.H.Beck, München 1996, Seite 137.
[13] Marco von Münchhausen, „BGB Allgemeiner Teil I", Verlag C.H.Beck, München 1996, Seite 137.

›Die teleologische Reduktion ist praktisch der umgekehrte Fall zur Analogie: Es existiert eine gesetzliche Regelung, die nach ihrem Wortlaut auf einen bestimmten Sachverhalt zwar anwendbar wäre, jedoch aus ihrem Normzweck (= griechisch: ›telos‹) auf diesen Fall nicht passt (sog. verdeckte Lücke). In derartigen Fällen gebietet der Grundsatz ›Ungleiches ungleich zu behandeln‹, die gesetzliche Regelung nicht auf den betreffenden Sachverhalt anzuwenden". [14]

Wie man sieht, können solche Sachverhalte deutlich nach dem Bürgerlichen Gesetzbuch von Bundesrepublik Deutschland geregelt werden.
Im 2013 war ich der Meinung, dass das Bundesverfassungsgericht die Rechtsfortbildung durchsetzen und entweder Analogie oder teleologische Reduktion verwenden soll, damit solche Sachverhalte deutlich geregelt werden, weil Bundesrepublik Deutschland ein Rechtsstaat ist.

Deshalb reichte ich im Oktober 2013 an das Bundesverfassungsgericht ein Schreiben ein, mit dem ich das Bundesverfassungsgericht gebeten hatte, eine deutliche Abgrenzung zwischen den zwei Rechtsgebieten, nämlich dem Arbeitsvertrag und dem Werkvertrag zu schaffen.

Und ich bekam folgende Antwort:
›Haben Sie bitte Verständnis dafür, dass es angesichts der hohen Arbeitsbelastung dem Präsidenten des Bundesverfassungsgerichtes nicht möglich ist, alle Schreiben selbst zu beantworten. Auftragsgemäß danke ich für Ihre Ausführungen, die hier mit Interesse zur Kenntnis genommen wurden‹.
Aber ich will doch gar nicht, dass mir die Antwort selbst vom Präsidenten des Bundesverfassungsgerichtes gegeben wird.

Ich bezweckte damit, dass vom Bundesverfassungsgericht solch eine Rechtslinie geschaffen wird, mit der eine deutliche Abgrenzung zwischen dem Arbeitsvertrag und dem Werkvertrag gemacht wird, weil das verschiedene Rechtsverhältnisse sind und werden durch verschiede Rechtsgebiete des Bürgerlichen Gesetzbuches geregelt.
Mit dem Titel 9 ›Werkvertrag und ähnliche Verträge‹, §§ 631 661 des BGB bezweckt der Gesetzgeber die Regelung der Rechtsverhältnisse zwischen dem Besteller und dem Hersteller des Werkes.
Und die Rechte und Pflichte der Arbeiter bei ihrer Arbeit bzw. ihrer Dienstleistung sind nach dem Titel 8 ›Dienstvertrag‹ bzw. Arbeitsvertrag, §§ 611-630 des BGB zu regeln.

---

[14] Marco von Münchhausen, „BGB Allgemeiner Teil I", Verlag C.H.Beck, München 1996, Seite 139.

Und die Rechtsverhältnisse werden nicht nur nach dem Zivilrecht von Bundesrepublik Deutschland durch verschiedene Rechtsgebiete des Bürgerlichen Gesetzbuches geregelt.

Ich bin Jurist aus der ehemaligen Sowjetunion und weiß Bescheid, dass diese Rechtsverhältnisse genauso in allen Ländern der ehemaligen Sowjetunion geregelt werden.

Solch eine Abgrenzung, wovon ich schreibe, ist nicht nur für die deutsche Volkswirtschaft bzw. für die Bürger der Bundesrepublik Deutschland wichtig, sondern sie ist von enormer Bedeutung für alle Bürger der ganzen Europäischen Union und selbstverständlich für Volkswirtschaften aller Länder der Europäischen Union.

Deshalb nahm ich mir Zeit und widmete dem Thema einen besonderen Abschnitt, weil dadurch gegen die Grundrechte der Bürger verstoßen wird und außerdem kann dadurch die Volkswirtschaft in eine neue Krise gestürzt werden. Ich betrachte die Verwendungen der Werkverträge als mögliche Ursache der Wirtschaftskrise.

Von daher sollte auch das oberste rechtsprechende Organ der Europäischen Union - der Europäische Gerichtshof (EuGH) - solche Rechtslinien schaffen, weil es sich um Rechte aller Bürger der Europäischen Union handelt.

Die ›Lohndumping-Politik‹ führt dazu, dass immer mehr Leute aus osteuropäischen Ländern, wie z.B. Rumänien, Bulgarien, Kosovo, Albanien usw. nach Deutschland kommen, um gegen die niedrige Löhne zu arbeiten. Im Vergleich mit Löhnen in den o. g. Ländern ist für sie vorteilhafter in Bundesrepublik Deutschland zu arbeiten.

Aus meiner Sicht müssen die Organe der Europäischen Union etwas tun, um die Ausbeutung der Einwanderer durch die deutschen Unternehmen und möglicherweise auch durch Unternehmen der anderen Länder der Europäischen Union zu verhindern.

Zweitens, müssen die Organe der Europäischen Union Maßnahmen treffen, die die Investitionen der deutschen Unternehmen und der Unternehmen der anderen Länder der Europäischen Union in die oben genannten Länder fördern sollen.

Das kann durch die Gewährungen für solche Unternehmen der dauerhaften und günstigen Kredite geschaffen werden.

## 11. Proportionen bzw. Antiproportionen als Vermögen zur Verwirklichung der Veränderungen der Quantitäten der Aufwendungen und der Erträge der Unternehmen

Ich gehe davon aus, dass die Aufwendungen der Unternehmen über das Vermögen zu ihren quantitativen Entwicklungen verfügen, wenn sie Eigenschaften haben, die sie zu gegenteiligen betrieblichen Aufwendungen eines Verhältnisses machen und dadurch ihre Entwicklungen bewirken, oder von derartigen Gegenteilen eines Verhältnisses zur Entwicklung affiziert werden, oder andere Gegenteile eines Verhältnisses dazu affizieren können.

In den betrieblichen Aufwendungen und den Erträgen der Unternehmen ist das Affizierbare die Verschiedenheit ihrer Eigenschaften, deren abändernde Proportionen die Geschäftsführer bzw. die Unternehmer zu Veränderungen der betrieblichen Aufwendungen der Unternehmen drängen.

Deshalb ist sehr wichtig auf die richtige Proportionalität in den Verhältnissen der gegenteiligen betrieblichen Aufwendungen der Unternehmen zu achten.
Eben die richtige Proportionalität in Verhältnissen zwischen den gegensätzlichen betrieblichen Aufwendungen der Unternehmen ist von enormer Bedeutung für eine stabile Entwicklung der Unternehmen.

Das heißt, dass bei der richtigen Proportionalität im Verhältnisse zwischen gegenteiligen betrieblichen Aufwendungen und den Erträgen der Unternehmen jede von ihnen positiv für die Entwicklung der Unternehmen und mithin der Volkswirtschaft sein kann, und umgekehrt, bei der falschen Proportionalität im Verhältnisse zwischen den gegenteiligen betrieblichen Aufwendungen der Unternehmen jede von ihnen negativ für die Entwicklung der Unternehmen und demnach der Volkswirtschaft sein kann.

Wie gesagt, um die Entwicklungen der ökonomischen Verhältnisse der Unternehmen durch die Eigenschaften, die die betrieblichen Aufwendungen zu gegenteiligen machen, zu begreifen, stufe ich alle betrieblichen Aufwendungen der Unternehmen in eine entsprechende Gliederung ein.
Danach untersuche ich in einem Zeitraum die Bewegungen und die Veränderungen der Quantitäten der Arbeitnehmerentgelte (Löhne, Gehälter), der Unternehmens-

und Vermögenseinkommen, einschließlich Gewinne der Unternehmer und Einkommen der Selbständigen im Verhältnisse zueinander und zur Nettowertschöpfung des Produktionswertes des Sozialproduktes.

In den Veränderungen der Quantitäten der Arbeitnehmerentgelte (Löhne, Gehälter), der Gewinne der Unternehmen und des Einkommens der Selbständigen im Verhältnisse zur Nettowertschöpfung des Produktionswertes des Sozialproduktes widerspiegeln sich die allgemeinen Veränderungen der Proportionen bzw. der Anteile der gegenteiligen betrieblichen Aufwendungen und der Erträge (Gewinne) aller Unternehmen einer Volkswirtschaft.

Die gegenteiligen betrieblichen Aufwendungen jedes Unternehmens werden in Bewegungen durch die Handlungen der Menschen (Unternehmer, Geschäftsführung, Manager usw. der Unternehmen), die verschiedene Handlungs- und Rechtsgeschäfte mit anderen Unternehmen eingehen, gesetzt, indem sie unter dem Einfluss der Marktpreise der Güter (Ware, Leistungen) die Anteile der betrieblichen Aufwendungen und die der Erträge der Unternehmen nach bestimmten Proportionen verändern.

Wie meinen Lesern bekannt ist, gehören meine Werke, einschließlich dieses Buch, zu philosophischen Werken, weil ich meine Theorie auf Grund der Lehre von Philosophen, wie Aristoteles, Hegel, Kant, Marx und anderen entwickelt habe.

Warum mache ich das?
Weil ich, wie ich schon in meinen vorigen Büchern geschrieben habe, die dialektische Forschungsmethode der Philosophie als wissenschaftliche Methodologie zu Untersuchungen der Entwicklungen der Volkswirtschaften und einschließlich zu Untersuchungen der Ursachen der Wirtschaftskrise entwickelt habe.

Deshalb zitiere ich I. Kant, der über die Ausdehnung der Größen der Bestandteile eines Ganzen, die sich in einem Verhältnisse entwickeln, folgendes geschrieben hatte.

›Man kann ... alles substantiellen Zusammengesetzten und dadurch überhaupt seine Sache leichtlich verderben, wenn man ihn zu weit ausdehnt und für alles Zusammengesetzte ohne Unterschied geltend machen will; wie es wirklich mehrmals schon geschehen ist‹, so I. Kant. [15]

---

[15] I. Kant, ›Kritik der reinen Vernunft, Kritik der praktischen Vernunft, Kritik der Urteilskraft‹, Fourier Verlag GmbH, Wiesbaden 2003, Seite 278.

In Bezug auf die betrieblichen Aufwendungen der Unternehmen und besonders der ›Angeordneten Aufwendungen‹ kann von der zu weiten Ausdehnung reden, wenn die Staatseinnahmen zu hoch oder zu niedrig angeordnet sind.

Genauso kann man auch über das Arbeitnehmerentgelt (Gehälter, Löhne) reden.

Sollte das Arbeitnehmerentgelt in der ganzen Volkswirtschaft zu hoch sein, dann kommt es zum Steigen der Marktpreise der Güter (Ware, Leistungen), was Inflation heißt, und dadurch kommt es zur Geldentwertung.

Wenn das Arbeitnehmerentgelt (Gehälter, Löhne) in der ganzen Volkswirtschaft zu niedrig ist, dann senken die Marktpreise der Güter (Ware, Leistungen), was Deflation heißt, und dadurch kommt es genauso zur Geldentwertung.
In solchen Fällen kann man von den zu weiten Ausdehnungen reden.

Die Proportionen verändern nach und nach die Verhältnisse aller betrieblichen Aufwendungen und der Erträge der Unternehmen zueinander.
Dementsprechend verändert sich die Proportionalität in Verhältnissen zwischen den Teilen des Produktionswertes des Sozialproduktes.

Deshalb behaupte ich schon viele Jahre, dass man die Höhe sowohl der Millionen Gehälter der Manager der Unternehmen als auch die Mindestlöhne der Arbeitnehmer durch Gesetze des Bundeslandes und beim Bedarf durch Abkommen der Länder der Europäischen Union regeln sollte.

Die hoch entwickelten Volkswirtschaften können nicht durch die Normen der Moral geregelt werden. Moral als Mechanismus zur Regelung des Zusammenlebens der hoch entwickelten Volkswirtschaften kann nicht in Frage kommen.

*Einige Politiker reden von der moralischen Krise.*
Am 05. März 2010 fand der 6. Zukunftskongress der CDU Nordrhein-Westfalen ctatt. Über 700 Gäste aus Politik, Wirtschaft und Gesellschaft lauschten den Reden und Diskussionsrunden zum Thema ›Die Krise und ihre Folgen: Neue Moral oder altes Casino‹?

Damalige Ministerpräsident von Nordrhein-Westfalen Herr Jürgen Rüttgers sagte: ›Die vom Zukunftskongress aufgeworfene Frage sei elementar. Was seien die Lehren aus der Krise? Denn die Krise sei nicht nur irgendeine Wirtschaftskrise, sondern sie ist im Kern eine moralische Krise, eine Krise des Vertrauens. Es sei unbegreiflich, wenn Vorstände der Banken in unverantwortliche Risiken treiben, gewaltige Verluste einfahren – und dann hohe Bonuszahlungen wollen‹.

Das Problem ist, dass Herr Jürgen Rüttgers und viele anderen Politiker bis jetzt nicht begriffen haben, dass man sich auf die Moral als Mechanismus zur Regelung des Zusammenlebens der hoch entwickelten Volkswirtschaften nicht verlassen darf; dass man dafür die richtigen Gesetze des Staates verabschieden bzw. die richtigen Abkommen zwischen verschiedenen Ländern sowohl der Europäischen Union als auch der anderen Ländern der Welt treffen sollte.

Sollten solche Maßnahmen nicht getroffen werden, dann werden sowohl Deutschland als auch andere Länder der Europäischen Union in der Wirtschaftskrise versinken und werden im Wettbewerb auf dem Weltwirtschaftsmarkt nicht konkurrenzfähig sein.

Als Mechanismus zur Regelung der harten Forderungen der hoch entwickelten Volkswirtschaften können nur Gesetze der Länder und zwischen den Ländern die ökonomischen Abkommen zwischen den Ländern der Europäischen Union untereinander sowie mit den anderen Länder der Weltwirtschaft in Frage kommen, deren Normen die Axiomen (Grundsätze) der Entwicklungen der ökonomischen bzw. der Produktionsverhältnisse der Unternehmen fördern sollten.

Kenntnisse von den Auswirkungen der subjektiven und der objektiven Kräfte in den Produktionsverhältnissen der Unternehmen verschaffen uns Klarheit an der Notwendigkeit der harten Regelungen der Produktionsverhältnisse der Unternehmen durch die Gesetze und die Abkommen der Länder.

## 11.1. Proportionale und antiproportionale Gestaltung der ökonomischen Verhältnisse der Unternehmen

Also, die Entwicklungen der betrieblichen Aufwendungen und der Erträge der Unternehmen ereignen sich durch ihre Gegenteile, die sich in einem Verhältnisse zueinander befinden.
Dabei können die betrieblichen Herstellungskosten bzw. die betrieblichen Aufwendungen der Unternehmen in ihren Entwicklungen auch eine proportionale oder eine antiproportionale Wendung annehmen.

In ihren Entwicklungen können die Teile bzw. die Gegenteile eines Verhältnisses von einer proportionalen zu einer anderen proportionalen oder sogar zu einer antiproportionalen und wieder zurück zu proportionalen Gestaltung wechseln.

Der Zeitpunkt, in dem die Entwicklungen der betrieblichen Herstellungskosten bzw. der betrieblichen Aufwendungen und der Erträge der Unternehmen von einer proportionalen zu einer antiproportionalen und umgekehrt übergehen, heißt Wendepunkt.

In der Tat werden diese Wendungen (Umlauf, Richtungsänderung) immer wieder durch die Tätigkeiten der Menschen (Regierungen, Geschäftsführungen, einzelne Unternehmer) bestimmt.

Der Entwicklungsablauf der betrieblichen Aufwendungen und der Erträge der Unternehmen kann von proportionalen zu antiproportionalen und danach wieder zu einer anderen proportionalen Wendung übergehen, indem sich die Entwicklungsstufe verändern werden kann, weil die Geschäftsführungen der Unternehmen bzw. die einzelnen Unternehmer während der Kalkulation ihrer Herstellungskosten und der erwünschten Erträge ihrer Unternehmen die Proportionen verändern.

Wie ich in meinen philosophischen Werken beschrieben habe, entwickeln sich viele Lebenswesen bzw. Daseinsformen der Natur ebenso durch ihre Gegenteile, deren Größen sich in bestimmten Verhältnissen zueinander befinden und ihre Entwicklungen verwirklichen sich ebenso durch die Proportionen bzw. durch die Antiproportionen.

Ihre Gegenteile nehmen in ihren Entwicklungen zueinander unter dem Einfluss der Natur (Sonne, Regen, Umwelt, Ernährung usw.) verschiedene Proportionen an.

Warum erwähne ich in meinen Werken die Gegenstände (Substanzen, Dinge) der Natur?
Weil die Natur, aus der alle natürlichen Ressourcen für die Warenproduktion geschöpft bzw. gewonnen werden, der wichtigste Produktionsfaktor ist.
Außerdem sind alle Lebenswesen bzw. Daseinsformen der Natur, nämlich ihre Gegenstände (Substanzen, Dingen) mit ihren Entwicklungsprozessen die Urquellen aller menschlichen Kenntnisse, die von Wissenschaftlern der Chemie, der Physik, der Biologie, der Mathematik und auch der Wirtschaftswissenschaften usw., usw. erkannt und angewandt wurden bzw. werden.

Wie berechne ich die proportionalen und die antiproportionalen Zuordnungen?
Bei den Berechnungen der proportionalen und der antiproportionalen Zuordnungen sollte man den Wert in der jeweiligen Einheit für den Einser, nämlich für die Ziffer Eins (1) der ausrechnenden Größe finden und danach die suchende Größe ausrechnen.

Was bedeutet das?

Das bedeutet, dass man jedes Mal den Wert, der sich in der jeweiligen Einheit für die Zahl Eins (Einer) ausprägt, ausrechnen sollte, wie z. B.

| Bezeichnung des Vorganges | Größe (Ausmaß) | Maßeinheit |
|---|---|---|
| Geld (Währung) | 1 | Cent © |
| | 1 | EURO (€) |
| Masse (Gewicht) | 1 | Gramm (g) |
| | 1 | Kilogramm (kg) |
| | 1 | Tonne (t) |
| Länge, Breite, Höhe | 1 | Millimeter (mm) |
| | 1 | Zentimeter (cm) |
| | 1 | Dezimeter (dm) |
| | 1 | Meter (m) |
| | 1 | Kilometer (km) |
| Flächeninhalt (Fläche) | 1 | Quadratmillimeter (mm$^2$) |
| | 1 | Quadratzentimeter (cm$^2$) |
| | 1 | Quadratdezimeter (dm$^2$) |
| | 1 | Quadratmeter (m$^2$) |
| | 1 | Ar (a) |
| | 1 | Hektar (ha) |
| | 1 | Quadratkilometer (km$^2$) |
| Rauminhalt (Volumen) | 1 | Kubikmillimeter (mm$^3$) |
| | 1 | Kubikzentimeter (cm$^3$) |
| | 1 | Kubikdezimeter (dm$^3$) |
| | 1 | Kubikmeter (m$^3$) |
| | 1 | Milliliter (ml) |
| | 1 | Liter (l) |
| | 1 | Hektoliter (hl) |
| Zeit | 1 | Sekunde (s) |
| | 1 | Minute (min) |
| | 1 | Stunde (h) |
| | 1 | Tag (d) |
| Geschwindigkeit | 1 | Millimeter pro Sekunde (mm/s) |
| | 1 | Zentimeter pro Sekunde (cm/s) |
| | 1 | Meter pro Sekunde (m/s) |
| | 1 | Meter pro Minute (m/min) |
| | 1 | Kilometer pro Stunde (km/h) |
| Stromleistung | 1 | Watt pro Stunde (Wh) |
| | 1 | Kilowatt pro Stunde (kWh) |

Bei proportionalen Entwicklungen der Gegenstände (Substanzen, Dinge) und ihrer innewohnenden Gegenteilen ereignen sich die mathematischen Zuordnungen folgendermaßen:

*Dem Doppelten der einen Größe entspricht das Doppelte der anderen Größe.*
*Dem Dreifachen der einen Größe entspricht das Dreifache der anderen Größe.*
*Dem Vierfachen der einen Größe entspricht das Vierfache der anderen Größe.*
*Und so weiter!*

*Mit dem Beispiel mache ich die Entwicklungen der Preise deutlich:*

| Äpfel (kg) | Preis (EUR) |
|---|---|
| 1 | 2,99 |
| * 2 | * 2 |
| 2 | 5,98 |
| * 3 | * 3 |
| 6 | 17,94 |

*Oder umgekehrt:*
*Der Hälfte der einen Größe entspricht die Hälfte der anderen Größe.*
*Dem dritten Teil der einen Größe entspricht der dritte Teil der anderen Größe.*
*Dem vierten Teil der einen Größe entspricht der vierte Teil der anderen Größe.*
*Und so weiter!*

*Mit demselben Beispiel verdeutliche ich die Entwicklungen der Preise.*

| Äpfel (kg) | Preis (EUR) |
|---|---|
| 6 | 17,94 |
| : 2 | : 2 |
| 3 | 8,97 |
| : 3 | : 3 |
| 1 | 2,99 |

Mit ein paar Beispiel-Aufgaben, die ich unten unter der Anwendung der mathematischen Dreisätze löse, zeige ich den Ablauf der proportionalen Entwicklungen der betrieblichen Kosten sowie der Erträge der Unternehmen weiter.

*In meinen Werken behaupte ich, dass sich der Wert bzw. der Kurs einer nationalen Währung im Verhältnisse zur internationalen Währung äußert, wie z. B. zu US-Dollar bzw. zu dem EURO (€).*
Z. B. beim Tausch der 120,00 EUR gegen US-Dollar wurden 156,00 US-Dollar erhalten.

Wie hoch ist der Kurs der Währung EUR im Verhältnisse zu US-Dollar?
Wie viel US-Dollar sollte man gegen 238,00 EUR erhalten?
Die Berochnung zeigt, dass 1,00 EUR kostet 1,30 US-Dollar.
Beim Tausch der 238,00 EUR bekommt man 309,40 US-Dollar.

| EURO (€) | US-Dollar |
|---|---|
| 120,00 | 156,00 |
| : 120 | : 120 |
| 1,00 | 1,30 |
| * 238,00 | * 238,00 |
| 238,00 | 309,40 |

Ein Arbeitnehmer bezieht in 4 Stunden Bruttolohn von 69,00 EUR.
Wie hoch ist sein Bruttostundenlohn?

Wie hoch sollte sein Bruttomonatslohn sein, wenn er im Monat 174 Stunden arbeiten würde?
Sein Bruttostundenlohn beträgt 17,25 EUR.
Sein Bruttomonatslohn bei der Arbeit von 174 Stunden macht 3001,50 EUR aus.

| Stunden | Lohn (€) |
|---|---|
| 4 | 69,00 |
| : 4 | : 4 |
| 1 | 17,25 |
| * 174 | * 174 |
| 174 | 3001,50 |

Ein Handelsunternehmer kaufte 50 Liter (L) Rotwein für 270,00 EUR ein, um ihn weiter zu verkaufen.
Da die Nachfrage der Kunden nach dem Rotwein stieg, entschied er sich zum Kauf noch 400 Liter (L).
Wie hoch ist der Einkaufspreis je 1-Liter vom Rotwein?
Wie teuer würden 400 Liter Rotwein kosten?

Ein Liter vom Rotwein, den der Unternehmer einkaufte, kostete 5,40 EUR. Die Kosten für 400 Liter Rotwein machten 2160,00 EUR aus.

| Rotwein (L) | Preis (€) |
|---|---|
| 50 | 270,00 |
| : 50 | : 50 |
| 1 | 5,40 |
| * 400 | * 400 |
| 400 | 2160,00 |

Eine Käuferin kaufte im Laden ›Kara & Aslan‹ 12 kg Schweinefleisch für 42,00 EUR.
Kurz danach kaufte sie noch 8 kg von dem gleichen Schweinefleisch.
Wie hoch ist der Preis für 1-kg des eingekauften Schweinefleisches?
Wie teuer kosten die zusätzlich gekauften 8 kg Schweinefleisch?

Die Berechnung zeigt, dass 1-kg des eingekauften Schweinefleisches 3,50 EUR kosten und für die 8 kg 28,00 EUR bezahlt wurde.

| Fleisch (kg) | Preis (€) |
|---|---|
| 12 | 42,00 |
| : 12 | : 12 |
| 1 | 3,50 |
| * 8 | * 8 |
| 8 | 28,00 |

Ein Bauer verkaufte 64 Liter Milch für 51,20 EUR.
Nach ein paar Tagen verkaufte er für denselben Preis noch 250 Liter Milch.

Wie teuer kostet 1-Liter Milch?
Wie hoch sind die Einnahmen vom Verkauf der 250 Liter Milch?
Beim Preis 0,80 EUR pro Liter Milch nahm der Bauer 200,00 EUR ein.

| Milch (l) | Preis ( €) |
|---|---|
| 64 | 51,20 |
| : 64 | : 64 |
| 1 | 0,80 |
| * 250 | * 250 |
| 250 | 200,00 |

An der Tankstelle ›Bunse‹ in Marsberg wurde für 45 Liter Diesel 62,10 EUR bezahlt.

Wie hoch ist der Preis für 1-Liter Diesel?
Wie viel EUR würde man beim Tanken von 82 Liter Diesel Zahlen?
Der Preis je 1-Liter ist 1,38 EUR.
Für 82 Liter Diesel würde man 113,16 EUR zahlen.

| Diesel (l) | Preis ( €) |
|---|---|
| 45 | 62,10 |
| : 45 | : 45 |
| 1 | 1,38 |
| * 82 | * 82 |
| 82 | 113,16 |

Bei antiproportionalen bzw. umgekehrt proportionalen Entwicklungen der Gegenstände (Substanzen, Dinge) bzw. ihrer innwohnenden Gegenteile gelten die mathematischen Zuordnungen folgendermaßen:

*Dem Doppelten der einen Größe entspricht die Hälfte der anderen Größe.*
*Dem Dreifachen der einen Größe entspricht der dritte Teil der anderen Größe.*
*Dem Vierfachen der einen Größe entspricht der vierte Teil der anderen Größe.*
*Und so weite!*

*Mit dem Beispiel verdeutliche ich den Ablauf der antiproportionalen Entwicklungen der Kosten der Unternehmen:*

| Flascheninhalt (l) | Anzahl der Flaschen |
|---|---|
| 2 | 4000 |
| : 2 | * 2 |
| 1 | 8000 |
| : 2 | * 2 |
| 0,5 | 16000 |

*Und umgekehrt:*
*Der Hälfte der einen Größe entspricht das Doppelte der anderen Größe.*
*Dem dritten Teil der einen Größe entspricht das Dreifache der anderen Größe.*
*Dem vierten Teil der einen Größe entspricht das Vierfache der anderen Größe.*
*Und so weiter!*

Das Beispiel zeigt uns den Ablauf der antiproportionalen Entwicklungen der Kosten der Unternehmen:

| Flascheninhalt  (l) | Anzahl der Flaschen |
|---|---|
| 0,5 | 16000 |
| * 2 | : 2 |
| 1 | 8000 |
| * 2 | : 2 |
| 2 | 4000 |

Mit ein paar Beispiel-Aufgaben, die ich unten unter der Anwendung der mathematischen Dreisätze löse, zeige ich den Ablauf der Ermittlung der Höhe der betrieblichen Aufwendungen der Unternehmen bei ihren antiproportionalen Entwicklungen weiter.

Zur Erfüllung der Arbeit innerhalb 12 Tage setzte das Unternehmen 4 Maschinen ein.
Vor dem Beginn der Arbeit verlangte der Auftraggeber die Arbeit innerhalb von 8 Tagen zu erfüllen.
Wie viele Maschinen sollten zum Einsatz kommen, um den Auftrag für 8 Tage auszuführen? Zunächst berechnet man die Menge der Maschinen für einen Tag der Arbeit.
Bei der Berechnung sieht man, um die Arbeit für einen Tag auszufüllen, müssen 48 Maschinen zum Einsatz kommen.
Um den Auftrag innerhalb 8 Tage auszuführen, muss das Unternehmen 6 Maschinen einsetzten.

| Arbeitstage | Maschinen (Menge) |
|---|---|
| 12 | 4 |
| : 12 | * 12 |
| 1 | 48 |
| * 8 | : 8 |
| 8 | 6 |

Solche Aufgaben können auch durch die Anwendung der Gleichung gelöst werden.
12 Tage * 4 = 8 Tage * x

$$x = \frac{12 * 4}{8}$$

x = 6

Ebenso sollte der Einsatz der Zahl der Arbeiter zur Erfüllung der Arbeit ermittelt werden.

Nimmt man an, dass zur Ausführung der Arbeit innerhalb 12 Tage das Unternehmen 14 Arbeiter zum Einsatz benötigte.

Sollte das Unternehmen den Auftrag innerhalb 8 Tage ausführen, dann müssen mehr Arbeiter eingesetzt werde.

Die Berechnung zeigt, dass zur Ausführung des Auftrages innerhalb 8 Tage 21 Arbeiter eingesetzt werden müssen.

| Arbeitstage | Arbeiter |
|---|---|
| 12 | 14 |
| : 12 | * 12 |
| 1 | 168 |
| * 8 | : 8 |
| 8 | 21 |

Jetzt löse ich die Aufgabe unter Anwendung der Gleichung.

12 Tage * 14 = 8 Tage * x

$$x = \frac{12 * 14}{8}$$

$x = 21$

Noch mit ein paar Beispielen zeige ich die Ermittlung der Höhe der betrieblichen Kosten der Unternehmen unter Anwendung der antiproportionalen Zuordnung.
Ein Familienunternehmen betreibt die Zucht der Pferde. In seinem Besitze sind 45 Pferde, für deren Haltung das Unternehmen Futter für 60 Tage hat. Das Unternehmen kaufte zur Zucht noch 5 Pferde ein.
Wie lange sollte das Futter ausreichen?

Zunächst ermittele ich das notwendige Futter für ein Pferd und danach für 50 Pferde.
Die Berechnung zeigt, dass für die Haltung eines Pferdes das Futter für 2700 Tage und für die der 50 Pferde für 54 Tage ausreichen würde.

| Tiere (Stückzahl) | Futter für Tage |
|---|---|
| 45 | 60 |
| : 45 | * 45 |
| 1 | 2700 |
| * 50 | : 50 |
| 50 | 54 |

Ich setze die Angaben in eine Gleichung zusammen und berechne:

45 Tiere * 60 Tage = 50 Tiere * x

$$x = \frac{45 * 60}{50}$$

$x = 54$

Die mathematischen Zuordnungen spiegeln in der Tat die proportionalen bzw. die antiproportionalen Entwicklungsprozesse der Gegenstände und ihrer innewohnenden Gegenteile wider.
Gegenstände (Substanzen, Dinge) und ihre innewohnenden Gegenteile können sich in ihren Entwicklungen von proportionalen zu antiproportionalen Verhältnissen und umgekehrt wenden.

Wie gesagt, der Ablauf der Entwicklungen der betrieblichen Kosten bzw. der Aufwendungen sowie der Erträge der Unternehmen kann im Verhältnisse zueinander von einer proportionalen zu einer anderen proportionalen oder zu einer antiproportionalen und danach wieder zu einer anderen proportionalen Verfassung wechseln, indem sich die Entwicklungsstufen verändern, weil die Geschäftsführungen der Unternehmen bzw. die einzelnen Unternehmer beim Kalkulieren der Preise der Güter (Ware, Leistungen) die Proportionen ihrer Herstellungskosten sowie ihrer Erträge abändern.

Mit ein paar Beispielen zeige ich die Wendepunkte, in denen die betrieblichen Kosten bzw. Aufwendungen und die Erträge der Unternehmen während ihrer Entwicklungen in Verhältnissen zueinander von einer proportionalen zu einer anderen proportionalen sowie zu einer antiproportionalen Verfassung übergehen.

*Die Übergangsperiode, in der sich ein Wechsel der Verhältnismäßigkeit vollzieht, ist ein begrenzter Zeitraum, in dem die Proportionen zwar durch die Tätigkeit der Menschen (Geschäftsführungen, einzelne Unternehmer) abgeändert, aber durch die Auswirkung des Axioms der Äquivalenz in ökonomischen Verhältnissen der Unternehmen vorausbestimmt werden.*

Ein Familienunternehmen kaufte 500 kg Schweinefleisch für 1895,00 EUR ein und wollte das Fleisch mit einem Preis je 1-kg von 4,98 EUR für die gesamten Einnahmen von 2490,00 EUR verkaufen, um Gewinn von 595,00 EUR zu erzielen. Zwei andere Handelsunternehmen kauften in dieser Zeit beim Unternehmen aus dem Ausland auch Schweinefleisch, das mit ihren Gebrauchswerten genauso gut war, und verkauften das Fleisch für Preis je 1-kg 2,49 EUR.

Das Familienunternehmen musste sein Fleisch auch gegen den Preis je 1-kg 2,49 EUR verkaufen und nahm durch das Geschäft 1245,00 EUR ein.
Von dem Geschäft erlitt das Familienunternehmen einen Verlust von 650,00 EUR.
Der Zeitraum, in dem die neue Kalkulation des Preises je 1-kg des Schweinefleisches gemacht wird, ist eben der Wendepunkt, in dem die Entwicklung der Preise von einer proportionalen zu einer anderen proportionalen Verfassung wechselt.

| Fleisch (kg) | Preis (€) |
|---|---|
| 500 | 2490,00 |
| : 500 | : 500 |
| 1 | 4,98 |
| * 1 | : 2 |
| 1 | 2,49 |
| * 500 | * 500 |
| 500 | 1245,00 |

Ein anderes Beispiel: Ein Handelsunternehmen reduzierte den Rest des gebliebenen Teppichs von 47,90 EUR auf 23,95 EUR je m², um den Teppich schneller zu verkaufen.

Unter der Anwendung einer anderen Proportion bei der Kalkulation des Preises verändern sich wie folgt die Einnahmen des Unternehmens von einer proportionalen zu einer anderen proportionalen Verfassung.

| Teppich (m²) | Preis (€) |
|---|---|
| 30 | 1437,00 |
| : 30 | : 30 |
| 1 | 47,90 |
| * 1 | : 2 |
| 1 | 23,95 |
| * 30 | * 30 |
| 30 | 718,50 |

Mit dem folgenden Beispiel zeige ich die Ermittlung des Vorrates von Öl für Maschinen beim Unternehmen.

Wenn man durch den Einsatz von Öl mit besserer Qualität seinen Verbrauch auf 1,1 Liter bzw. auf 10% reduzieren könnte, dann würde für eine Maschine das Öl nicht für 336 Tage, sondern für 370 Tage ausreichen.

Und die 24 Maschinen könnten statt der 14 Tage 15 Tage eingesetzt werden.

Aus der Berechnung sieht man, wie sich die Proportion des Verbrauches von Öl für 1 Maschine verändert, und folglich werden dementsprechend die betrieblichen Aufwendungen des Unternehmens für den Erwerb von Öl für 24 Maschinen reduziert.

| Maschinen (Stück) | Ölvorrat (l) für Tage |
|---|---|
| 24 | 14 |
| : 24 | * 24 |
| 1 | 336 |
| * 16 | : 16 |
| 16 | 21 |
| : 16 | * 16 |
| 1 | 336 |
| * 1 | * 1,1 |
| 1 | 370 |
| * 24 | : 24 |
| 24 | 15 |

Mit der unten angegeben Berechnung zeige ich den Rückgang der Effektivität der Nutzung des LKW durch die Senkung seiner Geschwindigkeit (v) von 90 km/h auf 80 km/h.

| v - km/h von LKW | Zeit  (min) |
|---|---|
| 90 | 60 |
| : 60 | : 60 |
| 1,5 | 1 |
| * 120 | * 120 |
| 180 | 120 |
| : 2,25 | : 2 |
| 80 | 60 |
| : 60 | : 60 |
| 1,333 | 1 |
| * 120 | * 120 |
| 159,95 | 120 |

## 11.2. Kalkulation der Preise der Güter der Unternehmen

›Die Kalkulation‹ ist ein lateinischer Begriff, unter dem man in der Wirtschaft die Berechnung der Kosten und der Erträge der Unternehmen versteht.

Der Begriff ›Das Kalkulieren‹ stammt aus dem Verb ›kalkulieren‹ und hat denselben Sinn, wie ›Die Kalkulation‹.

In die Preise werden mit einkalkuliert:
Ein Anteil von fixen Kosten, die sich bilden, z. B. aus:
- Abschreibungen für Gebäude und Maschinen.
- Mietkosten.
- Pachtkosten
- Gehälter der Geschäftsführung.

Variable Kosten, die sich bilden z. B. aus:
- Anschaffungen von Roh-, Hilfs- und Betriebsstoffen.
- Energiekosten (Gas, Strom).
- Reparaturen und Instandhaltungen der Maschinen, Fahrzeugen und anderen Anlagen.
- Heizungskosten.
- Versicherungen, einschließlich Kfz-Versicherungen usw.

Zu variablen Kosten gehören auch:
- Personalkosten, wie Gehälter und Löhne und verschiedene Zulagen (Zuschläge) der Arbeitnehmer.

Ziel der Kalkulation ist, dass jeder Preis eines einzelnen Gutes (Ware, Leistung) sowohl einen entsprechenden Anteil der betrieblichen Herstellungskosten als auch den jeweiligen Anteil von erwünschten Gewinnen des Unternehmens enthalten muss.

Sollten irgendwelche betrieblichen Kosten in die Preise der Güter (Ware) nicht mit einkalkuliert bzw. zu wenig einkalkuliert werden, dann kann solch eine Produktion der Güter (Ware) unwirtschaftlich bzw. unrentabel werden bzw. zum Verlust bringen.

Ebenso ist es mit dem Einkalkulieren von einem Anteil der erwünschten Gewinne. Sollten in die Preise der Güter (Ware) der Anteil von erwünschten Gewinnen nicht mit einkalkuliert werden, dann werden solche Handlungsgeschäfte unwirtschaftlich bzw. unrentabel sein bzw. zum Verlust bringen.

Durch die Kalkulation sollte man für jedes einzelnes Gut (Ware, Leistung) exakt ermitteln, was für einen Anteil von jeder Art der betrieblichen Kosten sowie der Erträge in ihre Preise mit einkalkuliert werden muss.

*Mein Ziel ist nicht meinen Lesern die Belehrung zum Verfahren über die Kalkulation beizubringen.*
*Ich glaube, dass die Fachleute darüber mehr als genug Bücher geschrieben hatten.*

Wie ich schon mehrmals betont habe, zeige ich mit diesem Werk, dass sich jede Entwicklung der betrieblichen Kosten sowie der Erträge der Unternehmen nach bestimmten Proportionen ereignet.

*Somit werden in die Preise der Güter (Ware, Leistungen) proportioniert fixe und variable Kosten sowie erwünschte Erträge (Gewinne) der Unternehmen mit einkalkuliert.*

Jetzt werde ich mit ein paar Beispielen meine Behauptung bekräftigen.
- Steigen die Marktpreise der Verbrauchsgüter, wie z. B. für Rohstoffe, Rohmaterial, Strom, Ölprodukte, dann suchen sogleich die Geschäftsführungen, die einzelne Unternehmer in ihren Unternehmen Reserven, wo sie ihre Herstellungskosten kürzen können, um ihre Herstellungskosten auf dem erforderlichen Niveau zu halten.

Am häufigsten kommt es zu Kürzungen der Arbeitnehmerentgelte (Löhne, Gehälter) oder werden während der Einplanung der Arbeit der Arbeitnehmer mit der Absicht zu niedrtige Prozensätze von den Koeffizienten der bedienenden Maschinen, Werkzeugen usw., angesetzt, um dadurch den Nutzeffekt der Arbeitnehmer und folglich die Produktivität der Unternehmen zu steigen oder stabil zu halten.

Sollten durch solche Maßnahmen die notwendigen Proportionen nicht erreicht werden, dann kann es zu Kürzungen der Arbeitsstellen (Arbeitsplätzen) kommen werden.

In meinen Werken gliederte ich alle betrieblichen Aufwendungen der Unternehmen auf:

- Betriebliche Aufwendungen, die den Unternehmen durch die Abführungen der angeordneten Staatseinnahmen (Steuer, gesetzliche Sozialversicherungsbeiträge und andere Abgaben an Staat) entstehen.

- Betriebliche Aufwendungen der Unternehmen, die ihnen durch die Arbeitnehmerentgelte (Gehälter und Löhne der Arbeitnehmer) entstehen.

- Andere betrieblichen Aufwendungen der Unternehmen, die sich durch die Anschaffungen der Produktionsgüter (Gebrauchs- und Verbrauchsgüter) und ihre Wertminderungen (Vorleistungen und Abschreibungen) verursacht werden.

Um die Bedeutung der Proportionen bzw. der Antiproportionen in den ökonomischen Verhältnissen der Unternehmen für die Entwicklung der Warenproduktion und für die Bildung der Kaufkraft und des Wertes des Geldes mehr deutlicher zu machen, wende ich die arithmetischen bzw. die mathematischen Methoden für Berechnungen der Proportionen bzw. der Antiproportionen an.

Die betrieblichen Kosten sowie die erwünschten Erträge, die die Bildung der Preise der Güter (Ware, Leistungen) bei ihren Angeboten beeinflussen, rechnet man unter der Anwendung der Regel der Mathematik aus.

Mit ein paar Beispielen mache ich meinen Lesern deutlich, wie sich die Proportionen und im widrigenfalls die Antiproportionen in Verhältnissen zwischen den betrieblichen Kosten und den Letzten zu Erträgen der Unternehmen bilden, die nach sich entsprechende Kürzungen bzw. entsprechende Erhöhungen der Arbeitnehmerentgelte (Gehälter, Löhne) der Unternehmen der ganzen Volkswirtschaft ziehen und folglich verändern sich angemessen die Warenumsätze der Unternehmen.

Im Verhältnisse zum Preis der Güter (Ware, Leistungen), die man für 100% annimmt, werden die miteinkalkulierten Anteile der Herstellungskosten und die der erwünschten Erträge der Unternehmen durch die Anwendung der Dreisätze bzw. durch die Prozentrechnungen bestimmt.

Wie ich schon in meinen Werken geschrieben habe, werden der Wert bzw. der Kurs der nationalen bzw. der internationalen Währungen (EURO) durch die Sozialprodukte der entsprechenden Länder bestimmt.

*Jedes Land, das zu Eurozone gehört, beeinflusst die Gestaltung des Wertes bzw. des Kurses des EUROs. In den wirtschaftlich schwachen Ländern werden die Marktpreise der Güter durch den hohen Kurs des EUROs nach oben gezogen und zugleich vermindert sich das proportionale Verhältnis zum Einkommen der privaten Haushalte, das sich in der Senkung des Realeinkommens der Bürger auswirkt.*

*Hierdurch kommt es zu Senkungen der Nachfragen der Kunden nach den angebotenen Gütern (Waren) und folglich zum Verlust der Kaufkraft des Geldes und zur Geldentwertung.*

*Als Ergebnis kommt es zu Senkungen der Warenumsätze und mithin zum Rückgang der Produktivität der Unternehmen in den wirtschaftlich schwachen Ländern, die zur Eurozone gehören.*

## 11.3. Antiproportionale Entwicklungen der Preise der Güter, die die schlechten Gebrauchswerte haben

Dies ist der Abschnitt in dem ich die gegenwärtigen Ursachen der Wirtschaftskrise in Griechenland, Spanien, Portugal, Zypern zeige.
Sollte man die antiproportionalen Entwicklungen der Preise auf die Güter (Ware), die die schlechten Gebrauchswerte haben , verstehen, dann wird man auch die gegenwärtigen Ursachen der Wirtschaftskrise in den oben genannten Ländern der Europäischen Union nachvollziehen können.
Sollten Güter (Ware, Leistungen) der Unternehmen schlechte Gebrauchswerte haben, wie z. B.:

1. Von eingebauten Fenstern, Türen würde sich wegen der schlechten Qualität die Farbe ablösen;
2. Teile eines aus Holzmehl bzw. aus Sägemehl hergestellten Möbels lösen sich wegen der schlechten Qualität des Klebers voneinander ab;

3. Schlechter Geschmack von Nahrungsmitteln bzw. verdorbene Nahrungsmitteln;
4. Gebrauch der Autos mit Motoren, die viel Sprit (Benzin, Diesel) verbrauchen;
5. Gebrauch der Elektrogeräte, die zu viel Strom verbrauchen usw.,

dann werden auf solche Güter Nachfragen der Kunden sinken und sogar keine mehr entstehen und zur Folge werden die Marktpreise auf solche Güter fallen.

Unternehmen (Unternehmer) werden solche Güter gegen niedrige Preise bzw. gegen Spottpreise verkaufen müssen, indem z. B. mehrere Güter (Ware) bzw. eine Menge von Gütern (Waren) gegen Preis eines Gutes (Ware) bzw. einer Menge von Gütern (Waren) verkauft werden, um die gesamten Herstellungskosten zu reduzieren und die Produktion der Güter weiter fortsetzen zu können.

Solche Handlungsgeschäfte können als Schlussverkauf, Totalausverkauf oder Angebot genannt werden.
Beispielsweise macht ein Unternehmen Totalausverkauf und verkauft dabei den Rest der Güter (Ware) gegen stark reduzierte Preise und zwar 3. Stück von jedem Sortiment (Artikel) der Ware gegen Preis für eine Ware.

Die Berechnungen unten verschaffen meinen Lesern einen Überblick über den Ablauf des Wechsels der Veränderungen der Kosten bzw. der Aufwendungen und der Erträge der Unternehmen von einer proportionalen zu einer antiproportionalen Verfassung.

| Handtuch (St.) | Preis (EUR) |
|---|---|
| 1 | 4,89 |
| * 3 | : 1 |
| 3 | 4,89 |
| : 3 | : 3 |
| 1 | 1,63 |

Wie man sieht, werden in solchen Fällen 3. Handtücher gegen Preis von einem Handtuch und zwar für 4,89 EUR verkauft. In der Tat wird ein Handtuch für Preis von 1,63 EUR verkauft.

Oder z. B. Verkauf der Teppiche beim Totalausverkauf, wenn gegen den Preis von einem Teppich drei Teppiche verkauft werden.

Wie man unten sieht, werden in solchen Fällen 3. Teppiche gegen Preis von einem Teppich und zwar für 987,00 EUR verkauft. Tatsächlich wird ein Teppich für Preis von 329,00 EUR verkauft.

| Teppich - 2x3 m² (St.) | Preis (EUR) |
|---|---|
| 1 | 987,00 |
| * 3 | : 1 |
| 3 | 987,00 |
| : 3 | : 3 |
| 1 | 329,00 |

Es kann gesagt werden, dass in beiden Fällen versteckte antiproportionale Verfassunge vorhanden sind, in denen dem Dreifachen der einen Größe der dritte Teil der anderen Größe entspricht.

*In solchen Fällen nimmt die Bildung der Marktpreise auf Güter (Ware) mit schlechten Gebrauchswerten eine antiproportionale Wendung an.*
*Unternehmen, die solche Güter (Ware) produzieren, können dadurch zum Bankrott kommen.*

*Wenn bei Unternehmen vieler Branchen einer Volkswirtschaft die Güter wegen ihrer schlechten Gebrauchswerte oder hohen Preisen keine Nachfrage der Kunden mehr haben werden, dann wird solch eine Volkswirtschaft in Krise stürzen.*
*Deshalb betone ich, dass die Werte bzw. Kurse der nationalen Währungen an den Werten der Güter (Ware, Leistungen) liegen, die ihre Unternehmen herstellen, anfertigen und auf den Märkten verkaufen.*

Ich versuche mit ein paar ganz einfachen Beispielen meinen Lesern den Ablauf möglichst deutlicher zu machen. Ich bin der Meinung, dass es sehr wichtig ist, wenn die Leser das Geschriebene ebenso verstehen, wie das gemeint wurde.

Nehmen wir an, dass ein Obst- und Gemüsehändler, der seine Ware von Lieferanten aus dem Ausland bekam, 75 kg Erdbeeren für 186,75 EUR verkauft hatte und möchte den Rest von 2400 kg Erdbeere für denselben Preis verkaufen.
Wie groß werden seine Einnahmen sein?
Um die Einnahmen auszurechnen, nutzt man den Dreisatz für Berechnung der proportionalen Zuordnungen.

| Spargel (kg) | Preis (EUR) |
|---|---|
| 75 | 186,75 |
| : 75 | : 75 |
| 1 | 2,49 |
| * 2400 | * 2400 |
| 2400 | 5976,00 |

Man kann den Dreisatz auch folgendermaßen setzen:

75 = 186,75   oder als eine Gleichung   $\dfrac{75}{186,75} = \dfrac{2400}{x}$

2400 = x

Der Rechenweg lautet:

$$x = \frac{186,75 * 2400}{75}$$

x = 5976,00 EUR

Die Einnahmen machen in dem Fall 5976,00 EUR + 186,75 EUR = 6162,75 aus. Die Einnahmen, die durch die proportionalen Entwicklungen der Preise der Güter (Ware) entstehen, können unter der Anwendung der proportionalen Funktion berechnet werden:

y = m * x
m = Preis für 1 kg
x = Menge in kg
y = 2,49 * 2475
y = 6162,75 EUR

In demselben Ort der Stadt verkaufte ein Bauer selbst seine Erdbeeren von 3000 kg. Dafür hat er in der Stadt einen Kiosk für eine Frist von 2 Monaten für 120,00 EUR gemietet.

Mit welchem Preis je 1-kg sollte er seine Erdbeeren verkaufen, um gleiche Einnahmen zu erzielen?
Um den Preis je 1-kg zu berechnen, wendet man die proportionale Gleichung (y = m * x) und die lineare Gleichung mit zwei Variablen (y = m * x + b) an.
Dabei müssen die Kosten für die Miete von 120,00 EUR in den Preis je 1-kg mit einkalkuliert werden.

Man rechnet das folgendermaßen aus:
y = m*x + 120
y = 2,49 * 3000 + 120,00
y = 7590,00 EUR

Jetzt berechnet man den Preis für je 1- kg Erdbeere:
y = m * x
7590,00 EUR = m * 3000 kg
m = 7590,00  : 3000
m = 2,53 EUR

Sollte in unserem Fall der Gebrauchswert der Erdbeeren beim Obst- und Gemüsehändler senken, weil viele Erdbeeren verdorben wären, dann wäre zur Folge die Senkung der Nachfrage der Kunden nach diesen Erdbeeren und folglich werden die Marktpreise auf diese Erdbeeren senken.
Stellen wir uns vor, dass der Verkäufer seine Erdbeeren gegen Spottpreise verkaufen müsste, indem er jede 2 kg von Erdbeeren gegen den Preis von 1 kg verkaufen müsste.

In dem Fall wird der Ablauf der Entwicklung der Einnahmen eine antiproportionale Wendung annehmen, wodurch die gesamten Erlöse senken würden.

Mit den Berechnungen der proportionalen und der antiproportionalen Zuordnungen mache ich es deutlich.

| Erdbeere (kg) | Preis (€) |
|---|---|
| 2 | 4,98 |
| : 2 | : 2 |
| 1 | 2,49 |
| * 2 | * 1 |
| 2 | 2,49 |

*Somit werden bei den Veräußerungen solcher Güter (Ware) aus ihren Preisen die erwünschten Erträge und möglicherweise auch ein Teil der betrieblichen Herstellungskosten der Unternehmen verdrängt.*

- Die betrieblichen Kosten, die den Unternehmen durch die Staatseinnahmen entstehen, haben einen obligatorischen Charakter.
- Die betrieblichen Kosten der Unternehmen, die sich durch die Anschaffungen der Produktionsgüter (Gebrauchs- und Verbrauchsgüter) und ihre Wertminderungen (Vorleistungen und Abschreibungen) entwickeln, können auch nicht so einfach reduziert werden.
- Jedem Unternehmen ist einfacher die betrieblichen Personalkosten, die ihnen durch das Arbeitnehmerentgelt (Gehälter und Löhne der Arbeitnehmer) entstehen, zu reduzieren.

Was für ökonomische Bedeutung haben solche Güter (Ware) für die Bildung der Kaufkraft und des Wertes des Geldes?

1) Im ersten Fall werden die Güter (Ware) bei ihren Veräußerungen auf den Märkten durch ihre Preise den Unternehmen ihre Herstellungskosten decken und ihnen Gewinne bringen.
   Demnach können die Unternehmen die Arbeitnehmerentgelte (Gehälter, Löhne) ihrer Arbeitnehmer stabil halten bzw. erhöhen oder sogar zusätzliche Arbeitsplätze für die Menschen schaffen.

2) Im zweiten Fall werden die Preise der veräußerten Güter (Ware) den Unternehmen keine Gewinne bringen und sogar die Herstellungskosten nicht decken.
   Solche Warenproduktion der Unternehmen führt zu Kürzungen der Arbeitnehmerentgelte (Gehälter, Löhne) und sogar zum Abbau der Arbeitsplätze der Arbeitnehmer.

Sollten Unternehmen Arbeitnehmerentgelte (Gehälter, Löhne) kürzen oder zum Abbau der Arbeitsplätze der Arbeitnehmer greifen, dann verändert sich die Proportionalität folgendermaßen:

$$\frac{N-(A-K\ddot{u}rzungen)}{P} = \frac{A\,(Rest)+U+S+V}{P}$$

(Nettowertschöpfung zum Produktionswert des Sozialproduktes)

Aufgrund solcher Handels- und Rechtsgeschäfte der Unternehmen wird auf den Märkten immer wieder weniger Geld auftreten und folglich wird die Nachfrage der Kunden nach allen Gütern (Waren) auf den Märkten senken.

Sowas ähnliches mit der Senkung der Nachfrage der Kunden geschieht bei Veräußerungen jeder Art produzierten Güter (Ware, Leistungen) der Unternehmen und ohne Unterschied, ob es sich um Bau bzw. Herstellung der Gebäude, der Flug- und Meerhäfen, der Flugzeuge, der Panzern, der Maschinen, der Maschinenanlagen, der Autos, der Fernsehen, der Computern, der Getreide, der Obst, und Gemüse usw., usw. handelt.

Ein gutes Beispiel dazu ist die Affäre um die Euro-Hawk-Drohne, um technische Pannen und um Verluste in dreistelliger Millionenhöhe, in dem der Gebrauchswert des Flugzeuges den Wert dessen Herstellungskosten nicht lohnt.

Je größer die Auswahl der Güter (Ware, Leistungen) jeder Art auf den Märkten ist, desto höher sind die Nachfragen der Kunden in erster Reihe nach den Gütern mit besseren Gebrauchswerten und die Preise auf solche Güter werden auch stabile sein.

Dadurch bilden sich durch Handlungs- und Rechtsgeschäfte jedes einzelnen Unternehmens und mithin durch Tätigkeit aller Unternehmen einer Volkswirtschaft zusammen eine durchschnittliche Proportionalität zwischen den verschiedenen betrieblichen Aufwendungen und zwischen den Letzten und ihren Erträgen, die sich in den Teilen des Produktionswertes des Sozialproduktes wiederspiegeln.

## 12. Subjektive bzw. antreibende Kraft der Warenproduktion

Um die Forschungen der Ursachen der Wirtschaftskrise und das Treffen der Maßnahmen für die positiven Entwicklungen der Volkswirtschaft erfolgreich durchzuführen, sollte man Kenntnisse von Kräften haben, die die Entwicklungen der betrieblichen Herstellungskosten bzw. der Aufwendungen und der Erträge (Gewinne) der Unternehmen und mithin die Entstehung des Produktionswertes des Sozialproduktes vorausbestimmen.

Die Kräfte, die in den Produktionsverhältnissen der Wirtschaftssubjekte wirken, unterteile ich in subjektive und in objektive.

Zu den subjektiven Kräften zähle ich von der einen Seite die Eingriffe der Bundesregierung in die Produktionsverhältnisse der Wirtschaftssubjekte und von der anderen Seite die Handlungen der Vertragsparteien bzw. der Subjekten der Produktionsverhältnisse, einschließlich der Arbeitsverhältnisse: Geschäftsführungen, Manager, Vorstandsvorsitzenden, einzelner Unternehmer und ihnen gegenüberstehenden in Arbeitsverträgen Arbeitnehmer (Arbeiter, Angestellte) mit ihren Organen, wie z. B. Betriebsrat.

Die Vertragsparteien der Arbeitsverhältnisse Arbeitgeber (Unternehmen, Unternehmer) und Arbeitnehmer (Arbeiter, Angestellte) streben nach Vermögensvermehrungen durch ein Arbeitsverhältnis, in dem sie sich gegenüberstehen.

Das ist ein direktes Verhältnis, in dem um so viel die Vergütungen (Löhne, Gehälter) der Arbeitnehmer vergrößert oder vermindert werden, um so viel verändern sich die Anteile der Personalaufwendungen sowie die der ›Anderen betrieblichen Aufwendungen‹ oder die der Gewinne der Unternehmen.
Nach wie vor behaupte ich, dass alle Menschen von Natur aus nach Vermögensvermehrung streben.

Das Streben der Menschen nach Vermögensvermehrung bezeichne ich in meinen Büchern einfach als subjektive Kraft bzw. als antreibende Kraft zur Warenproduktion.

Eben diese psychologische Verfassung der Vertragsparteien, im Falle der Subjekte der Arbeitsverhältnisse, drängt die Subjekte die Anteile der Arbeitnehmerentgelte (Löhne, Gehälter) sowie die der ›Anderen betrieblichen Aufwendungen‹ oder die der Gewinne der Unternehmer zu verändern.

Somit macht diese psychologische Verfassung der Menschen die Vertragsparteien (Arbeitgeber und Arbeitnehmer) der Arbeitsverhältnisse zu Gegenseiten eines Verhältnisses.

Unter Anwendung der statistischen Angaben über den Produktionswert des Sozialproduktes mache ich die Auswirkung der subjektiven Kraft bzw. des Strebens der Menschen nach Vermögensvermehrung in den Arbeitsverhältnissen offensichtlich, in denen man sieht, dass das Arbeitnehmerentgelt (Löhne, Gehälter) permanent zu Kürzungen und die Gewinne der Unternehmer zum Steigen kommen.

Damit mache ich sichtbar, dass beim Treffen der Maßnahmen über Lohn-, Arbeitsstellen- und Steuerpolitik unbedingt die psychologische Verfassung der Menschen in Betracht genommen sein sollte.

Nimmt das Parlament (der Bundestag) beim Verabschieden der Arbeitsgesetze, die die Arbeitsverhältnisse und die Vergütungen der Arbeitnehmer (Löhne, Gehälter) betreffen, keine Rücksicht auf die Auswirkung des Strebens nach Vermögensvermehrung der Arbeitgeber (Unternehmen, Unternehmer) mit ihren Organen, wie Vorstandsvorsitzenden, Manager, Geschäftsführungen, und sollten die In-Kraft-Tretende Gesetze irgendwelche Lücke enthalten, die ihnen die Kürzungen der Vergütungen der Arbeitnehmer erlauben, dann nehmen Arbeitgeber (Unternehmen, Unternehmer) sofort solche Rechte in Anspruch.

Als unsere Volkswirtschaft durch die zu hohen Staatseinnahmen in die Krise gestürzt wurde, hatte die Bundesregierung statt die Staatseinnahmen der Unternehmen zu reduzieren, damit Unternehmen neue sozial versicherte Arbeitsplätze schaffen und die Arbeitnehmerentgelte (Löhne, Gehälter) erhöhen könnten, Maßnahmen getroffen, die unsere Volkswirtschaft nach und nach weiterhin in eine neue Krise gestürzt haben.

Zu solchen Maßnahmen zählte ich:
- Arbeit der Arbeitnehmer ohne Lohnausgleich;
- Alle Formen von Kürzungen der Löhne und Gehälter der Arbeitnehmer.
- Erfindung des Ein-Euro-Jobs;
- Mini-Job usw..

Die Auswirkungen des Strebens der Geschäftsführer, Manager, einzelner Unternehmer nach Vermögensvermehrung ereignen sich durch ihre Handlungs- und Rechtsgeschäfte, besonders beim Abschließen der Arbeitsverträge.

Solche Maßnahmen führen dazu, dass immer mehr Arbeitsplätze mit gesetzlichen Sozialversicherungen (RV, KV, AV, PV) verdrängt werden, weil die Arbeitgeber (Unternehmen, Unternehmer) billige Arbeitsplätze für die Unternehmen als Erfolg versprechend finden.

Auf solche Weise sind in den letzten Jahren immer mehr billige Arbeitsplätze geschaffen worden, und die Tendenz steigt weiterhin von Jahr zu Jahr, dabei sind die Arbeitnehmer bzw. die privaten Haushalte auf Leistungen des Staates angewiesen.
Dadurch kommt es zum Verstoß gegen die richtige Proportionalität in Verhältnissen zwischen den gegensätzlichen betrieblichen Aufwendungen und Erträgen (Gewinnen) der Unternehmen, dessen Folgen sich sowohl in Verhältnissen zwischen den Teilen der Nettowertschöpfung als auch im Verhältnisse zu Vorleistungen und Abschreibungen des Produktionswertes des Sozialproduktes reflektieren.

Durch solche Arbeitsverträge (Arbeitsverhältnisse) realisieren Unternehmer ihr Streben nach Vermögensvermehrung, weil sie dadurch eine Möglichkeit gekriegt haben, mehr Gewinne zu erzielen.

Seit 2003. nahm die Tendenz der Kürzungen der Arbeitnehmerentgelte (Löhne, Gehälter) zu, weil solche Maßnahmen, nach der Empfehlung der Wirtschaftswissenschaftler von Politikern und einschließlich von Bundesregierung unterstützt wurden.
Bundesregierung steht in der Tat bis heute diesem Kurs der Unternehmen in der Lohn- und Arbeitsstellenpolitik bei, weil sie keine Gesetze verabschiedet hat, die die Kürzungen der Arbeitnehmerentgelte bekämpft hätten.

Einen Überblick über die Auswirkungen der subjektiven Kräfte auf die Entwicklungen der betrieblichen Aufwendungen und der Erträge der Unternehmen verschaffe ich im Abschnitt über das Wesen des Sozialproduktes, seine Struktur und dessen Auswirkungen auf den Wert und die Kaufkraft des Geldes.

Die Daten sprechen dafür, dass viele Arbeitsplätze mit gesetzlichen Sozialversicherungen durch Arbeitgeber (Unternehmen, Unternehmer) abgeschafft worden sind, und stattdessen sind Arbeitsplätze gegen geringfügiges Arbeitnehmerentgelt (z.B. Vermehrung der Arbeitsplätze bei den Verleiher-Unternehmen sowie Mini – Job – Arbeitsplätze usw.) gegründet worden, deren Arbeitnehmer auf die Leistungen des Staates angewiesen sind; dass die Löhne und die Gehälter der Arbeitnehmer gekürzt worden sind; dass deshalb die Leistungen des Staates an die privaten Haushalte von Jahr zu Jahr steigen.

Wie gesagt, in Bezug auf die Entwicklungen der Unternehmen ist sehr gut, wenn die Unternehmen niedrige Personalaufwendungen (Löhne, Gehälter) haben, weil sie dadurch ihre Herstellungskosten reduzieren können. Das gibt ihnen die Möglichkeit niedrige Herstellungskosten der Güter (Ware, Leistungen) zu haben und kostendeckend zu produzieren.

Für die Volkswirtschaft und mithin für den größten Teil unserer Gesellschaft sind solche Arbeitsverhältnisse fatal, sofern durch die Kürzungen der Vergütungen der Arbeitnehmer das eigentliche Äquivalent für die Güter (Ware, Leistungen), die auf den Konsumgütermärkten und Finanzmärkten auftreten, nicht geschaffen wird, und der Staat muss mehr Ausgaben machen, um auf dem notwendigen Niveau das verfügbare Einkommen der privaten Haushalten zu halten.

Somit wirkt sich die Zwiespältigkeit in den Produktionsverhältnissen der Unternehmen aus, wovon ich im Abschnitt ›Die ökonomischen Kategorien ›Der Wert‹ und ›Der Gebrauchswert‹ der Güter‹ schreibe.

- Einerseits, um mehr Gewinne zu erzielen, senken die Unternehmen (Unternehmer) ihre betrieblichen Herstellungskosten, und zwar die Arbeitnehmerentgelte (Löhne, Gehälter), und andererseits, merken sie nicht, dass dadurch der Volkswirtschaft geschädigt wird, weil dadurch auf die Konsumgütermärkte, Finanzmärkte usw. weniger Geld kommen wird.

Sollte man die Daten über die Sozialleistungen und die Transferzahlungen vom Staat an die Bürger im Vergleich mit den Daten über die Arbeitnehmerentgelte (Löhne, Gehälter), mit dem verfügbaren Einkommen vergleichen, dann sieht man, dass ein größter Teil unserer Bevölkerung auf die Hilfe (Geldleistungen) des Staates angewiesen ist.
Was für eine Bedeutung hat solch eine Veränderung der Struktur des Sozialproduktes für die Volkswirtschaft und für unsere Gesellschaft?

Schon im 2007. im Buch ›Dialektik und Funktion der Äquivalenz in Produktionsverhältnissen‹ schrieb ich, dass obwohl unsere Volkswirtschaft in letzten Monaten zum Aufschwung gekommen ist, wird über kurz oder lang der größte Teil unserer Gesellschaft in Armut geraten und unsere Volkswirtschaft wird weiterhin in eine neue Krise stürzen, wenn die Lohn- und Arbeitsstellenpolitik durch Maßnahmen der Bundesregierung nicht geändert werden.

Der größte Teil von Gewinnen der Arbeitgeber (Unternehmen, Unternehmer) wurde und wird auch weiterhin durch die Staatseinnahmen an den Staat einbezogen und an die privaten Haushalte verteilt.

Das zeigt uns der Vergleich der Daten über das verfügbare Einkommen (Verbrauchskonzept) mit den Daten über die Nettowertschöpfung und über den Produktionswert des Sozialproduktes.

Was hat Konsumgütermarkt davon, dass von Jahr zu Jahr durch die Maßnahmen der Bundesregierung auf dem Arbeitsmarkt immer mehr Arbeitsplätze mit geringerem Arbeitnehmerentgelt (Löhne, Gehälter) geschaffen werden, und solche Arbeitnehmer bzw. private Haushalte auf die Hilfe des Staates (Sozialhilfe, verschiedene Zuschüsse durch Bundesagentur für Arbeit) angewiesen sind.

Dieser Anteil der Arbeitnehmer nimmt in unserer Gesellschaft erheblich und sogar in Millionen zu.
- Zuerst können sich solche private Haushalte materiell keine Luxusgüter (neue Autos, teurer Schmuck, teures Möbel usw.) leisten.
Außerdem ist ihnen durch die Gesetze des Staates verboten, solche Güter (Ware) zu kaufen.
Was geschieht bei den Unternehmen, die derartigen Güter (Ware) herstellen?
Bei solchen Unternehmen werden ihre Warenumsätze senken, weil auf ihre Güter (Ware, Leistungen) die Nachfrage der Bürger bzw. der privaten Haushalten senken wird.

Senkung der Warenumsätze hat zur Folge die Reduzierung der Arbeitnehmerentgelte (Löhne, Gehälter) bzw. Entlassung der Arbeitnehmer.
Sollten die Warenumsätze, wie z. B. bei Unternehmen, die Autos herstellen, senken, dann werden auch die Warenumsätze bei allen Unternehmen senken, die für die Unternehmen Produktionsgüter (Ersatzteile für Autos) produzieren, weil für die Unternehmen die Aufträge zurückgehen werden.
Diese Unternehmen müssen ihre Personalaufwendungen (Löhne, Gehälter) reduzieren, oder ihre Arbeitnehmer entlassen.

Eben dasselbe geschieht bei den Unternehmen, die die anderen Luxusgüter (Ware) produzieren. Solche Unternehmen sind ebenso wirtschaftlich mit den anderen Unternehmen verbunden, die für sie Produktionsgüter (Ersatzteile) herstellen.
Aus den einfachen Beispielen sieht man, dass man mit billigen Arbeitsplätzen die Wirtschaftskrise nicht überwinden kann.
Aus dem Gesagten folgt, dass der größte Teil unserer Gesellschaft immer mehr auf die Hilfe des Staates angewiesen, und allmählich in Armut geraten wird.

Das Streben der Menschen nach Vermögensvermehrung hat die Menschen im Jahr 2006. vor der Erhöhung der Mehrwertsteuer zur Mehrkonsumierung angeregt, und dadurch wurde die Volkswirtschaft zum Aufschwung gekommen.

Die steigenden Nachfragen der privaten Haushalte wegen der destabilisierten Wirtschaftspolitik und der zukünftigen Erhöhung der Mehrwertsteuer (Umsatzsteuer) haben die Warenumsätze im 2005. und im 2006. zur Steigerung getrieben, und zugleich sind auch nach und nach die Warenpreise gestiegen worden.

Aber im 2007. sind die Warenumsätze auf dem Binnenmarkt und im 2008. auch auf dem Auslandsmarkt zurückgegangen, weil die Ursachen der Wirtschaftskrise durch die Handlungen der Bundesregierung nicht abgeschafft worden sind.

Davon habe ich im Buch ›Axiome der Dialektik in Produktionsverhältnissen‹ ganz viel geschrieben, und hiermit verdeutliche ich meine Position.

Sollte unsere Bundesregierung Investitionen in die Volkswirtschaft verwenden, ohne die Ursachen der Wirtschaftskrise abzuschaffen, dann werden solche Maßnahmen unsere Volkswirtschaft zur konjunkturellen Aufwärtsentwicklung ankurbeln, aber die Kluft zwischen Armut und Reichtum wird sich weiterhin vertiefen, und dementsprechend wird unsere Volkswirtschaft nach und nach in eine neue Krise stürzen.

Sollte man die Wirkung der subjektiven Kraft nicht begreifen, dann wird man auch die Ursachen der Veränderungen der Teile der Nettowertschöpfung des Sozialproduktes nicht verstehen, und folglich können keine richtigen Maßnahmen zu Veränderungen der Teile der Nettowertschöpfung getroffen werden.

Wenn jemand von Politikern glaubt, dass man ohne Veränderung der Lohn- und Arbeitsstellenpolitik, die das geringe Arbeitnehmerentgelt (Löhne, Gehälter) unterstütz, die Wirtschaftskrise überwinden kann, dann irren sie sich.

Solange die Lohn- und Arbeitsstellenpolitik über die sozial versicherten Arbeitsverhältnisse, über Mini-Job, über die Entlohnungen der Arbeitnehmer bei Verleiher-Unternehmen usw. durch die Arbeitsgesetze des Staates nicht verändert werden, wird die Tendenz zur Vertiefung der Kluft zwischen Armut und Reichtum zunehmen und folglich wird die Gefahr zum Sturz der Volkswirtschaft in eine neue Krise wachsen.

## 13. Objektive Kraft bzw. die Wirkung des Axioms der Äquivalenz in Produktionsverhältnissen.

Unter der objektiven Kraft versteht man Kraft, die außer unseren Gedanken existiert, und deren Wirkung man mit Sinnesorganen nicht wahrnehmen kann.

Zu solch einer Kraft in Produktionsverhältnissen gehört das Axiom der Äquivalenz, deren Wirkung gleichzeitig mit der Warenproduktion der Menschen angefangen hatte, und existiert unabhängig vom menschlichen Bewusstsein.

Das Begreifen der Auswirkung dieses Axioms in Produktionsverhältnissen ist sehr wichtig für erfolgreiche Untersuchung der Ursachen der Wirtschaftskrise.
Wenn man keine Kenntnisse von der Wirkung bzw. der Auswirkung des Axioms der Äquivalenz und dessen zusammenhängenden Grundsätzen in Produktionsverhältnissen hat, dann kann man auch nicht die Ursachen der Wirtschaftskrise konstatieren.

Jede Abweichungen vom Verlangen des Axioms der Äquivalenz und den Grundsätzen, die mit ihm im Zusammenhang stehen, führen zu Entstehungen der unerwünschten Proportionen bzw. Antiproportionen in Verhältnissen zwischen gegenteiligen betrieblichen Aufwendungen zueinander sowie der Letzten zu Erträgen der Unternehmen.

Dementsprechend verändert sich die Proportionalität in Verhältnissen zwischen den Teilen des Produktionswertes des Sozialproduktes, und dadurch kommt es eben zur Geldentwertung.
Wie gesagt, um die richtigen Maßnahmen zu treffen, ist sehr wichtig in jedem Fall nicht nur das Streben der Menschen nach Vermögensvermehrung in Betracht zu nehmen, sondern auch die Erfordernisse des Axioms der Äquivalenz und der anderen Grundsätze zu berücksichtigen.

Die Handlungen der Vertragsparteien bzw. der Subjekten der Handlungs- und Rechtsgeschäfte der Unternehmen, die durch ihr Streben nach Vermögensvermehrung vorausbestimmt werden, sollten sich im Einklang mit den objektiven Wirkungen des Axioms der Äquivalenz und ihren zusammenhängenden Grundsätzen in Produktionsverhältnissen befinden.

Die Auswirkung des Axioms der Äquivalenz, die zur Folge die Veränderungen der Proportionen bzw. der Antiproportionen zwischen den betrieblichen Aufwendungen selbst und zu Erträgen der Unternehmen hat, ist eine verborgene Kraft, die die Hersteller der Güter (Ware, Leistungen) in Bewegungen setzt, um die Anteile ihrer entsprechenden betrieblichen Aufwendungen und die der Erträge zu verändern.

Und als Vermögen zur Verwirklichung der Auswirkung des Axioms der Äquivalenz in ökonomischen Verhältnissen der Unternehmen, wie man sieht, ist die arithmetische Proportion bzw. die Antiproportion.

Der Ablauf der Entwicklungen aller Veränderungen in ökonomischen Verhältnissen der Unternehmen ereignet sich nach den Regeln der arithmetischen Proportion bzw. der Antiproportion.
Dadurch verändern sich auch die Verkaufspreise der Güter, (Ware, Leistungen) der Unternehmen, die zur Folge die Veränderungen der Teile des Produktionswertes des Sozialproduktes und ihrer Verhältnisse zueinander haben.

Die Verteilungen zwischen den privaten Haushalten der Arbeitnehmerentgelte, Unternehmens- und Vermögenseinkommen, einschließlich Gewinne der Unternehmer und Einkommen der Selbständigen (Nettowertschöpfung) und ihr Verhältnis zum Produktionswert des Sozialproduktes bestimmen den Wert und die Kaufkraft des Geldes, die die Veränderungen der Marktpreise der Güter (Ware, Leistungen) beeinflussen.

Ich glaube, dass damit mir gelungen ist, deutlich zu machen, auf welche Weise die Wirkung des Axioms der Äquivalenz durch die Proportionen bzw. die Antiproportionen die Grenzen der möglichen Veränderungen der Anteile der betrieblichen Aufwendungen sowie der der Erträge der Unternehmen vorauszubestimmen, und dementsprechend beeinflussen sie die Veränderungen der Teile der Nettowertschöpfung im Verhältnisse zueinander und zum Produktionswert des Sozialproduktes.

Bevor die Handlungs- bzw. die Vertragsparteien der Unternehmen irgendwelche Rechtsgeschäfte abschließen, planen sie ihre Einnahmen (Erlöse, Gewinne) aus den bevorstehenden Geschäften. Dabei ziehen sie unwillkürlich in Betracht ihre Herstellungskosten, die Preise ihrer Güter (Ware, Leistungen) und die Marktpreise der artigen Güter (Ware, Leistungen).

Diese mit Bewusstsein geplanten Tätigkeiten der Subjekte der Handlungs- und Rechtsgeschäfte der Unternehmen werden durch ihr Streben nach Vermögensvermehrung prädestiniert.

Die ganze Tätigkeit der Subjekte der Rechtsgeschäfte, nämlich der Geschäftsführungen, der einzelnen Unternehmer, geschieht im Bewusstsein, ihr Streben nach Vermögensvermehrung zu befriedigen.

Aber die Vertragsparteien der Handlungs-und Rechtsgeschäfte merken nicht, dass sich dabei die Anteile der betrieblichen Aufwendungen und die der Erträge der Unternehmen nach bestimmten Proportionen bzw. nach bestimmten Antiproportionen verändern, die zu Veränderungen die Proportionalität im Verhältnisse zwischen den Teilen des Produktionswertes des Sozialproduktes: Nettowertschöpfung, Vorleistungen und Abschreibungen, beeinflussen. Dieses Geschehen wird nicht mit dem Bewusstsein der Subjekte der Rechtsgeschäfte der Unternehmen erfasst.

## 14. Reduzierung der Staatseinnahmen der Unternehmen und ihre Auswirkungen auf die Preise der Güter und folglich auf den Geldwert

Wenn die Staatseinnahmen zu viel reduziert werden, dann bilden sich infolge derartigen zu hohen Reduzierung andere Proportionen bzw. Antiproportionen in Verhältnissen zwischen den gegenteiligen betrieblichen Aufwendungen selbst und den Letzten zu Erträgen (Gewinnen) der Unternehmen.

Unternehmer werden solche Chancen nutzen, um ihre Gewinne zu erhöhen. Beim Bestehen einer Möglichkeit die Arbeitnehmerentgelte zu erhöhen, werden sie auch die Arbeitnehmerentgelte (Löhne, Gehälter) erhöhen bzw. neue Arbeitsplätze schaffen.
Dafür sollten solche Unternehmen, aber nicht die Unternehmer bzw. die Geschäftsführungen, durch die Maßnahmen der Bundesregierung in eine privilegierte Lage versetzt werden, wie z. B. durch die Gewährung den Unternehmen dafür der Steuerfreibeträge.

Dadurch verändern sich die Proportionen bzw. die Antiproportionen in Verhältnissen zwischen den gegensätzlichen betrieblichen Aufwendungen selbst und den Letzten zu Erträgen (Gewinnen) der Unternehmen.
Die Anteile der betrieblichen Aufwendungen und besonders die der Personalaufwendungen und die der Erträge der Unternehmen vergrößern sich um so viel, um so viel sich die Proportion bzw. der Anteil von den ›Angeordneten Aufwendungen‹ (Staatseinnahmen) vermindert.

Der Zeitpunkt, in dem zu niedrige Staatseinnahmen für die Unternehmen angeordnet werden, ist der erste Übergang zur Bildung der anderen Proportionalität zwischen den gegensätzlichen betrieblichen Aufwendungen der Unternehmen, nämlich der Moment, in dem die Staatseinnahmen als betriebliche Aufwendungen der Unternehmen gesetzt und in die Preise der Güter (Ware, Leistungen) mit einkalkuliert werden.

Von nun an werden auf Grund der Veränderungen der Proportionen zwischen den betrieblichen Aufwendungen und den Erträgen der Unternehmen die entsprechenden Veränderungen zwischen den Teilen des Produktionswertes des Sozialproduktes (Nettowertschöpfung, Vorleistungen und Abschreibungen) beeinflusst, wodurch sich der Wert und die Kaufkraft des Geldes verändern.

Damit wird der Anfang des Prozesses der permanent fortsetzenden Vergrößerungen der Proportionen bzw. der Anteile der ›Anderen betrieblichen Aufwendungen‹ und besonders der ›Personalaufwendungen‹ sowie der Erträge (Gewinne) der Unternehmen in Gang gesetzt.

Der Prozess der Vergrößerungen der Proportionen bzw. der Antiproportionen und mithin ihrer Anteile wird sich durch das Steigen der Arbeitnehmerentgelte (Löhne, Gehälter) auf den Märkten ereignen.

Der zweite Übergang ereignet sich durch das Zurückkehren der Gelder (Finanzen) in das Erste, nämlich in die ökonomischen Verhältnisse bzw. in die Produktionsverhältnisse der Unternehmen, indem das Geld mit seinem neuen Wert und neuen Kaufkraft in der Vielzahl der Handlungs- und Rechtsgeschäften der Unternehmen auf die Marktpreise der Güter (Ware, Leistungen) und dadurch auf die betrieblichen Aufwendungen sowie auf die Erträge (Gewinne) der Unternehmen auswirkt.

Die zwei Übergänge ereignen sich durch jede Handlungs- und Rechtsgeschäft der Unternehmen, die im Bereiche der ökonomischen Verhältnisse bzw. der Produktionsverhältnisse, einschließlich der Arbeitsverhältnisse der Unternehmen vorkommen, durch die die Güter (Ware) zum Einkauf bzw. zur Veräußerung kommen, und außerdem enthalten sie sich gleichzeitig in jeder Warenmetamorphose (W - G), in denen auf der einen Seite Güter (Ware, Leistungen) mit ihren Marktpreisen bzw. die Arbeitskräfte der Arbeitnehmern mit ihren Arbeitnehmerentgelten (Löhne, Gehälter) und auf der anderen Seite Geld als Zahlungsmittel auf den Märkten: Konsumgütermarkt, Immobilienmarkt, Arbeitsmarkt, auftreten.

Sollte die Bundesregierung durch die Anordnung der Staatseinnahmen der Unternehmen eine richtige Proportionalität zwischen den gegensätzlichen betrieblichen Aufwendungen der Unternehmen nicht schaffen, dann wird sich der Prozess der Vergrößerung der Proportionen bzw. der Anteile von den ›Anderen betrieblichen Aufwendungen‹ und besonders von den ›Personalaufwendungen‹ sowie der Erträge der Unternehmen stets fortsetzen, weil auf den Märkten immer mehr Geld auftreten wird.

Selbstverständlich wird sich der Ablauf der Vergrößerung der oben genannten Anteilen der betrieblichen Aufwendungen und der Erträge (Gewinne) der Unternehmen durch Handlungen der Unternehmer bzw. der Geschäftsführungen (Manager) der Unternehmen ereignen, deren Tätigkeiten durch ihr Streben nach Vermögensvermehrung bzw. nach dem Gewinnerzielen beeinflusst sind.

Aber die Ergebnisse ihrer Handlungen werden durch die Auswirkung des Axioms der Äquivalenz und folglich durch die bildende Proportionen bzw. Antiproportionen vorausbestimmt.
Den Gütern (Waren, Leistungen) der Unternehmen kann auf den Märkten als ein Äquivalent nur eine Menge vom Geld, nämlich die Nettowertschöpfung des Produktionswertes des Sozialproduktes gegenüberstehen.

Sofern sich die Nettowertschöpfung im Verhältnisse zu den Vorleistungen und Abschreibungen des Produktionswertes des Sozialproduktes vergrößern wird, wird immer mehr Geld auf die Märkte kommen, das nach sich zunächst die Steigerung der Marktpreise ziehen wird.
Die Unternehmen werden immer mehr Güter (Ware, Leistungen) auf den Märkten anbieten, um höhere Gewinne zu erzielen.

Die Nachfragen der Konsumenten nach den Gütern (Ware, Leistungen) werden stets wachsen, weil das Einkommen der privaten Haushalte zunehmen würde.

Steigende Warenumsätze würden die Produktivität der Unternehmen zum Aufschwung bringen, d. h. dass sich die Konjunktur positiv entwickeln wird.
Aber Konkurrenz zwischen den Unternehmen wird dazu führen, dass die Unternehmen, die ihre Güter (Ware, Leistungen) mit geringen, kleinen und mittleren Herstellungskosten produzieren, immer mehr Güter (Ware, Leistungen) anbieten werden, deren Marktpreise für die privaten Haushalte günstiger seien, um auf solche Weise mehr Gewinne zu erzielen.

Unternehmen, die ihre Güter (Ware, Leistungen) mit größeren Herstellungskosten produzieren, werden die Arbeitnehmerentgelte (Löhne, Gehälter) kürzen müssen.

Somit zum ersten Mal durch die Geschäftsführungen (Manager usw.) der Unternehmen begonnenen Kürzungen der Arbeitnehmerentgelte (Löhne, Gehälter) werden nach sich die Verminderungen der ›Personalaufwendungen‹ und mithin die Veränderungen der Proportionen zwischen den gegensätzlichen betrieblichen Aufwendungen ihrer Unternehmen ziehen.

Das führt dazu, dass sich die entsprechenden Veränderungen der Proportionalität zwischen den Teilen des Produktionswertes des Sozialproduktes ereignen, und zugleich verändern sich die Kaufkraft und der Wert des Geldes, die zur Folge die Senkung der Warenumsätze, der Produktivität der Unternehmen haben werden.

Von nun an werden immer mehr Unternehmen in den Prozess der Kürzungen der Arbeitnehmerentgelte einbezogen, da sie dadurch ihre Gewinne stabil behalten können.
Wie gesagt, der Prozess wird sich immer wieder durch die Handlungen der Geschäftsführungen der Unternehmen fortsetzten, die dazu durch die Auswirkung sowohl des Axioms der Äquivalenz als auch durch ihr Streben nach Vermögensvermehrung bzw. nach Gewinnerzielen prädestiniert werden.

Durch die Auswirkung des Axioms der Äquivalenz wird in der Tat das Ausmaß der Kürzungen der Arbeitnehmerentgelte (Löhne, Gehälter) nicht nur begrenzt, sondern mehr noch, das Ausmaß der Kürzungen wird je nach den Veränderungen (Erneuerungen) der Proportionen im Verhältnisse zwischen den gegensätzlichen betrieblichen Aufwendungen und folglich im Verhältnisse der Teile des Produktionswertes des Sozialproduktes einen stufenförmigen Ablauf annehmen.
Also, das Ausmaß der Kürzungen der Arbeitnehmerentgelte (Gehälter, Löhne) wird eben durch eine neue Proportionalität vorausbestimmt bzw. begrenzt.

Obwohl sich der Ablauf durch die Handlungen der Geschäftsführungen der Unternehmen ereignet, werden die Höhe der Löhnen, Gehältern stets den Herstellungskosten und den Marktpreisen der Güter (Ware, Leistungen) der Unternehmen angepasst, und dahinter steckt die Wirkung des Axioms der Äquivalenz in den ökonomischen Verhältnissen der Unternehmen, dessen Auswirkung sich durch die Entstehungen (Veränderungen) der neuen Proportionen bzw. durch die neue Antiproportionen verwirklicht.
Dadurch verwirklicht sich die Vorausbestimmung bzw. die Begrenzung der Kürzungen der Arbeitnehmerentgelte (Gehälter, Löhne).

Mittels der Maßnahmen, die die Arbeitnehmerentgelte (Löhne, Gehälter) kürzen, werden ununterbrochen Bedingungen geschaffen, die den Verstoß gegen die Wirkung des Axioms der Äquivalenz verstärken.

Auf solche Weise, wie ich es beschrieben habe, verliert das Geld nach und nach seinen Wert und seine Kaufkraft.
Unternehmen, die ihre Güter (Ware, Leistungen) mit sehr großen Herstellungskosten produzieren, werden Bankrott gehen oder wie viele anderen Unternehmen ihre Betriebe ins Ausland versetzen, um billige Arbeitskräfte einzustellen.

Würde durch die Maßnahmen der Bundesregierung die richtige Proportionalität im Verhältnisse zwischen den Teilen des Produktionswertes des Sozialproduktes, worauf ich meinen Akzent oft lege, nicht geschaffen, dann würden auch die richtigen Proportionen im Verhältnisse zwischen den gegensätzlichen betrieblichen Aufwendungen selbst und den Letzten zu den Erträgen der Unternehmen nicht entstehen. So wird die Volkswirtschaft in eine neue Krise gestürzt.

## 15. Erhöhung der Staatseinnahmen der Unternehmen und ihre Auswirkungen auf die Preise der Güter und auf den Geldwert

Permanent steigende Staatseinnahmen der Unternehmen beeinflussen die Steigerung der ›Angeordneten Aufwendungen‹ und mithin die der Herstellungskosten und folglich die Steigerung der Preise der Güter (Ware, Leistungen).
Aber die Marktpreise der Güter (Ware, Leistungen) haben ihre oberen Grenzen, die durch Angebot der Güter und Nachfrage nach ihnen bestimmt werden.

Unter dem Einfluss der permanent steigenden Staatseinnahmen der Unternehmen, wie ich sie nenne, ›Angeordneten Aufwendungen‹ nehmen die Unternehmen die Kürzungen der Arbeitnehmerentgelte (Löhne, Gehälter) vor.
Kürzungen der Arbeitnehmerentgelte und deren Folgen werden ebenso verlaufen, wie ich es im vorigen Abschnitt beschrieben habe.
Um den Prozess verständlicher zu machen, wiederhole ich meine Theorie über den ›Doppelten Übergang‹.
Der Zeitpunkt, in dem zu hohen Staatseinnahmen für die Unternehmen angeordnet werden, ist der erste Übergang zur Bildung der anderen Proportionen zwischen den gegensätzlichen betrieblichen Aufwendungen der Unternehmen, nämlich zur Bildung der neuen Anteile der ›Angeordneten Aufwendungen‹, der ›Anderen betrieblichen Aufwendungen‹ sowie der ›Personalaufwendungen‹ der Unternehmen.

Von nun an werden durch die Entwicklungen der gegensätzlichen betrieblichen Aufwendungen und der Erträge (Gewinne) der Unternehmen die entsprechenden Veränderungen der Teile des Produktionswertes des Sozialproduktes: Nettowertschöpfung, Vorleistungen und Abschreibungen, herbeigeführt, wodurch sich der Wert und die Kaufkraft des Geldes verändern.

Damit wird der Anfang des Prozesses der permanent fortsetzenden Verminderung der Anteile der ›Personalaufwendungen‹ und der der ›Anderen betrieblichen Aufwendungen‹ und sowie der der Erträge (Gewinne) der Unternehmen in Gang gesetzt.
Dadurch bildet sich eine andere Proportionalität im Verhältnisse zwischen den gegensätzlichen betrieblichen Aufwendungen und den Erträgen der Unternehmen, die die entsprechenden Veränderungen im Verhältnisse zwischen den Teilen des Produktionswertes des Sozialproduktes bewirken.

Der zweite Übergang ereignet sich durch das Zurückkehren der Gelder (Finanzen) in das Erste, nämlich in die Produktionsverhältnisse der Unternehmen, indem das Geld mit seinem neuen Wert und der neuen Kaufkraft ihre Wirkung in der Vielzahl der Handlungs- und Rechtsgeschäften der Unternehmen auf die Marktpreise der Güter (Ware, Leistungen) und dadurch auf die betrieblichen Aufwendungen sowie auf die Erträge (Gewinne) der Unternehmen ausübt.

Die zwei Übergänge ereignen sich durch jede Handlungs- und Rechtsgeschäfte der Unternehmen, die im Bereiche der Produktionsverhältnisse der Unternehmen vorkommen, durch die die Güter (Ware, Leistungen) zum Einkauf oder zur Veräußerung kommen, und außerdem enthalten sie sich gleichzeitig in jeder Warenmetamorphose (W - G), in denen auf der einen Seite Güter (Ware, Leistungen) mit ihren Marktpreisen bzw. Arbeitskräfte der Arbeitnehmer in Arbeitsverhältnissen mit ihren Gebrauchswerten und auf der anderen Seite das Geld der Käufer bzw. die Arbeitnehmerentgelte (Löhne, Gehälter) als Zahlungsmittel auf den Konsumgütermärkten bzw. auf den Arbeitsmärkten auftreten.

Sollte die Bundesregierung durch die Anordnung der Staatseinnahmen der Unternehmen eine richtige Proportionalität zwischen den gegensätzlichen betrieblichen Aufwendungen der Unternehmen nicht schaffen, dann wird sich der Prozess der Verminderung der Anteile der ›Personalaufwendungen‹, der der ›Anderen betrieblichen Aufwendungen‹ sowie der der Erträge der Unternehmen auf Grund der Veränderungen der Proportionen zwischen ihnen immer wieder fortsetzen, weil auf die Märkte: Arbeitsmärkte, Konsumgütermärkte, Immobilienmärkte, Finanzmärkte, immerfort weniger Geld kommen wird.

Wie gesagt, der Prozess ereignet sich durch die Handlungen der einzelnen Unternehmer bzw. durch die der Geschäftsführungen (Manager) der Unternehmen, die durch ihr Streben nach Vermögensvermehrung bzw. nach dem Gewinnerzielen prädestiniert sind.

Aber die Auswirkung des Axioms der Äquivalenz in Produktionsverhältnissen der Unternehmen bestimmt die Grenzen der möglichen Veränderungen der Staatseinnahmen bzw. der ›Angeordneten Aufwendungen‹ der Unternehmen voraus.

Nur durch Reduzierung der Staatseinnahmen der Unternehmen und durch die Schaffung einer richtigen Proportionalität im Verhältnisse zwischen ›Angeordneten Aufwendungen‹, ›Anderen betrieblichen Aufwendungen‹ und ›Personalaufwendungen‹ der Unternehmen kann die Fortsetzung der Verminderung der Personalaufwendungen und der Erträge (Gewinne) der Unternehmen (Unternehmer) angehalten werden.

Dadurch können die Marktpreise der Güter (Ware, Leistungen) und mithin der Geldwert stabilisiert werden.

Wie gesagt, mittels zu niedrigen oder zu hohen Staatseinnahmen der Unternehmen wird gegen die richtige Proportionalität im Verhältnisse zwischen den betrieblichen Aufwendungen der Unternehmen verstoßen, deren Veränderungen nach sich eine entsprechende Veränderung der Proportionalität im Verhältnisse zwischen den Teilen des Produktionswertes des Sozialproduktes herbeiführen, und zugleich verändern sich der Wert und die Kaufkraft des Geldes.
*Wie man sieht, hat das Ausmaß der Staatseinnahmen der Unternehmen bzw. das Ausmaß der ›Angeordneten betrieblichen Aufwendungen‹ der Unternehmen sowohl eine obere als auch eine untere Grenze.*

Stellen wir uns vor (rein vermutlich und es kann auch passieren), dass die Marktpreise der Güter (Ware, Leistungen) zum irgendwelchen Zeitpunkt ihre hohen Grenzen erreicht haben, und werden sich eine Zeit lang nicht verändern.
Was geschieht bei nicht veränderten Marktpreisen der Güter (Ware, Leistungen), wenn die Staatseinnahmen zu viel erhöht werden?

Unternehmen werden ununterbrochen die Arbeitnehmerentgelte (Löhne, Gehälter) kürzen müssen, um auf solche Weise ihre Herstellungskosten zu reduzieren.
Somit wird schon während der Warenproduktion eine Menge von Geld (Löhne, Gehälter), das als Äquivalent für die Güter (Ware, Leistungen) auf den Märkten auftreten soll, gekürzt, und dementsprechend wird auch weniger Geld auf den Märkten auftreten.

112

Unternehmen, die ihre Güter (Ware, Leistungen) mit niedrigen Herstellungskosten produzieren, können ihre Güter den Kunden mit günstigen Marktpreisen anbieten.

Unternehmen, die ihre Güter mit großen Herstellungskosten produzieren und deren Produktion nicht mehr kostendeckend ist, werden dadurch entweder Bankrott gehen, oder ihre Betriebe ins Ausland verlegen müssen.

Wie gesagt, da alle betrieblichen Aufwendungen der Unternehmen sich in einem Verhältnisse befinden und aufeinander bezügliche sind, müssen entweder Erträge (Gewinne) der Unternehmen oder Löhne (Gehälter) der Arbeitnehmer gekürzt werden, und dadurch kommt es zum Verstoß gegen die Erfordernisse des Axioms der Äquivalenz.

Da sich das Axiom der Äquivalenz auf Produktionsverhältnisse aller Unternehmen und mithin auf alle Wirtschaftsbeziehungen der Unternehmen und auf allen Märkten auswirkt, prädestiniert es die Geschäftsführungen der Unternehmen, die zugleich durch ihr Streben nach Vermögensvermehrung beeinflusst sind, zu Kürzungen der Arbeitnehmerentgelte.

Durch die Auswirkung des Axioms der Äquivalenz, die stetes adäquate Proportionen zwischen den gegensätzlichen betrieblichen Aufwendungen und den Erträgen der Unternehmen verlangt, wird in der Tat das Ausmaß der Kürzungen der Arbeitnehmerentgelte (Löhne, Gehälter) nicht nur begrenzt, sondern auch einen stufenförmigen und immer wieder fortsetzenden Ablauf annehmen.

Der begonnene unter dem Einfluss der permanent steigenden Staatseinnahmen Ablauf der Kürzungen der Arbeitnehmerentgelte (Löhne, Gehälter) der Unternehmen wird immer mehr andere Unternehmen in den Prozess hineinziehen und auch die Unternehmen der anderen Volkswirtschaften, weil dadurch das Äquivalent (eine Menge von Geld) für die Güter (Ware, Leistungen) auf den Märkten fehlen wird.

Sollten die Kürzungen oder die Erhöhungen der Arbeitnehmerentgelte (Löhnen, Gehältern) zur gleichen Zeit (synchron) in allen Branchen der Volkswirtschaft in Gang kommen, dann spricht so eine Tendenz von den Veränderungen der Proportionen im Verhältnisse zwischen den gegensätzlichen betrieblichen Aufwendungen der Unternehmen und folglich verändert sich die Proportionalität zwischen den entsprechenden Teilen des Produktionswertes des Sozialproduktes.

## 16. Einwirkungen der betrieblichen Aufwendungen und der Erträge der Unternehmen auf die Bildungen der Marktpreise der Güter und deren Wechselwirkungen

Um den Ablauf der quantitativen Entwicklungen der gegensätzlichen betrieblichen Aufwendungen und der Erträge (Gewinne) der Unternehmen besser zu begreifen, sollte man über Kenntnisse von der Bedeutung der Marktpreise der Güter (Ware, Leistungen) für die Entwicklungen ihrer Quantitäten verfügen, weil sowohl die betrieblichen Aufwendungen als auch die Erträge (Gewinne) der Unternehmen in die Verkaufspreise der Güter mit einkalkuliert werden müssen.

Damit ein Unternehmen erfolgreich produzieren kann, müssen dessen betrieblichen Aufwendungen und die Erträge durch die Marktpreise der Güter (Ware, Leistungen) gedeckt werden.
Sollten die Anteile der Staatseinnahmen ›Angeordneten Aufwendungen‹ der Unternehmen zu hoch sein, dann wird ein Anteil von den gewünschten Erträgen (Gewinnen) aus den Preisen der Güter (Ware, Leistungen) verdrängt.

Aber solch ein Unternehmen, das die üblichen Gewinne nicht erzielen kann, kann auch nicht auf Dauer existieren.
Die Unternehmen können nach ihrem Wunsch die Marktpreise der Güter (Ware, Leistungen) nicht ändern.

Die Wirkung des Axioms der Äquivalenz in Produktionsverhältnissen der Unternehmen begrenzt das Ausmaß des Einkalkulierens in die Preise der Güter ihrer betrieblichen Aufwendungen und ihrer gewünschten Erträge (Gewinne).

Deshalb müssen die Unternehmen ihre irgendwelche betrieblichen Aufwendungen reduzieren. Das Streben der Geschäftsführungen der Unternehmen, der einzelnen Unternehmer nach Vermögensvermehrung bzw. nach Gewinnerzielen veranlasst sie zur Reduzierung der betrieblichen Personalaufwendungen.

Aus diesem Grund wird es immer weniger Geld auf die Märkte: Arbeitsmarkt, Konsumgütermarkt, Finanzmarkt, Immobilienmarkt, kommen.
Die Marktpreise der Güter (Ware, Leistungen) kommen dadurch zu Senkungen, weil die Nachfrage der Kunden nachlassen wird.

Die Veränderungen der Proportionen im Verhältnisse zwischen den gegensätzlichen betrieblichen Aufwendungen der Unternehmen und mithin der Proportionalität im Verhältnisse der entsprechenden Teile des Produktionswertes des Sozialproduktes bewirken zugleich zu Veränderungen den Wert und die Kaufkraft des Geldes.

Das heißt, dass sich auf solche Weise das Äquivalent (Menge von Geld) für die Güter (Ware, Leistungen) auf den Märkten verändert.

Die Erkennung des Mechanismus der Einwirkungen der gegensätzlichen betrieblichen Aufwendungen und der Erträge der Unternehmen auf die Marktpreise der Güter (Ware, Leistungen) und die Wechselwirkungen der Marktpreise auf die Entwicklungen der betrieblichen Aufwendungen und der Erträge der Unternehmen hilft Maßnahmen zu treffen, die die Steigerung und die Stabilität der Warenpreise herbeiführen würden.

Zur Folge werden die Unternehmen die Steigerung ihrer Warenumsätze und mithin ihrer Produktivität haben, die ihnen die Schaffung der zusätzlichen Arbeitsplätze ermöglichen würden.

In den anderen Abschnitten habe ich geschrieben, dass sich durch die richtige Proportionalität in jeweiligen Verhältnissen des Produktionswertes des Sozialproduktes die Kaufkraft und der Wert des Geldes und folglich die Marktpreise der Güter (Ware, Leistungen) zur Stabilisierung kommen, weil dadurch das Äquivalent für die Güter (Ware, Leistungen) auf den Märkten entstehen wird. *Und umgekehrt.*
Abweichungen von der richtigen Proportionalität in den jeweiligen Verhältnissen des Produktionswertes des Sozialproduktes destabilisieren die Kaufkraft und den Wert des Geldes und folglich die Marktpreise der Güter (Ware, Leistungen), weil dadurch eine andere Menge von Geld für die Güter (Ware, Leistungen) auf den Märkten auftreten wird.

Was für eine Bedeutung haben solche Abweichungen für die quantitativen Entwicklungen der betrieblichen Aufwendungen und der Erträge (Gewinne) der Unternehmen und mithin der Schaffung der Arbeitsplätze?

Also, sollten die Staatseinnahmen der Unternehmen zu niedrig angeordnet werden, dann werden sich die Anteile der Personalaufwendungen (Löhne, Gehälter) und die der Gewinne der Unternehmen, eher Gewinne, in Bezug auf die Marktpreise der Güter vergrößern, und folglich wird dadurch zum Verstoß gegen die richtige Proportionalität in jeweiligen Verhältnissen des Produktionswertes des Sozialproduktes kommen.

Dadurch kommt es nach und nach zur Geldentwertung, weil die Marktpreise der Güter (Ware, Leistungen) durch ihre permanenten Steigerungen zur Destabilisierung kommen würden.

Die permanent steigenden Marktpreise der Güter werden die Steigerungen der ›Anderen betrieblichen Aufwendungen‹ der Unternehmen bewirken, die zur Folge die Verdrängungen der Arbeitnehmerentgelte (Löhne, Gehälter) aus den Arbeitsverhältnissen bzw. aus den ökonomischen Verhältnissen der Unternehmen haben werden.

Welche Folgen haben zu hohe Staatseinnahmen der Unternehmen?

Sollten die Staatseinnahmen der Unternehmen zu hoch angeordnet werden, dann werden sich die Anteile der Arbeitnehmerentgelte (Löhne, Gehälter) und die der Gewinne der Unternehmen, eher die Arbeitnehmerentgelte, in Bezug auf die Marktpreise der Ware vermindern, und folglich wird dadurch ebenfalls zum Verstoß gegen die richtigen Proportionalität in jeweiligen Verhältnissen des Produktionswertes des Sozialproduktes kommen.

Jede Veränderung des Ausmaßes der Staatseinnahmen der Unternehmen zieht nach sich die Veränderung der Anteile der ›Angeordneten Aufwendungen‹, der ›Anderen betrieblichen Aufwendungen‹ sowie der ›Personalaufwendungen‹ und der Anteile der Gewinne der Unternehmen, weil sie sich zueinander in einem direkten Verhältnisse, das ich als ökonomisches Verhältnis bezeichne, befinden.

Somit darf dabei nicht sowohl durch die Reduzierung als auch durch die Erhöhung der Staatseinnahmen der Unternehmen gegen die richtige Proportionalität in den oben genannten Verhältnissen verstoßen werden, d. h. dass das Ausmaß der Staatseinnahmen nicht nur die oberen, sondern auch die unteren Grenzen hat.

Sollte durch die Veränderungen des Ausmaßes der Staatseinnahmen der Unternehmen gegen die richtige Proportionalität in jeweiligen Verhältnissen des Produktionswertes des Sozialproduktes verstoßen werden, dann entstehen falsche Proportionen zwischen den betrieblichen Aufwendungen und den Erträgen der Unternehmen.

Durch die Verdrängungen aus den Arbeitsverhältnissen eines Anteils der Arbeitnehmerentgelte (Löhne, Gehälter) können Antiproportionen zwischen den betrieblichen Aufwendungen selbst und den Letzten zu Erträgen der Unternehmen entstehen, und mithin kommt es zum Verstoß gegen das Erfordernis der Wirkung des Axioms der Äquivalenz und anderen Grundsätzen in Produktionsverhältnissen der Unternehmen, was nach sich die negativen Veränderungen der Kontinuität und der Diskretion (Taktvollsein) in den Entwicklungen der Arbeitnehmerentgelte zieht.

Ökonomische Verhältnisse der Unternehmen, in denen gegen die richtigen Proportionen zwischen den gegensätzlichen betrieblichen Aufwendungen der Unternehmen verstoßen wird, nehmen die Verfassung des umgekehrten Verhältnisses an.
Da die Staatseinnahmen der Unternehmen fest angeordnet sind und unwillkürlich in die ›Angeordnete Aufwendungen‹ der Unternehmen mit einkalkuliert werden, steigen ihre Anteile. Die Letzte   können nicht durch die Handlungen der Geschäftsführungen (Manager usw.) und die der Unternehmer verändert werden.

Deshalb werden in den umgekehrten Verhältnissen durch die Handlungen der Geschäftsführungen und die der einzelnen Unternehmer die Anteile der Personalaufwendungen (Löhne, Gehälter) der Unternehmen ständig vermindert.
Der Ablauf der Entwicklungen der betrieblichen Aufwendungen der Unternehmen nimmt eine umgekehrte Wendung an, weil auf die Märkte immer wieder weniger Geld kommen wird und dadurch werden die Marktpreise der Güter (Ware, Leistungen) senken.


## 17. Infrastruktur und ihre Bedeutung
für die Entwicklung der Volkswirtschaft


Infrastruktur ist von enormer Bedeutung für die Entwicklung jeder Volkswirtschaft.
Da ich die Absicht habe, zu zeigen, wie sich die Infrastruktur jedes Landes auf die Entwicklung ihrer Volkswirtschaft, nämlich auf die Bildung des Produktionswertes des Sozialproduktes und folglich auf die Entwicklung der Kaufkraft und des Wertes der Gelder auswirkt, erkläre ich im Allgemeinen, was Infrastruktur heißt, und welche Gegenstände (Substanzen, Dinge, Sachen) der Natur, menschliche Schaffungen, Einrichtungen, Institutionen usw. dazu gehören.

Der Begriff ›Infrastruktur‹ schließt mit sich wirtschaftliche, soziale und organisatorische Bedingungen eines Landes ein, die als Unterbau (Grundlage, Basis, Fundament) für das Funktionieren und die Entwicklung einer Volkswirtschaft erforderlich sind.
Dazu gehören:
1. Natürliche Infrastruktur: Menschen, Klima, geografische Lage des Landes mit ihren Nachbarn-Ländern, sowie ihre Felder, Gewässer, Flüsse, See, Meere, Wälder, Ressource, wie Bodenschätze, Erdöl, Erdgas, Metalle, Uran, Kohle und andere Rohstoffe.

2.  a) Private Unternehmen aller Wirtschaftsbereichen und aller Form (Einzelunternehmer, Unternehmen, einschließlich Konzerne mit ihren Investitionen und Eirichtungen).

    b) Private Straßen, Flusshäfen, Meerhäfen, Flughäfen mit ihren Einrichtungen und Investitionen, die verschiedenartige Dienstleistungen den Unternehmen und Menschen liefern.

    c) Private Telekommunikations- und Energieversorgungsanbieter, private Krankenhäuser und Kliniken, Kindergärten und Schulen.

    d) Infrastruktur, die durch Investitionen des Staates geschaffen wurden und neu geschaffen werden: Verwaltungs- und Bildungseinrichtungen, Gesundheitswesen, Krankenhäuser und Kliniken, Schulen, Hochschulen, einschließlich Universitäten, Gas- und Wasserwerke, Flugplätze, Verkehrssysteme, wie Straßen, U-Bahne, Eisenbahnverkehr, innere und äußere Sicherheit des Staates sowie das Rechtssystem des Staates.

Für erfolgreiche Entwicklung einer Volkswirtschat ist von enormer Bedeutung das Rechtssystem (Gesetze) des Staates und vor allem Zivilrecht bzw. Bürgerliches Recht, Steuerrecht, Strafrecht, Arbeitsgesetze, und andere Gesetze, unter deren Anwendungen wirtschaftliche, soziale und organisatorische Verhältnisse zwischen Wirtschaftssubjekten (Unternehmen, einzelne Unternehmer, Einrichtungen des Staates, privaten Haushalte und Bürger) aller Wirtschaftsbereiche geregelt werden.

Deutschland ist ein Rechtsstaat, in dem die Institutionen der Demokratie sehr entwickelt sind, und die Bevölkerung nutzt die Formen der Demokratie, die nach dem Grundgesetzt und anderen Gesetzen ihnen zustehen, um ihre Rechte und Interessen zu befriedigen.

Das Niveau des Rechtsbewusstseins der Bürger von Deutschland ist aus meiner Sicht auch sehr hoch.

Demokratie gibt den Menschen die Möglichkeit mehr und mehr ihre Meinungen über wirtschaftliche, soziale und organisatorische Aufgaben hinsichtlich der Warenproduktion der Unternehmen auszusagen. Dadurch wird die Politik der Bundesregierung über Steuerrecht, Lohn- und Arbeitsstellenpolitik usw. beeinflusst.

Gerado richtige Anwendung der Gesetze des Staates, die die Rechts- und Wirtschaftsordnung regeln, geben die Möglichkeit die Infrastruktur des Landes rationeller und effektiver zu verwenden.

*Allein die Beherrschung, der Besitz oder die Verfügung (egal wie man das nennt) über die Gegenstände (Substanzen, Dinge, Sachen der Natur), Schaffungen, Einrichtungen, Institutionen der Menschen und des Staates wird noch keinen positiven Einfluss auf die Bildung des Sozialproduktes des Landes haben, wenn die Infrastruktur von Menschen für die Herstellung der Güter, (Ware, Leistungen) unrationell, unfruchtbar benutzt wird.*

Ich kann nicht behaupten, dass in Griechenland, Italien oder einem anderen Land der Europäischen Union die Institutionen der Demokratie schlechter als in Deutschland entwickelt sind, und ich habe überhaupt so etwas nicht vor.
Aber eins weiß ich Bescheid, dass die Bevölkerung und die Regierung jedes Landes die Institutionen der Demokratie so nutzen müssen, dass dadurch den Wirtschaftssubjekten (Unternehmen) ihrer Volkswirtschaften Bedingungen geschaffen werden, die ihnen die bestmögliche Produktion der Güter (Ware, Leistungen) machen.

Nur durch gute zusammengesetzte Tätigkeit der Regierungen, neuer Investoren, Arbeitgeber mit ihren Organen und Arbeitnehmer mit ihren Organen kann die Produktion der Güter (Ware, Leistungen) in solchen Ländern wieder in Gang gebracht werden, sodass ihre Volkswirtschaften zu Aufwärtsentwicklungen bewegt werden.

Wir müssen verstehen, dass die Kaufkraft und der Wert der Gelder  jeder Volkswirtschaft sich durch die Proportionalität im Verhältnisse der Teile des Produktionswertes des Sozialproduktes ihrer Länder bilden.

Ob eine Volkswirtschaft, nämlich ein Land der Europäischen Union als Währung – EURO – oder eine andere Währungseinheit hat, kann der Wert ihrer Gelder nur durch die Steigerung der Kaufkraft ihrer Gelder stabilisiert werden, die nur durch die Aufwärtsentwicklungen ihrer Volkswirtschaften erreichbar sind.
Ob ein Land als Währungseinheit Deutsche Mark, Drache, Lira, EURO, US-Dollar, Rubel, Pfund Sterling oder eine andere Währung hat, wird die Kaufkraft und der Wert ihrer Gelder (Währung) immer durch Produktionswert des Sozialproduktes des jeweiligen Landes vorausbestimmt.

Für alle Länder der Weltwirtschaft, ob die zu Europäischen Union gehören oder nicht, wie z. B. Großbritannien, China, Indien, Russland, USA, Japan usw. ist vorteilhafter, wenn der EURO als Währungseinheit stabil bleibt, weil dadurch auch die Marktpreise der Güter (Ware, Leistungen) stabil bleiben werden.
Bei hohen Entwicklungen der Volkswirtschaften vieler Länder wachsen die Länder wirtschaftlich so zusammen, dass Krise in einem Land nach sich Unternehmen der anderen Länder in Krise zieht.

Sollte eine Volkswirtschaft in die Krise geraten, deren Unternehmen sich in Wirtschaftsbeziehungen mit Unternehmen der anderen Volkswirtschaften befinden, dann werden sie nach sich Unternehmen und mithin andere Volkswirtschafte in eine Krise ziehen, und unabhängig davon, ob die Länder zur Eurozone gehören oder nicht.

Unternehmen, deren Länder zur Eurozone gehören, haben Möglichkeit auf Umtauschkosten der Gelder zu sparen.

Jedes Land der Europäischen Union, ob es als Währungseinheit den EURO oder eine andere Währung hat, kann genauso wie Griechenland in eine Krise stürzen, und das ist ganz normal für die Auswirkungen der Gesetze der freien Marktwirtschaft bzw. für die Wettbewerbsfähigkeit zwischen den Unternehmen. Die Zugehörigkeit Griechenland zur Eurozone macht ihre Lage schwieriger, denn die Krise in Griechenlands Volkswirtschaft sich unmittelbar auf den Kurs des EUROs auswirkt.

In Zukunft wird auf dem Weltmarkt immer wieder zu starken Wettbewerbsfähigkeiten kommen, weil auf die Märkte der Europäischen Union: Produktionsgütermärkte, Konsumgütermärkte, Immobilienmärkte, Finanzmärkte, mehr und mehr Güter (Ware, Leistungen) aus China, Indien, Russland und anderen Ländern kommen, die mit günstigen Marktpreisen angeboten werden.

Immer mehr werden Produktionsgüter (Maschinen, Werkzeuge usw.) aus den o. g. Ländern auf die Märkte der Länder der Europäischen Union kommen, deren Angebote günstigere Marktpreise beinhalten werden.
Als nachfolgende Phase der Entwicklung der Weltwirtschaft wird die Zeit der Investitionen der Unternehmen von China, von Indien, von Russland usw. in die Unternehmen der Länder der Europäischen Union kommen, weil sie dadurch höhere und stabile Gewinne auf den Märkten der Europäischen Union zu erzielen bezwecken werden.
Neue Investoren, ob sie aus den o. g. Ländern oder aus Ländern der Europäischen Union kämen, werden ebenso Interesse an einem stabilen Kurs des EUROs haben.

Wirtschaftlich starke Länder der Europäischen Union bildeten zusammen mit anderen Ländern zur Rettung der Länder, die in Krise stürzten, einen Geldfonds, den so genannten Rettungsfonds, der durch alle Länder der Europäischen Union gebildet wird.
In all meinen Werken behaupte ich, dass die Kaufkraft und der Wert der Gelder (Währung) jedes Landes immer verschieden sein werden, weil sie durch den Produktionswert des Sozialproduktes jedes Landes vorausbestimmt werden.

In welchem Umfang und wie oft sollen dann die starken Volkswirtschaften (Länder) den schwachen Volkswirtschaften (Ländern) der Europäischen Union mithelfen? Können die wirtschaftlich starken Länder der Europäischen Union auf Dauer bzw. auf ewig den wirtschaftlich schwachen Ländern mit Tausenden Milliarden Euro mithelfen?

Nein, solche Maßnahmen der Regierungen werden dazu führen, dass mehr und mehr Bürger bzw. privaten Haushalte unter der Armut leben werden; dass die Warenumsätze der Unternehmen zur Senkung kommen werden und folglich werden die starken Länder der Europäischen Union nach und nach ebenso in eine Krise stürzen.

*Wer die Europäische Union retten möchte, sollte aus meiner Sicht den Ländern der Europäischen Union, die als Währungseinheit EURO haben, das Recht einräumen, bei der Krise aus der Eurozone aussteigen zu dürfen, ohne die Mitgliedschaft in Europäischen Union zu verlieren. Dabei sollte ihnen noch mitgeholfen werden.*

*Ich glaube, genau das, hatte Bundesfinanzminister Herr W. Schäuble im 2015 vorgehabt, als er Grexit auf Zeit vorgechlagen hatte.*
*Dabei meinte er Austritt Griechenland aus der Euro-Währungsunion für fünf Jahre.*
*Auf solche Weise könnte man schneller die Reformen in Griechenland umsetzten ohne dabei andere Länder der Währujngseinheit zu belasten.*
*Solch ein Land sollte sich das Recht zur Mitgliedschaft in Europäischen Union vorbehalten können. Somit würde gegen ihre Souveränität nicht verstoßen.*

## 18. Wirtschaftskreislauf

Während der Warenproduktion gehen die Wirtschaftssubjekte (Unternehmen, Unternehmer) verschiedene Handlungs- und Rechtsgeschäfte, die eine Form der Rechtsverhältnisse annehmen, mit anderen Unternehmen, einzelnen Unternehmer (Lieferanten und Kunden), mit Einrichtungen des Staats, mit Bürgern bzw. mit privaten Haushalten, ein.

Somit entsteht bei jedem Unternehmen (Unternehmer) im Zusammenhang mit ihrer Warenproduktion ein ganzer Umkreis der Rechtsverhältnisse, in denen sich jede einzelne Handlungs- und Rechtsgeschäft in Beziehung zu den anderen Rechtsgeschäften auf Grund der Wirkung bzw. der Auswirkung des Axioms der Äquivalenz befindet, und ihre Ergebnisse voneinander abhängig gemacht werden.

Da die Auswirkung des Axioms der Äquivalenz sich durch Proportionen bzw. Antiproportionen verwirklicht, untersucht man die Einflüsse der Handlungs- und Rechtsgeschäfte der Unternehmen auf die Veränderungen der betrieblichen Aufwendungen und die der Erträge nach Proportionen bzw. nach Antiproportionen.

Um die Untersuchung zu erleichtern und meinem Leser die Objekte meiner Untersuchungen deutlicher zu machen, gruppierte ich alle Rechtsverhältnisse der Unternehmen in die Produktionsverhältnisse im ›engeren Sinne‹ und im ›weiteren Sinne‹.

Dadurch ist mir gelungen, die Wirkung des Axioms der Äquivalenz in dem ganzen Umkreise der Handlungs- und Rechtsgeschäfte, die die Produktionsverhältnisse der Unternehmen betreffen, auszusondern und deutlicher zu machen.

Als Produktionsverhältnisse im ›engeren Sinne‹ bezeichnete ich Arbeitsverhältnisse (Dienstverhältnisse), wodurch die Arbeitnehmerentgelte (Löhne, Gehälter) bzw. die betrieblichen Personalaufwendungen entstehen, die den entsprechenden Teil der Nettowertschöpfung des Produktionswertes des Sozialproduktes bilden.

Bei meinen Untersuchungen zog ich in Betracht Rechtsverhältnisse zwischen einerseits den Wirtschaftssubjekten (Unternehmen, Unternehmer), und andererseits dem Staat wegen der Staatseinnahmen (Steuer, Sozialversicherungsbeiträge und andere Abgaben), weil dadurch den Unternehmen (Unternehmer) ein Teil der betrieblichen Aufwendungen, die ich jetzt als ›Angeordnete Aufwendungen‹ bezeichne, entstehen, die einen Anteil von den Vorleistungen und Abschreibungen des Produktionswertes des Sozialproduktes bilden.

Ich bezeichnete diese Rechtsverhältnisse der Unternehmen als Produktionsverhältnisse im ›weiteren Sinne‹.

Ferner schließen die Unternehmen während der Warenproduktion Handlungs- und Rechtsgeschäfte mit ihren Lieferanten ab, bei denen sie Produktionsgüter (Maschine, Werkzeuge usw.) bzw. Verbrauchsgüter (Rohmaterial, Rohstoffe usw.) einkaufen.

Diese Rechtsverhältnisse der Unternehmen nannte ich auch als Produktionsverhältnisse im ›weiteren Sinne‹, weil dadurch die betrieblichen Aufwendungen der Unternehmen, die ich jetzt als ›Andere Aufwendungen‹ der Unternehmen bezeichne, entstehen, und die ebenso einen Anteil von den Vorleistungen und Abschreibungen des Produktionswertes des Sozialproduktes bilden.

Bei der Warenproduktion schließen die Unternehmen (Unternehmer) Handlungs- und Rechtsgeschäfte mit ihren Kunden ab, denen sie ihre Güter (Ware, Leistungen) absetzen (veräußern).

Diese Rechtsverhältnisse der Unternehmen zählte ich auch zu den Produktionsverhältnissen im ›weiteren Sinne‹, weil dadurch die Unternehmen ihre

Erträge (Gewinne) oder Verluste erzielen, und die Ergebnisse bilden ebenso einen Anteil von den Vorleistungen und Abschreibungen des Produktionswertes des Sozialproduktes.

In meinem Buch ›Dialektik und Funktion der Äquivalenz in Produktionsverhältnissen‹ habe ich auf solche Weise den ganzen Kreis der Rechtsgeschäfte bzw. der Rechtsverhältnisse der Unternehmen vereinfacht, um das Begreifen der Auswirkung des Axioms der Äquivalenz in all diesen Verhältnissen zu erleichtern.

Ich hatte das Ziel, dadurch meinen Lesern das Vorhandensein der objektiven Kraft und ihre Auswirkung in allen Rechtsverhältnissen der Unternehmen offensichtlicher zu machen, damit sie die Auswirkung des Axioms der Äquivalenz in allen Produktionsverhältnissen der Unternehmen a priori besser verstehen können, nämlich durch das Denken besser zu verstehen.

Wenn man jetzt die Unternehmen, einschließlich die Kreditinstitute (Banken, Sparkassen usw.), die privaten Haushalte und Staat mit ihren Einrichtungen in einen Wirtschaftskreislauf nach der Volkswirtschaftslehre zusammensetzt, dann wird man sehen, dass eben in dem Wirtschaftskreislaufe diese Rechtsverhältnisse: Produktionsverhältnisse im ›engeren Sinne‹ und im ›weiteren Sinne‹, vorhanden sind.

- Jeder Wirtschaftssubjekt (Unternehmen, einzelner Unternehmer, Staatseinrichtungen und private Haushalten) kann gleichzeitig als Hersteller (Produzent) der Güter (Ware, Leistungen), als Lieferant seiner hergestellten Gütern (Ware, Leistungen) und als Kunde bei anderen Wirtschaftssubjekten, bei denen die Produktionsgüter eingekauft werden, sein.

- Jeder Wirtschaftssubjekt, ob er Hersteller, Lieferant oder Kunde ist, kann auch Kunde bzw. Schuldner bei einem Kreditinstitut, mit dem er verschiedene Rechtsgeschäfte, einschließlich Kreditgeschäfte abschließt, sein.

- Jedes Unternehmen, einschließlich Kreditinstitute beschäftigen Arbeitnehmer (Angestellte, Arbeiter), wodurch die Arbeitnehmerentgelte (Löhne, Gehälter) bzw. ihre Personalaufwendungen entstehen.
- Private Haushalte machen Konsumausgaben an Unternehmen.
- Private Haushalte verkaufen an Unternehmen Produktionsmittel.
- Unternehmen beziehen Einnahmen vom Staat, die für den Staat Staatsausgaben sind.
- Unternehmen führen ihre Ausgaben (Steuer, Sozialversicherungsbeiträge, andere Abgaben) an den Staat ab, die für den Staat Staatseinnahmen sind.

- Die privaten Haushalte beziehen   Einnahmen vom Staat, die für den Staat Staatsausgaben sind.
- Die privaten Haushalte erledigen ihre Zahlungen (Steuer, Gebühren) an den Staat, die für den Staat Staatseinnahmen sind.
- Die Kreditinstitute leisten Kredite an alle Wirtschaftssubjekte, einschließlich an die privaten Haushalte.
- Die privaten Haushalte machen Spareinlagen bei Kreditinstituten.
- Kreditinstitute leisten Geld an Unternehmen (Unternehmer) für ihre Investitionen in die Volkswirtschaft.
- Unternehmen legen ihr Geld bei Kreditinstituten an.
- Der Staat macht Ausgaben an Kreditinstitute (Staatsausgaben).

*Unternehmen, einschließlich Kreditinstitute (Banken, Sparkassen usw.), die private Haushalte und der Staat mit ihren Einrichtungen bilden mit ihren Handlungs- und Rechtsgeschäften den Wirtschaftskreislauf jeder Volkswirtschaft.*

Wie gesagt, ich habe den ganzen Kreis der Produktionsverhältnisse der Wirtschaftssubjekte vereinfacht, indem ich die Produktionsverhältnisse auf Produktionsverhältnisse im ›engeren Sinne‹ und im ›weiteren Sinne‹ gegliedert habe.
Aus meiner Sicht ist mir dadurch gelungen, in all diesen Wirtschaftsbeziehungen bzw. Produktionsverhältnissen der Unternehmen das Allgemeine auszusondern und zwar offensichtlicher und verständlicher die Wirkung und die Auswirkung des Axioms der Äquivalenz zu machen.


## 18.1. Kreditinstitute - Subjekte des Wirtschaftskreislaufes


Wenn ich in meinen Werken von Unternehmen rede, dann meine ich darunter auch die Kreditinstitute (Banken, Sparkassen), und die Finanzkrise betrachte ich als Ausdehnung der Wirtschaftskrise über Produktionsverhältnisse hinaus in die Finanzverhältnisse der Kreditinstitute.
Das ist die ganz normale Auswirkung des Axioms der Äquivalenz, dessen Verwirklichung sich auch in den Finanzverhältnissen der Kreditinstitute durch die Proportionen bzw. Antiproportionen ereignet.
Solange die Ursachen der Wirtschaftskrise, von denen ich in meinen vorigen Büchern schrieb, nicht beseitigt werden, werden alle Volkswirtschaften, die sich in Wirtschaftsbeziehungen befinden, in die Krise eingezogen.

Um dies zu begreifen, muss man das Wesen des Geldes kennen.

In diesem Buch gehe ich bis in die kleinste Detail ein, indem ich das Wesen des Geldes, die Bildung der Werte und der Kaufkraft der Gelder erläutere, weil die Beherrschung von solchen Kenntnissen für jeden sehr wichtig ist, um eine Untersuchung zur Aufklärung der Ursache der Wirtschaftskrise erfolgreich durchzuführen.

In den vorigen Jahren waren Weltweit viele Kreditinstitute, einschließlich von Deutschland, von anderen Ländern der Europäischen Union und USA in die Finanzkrise eingezogen.
Wenn man das Wesen der Finanzmärkte aufklärt, dann wird es klar sein, dass sich die Wirkung des Axioms der Äquivalenz auch in Finanzverhältnissen ereignet.

Der Finanzmarkt ist ein Markt, auf dem als Güter (Ware, Leistungen) das Geld und die Wertpapiere auftreten. Die Kreditinstitute (Banken, Sparkassen) sammeln durch ihre Handlungs- und Rechtsgeschäfte, einschließlich Einlagengeschäfte das Geld und stellen das Geld durch ihre Kreditgeschäfte zur Verfügung sowohl den Unternehmen (Unternehmer) als auch den privaten Haushalten.

Die Kreditinstituten (Banken, Sparkassen) verkaufen Wertpapiere, beschäftigen Arbeitnehmer, schließen Rechtsgeschäfte mit anderen Kreditinstituten, einschließlich mit Kreditinstituten von anderen Ländern, Unternehmen und privaten Haushalten und dabei ist der Gegenstand ihrer Rechtsgeschäften Geld bzw. Wertpapiere.
Der Finanzmarkt ist sozusagen ein besonderer Markt, aber das Axiom der Äquivalenz und die mit ihm zusammenhängenden Grundsätze haben durch die Rechtsgeschäfte der Kreditinstitute gleiche Auswirkungen, weil die Verwirklichungen der Entwicklungen der betrieblichen Aufwendungen und der Erträge der Kreditinstitute sich ebenso wie bei anderen Unternehmen durch die Proportionen bzw. durch die Antiproportionen ereignen.

In meinem Buch ›Philosophie – Wissenschaft zur Aufklärung der Ursachen der Wirtschaftskrise‹ habe ich unter Anwendung der statistischen Daten gezeigt, dass die Menschen unter dem Einfluss des Strebens nach Vermögensvermehrung immer mehr Kredite aufnehmen, was nach und nach ebenso zum Verstoß gegen die Wirkung des Axioms der Äquivalenz in ihren ökonomischen Verhältnissen bzw. in ihren Finanzverhältnissen führt; dass dadurch die Kontinuität und die Totalität in den Entwicklungen der Finanzverhältnisse mit den Wirtschaftssubjekten verletzt werden; dass dadurch im Endeffekt zur Geldentwertung und zur Krise kommen wird.

Ich mache offensichtlich, wie die Kreditinstitute immer öfter durch die Kreditgeschäfte ihre Gewinne erzielen und das führt dazu, dass der Zuwachs der gesamten Kreditaufnahmen der privaten Haushalte im Vergleich mit dem Zuwachs der Nettowertschöpfung in demselben Zeitraum steigt. Aus dem Vergleich sieht man, dass die Höhe der Kreditaufnahmen der privaten Haushalte von Jahr zu Jahr die Höhe der Nettowertschöpfung des Produktionswertes des Sozialproduktes für die entsprechenden Jahre überschritten haben.

Daraus zog ich Schlussfolgerung, dass die Kreditinstitute beim Abschließen der Kreditgeschäfte mit den privaten Haushalten nicht in jedem Fall die Höhe ihrer Kreditaufnahmen exakt mit der Höhe ihrer Einkommen überprüft hatten.

Das Verhältnis zwischen dem Zuwachs der Kreditaufnahmen der privaten Haushalte und dem Zuwachs der Nettowertschöpfung spricht dafür, dass man unwillkürlich in Frage stellen sollte, ob die privaten Haushalte überhaupt in Zukunft eine Möglichkeit zur Bezahlung der Zinsen bzw. der Kreditkosten (Versicherung usw.) und die Tilgung der Kredite haben werden.

Dass die Deutschen Kreditinstitute kein Geld haben werden, habe ich es schon im Buch von 2005 sichtbar gemacht, weil die Tendenz zum Zuwachs der gesamten Kreditaufnahmen der privaten Haushalte schon damals die Tendenz zum Zuwachs der Nettowertschöpfung des Sozialproduktes in solch einer Höhe von Jahr zu Jahr überschritten hatte.

Solche Tendenzen sprechen dafür, dass die Kreditinstitute immer mehr Geld für Kredite ausgeben, um mehr und mehr Gewinne zu erzielen, und die privaten Haushalte können nicht mehr die Bedürfnisse der Kreditinstitute nach dem Geld befriedigen, weil die sinkenden Realeinkommen der privaten Haushalte nach sich die Senkung ihrer Spareinlagen ziehen.

Ebenso geschieht es von der Seite der Unternehmen, bei denen ihre Warenumsätze zur Senkung kommen. Sie bekommen auch kein ›übriges‹ Geld, um es bei den Kreditinstituten anzulegen.

Danach tritt das Ergebnis der Wirkung des Axioms der Äquivalenz und mit ihm zusammenhängenden Grundsätzen in Finanzverhältnissen ein, und zwar, dass den Kreditinstituten kein Geld mehr zur Verfügung stehen wird.

Der Verstoß gegen die Kontinuität und die Totalität (G-W-G...) der Warenproduktion wirkt sich in Kreditgeschäften bzw. in Finanzverhältnissen der Kreditinstitute aus.

Dass ist zugleich auch das Ergebnis der Auswirkung der subjektiven Kraft der Menschen: Des Strebens der Menschen nach Vermögensvermehrung. Obwohl viele Manager der Kreditinstitute Millionen – Gehälter bezogen haben, gaben sie das Geld der Kreditinstitute durch Kreditgeschäfte aus, um dadurch auch mehr und mehr Gewinne zu erzielen. Was ist ein Kreditinstitut ohne Geld?

Ich habe gezeigt, wie durch die Kreditgeschäfte der Kreditinstitute sowohl mit den privaten Haushalten als auch mit den Unternehmen zu Verletzungen der kontinuierlichen Entwicklungen, der Totalität und dadurch zum Verstoß gegen das Axiom der Äquivalenz kommt; aber mit dem Unterschied, dass sich die Auswirkung der Verletzungen durch Finanzverhältnisse auf dem Finanzmarkt ereignet.

Was die Arbeitsverhältnisse der Kreditinstitute (Banken, Sparkasse) mit ihren Mitarbeitern betrifft, erfordert die Wirkung des Axioms der Äquivalenz ebenso wie bei den anderen Unternehmen als absolut notwendige Voraussetzung die Gewährung für die Leistungen ihrer Mitarbeiter, einschließlich ihrer Manager einen entsprechenden Gegenwert bzw. ein Äquivalent.

Höhe der Vergütungen der Arbeitnehmer (Angestellte, Arbeiter) der Kreditinstitute müssen durch die Arbeitsverhältnisse nach Angeboten der Arbeitskräfte und Nachfragen nach ihnen, mit Rücksicht auf ihre Gebrauchswerte, sowie unter strengem Beachten der Willenserklärungen der Vertragsparteien, bestimmt werden.

Dies ist das Erfordernis des Axioms der Äquivalenz in allen ökonomischen Verhältnissen bzw. Produktionsverhältnissen der Unternehmen (Kreditinstituten), die gleichermaßen zu Arbeitsverhältnissen mit Manager der Unternehmen (Kreditinstitute), die Millionen-Gehälter beziehen, gehören.

## 18.2. Private Haushalte-Subjekte des Wirtschaftskreislaufes

Im Wirtschaftssektor – private Haushalte kommt es durch die Kreditkosten (Zinsen, Bearbeitungsgebühren, Beiträge für Versicherung) zur Senkung ihrer Realeinkommen.
Außerdem wird den privaten Haushalten, die die Kredite aufnehmen, mehrere Jahre weniger Geld zum Einkaufen von anderen Gütern (Ware, Leistungen) zur Verfügung stehen.

Je mehr die privaten Haushalte Kredite aufnehmen, desto weniger Geld kommt von ihnen in den nächsten Jahren auf die Konsumgütermärkte, was zur Senkung der gesamten Warenumsätze bzw. zur konjunkturellen Abwärtsentwicklung herbeiführen kann.

Somit ist für die Volkswirtschaft nicht gleichgültig, nicht nur, wie das gesamte Geld während der Warenproduktion an die privaten Haushalte verteilt wird, sondern auch, wie es von den privaten Haushalten ausgegeben wird, weil es auf den Konsumgütermärkten als Äquivalent der Güter (Ware, Leistungen) auftritt, und durch Konsumgütermärkte kehrt das Geld in die Warenproduktion der Unternehmen aller Branchen zurück.

Man darf sich bei der Forschung der Ursachen der Wirtschaftskrise nicht damit begnügen, dass das verfügbare Einkommen (Verbrauchskonzept) in Bezug auf die Bevölkerung bzw. auf die privaten Haushalte im Vergleich mit dem vorigen Jahr steigt bzw. stabil bleibt.

Wenn man die Entwicklung der Nettowertschöpfung des Produktionswertes des Sozialproduktes und ihrer Teile, wie Arbeitnehmerentgelt, Unternehmens- und Vermögenseinkommen, eischließlich Gewinne der Unternehmer und Einkommen der Selbständigen analysiert, dann rechnet man unwillkürlich im Kopf, dass das gesamte Geld an alle privaten Haushalte geht, nämlich verteilt wird, aber das ist nicht so.

In all meinen Schriften zeige ich, wie wichtig für die Bildung der Kaufkraft und der Werte der Gelder bzw. für die Konjunktur die Verteilung der Nettowertschöpfung zwischen den privaten Haushalten ist.

Deshalb ist sehr wichtig bei der Forschung festzustellen, wie viele private Haushalte trotz der Beschäftigung ihrer Mitglieder bzw. ihrer ausübenden Arbeit auf die Hilfe des Staates angewiesen sind, weil sie billige Arbeitsplätze haben:
- Als Aushilfskräfte bei Unternehmen
- Mini-Job.
- Ein-EURO-Job.
- Durch Ausübung der Arbeit ohne Lohnausgleich.
- Arbeitnehmer der Verleiher- Unternehmen.

Deshalb zeigte ich immer wieder unter Anwendung der statistischen Daten, dass sich die Realeinkommen vieler privaten Haushalte mehr und mehr durch Kürzungen der Arbeitnehmerentgelte (Gehälter, Löhne) vermindert hat, und auf dessen Grund beziehen solche privaten Haushalte Staatshilfe.

Jeder Mensch, der alltäglich 8. Stunden arbeitet, sollte sich auch jederart Güter (Ware, Leistungen) leisten können bzw. leisten dürfen (Angewiesene auf Staatshilfe), einschließlich solche, die zu einer Art der Luxusbedürfnissen gehören, wie z. B. ein neues Auto, teuren Schmuck, schicke Kleidungen usw..

Sollte einer Person, trotz ihrer Beschäftigung bei Unternehmen, solch ein Recht nicht zustehen, wegen ihrer Angewiesenheit auf die Staatshilfe, dann verliert dadurch so ein Bürger in der Tat seine Rechte auf freie Abschließen einiger Rechtsgeschäfte.

Ferner zeige ich auch, wie sich die Realeinkommen der privaten Haushalte durch verschiedene Steuer des Staates (Mineralöl-, Strom-, Ökosteuer, Einkommensteuer, einschließlich Lohnsteuer usw.) vermindert hat.

Solche Maßnahmen verstoßen gegen die kontinuierlichen Entwicklungen der betrieblichen Aufwendungen und der Erträge (Gewinne) der Unternehmen, indem durch Nachlass der Nachfragen der Kunden die Warenumsätze der Unternehmen zur Senkung kommen.
Dadurch wird gegen die Wirkung des Axioms der Äquivalenz verstoßen.

Schon in der ersten Schrift (2005) schrieb ich, dass sich die privaten Haushalte, Volkswirtschaft und Staatseinrichtungen als Elemente eines Ganzen (als ein Ganzes ist damit ein Land gemeint), nur in einem angemessenen Verhältnisse zueinander, nämlich durch die Staateinnahmen (=Staatsausgaben), positiv entwickeln können.

In all meinen Büchern habe ich die Maßnahmen zur Überwindung der Wirtschaftskrise ausgearbeitet, in denen ich betonte, dass die Staatseinnahmen sowohl der Bürger als auch der Unternehmen reduziert werden müssten.

Meiner Ansicht nach kann die Wirtschaftskrise bzw. Finanzkrise in jedem Land vermieden werden, wenn der Staat (Parlament, Regierung) durch ihre Gesetze die Staatseinnahmen von Unternehmen, die Rechtsverhältnisse über die Kreditgeschäfte, über die Einlagengeschäfte, über die Wertpapiergeschäfte, sowie die Rechtsverhältnisse der Kreditinstitute mit ihren Schuldnern, die Arbeitsverhältnisse, einschließlich die Höhe der Gehälter der Manager usw. auf Grund der Erfordernissen der Wirkung des Axioms der Äquivalenz und den Grundsätzen, die mit ihm in einem Zusammenhang stehen, härter regeln würde.

Deshalb bin ich der Meinung, dass der Ausschluss der Leistungspflicht auf Schadensersatz wegen Unmöglichkeit zur Leistung des Schuldners nach dem

Bürgerlichen Gesetzesbuches keine Anwendung finden sollte, wenn Geschäftsführungen (Manager) der Unternehmen, und einschließlich der Kreditinstituten (Banken, Sparkassen) unter der vorsätzlichen Missachtung der Gesetze des Staates ihren Unternehmen bzw. ihren Kreditinstituten Millionen-Verluste zufügen.

Ich glaube, viele Geschäftsführer (Unternehmer, Manager) nutzen solche Gesetzeslücken aus, um dadurch ihr Streben nach Vermögensvermehrung bzw. das Streben zum Reichtum zu erfüllen, und dabei entsteht ihnen in vielen Fällen keine Pflicht zum Schadensersatz.

Wie man sieht, wenn solche Änderungen in den Gesetzen nicht gemacht werden, dann werden viele Manager der Unternehmen sowie andere Personen weiterhin in jedem Fall, sogar wenn sie Millionen-Gehälter beziehen, das Recht auf Ausschluss der Leistungspflicht zum Schadensersatz in Anspruch nehmen können.

Was ich als wichtig finde, dass das Inkrafttreten solcher Gesetze zur Vermeidung der Wirtschaftskrisen (Finanzkrisen) beigetragen hätte.
Solche Gesetze würden die Entwicklungen der großen, mittelständischen sowie kleinen Unternehmen fördern.

Bei der Untersuchung der Ursachen der Wirtschaftskrise analysiere ich nicht separat die Daten über die Entwicklung des Wirtschaftssektors-Ausland, weil die entstandene Ergebnisse aus Wirtschaftsbeziehungen (Handlungs- und Rechtsgeschäften) unserer Wirtschaftssubjekte mit Wirtschaftssubjekten (Unternehmen, Unternehmer) der fremden Volkswirtschaften sowieso in die entsprechende Teile des Produktionswertes des Sozialproduktes fließen.

Den Ablauf der Wirtschaftsbeziehungen der Wirtschaftssubjekte stelle ich deutlich im Abschnitt zur philosophischen Kategorie ›Der Volkswirtschaftsraum‹ da, indem ich die räumliche Ausdehnung der Entstehung des Produktionswertes des Sozialproduktes ganz konkret beschrieben habe.

Aus meiner Sicht kommt man bei der Feststellung der Ursachen der Wirtschaftskrise mit den Daten, die zum Produktionswert des Sozialproduktes angegeben sind, zurecht.
Außerdem bin ich immer der Meinung gewesen, dass unsere Bundesregierung Voraussetzungen schaffen sollte, die unseren Binnenmarkt zum einen starken Käufermarkt machen sollen, und dies ist nur dadurch möglich, wenn gleichzeitig ein ganzer Komplex von Maßnahmen der Bundesregierung durchgesetzt werden, die auf jeden Fall in sich die Veränderungen der Lohn- und Arbeitsstellenpolitik einbeziehen sollten.

## 19. Entwicklung meiner Lehre über philosophische Kategorien ›Raum‹ und ›Zeit‹ hinsichtlich der Wirtschaftsbeziehungen der Wirtschaftssubjekte

Um die Warenproduktion zu ermöglichen, gehen Wirtschaftssubjekte (Unternehmen, Unternehmer) bei jedem Wirtschaftssystem und in jeder Wirtschaftsstufe Handlungs- und Rechtsgeschäfte mit anderen Unternehmen, einschließlich Kreditinstituten und privaten Haushalten (Bürger) ein.

Dabei kaufen die Wirtschaftssubjekte für ihre Warenproduktion bei ihren Lieferanten entweder Gebrauchsgüter (z. B. Maschinen, Werkzeuge) oder Verbrauchsgüter (z. B. Rohstoffe, Rohmaterial, Strom, Ölprodukte) ein.
Nach der Herstellung der Güter (Ware, Leistungen) müssen die Unternehmen ihre Güter (Ware, Leistungen) an die anderen Unternehmen bzw. an die privaten Haushalte veräußern, um die Warenproduktion fortzusetzen.
Wie uns bekannt ist, können als Handlungspartner bzw. als Handlungsseiten in Handlungs- und Rechtsgeschäften sowohl inländische als auch ausländische Unternehmen, einschließlich Kreditinstitute sowie private Haushalte sein.

Deshalb ist ganz wichtig, zu erläutern, in welcher räumlichen und zeitlichen Ausdehnung sich die Kausalität von Ursache zur Wirkung und zur Wechselwirkung durch Wirtschaftsbeziehungen der Wirtschaftssubjekte (Staatseinrichtungen, Unternehmen, Kreditinstitute und Bürger, private Haushalte) ereignet; dass der Produktionswert des Sozialproduktes jedes Landes durch die oben genannten Wirtschaftsbeziehungen in einem Raum und in einer Zeit entsteht.

Von daher finde ich Bedarf an der Entwicklung der Lehre über die philosophischen Kategorien ›Raum‹ und ›Zeit‹ in Bezug auf die Wirtschaftsbeziehungen der Wirtschaftssubjekte.

Damit meine Leser das Wesen und die Bedeutungen der beiden philosophischen Kategorien für die Entwicklungen der Volkswirtschaften und demnach der Werte der Gelder besser verstehen können, entwickele ich zuerst meine Lehre in Bezug auf die räumliche Ausdehnungen, die in meisten Fällen eine körperliche Form haben, in denen Lebenswesen, Daseinsformen (Dinge, Substanzen, Gegenstände) der Natur existieren und sich entwickeln.

Mein Ziel ist, dass dadurch meine Leser besser die Kausalität von Ursache zur Wirkung und zur Wechselwirkung in den Entwicklungen der Eigenschaften der Lebenswesen verstehen können; dass sich ihre Entwicklungen immer in einem Raum ereignen.


## 19.1. Meine Definition zum Wesen ›Raum‹


Unter einem Raum verstehe ich:
- Eine räumliche und am meisten körperliche Ausdehnung mit der Fähigkeit zum Aufnehmen und zum Ertragen der Existenz und der Entwicklung irgendwelcher Lebenswesen, Daseinsformen (Dinge, Substanzen, Gegenstände) der Natur.
- Die räumlichen Ausdehnungen, in denen die Substanzen der Natur existieren, und sich entwickeln, haben eine objektive bzw. subjektive Existenzform. Aber in den menschlichen Vorstellungen werden sie solch eine Form annehmen, wie die Menschen sie mit ihren Sinnesorganen wahrnehmen, bzw. *a priori* erkennen.
- Je wahrhaftiger die Daten über die Eigenschaften, die Beschaffenheit der Substanzen der Natur mit Sinnesorganen wahrgenommen werden, desto genauer werden die menschlichen Vorstellungen und mithin auch ihre Erkenntnisse von diesen Objekten, die die Menschen danach *a priori* durch das Denken entwickeln, sein.

- Durch die Erkennungen der Eigenschaften, der Beschaffenheit der Substanzen (Dinge, Gegenstände) mit ihren Bestandteilen, die in entsprechenden räumlichen Ausdehnungen existieren, können eben die Axiome ihrer Entwicklungen erkannt werden.
Aus meiner Sicht sollte man unter der philosophischen Kategorie ›Raum‹ eine jederzeit relativ verändernde räumliche und am meisten körperlichen Ausdehnung verstehen, in der sich die Existenzen der Substanzen der Natur ereignen, nämlich entstehen, sich bewegen, sich verändern und vergehen = übergehen in einen anderen Zustand.

Das ständige Streben der Wissenschaftler die Substanzen (Gegenstände, Dinge) der Natur für die Menschen nutzbar zu machen, treibt sie zu Entwicklungen sehr modernen Technologien und Herstellungsverfahren der Güter (Ware) an und dabei werden immer mehr verschiedene räumliche körperliche Ausdehnungen durch Tätigkeit der Menschen gebaut, in denen Tiere und andere Lebenswesen existieren und sich entwickeln.

Somit verstehe ich unter einem Raum eine objektive von Natur aus oder subjektive durch Tätigkeit der Menschen entstehende räumliche Ausdehnung, die in der Verfassung ist, irgendwelche Daseinsformen (Existenzwesen bzw. Lebenswesen) aufzunehmen und zu ertragen.

Eine räumliche Ausdehnung mit ihren körperlichen oder unkörperlichen Konturen als eine Abgrenzung einer jeweiligen Substanz von den anderen Substanzen, in denen sich die Entwicklungen (Entstehungen, Bewegungen, Veränderungen, Vergehen = Übergehen in einen anderen Zustand) der Elementen (Teilen, Substanzen) der Form der Materie (Elektronen, Protonen, Atome, Moleküle, Zellen, Strukturen, Systemen, Funktionen) ereignen.

- Als ein Raum betrachte ich auch einen Körper der Lebensformen der Natur.
Dazu zähle ich die Körper der Pflanzen, die der Bäumen bzw. die Körper ihrer Fruchte (Produkten), mit denen sich die Forscher (Wissenschaftler) der Landwirtschaft sowie die der Forstwirtschaft beschäftigen.

Ferner gehören dazu die Körper der Menschen, die Körper der Tiere, einschließlich die der Mikroorganismen, die der Bakterien usw., mit denen sich die Wissenschaftler (Forscher) der Medizin, der Biologie, der Chemie beschäftigen.

Beispielsweise:
- Körper von Pflanzen, von Bäumen, von Menschen, von Tieren betrachte ich auch als Räume hinsichtlich der Entwicklungen der Zellen, weil die Letzten dort entstehen und sich entwickeln.
- Körper von Pflanzen, von Bäumen, von Menschen, von Tieren sind ebenso Räume, in denen die Bakterien leben und sich entwickeln.

So kurz stelle ich meine Auffassung zum Wesen der philosophischen Kategorie ›Raum‹ in Bezug auf die Entwicklungen der Substanzen der Natur dar, um dadurch meinem Leser deutlicher zu machen, dass sich die Entwicklung jeder Substanz und ihrer Gegenteile, die verschiedene Eigenschaften, Beschaffenheit besitzen, in räumlichen körperlichen Ausdehnungen ereignen.

Bei Substanzen der Natur, wie z. B. bei Mikroorganismen, Pflanzen, Tieren und Menschen kommen die Anstöße für die biologischen Entwicklungen ihrer Organen von außen her, wie z. B. durch Sonne, Erde, Wasser, Regen, Ernährung usw., usw.
Solche Anstöße heißen Ursachen für die Wirkungen der Eigenschaften der Teile der Organe von einem Körper der Pflanzen, der Mikroorganismen, der Tiere, der Menschen.

Die Wirkung der gegensätzlichen Eigenschaften der Bestandteile auf-, für- und gegeneinander sowie die Wechselwirkung ihrer Ergebnisse bei den Entwicklungen ihrer Organe verlaufen in ihrem Körper, den ich zugleich als einen Raum betrachte.

Da der Entwicklungsprozess der Substanzen der Natur in einem Körper verläuft, den ich zugleich als ein Raum betrachte, ist einfacher zu begreifen, wie sich die Kausalität von Ursache zur Wirkung und zur Wechselwirkung der Eigenschaften ihrer Bestandteile ereignet.

Damit verdeutliche ich, dass sich jede konkrete Substanz der Natur durch die quantitativen Entwicklungen (Verminderung, Vergrößerung, Vermehrung) der gegenteiligen Eigenschaften ihrer Bestandteile verläuft; dass sich Wirkung und Wechselwirkung der Eigenschaften ihrer gegenteiligen Bestandteile in einem Körper, der zugleich ein Raum einer konkreten Substanz ist, auswirkt.

Der auf solche Weise dargestellte Ablauf der Kausalität von Ursache zur Wirkung und zur Wechselwirkung in den Entwicklungen der ›einfachen‹ Formen der Materie, ermöglicht mehr Klarheit für das Verstehen der Bedeutung der philosophischen Kategorie ›Raum‹ in Bezug auf die Entstehung des Produktionswertes des Sozialproduktes eines Landes zu schaffen.

Ich bezeichne solch einen Raum als ›einfachen‹, weil sich der Ablauf der Kausalität von Wirkung zur Wechselwirkung in den Entwicklungen der Organe durch ihre Bestandteile mit ihren Eigenschaften in einem entsprechenden Körper, der zugleich für das entsprechende Lebenswesen der Natur ein Raum ist, ereignet.

*Solche räumliche körperliche Ausdehnungen, aber auf keinen Fall die Prozesse ihrer Entwicklungen, sind zur Wahrnehmung mit Sinnesorganen der Menschen zugänglich und deshalb nenne ich sie als ›einfache‹. Allein die Strukturen und die Prozesse der Entwicklungen der Substanzen der Natur können niemals als ›einfache‹ Lebenswesen (Formen) der Materie bezeichnet werden.*

*So kurz habe ich meine Lehre zur philosophischen Kategorie ›Raum‹ in Bezug auf die Entwicklung der Substanzen der Natur dargestellt.*

Mit dem Ausdruck bzw. der Redewendung ›einfache‹ mache ich meinem Leser eigentlich deutlich, dass während die körperlichen Räume in vielen Fällen, aber nicht immer, mit Sinnesorganen der Menschen wahrgenommen werden können, können die räumlichen Ausdehnungen, in der sich die Wirtschaftsbeziehungen der Wirtschaftssubjekte (Unternehmen, Unternehmer) ereignen, nur *a priori* auf Grund der Kenntnisse von der transzendentalen Philosophie begriffen werden.

## 19.2. ›Der Volkswirtschaftsraum‹ und dessen Bedeutung für die Entwicklungen der Werte und der Kurse der Währungen

In Bezug auf die gesamten Wirtschaftsbereiche einer Volkswirtschaft verstehe ich unter einem ›Raum‹ eine immer relativ verändernde räumliche Ausdehnung, die mit Sinnesorganen der Menschen nicht wahrgenommen werden kann, in der durch die Handlungs- und Rechtsgeschäfte der Wirtschaftssubjekte das Sozialprodukt jedes Landes entsteht.

Der Ausdruck von I. Kant: ›Der Raum stellt gar keine Eigenschaft irgendeiner Dinge an sich oder sie in ihrem Verhältnis zueinander vor, ...‹ spricht dafür, dass man unter einem Raum eine Ausdehnung betrachten sollte, in der sich in Bezug auf die Wirtschaftsbeziehungen der Wirtschaftssubjekte ihre Handlungs- und Rechtsgeschäfte ablaufen.

In der Wirtschaftssphäre läuft die Kausalität von Ursache zur Wirkung und zur Wechselwirkung durch die Wirtschaftsbeziehungen aller Wirtschaftssubjekte einer Volkswirtschaft ab, und kann nur unter Anwendung der transzendentalen Philosophie gedanklich verstanden werden.

Dabei sollte man sich von jedem einzelnen Handlungs- und Rechtsgeschäft der Unternehmen abstrahieren, um zu fassen, wie sich die Wechselwirkung in ihnen durch die Ergebnisse von den gesamten betrieblichen Aufwendungen und den gesamten Erträgen (Gewinnen) aller Wirtschaftssubjekte ›Des Volkswirtschaftsraumes‹ ereignet.

Zum ersten Mal habe ich meine Auffassung zum Begriff ›Der Volkswirtschaftsraum‹ in Bezug auf die Wirtschaftsbeziehungen der Wirtschaftssubjekte in meinem Buch ›Transzendentale Philosophie und Ökonomie‹ [16] entwickelt und bis jetzt als philosophische Kategorie bezeichnet.

*Da es sich um Raum, in dem die Wirtschaftsbeziehungen der Wirtschaftssubjekte der jeweiligen Volkswirtschaften ablaufen, nenne ich sie von nun an als ökonomische Kategorie ›Der Volkswirtschaftsraum‹.*

---

[16] W. Hahn, ›Transzendentale Philosophie und Ökonomie‹, Verlag-Boxberger,Marsberg 2010, Seiten 115-125.

In Bezug auf die ökonomische Kategorie ›Der Volkswirtschaftsraum‹ ist eben der Ausdruck von I. Kant akzeptabel:
›Wir können demnach nur aus dem Standpunkte eines Menschen vom Raum, von ausgedehnten Wesen etc. reden‹ besonders wahrhaftig, weil man solch eine Lehre nur *a priori* entwickeln kann. [17]

Damit meine Leser den Ausdruck von I. Kant besser begreifen können, entwickelte ich meine Lehre über die ökonomische Kategorie ›Der Volkswirtschaftsraum‹.

In dem Zusammenhang führe ich erneut das wichtige Zitat von I. Kant an:

›Nun ist aber das Verhältnis der Substanzen, in welchem die eine Bestimmungen enthält, wovon der Grund in der anderen enthalten ist, das Verhältnis des Einflusses und wenn wechselseitig dieses den Grund der Bestimmungen in dem anderen enthält, das Verhältnis der Gemeinschaft oder Wechselwirkung.
Also kann das Zugleichsein der Substanzen im Raume nicht anders in der Erfahrung erkannt werden als unter Voraussetzung einer Wechselwirkung derselben untereinander; … ‹, so I. Kant. [18]

Wie gesagt, um den Ablauf der Entstehung des Produktionswertes des Sozialproduktes und die Entwicklungen der Kaufkraft und des Wertes des Geldes mehr zu verstehen, sollte man aus meiner Sicht die Lehre über die ökonomische Kategorie ›Raum‹ in Bezug auf die Wirtschaftsbeziehungen der Wirtschaftssubjekte, durch die der Produktionswert des Sozialproduktes entsteht, entwickeln.

Die Kausalität von Ursache zur Wirkung und zur Wechselwirkung in Wirtschaftsbeziehungen der Wirtschaftssubjekte ereignet sich in einer räumlichen Ausdehnung, die ich als ›Volkswirtschaftsraum‹ betrachte.

Der Begriff ›Räumliche Ausdehnung‹ schließt mit sich jeden Ort auf der Erde ein, wo sich ein Angebot der Güter (Ware, Leistungen) der Wirtschaftssubjekte einer Volkswirtschaft und Nachfrage nach den angebotenen Gütern (Waren, Leistungen) zusammentreffen und dadurch ein Rechtsgeschäft zustande kommt, dessen Ergebnisse (Gewinne, Verluste) in den Produktionswert des Sozialproduktes fließen.

---

[17]  I. Kant, ›Kritik der reinen Vernunft, Kritik der praktischen Vernunft, Kritik der Urteilskraft‹, Fourier Verlag GmbH, Wiesbaden 2003, Seite 64.
[18]  I. Kant, ›Kritik der reinen Vernunft, Kritik der praktischen Vernunft, Kritik der Urteilskraft‹, Fourier Verlag GmbH, Wiesbaden 2003, Seite 174.

Auf Grund der Lehre von I. Kant über die transzendentale Philosophie und einschließlich über die philosophische Kategorie ›Raum‹ entwickelte ich meine Lehre über die ökonomische Kategorie ›Der Volkswirtschaftsraum‹, da die Definition und die Anwendung der ökonomischen Kategorie ›Der Volkswirtschaftsraum‹ in Bezug auf die Wirtschaftsbeziehungen der Wirtschaftssubjekten von enormer Bedeutung für das Verstehen des Ablaufs der Kausalität von Ursache zur Wirkung und zur Wechselwirkung in Wirtschaftsbeziehungen der Unternehmen ist.

Die Warenproduktion jedes einzelnen Unternehmens erfüllt sich immer in einem bestimmten ›Raum‹, der zugleich ein Teil des ›Volkswirtschaftsraumes‹ ist.
Erstens, die Anwendung dieser ökonomischen Kategorie gibt den Menschen die Möglichkeit zu erkennen, dass sich die Handlungstätigkeiten der Geschäftsführungen jedes einzelnen Unternehmens, wenn nicht unmittelbar (direkt), dann mittelbar (indirekt), zugleich zu einem Teil sowohl des ›Volkswirtschaftsraumes‹ von eigenem Land als auch zu einem Teil des ›Volkswirtschaftsraumes‹ von mehreren Ländern gehören können.

Die antreibende Kraft der Warenproduktion und zwar: Das Streben der Menschen nach Vermögensvermehrung hat schon immer und besonders im 20.-21. Jahrhundert mehr zu Globalisierungen bzw. zum Zusammenwachsen der Wirtschaftssubjekte (Unternehmen, Unternehmer) von verschiedenen Ländern geführt.
Darum ist ganz wichtig die Lehre über die ökonomische Kategorie ›Der Volkswirtschaftsraum‹ zu entwickeln, um dessen Einfluss auf die Bildung der Produktionswerte der Sozialprodukte jedes Landes und hieraus auf die Bildung der Kaufkraft und der Werte der Gelder zu fassen.

Schon in meinem ersten Buch ›Philosophie – Wissenschaft zur Aufklärung der Ursachen der Wirtschaftskrise‹ habe ich die ökonomische Kategorie ›Raum‹ in Bezug auf die Volkswirtschaft folgendermaßen definiert:

›In Bezug auf die Wirtschaft soll man unter einem Raum alle Branchen der Wirtschaft mit ihren Märkten verstehen‹, so Hahn. [19]
Nach und nach bin ich zur Überzeugung gekommen, dass man die Lehre über die ökonomische Kategorie ›Raum‹ in Bezug auf die Wirtschaftsbeziehungen der Wirtschaftssubjekten mehr entwickeln sollte, um dadurch klar zu machen, in welcher räumlichen Ausdehnung sich die Kausalität von Ursache zur Wirkung und

---

[19] W. Hahn, ›Philosophie – Wissenschaft zur Aufklärung der Ursachen der Wirtschaftskrise‹, Verlag ›Mein Buch‹, Hamburg 2005, Seite 31.

zur Wechselwirkung in den Entwicklungen der Wirtschaftsbeziehungen (Handlungs- und Rechtsgeschäfte) der Unternehmen ereignet, wodurch der Produktionswert des Sozialproduktes entsteht, wodurch sich der Wert und die Kaufkraft des Geldes entwickeln.

Um das Wesen der ökonomischen Kategorie ›Der Volkswirtschaftsraum‹ zu bestimmen, ist erforderlich vorerst ganz kurz das Wesen der wirtschaftlichen (ökonomischen) Kategorien ›Die Volkswirtschaft‹ sowie ›Der Markt‹ mit ihren Arten zu erläutern.

*Der Begriff ›Die Volkswirtschaft‹ bezieht in sich ein:*
- Unternehmen, einschließlich die Kreditinstitute (Banken, Sparkassen);
- Einrichtungen (Unternehmen) des Staates;
- Sowie Bürger und private Haushalte, die in der Produktion der Güter (Ware, Leistungen) teilnehmen.
Die Wirtschaftssubjekte mit ihren Beziehungen bilden eine Volkswirtschaft.

*Welche Bedeutung hat der Begriff ›Der Markt‹?*
- Damit die Wirtschaftssubjekte ihre Warenproduktion erfolgreich betreiben können, brauchen sie dafür Märkte, wo sie ihre Produktionsgüter und Verbrauchsgüter einkaufen.
- Beim Bedarf an Geld nehmen die Wirtschaftssubjekte Kredite auf.
- Die Herstellung der Güter (Ware, Leistungen) verlangt das Vorhandensein des Arbeitsmarktes, auf dem die Menschen ihre Arbeitskräfte gegen Arbeitnehmerentgelte (Gehälter, Löhne) anbieten können.
- Die hergestellten Güter (Ware, Leistungen) werden auf Märkten angeboten. Von daher unterscheiden sich folgende Märkte: Arbeitsmarkt, Finanzmarkt, Produktionsgütermarkt, Konsumgütermarkt, Immobilienmarkt.

*Somit versteht man unter einem Markt jedes Zusammentreffen der Angebote der Güter (Ware, Leistungen, einschließlich Geld, Wertpapiere) oder der Angebote der Arbeitskräfte und der Nachfragen nach ihnen, die zur Folge das Zustandekommen der Rechtsverträge haben.*

So kurz habe ich das Wesen der wirtschaftlichen Kategorien ›Die Volkswirtschaft‹ und ›Der Markt‹ charakterisiert, um dadurch zu zeigen, dass die ökonomische Kategorie ›Der Volkswirtschaftsraum‹ in sich die beiden wirtschaftlichen Kategorien einbezieht.
Während der Warenproduktion schließen die Wirtschaftssubjekte Handlungs- und Rechtsgeschäfte mit Wirtschaftssubjekten sowohl aus eigenen Ländern als auch mit Wirtschaftssubjekten aus Ländern der Europäischen Union sowie mit Wirtschaftssubjekten aus den anderen Ländern der Welt ab.

Diese räumliche Ausdehnung, wo die deutsche Unternehmen Rechtsgeschäfte abschließen, nenne ich ›Der Volkswirtschaftsraum‹ von Deutschland.

Wie man sieht hat die ökonomische Kategorie ›Der Volkswirtschaftsraum‹ einen weiteren Sinn als die ökonomische Kategorie ›Die Volkswirtschaft‹ und zwar: Die ökonomische Kategorie ›Der Volkswirtschaftsraum‹ bezieht in sich sowohl die Binnenmärkte, wo die Wirtschaftssubjekte von Deutschland Handlung- und Rechtsgeschäfte miteinander eingehen, als auch die Auslandsmärkte, wo die Wirtschaftssubjekte von Deutschland Handlungs- und Rechtsgeschäfte mit Wirtschaftssubjekten der anderen Länder abschließen, ein.

Wie uns bekannt ist, werden die betrieblichen Aufwendungen und die Erträge (Gewinne) aus den Handlungs- und Rechtsgeschäften der Unternehmen miteinander auf ihren Konten gebucht und beim Abschluss der Erfolgskonten ergeben sich Gewinne oder Verluste der Unternehmen, die in den Bilanzen bzw. in den Einnahmenüberschussrechnungen der Unternehmen gefasst und danach in die Daten vom Produktionswert des Sozialproduktes des Landes fließen.

Bevor die Angaben über Arbeitnehmerentgelt, Unternehmens- und Vermögenseinkommen, einschließlich Gewinne der Unternehmer, Einnahmen der Selbständigen sowie die von Vorleistungen und Abschreibungen der Wirtschaftssubjekte in der Statistik als Daten vom Produktionswert des Sozialproduktes einer Volkswirtschaft erfasst und zusammengestellt werden, entstehen sie in den Bereichen der Volkswirtschaft bzw. in jedem ›Volkswirtschaftsraum‹ als gesamte betrieblichen Aufwendungen und gesamte Erträge (Gewinne) der Unternehmen, die in der Tat die Auswirkungen des Axioms der Äquivalenz in Wirtschaftsbeziehungen der Wirtschaftssubjekte eines ›Volkswirtschaftsraumes‹ vorausbestimmen.

Da ich das Geld mit ihrem Wert und ihrer Kaufkraft als Reflexion des Produktionswertes des Sozialproduktes der jeweiligen Volkswirtschaft betrachte, ziehe ich daraus Schlussfolgerung, dass sich demnach in jedem ›Volkswirtschaftsraum‹ die Kaufkraft und der Wert des Geldes durch die Proportionalität im Verhältnisse der Teile des Produktionswertes des Sozialproduktes vorausbestimmen, und d. h. dass in jedem von 28. Ländern bzw. ›Volkswirtschaftsräumen‹ der Europäischen Union die Kaufkraft und der Wert der Gelder verschiedene sind.

Deshalb lege ich einen großen Wert auf die Entwicklung der Lehre über die ökonomische Kategorie ›Der Volkswirtschaftsraum‹, um dadurch die räumliche Ausdehnung zu zeigen, in der sich Kausalität von Ursache zur Wirkung und zur

Wechselwirkung in Wirtschaftsbeziehungen der Unternehmen auswirken, die zur Folge Entwicklung der Marktpreise der Güter, Bildung der Kaufkraft und der Werte sowie der Kurse der Währung bzw. der Gelder haben. Wirtschaftswissenschaftler, Ökonomen und Politiker wenden in ihren Werken und in ihren Reden die Begriffe ›Europamarkt‹, ›Weltmarkt‹ und sogar ›Binnenmarkt der Europäischen Union‹ an.

Also, obwohl heutzutage 28 Länder Mitglieder der Europäischen Union sind, bildet sich in jedem Land bzw. in jedem ›Volkswirtschaftsraum‹ das eigene Sozialprodukt und folglich hat das Geld bzw. der EURO oder eine andere Währungseinheit in jedem ›Volkswirtschaftsraum‹ bzw. in jedem Land eine eigene Kaufkraft und einen eigenen Wert.
Mit meinen ein paar Beispielen, die ich unten anführe, verdeutliche ich den Unterschied zwischen den ökonomischen Kategorien ›Die Volkswirtschaft‹ und ›Der Volkswirtschaftsraum‹.

Daraus kann mein Leser sehen, dass der Produktionswert des Sozialproduktes jedes Landes in einem ›Volkswirtschaftsraum‹ entsteht; dass sich die Kaufkraft und der Wert bzw. der Kurs der Gelder und auch EURO, US-Dollar, Rubel, bzw. andere Nationale Währungseinheit jedes Landes im ›Volkswirtschaftsraum‹ bilden; dass sich jeder Verstoß gegen die Wirkung des Axioms der Äquivalenz in Wirtschaftsbeziehungen der Unternehmen in einem ›Volkswirtschaftsraum‹ zugleich adäquat gegen die Wirkung des Axioms der Äquivalenz in Wirtschaftsbeziehungen der Unternehmen der anderen Ländern bzw. der anderen ›Volkswirtschaftsräumen‹ auswirkt.

Beispielsweise:
Laut meiner Lehre über die ökonomische Kategorie ›Volkswirtschaftsraum‹ bezieht in sich der deutsche ›Volkswirtschaftsraum‹ die Handlungs- und Rechtsgeschäfte der Wirtschaftssubjekte der deutschen Volkswirtschaft miteinander und ihre Handlungs- und Rechtsgeschäfte mit Wirtschaftssubjekten von anderen Ländern ein.
Jeder Verstoß gegen die Wirkung des Axioms der Äquivalenz in diesen Wirtschaftsbeziehungen wirkt sich zugleich adäquat auf die Entwicklungen des Produktionswertes des Sozialproduktes und mithin auf die Kaufkräfte und auf die Werte bzw. die Kurse der Gelder der beteiligten Länder aus.

Im ›Volkswirtschaftsraum‹ z. B. von Frankreich erfüllen sich Handlungs- und Rechtsgeschäfte der Wirtschaftssubjekte von Frankreich miteinander, sowie ihre Handlungs- und Rechtsgeschäfte mit Wirtschaftssubjekten von Deutschland und anderen Ländern der Welt.

Jeder Verstoß gegen die Wirkung des Axioms der Äquivalenz in diesen Wirtschaftsbeziehungen wirkt sich zugleich adäquat auf die Entwicklungen des Produktionswertes des Sozialproduktes von Frankreich, Deutschland und anderen beteiligten Länder und mithin auf die Kaufkräfte und auf die Werte der Gelder der Kurse der beteiligten Länder aus.

Im ›Volkswirtschaftsraum‹ z. B. von England erfüllen sich Handlungs- und Rechtsgeschäfte der Wirtschaftssubjekte von England miteinander, sowie ihre Handlungs- und Rechtsgeschäfte mit Wirtschaftssubjekten von Deutschland und anderen Ländern der Welt.

Jeder Verstoß gegen die Wirkung des Axioms der Äquivalenz in diesen Wirtschaftsbeziehungen wirkt sich zugleich adäquat auf die Entwicklungen des Produktionswertes des Sozialproduktes von England, Deutschland und anderen beteiligten Länder und mithin auf die Kaufkräfte und auf die Werte bzw. die Kurse der Gelder der beteiligten Länder aus.

Im ›Volkswirtschaftsraum‹ z. B. von Italien erfüllen sich Handlungs- und Rechtsgeschäfte der Wirtschaftssubjekte von Italien miteinander, und ihre Handlungs- und Rechtsgeschäfte mit Wirtschaftssubjekten von Deutschland und anderen Ländern der Welt.

Jeder Verstoß gegen die Wirkung des Axioms der Äquivalenz in diesen Wirtschaftsbeziehungen wirkt sich zugleich adäquat auf die Entwicklungen des Produktionswertes des Sozialproduktes von Italien, Deutschland und anderen beteiligten Länder und mithin auf die Kaufkräfte und auf die Werte bzw. die Kurse der Gelder der beteiligten Länder aus.

Im ›Volkswirtschaftsraum‹ z. B. von USA erfüllen sich Handlungs- und Rechtsgeschäfte der Wirtschaftssubjekte von USA miteinander, und ihre Handlungs- und Rechtsgeschäfte mit Wirtschaftssubjekten von Deutschland und anderen Ländern der Welt.

Jeder Verstoß gegen die Wirkung des Axioms der Äquivalenz in diesen Wirtschaftsbeziehungen wirkt sich zugleich adäquat auf die Entwicklungen des Produktionswertes des Sozialproduktes von USA, Deutschland und anderen beteiligten Länder und mithin auf die Kaufkräfte und auf die Werte bzw. die Kurse der Gelder der beteiligten Länder aus.

Im ›Volkswirtschaftsraum‹ z. B. von China erfüllen sich Handlungs- und Rechtsgeschäfte der Wirtschaftssubjekte von China miteinander, und ihre Handlungs- und Rechtsgeschäfte mit Wirtschaftssubjekten von Deutschland und anderen Ländern der Welt.

Jeder Verstoß gegen die Wirkung des Axioms der Äquivalenz in diesen Wirtschaftsbeziehungen wirkt sich zugleich adäquat auf die Entwicklungen des Produktionswertes des Sozialproduktes von China, Deutschland und anderen beteiligten Länder und mithin auf die Kaufkräfte und auf die Werte bzw. die Kurse der Gelder der beteiligten Länder aus.

Im ›Volkswirtschaftsraum‹ z. B. von Russland erfüllen sich Handlungs- und Rechtsgeschäfte der Wirtschaftssubjekte von Russland miteinander, und ihre Handlungs- und Rechtsgeschäfte mit Wirtschaftssubjekten von Deutschland und anderen Ländern der Welt.

Jeder Verstoß gegen die Wirkung des Axioms der Äquivalenz in diesen Wirtschaftsbeziehungen wirkt sich zugleich adäquat auf die Entwicklungen des Produktionswertes des Sozialproduktes von Russland, Deutschland und anderen beteiligten Länder und mithin auf die Kaufkräfte und auf die Werte bzw. die Kurse der Gelder der beteiligten Länder aus.

Mit meinen Beispielen mache ich meinem Leser verständlich, dass die ökonomische Kategorie ›Volkswirtschaftsraum‹ die Wirtschaftsbeziehungen (Handlungs- und Rechtsgeschäfte):
- Sowohl der Wirtschaftssubjekte eines Landes miteinander, nämlich die Innenbeziehungen der Wirtschaftssubjekte einer Volkswirtschaft;
- Als auch der Wirtschaftssubjekte einer Volkswirtschaft mit Wirtschaftssubjekten der anderen Volkswirtschaften, nämlich die Außenbeziehungen, einbezieht.

Aus den Ergebnissen der Handlungs- und Rechtsgeschäften der Wirtschaftssubjekte (Unternehmen, Unternehmer) sowohl von Innenbeziehungen als auch von Außenbeziehungen entsteht der Produktionswert des Sozialproduktes jedes beteiligten Landes.

Die Anwendung der ökonomischen Kategorie ›Der Volkswirtschaftsraum‹ gibt den Menschen die Möglichkeit zu begreifen, dass durch die ›Volkswirtschaftsräume‹ Länder, deren Wirtschaftssubjekte (Unternehmen, Unternehmer) sich in Wirtschaftsbeziehungen (Produktionsverhältnissen) mit den Unternehmen von anderen Ländern befinden, in der Tat wirtschaftlich (ökonomisch) voneinander abhängig machen.

Wesentliche Veränderungen der Wirtschaftsbeziehungen mit Unternehmen von einem Land, z. B. wegen der Erhöhung der Staatseinnahmen der Unternehmen, werden die Veränderungen ihrer Warenpreise beeinflussen, und folglich werden zu entsprechenden Veränderungen die betrieblichen Aufwendungen und die Erträge (Gewinne) der Unternehmen der Vertragsparteien kommen.

Solche Veränderungen beeinflussen entsprechende Veränderungen der Teile des Produktionswertes des Sozialproduktes der Länder, zu denen die Wirtschaftssubjekte gehören, und folglich verändern sich Kaufkräfte und Werte bzw. die Kurse ihrer Gelder.

Somit ist ›Der Volkswirtschaftsraum‹ eine räumliche Ausdehnung, in der sich durch die Wirtschaftsbeziehungen der Wirtschaftssubjekte der verschiedenen Länder die Auswirkung des Axioms der Äquivalenz von ökonomischen Verhältnissen der Unternehmen aus einer Volkswirtschaft zu ökonomischen Verhältnissen der Unternehmen der anderen Volkswirtschaften ausbreitet.

Auf solche Weise sind die Unternehmen von verschiedenen Ländern durch die ›Volkswirtschaftsräume‹ voneinander abhängig, d. h. dass sie, wenn nicht unmittelbar, dann mittelbar miteinander wirtschaftlich (ökonomisch) verbunden sind; dass die räumlichen Ausdehnungen der ›Volkswirtschaftsräume‹ immer relative sind.

Sollte man in Bezug auf die Europäische Union eine ökonomische Kategorie, wie z. B. ›Europawirtschaftsraum‹ anwenden, dann hat der Verstandesbegriff eine andere Bedeutung, weil die Europäische Union kein Staat ist und kann deshalb kein eigenes Sozialprodukt haben.

Der Verstandesbegriff hat eine Bedeutung der Gesamtheit der Volkswirtschaftsräume der Länder der Europäischen Union, in denen ihre Sozialprodukte entstehen.

Die ökonomische Kategorie ›Der Volkswirtschaftsraum‹ gibt uns die Möglichkeit zu begreifen, dass jedes Land von den 28. Ländern der Europäischen Union einen eigenen Produktionswert des Sozialproduktes hat, und dementsprechend hat das Geld und einschließlich der EURO bzw. die anderen Währungseinheiten in jedem Land einen eigenen Wert und eine eigene Kaufkraft.

*Was den Kurs des Euros betrifft, behaupte ich wie immer, dass er sich durch die Verhältnisse von Nettowertschöpfungen zu Produktionswerten der Sozialprodukte der 19. Länder, die zur Eurozone gehören, bildet. In all diesen Ländern sind verschiedene Wohlstände und Lebensstandarten der privaten Haushalte bzw. ihrer Bürger.*

*Dieser Unterschied zwischen den verschiedenen Kaufkräften und Werten des Euros von den einzelnen 19. Ländern der Eurozone und dem allgemeinen Kurs des Euros macht die Warenproduktion in den schwachen Ländern zu teuer.*

*Um meinen Standpunkt besser zu verstehen, empfehle ich meinen Lesern den Abschnitt ›Einwirkungen der Struktur des Sozialproduktes auf die Kaufkraft und den Wert des Geldes‹ mehr als gut durchzuarbeiten.*

Es sind Politiker, die schon heute alle Länder der Europäischen Union als einen Binnenmarkt betrachten. So eine Einstellung zur Wirtschaftspolitik ist total falsch und kann jedem Land der Europäischen Union und der Europäischen Union im Ganzen nur Schaden zufügen.

Oben habe ich gezeigt, wie sich der Produktionswert des Sozialproduktes jedes Landes bildet, wie sich der Wert und die Kaufkraft des Geldes in jedem Land bilden; dass der Lebensstandard bzw. der Wohlstand in jedem Land der Europäischen Union verschiedene sind.

Während der Durchführung ihrer Politik müssen die Politiker unbedingt die Verschiedenheit der Strukturen der Sozialprodukte der Länder sowie die Verschiedenheit der Lebensstandarten bzw. der Wohlständen der Bevölkerung von jedem Land der Europäischen Union in Betracht nehmen.

Mit der Entwicklung der ökonomischen Kategorie ›Der Volkswirtschaftsraum‹ mache ich ganz deutlich, dass man auf keinen Fall diese Erfordernisse jeder Volkswirtschaft ignorieren darf; dass man auf die Erfordernisse der Axiomen der freien Marktwirtschaft sowohl in Bezug auf den Binnen-Konsumgütermarkt als auch auf den Binnen-Arbeitsmarkt jedes Landes der Europäischen Union achten muss.

Jedem Land steht die Souveränität zu und das bedeutet, dass jedes Land der Europäischen Union selbst ihren Volkswirtschaftsraum bestimmen sollte. Insbesondere wenn es sich um solches Land wie Griechenland handelt.
Über Griechenland gehe ich im Detail in anderen Abschnitten meines Buches ein.

## 20. Subventionen

Im Zusammenhang mit der Entwicklung meiner Lehre zur ökonomischen Kategorie ›Der Volkswirtschaftsraum‹ und seiner Bedeutung zur Erkennung der Entstehung der Werte und der Kaufkraft der Gelder erläutere ich die Auswirkungen der Subventionen auf die übermäßige Zunahme der Kaufkraft der Gelder, die zur Folge die Geldentwertung haben kann.

In meinem Buch ›Dialektik und Funktion der Äquivalenz in Produktionsverhältnissen‹ schrieb ich, dass jede Subventionen gegen die Gesetze der freien Marktwirtschaft und gegen die Erfordernisse des Axioms der Äquivalenz verstoßen, weil auf die Märkte der Länder der Europäischen Union in der Tat Geld kommt, ohne die Güter (Ware, Leistungen) zu produzieren.

Die Subventionen verstoßen gegen sowohl die Angebote der Güter (Ware, Leistungen) der Wirtschaftssubjekte als auch gegen die Nachfragen der Kunden nach Gütern (Waren, Leistungen):
- Nach und nach entstehen Mangeln (Defizite) an einigen Gütern (Waren, Leistungen) auf den Märkten.

- Und gleichzeitig kommt durch die Gewährung der Subventionen auf die Märkte zu viel Geld bzw. eine Menge von Geld, das nicht durch die Warenproduktion der Unternehmen der jeweiligen Länder erarbeitet wurde, sozusagen ›Die nicht erarbeiteten Einkommen‹.

Ein Teil von den privaten Haushalten bzw. Bürgern bekommt eine Menge von Geld für Güter (Ware, Leistungen), die überhaupt nicht produziert wurden.

Dadurch kann es zur übermäßigen Zunahme der Kaufkraft der Gelder (Inflation) kommen, was zur Folge die Steigerung der Nachfragen der Kunden nach den Gütern (Waren, Leistungen) und demnach die der Marktpreise hat, die zum Steigen der betrieblichen Aufwendungen der Unternehmen herbeiführen.

Mit dieser Menge von Geld, das als Subventionen gewährt wird, bilden sich im Verhältnisse zwischen den Teilen des Produktionswertes des Sozialproduktes eine neue Proportionalität, die zur Geldentwertung führen kann.

Die Gewährungen der Subventionen den Wirtschaftssubjekten den Ländern der Europäischen Union aus Finanzmitteln der Europäischen Union können nicht mit den Maßnahmen der Regierungen der Länder, einschließlich unserer Bundesregierung zu Umverteilungen ihrer Sozialprodukte, gleichgestellt werden. Wie gesagt, durch die Gewährungen der Subventionen kommt auf die Märkte der jeweiligen Länder eine Menge von Geld, das nicht durch die gesellschaftliche Arbeit in den jeweiligen Ländern entsteht.

Diese Menge von Geld ist nicht ein Teil des Produktionswertes des Sozialproduktes und dadurch kommt es zum Verstoß gegen die richtige Proportionalität in den oben genannten Verhältnissen des Produktionswertes des Sozialproduktes der entsprechenden Länder der Europäischen Union, was zur Geldentwertung in diesen Ländern führen kann.

Demzufolge nimmt die Entwicklung der Volkswirtschaft folgenden Tendenzen an:
- In den Ländern, die die Subventionen empfangen, kommt zur Steigerung der Kaufkraft der Gelder.
- In den Empfangsländern steigen die Marktpreise auf die Güter (Ware, Leistungen).
- Die Herstellungskosten bzw. die betrieblichen Aufwendungen der Unternehmen dieser Volkswirtschaften steigen.
- Dadurch werden zu allmählichen Senkungen die Realeinkommen der privaten Haushalte in diesen Ländern kommen.
- In wirtschaftlich starken Ländern, wie Deutschland, Frankreich, England usw. werden dadurch auch zu Senkungen die Realeinkommen der privaten Haushalte kommen, weil sie immer mehr durch Steuer und andere Staatseinnahmen belastet werden.
- Unternehmen der schwachen Länder haben am Anfang Vorteile, weil sie mehr Gewinne erzielen können, aber nach und nach werden wegen der sinkenden Realeinkommen der privaten Haushalte ihre Warenumsätze zurückgehen und mithin werden die Unternehmen in Gewinnen verlieren.
Solch eine Geldpolitik wird zum Nachteil für die schwachen Länder der Europäischen Union und besonders für Länder, die zur Eurozone gehören, sein.

*Um solche Folgen zu vermeiden, sollten die Subventionen in die Warenproduktion der Wirtschaftssubjekte fließen, damit sie ihre Herstellungskosten reduzieren und zusätzliche Arbeitsplätze schaffen können.*
*Aus meiner Sicht sollten mehr und mehr Subventionen aus dem Fond der Europäischen Union für die Investitionen zu Modernisierungen bzw. zu Verbesserungen der Infrastrukturen jedes Landes der Europäischen Union und besonders für die Infrastruktur von Griechenland gewährleistet werden.*

Durch die Maßnahmen der Regierung jedes Landes der Europäischen Union, einschließlich unserer Bundesregierung, die die Umverteilungen der eigenen Sozialprodukte zwischen den privaten Haushalten betreffen, wird gegen die Proportionalität im Verhältnisse zwischen der Nettowertschöpfung und dem Produktionswert des Sozialproduktes nicht verstoßen.

Da das Geld sowieso ein Teil der erwirtschafteten Nettowertschöpfung des Staates ist, der als Steuer einbezogen und durch Maßnahmen der Bundesregierung zwischen privaten Haushalten umverteilt wird, verändert sich die Proportionalität im Verhältnisse zwischen Nettowertschöpfung und Produktionswert des Sozialproduktes nicht.

*Solche Maßnahmen bewirken die Umverteilungen der Nettowertschöpfung des Sozialproduktes zwischen privaten Haushalten eines Landes und haben zur Folge eine stabile Entwicklung des Geldwertes und folglich auch der Kaufkraft ihres Geldes.*
In dem Buch habe ich die Entwicklungen des Wertes und der Kaufkraft des Geldes jedes Landes sehr deutlich in Abschnitten: ›Das Sozialprodukt und Das Wesen der Währung bzw. des Geldes‹ gemacht.

## 21. Das Sozialprodukt und das Wesen der Währung bzw. des Geldes

### 21.1. Das Wesen des Sozialproduktes und seine Struktur

Das Sozialprodukt jedes Landes entsteht aus Ergebnissen der gesamten wirtschaftlichen Tätigkeiten aller Wirtschaftssubjekte einer Volkswirtschaft und zwar: Unternehmen und einzelne Unternehmer jeder Wirtschaftsstufe, private Haushalte und öffentliche Einrichtungen des Staates.

Um etwas über die wirtschaftliche Leistungsfähigkeit und die Entwicklung einer Volkswirtschaft zu erkennen, werden die gesamten Leistungen aller Wirtschaftssubjekte einer Volkswirtschaft in Marktpreisen im Zeitablauf gemessen und zusammengefasst.
Bevor die Angaben, die den Produktionswert des Sozialproduktes eines Landes darstellen, in der Sozialproduktstatistik zusammengestellt und erfasst werden,

existieren sie in allen Wirtschaftsbereichen einer Volkswirtschaft als gesamte betriebliche Aufwendungen und gesamte Erträge (Gewinne) aller Unternehmen jeder Wirtschaftsstufe, einschließlich der gesamten öffentlichen Einrichtungen des Staates und Einkommen aller privaten Haushalte.

Um den Produktionswert des Sozialproduktes wertmäßig genau zu bestimmen, werden die hergestellten Güter (Ware, Leistungen) mit ihren Marktpreisen zusammengestellt und erfasst, nämlich mit den Preisen, zu denen sie verkauft (veräußert) werden.
Das Sozialprodukt jedes Landes wird als Maßstab für die Beurteilung des materiellen Wohlstandes bzw. des Lebensstandards jeweiligen Volkswirtschaft benutzt. Ausdruck für das Wirtschaftswachstum einer Volkswirtschaft ist im Allgemeinen der Anstieg des Sozialproduktes.

Solch eine Zusammenstellung und Erfassung der gesamten Ergebnisse der wirtschaftlichen Tätigkeiten aller Wirtschaftssubjekte einer Volkswirtschaft in der Statistik machen die strukturellen Veränderungen des Sozialproduktes und seiner Teile im Verhältnisse zueinander sichtbar und für praktische Anwendung, wie z. B. für Forschung der Ursachen der Wirtschaftskrise usw. brauchbar.

*Wie ist die Größe des Sozialproduktes zu berechnen?*
Zunächst sollte man klar machen, aus welchen Bestandteilen der Produktionswert des Sozialproduktes einer Volkswirtschaft besteht.

Wie uns bekannt ist, trägt jeder Wirtschaftssubjekt (Unternehmen, Unternehmer) während der Herstellung der Güter (Ware, Leistungen) bis zu ihren Fertigstellungen entsprechende betriebliche Aufwendungen, die zusammen Herstellungskosten bilden, um durch die Veräußerungen dieser Güter (Ware, Leistungen) Erträge bzw. Gewinne zu erzielen.

Somit kalkulieren Wirtschaftssubjekte in die Verkaufspreise ihrer Güter (Ware, Leistungen) ihre Herstellungskosten bzw. Aufwendungen, die ihnen von vorigen Wirtschaftsstufen entstanden sind, sowie ihre Abschreibungsbeträge und ihre geplanten Erträge (Gewinne) mit ein.

Die gesamten Anschaffungs- und Nebenkosten (Bezugskosten), Geschäftskosten aller Wirtschaftssubjekte einer Volkswirtschaft bilden den Teil ›Vorleistungen‹ des Produktionswertes des Sozialproduktes.
Während der Warenproduktion werden die eingesetzten Produktionsgüter (Gebäude, Maschinen, Werkzeuge, Autos, Produktionsanlagen usw.) und Produktionsmittel der Unternehmen, die in weiterer Produktion verwendet werden,

abgenutzt, sodass sie nach dem Ablauf ihrer Nutzungsdauer, die durch Gesetze des Staates bestimmt ist, abgeschrieben.

Die entstandenen durch die Absetzung für Abnutzung oder Substanzverringerung Wertminderungen der Wirtschaftsgüter der Unternehmen stellen betriebliche Aufwendungen dar und werden als Abschreibungen erfasst.

Die Abschreibungsbeträge werden in die Verkaufspreise der Güter (Ware, Leistungen) der Unternehmen mit einkalkuliert, und fliesen deshalb nach Veräußerungen der Güter (Ware, Leistungen) in das Unternehmen zurück.

Für die Verkäufer der Güter (Ware, Leistungen) sind die Abschreibungsbeträge als Umsatzerlöse zu buchen, und bilden den Teil ›Abschreibungen‹ der Unternehmen und mithin den Teil des Produktionswertes des Sozialproduktes.

Den Wirtschaftssubjekten, die die Güter (Ware, Leistungen) erwerben, entstehen dadurch die betrieblichen Aufwendungen, die in ihre Herstellungskosten mit einkalkuliert werden.

Abschreibungsbeträge, die durch die Preise der Güter (Ware, Leistungen) an die Wirtschaftssubjekte zurückfließen, werden für die späteren Finanzierungen der Anschaffungskosten neuer Produktionsgüter eingesetzt, d. h. dass diese Menge von Geld (Finanzen) auf den Produktionsgütermärkten auftreten werden.

Deshalb werden die Abschreibungsbeträge der Wirtschaftssubjekte von dem gesamten Entgelt in Form von Löhnen und Gehältern, Zinsen, Mieten, Pachten, Gewinnen der Unternehmer, Einnahmen der Selbständigen in Angaben zum Sozialprodukt getrennt gefasst.

Die Differenz zwischen den zusammengesetzten Abschreibungen der Wirtschaftssubjekte und dem gesamten Entgelt in Form von Löhnen und Gehältern, Zinsen, Mieten, Pachten, Gewinnen der Unternehmer und Einkommen der Selbständigen bildet die ‹Nettowertschöpfung‹ des Produktionswertes des Sozialproduktes bzw. das Volkseinkommen des jeweiligen Staates.

*Also, die statistische Zusammenfassung der Wertschöpfungen aller Wirtschaftssubjekte innerhalb einer Volkswirtschaft (Vorleistungen + Abschreibungen + Nettowertschöpfung) während eines Jahres bildet den Produktionswert des Sozialproduktes.*
*So kurz habe ich den Ablauf der Bildung des Produktionswertes des Sozialproduktes dargestellt.*

Das Sozialprodukt, das aus gesamten betrieblichen Aufwendungen, gesamten Unternehmens- und Vermögenseinkommen, einschließlich Gewinne der Unternehmer und Einkommen der Selbständigen einer Volkswirtschaft, Einkommen aller privaten Haushalte und öffentlichen Einrichtungen des Staates entsteht, ist *sekundär*.

Die Entwicklungsgänge der betrieblichen Aufwendungen und der Erträge aller Wirtschaftssubjekte ereignen sich durch ihre ökonomischen Verhältnisse, die ich als *primäre* betrachte.

In der Struktur des Produktionswertes des Sozialproduktes reflektieren sich die Ergebnisse der ökonomischen Verhältnisse aller Wirtschaftssubjekte einer Volkswirtschaft, die innerhalb eines Jahres entstehen und zwar:
- Das Verhältnis zwischen Vorleistungen und Abschreibungen zur Nettowertschöpfung des Produktionswertes des Sozialproduktes.
- Das Verhältnis von Vorleistungen und Abschreibungen zum Produktionswert des Sozialproduktes.
- Das Verhältnis von Nettowertschöpfung zum Produktionswert des Sozialproduktes.
- Das Verhältnis vom gesamten Arbeitnehmerentgelt (Löhne, Gehälter) zur Nettowertschöpfung des Produktionswertes des Sozialproduktes.
- Das Verhältnis zwischen gesamten Arbeitnehmerentgelt (Löhne, Gehälter) und Gewinnen der Unternehmen.
- Das Verhältnis von Einnahmen der Selbständigen zur Nettowertschöpfung des Produktionswertes des Sozialproduktes.

## 21.2. Gebrauch der Angaben vom Sozialprodukt für Forschung der Entwicklungen der ökonomischen Verhältnisse der Wirtschaftssubjekte

Da sich im Teil ›Vorleistungen und Abschreibungen‹ des Produktionswertes des Sozialproduktes die gesamten betrieblichen Aufwendungen und im Teil ›Nettowertschöpfung‹ des Produktionswertes des Sozialproduktes die gesamten Personalaufwendungen (Arbeitnehmerentgelt in Form von Löhnen und Gehältern), Zinsen, Mieten, Pachten sowie Gewinne der Unternehmer, einzelner Unternehmer und Einnahmen der Selbständigen einer Volkswirtschaft widerspiegeln, sind die Kenntnisse von der Struktur des Sozialproduktes und ihren Veränderungen von enormer Bedeutung für die Forschung der Entwicklungen jeder Volkswirtschaft.

Weil sich der Produktionswert des Sozialproduktes durch die Tätigkeit aller Wirtschaftssubjekte einer Volkswirtshaft bildet, widerspiegeln sich in Verhältnissen der Teile des Sozialproduktes durchschnittliche Werte, nämlich Mittelwerte der betrieblichen Aufwendungen der Unternehmen (›Angeordnete Aufwendungen‹, ›Personalaufwendungen‹, ›Andere betrieblichen Aufwendungen‹) zueinander, und der Letzten zu Erträgen (Gewinnen) der Unternehmen, sozusagen die ökonomischen Verhältnisse der Wirtschaftssubjekte (Unternehmen).

Das heißt, dass bei einigen Unternehmen der Volkswirtschaft die Proportionalität sowohl in Verhältnissen zwischen ihren betrieblichen Aufwendungen als auch zwischen den Letzten und ihren Erträgen (Gewinnen) andere als zwischen den Teilen des Produktionswertes des Sozialproduktes sind.

Man kann die Ursachen der Veränderungen der Kaufkraft und des Wertes des Geldes zur Steigerung, zur Senkung oder zur Stabilität nur dann erkennen, wenn man Kenntnisse von Wesen sowohl des Sozialproduktes als auch des Geldes bzw. der Währung hat.

*Und umgekehrt:*
Sollte man über solche Kenntnisse nicht verfügen, dann erkennt man nicht die Ursachen der Veränderungen der Kaufkraft und der Werte der Gelder.

Man kann die Wechselwirkung der gesamten betrieblichen Aufwendungen und der gesamten Erträge (Gewinne) aller Unternehmen einer Volkswirtschaft auf die Marktpreise der Güter (Ware, Leistungen) sowie auf die Vergütungen der Arbeitnehmer (Löhne, Gehälter) der einzelnen Unternehmen nur dann begreifen, wenn man Kenntnisse von der Bildung und der Bedeutung der Struktur des Sozialproduktes hat.

Ich mache ersichtlich, dass man auf Grund der statistischen Daten über Produktionswert des Sozialproduktes Schlussfolgerungen ziehen kann, über:
- Die Veränderungen der Teile der Nettowertschöpfung (Arbeitnehmerentgelt, Gewinne der Unternehmer, Einkommen der Selbständigen);
- Die Verdrängungen der Personalaufwendungen der Unternehmen (Löhne, Gehälter) und folglich die Verdrängung der Arbeitsplätze der Arbeitnehmer;
- Die Tendenzen der Auswirkungen in Arbeitsverhältnissen, sowie in anderen Handlung- und Rechtsgeschäften (Rechtsverhältnissen) der Unternehmen der subjektiven Kraft der Subjekte der Rechtsgeschäfte und zwar: Ihr Streben nach Vermögensverehrung;
- Die Ursachen der Veränderungen der Kaufkraft und der Werte der Gelder;
- Die Ursachen der Wirtschaftskrise.

Die Verwendung der Angaben vom Produktionswert des Sozialproduktes ermöglicht angemessene Maßnahmen zu treffen, um die richtige Proportionalität im Verhältnisse zwischen den betrieblichen Aufwendungen selbst und den Letzten zu Erträgen (Gewinnen) der Wirtschaftssubjekte zu schaffen.

Wie ich schon mehrmals betont habe, fordert die Wirkung des Axioms der Äquivalenz eine richtige Proportionalität in folgenden Verhältnissen des Produktionswertes des Sozialproduktes:

1) Eine richtige Proportionalität im Verhältnisse zwischen, einerseits Nettowertschöpfung (Arbeitnehmerentgelt, Gewinne der Unternehmen sowie Einkommen der Selbständigen), und andererseits dem Produktionswert des Sozialproduktes.

2) Eine richtige Proportionalität im Verhältnisse zwischen den Abgaben der Unternehmen an Staat (Steuer, Sozialversicherungsbeiträge, andere Abgaben) einerseits, und andererseits den Vorleistungen und Abschreibungen des Produktionswertes des Sozialproduktes.

3) Eine richtige Proportionalität im Verhältnisse zwischen Arbeitnehmerentgelt (Löhne, Gehälter) und Nettowertschöpfung des Sozialproduktes.

4) Eine richtige Proportionalität im Verhältnisse zwischen Arbeitnehmerentgelt (Löhne, Gehälter) und Gewinnen der Unternehmen.

Dadurch werden stabile Entwicklungen der betrieblichen Aufwendungen sowie ihrer Erträge (Gewinne) gefördert, und mithin werden die Ursachen der Wirtschaftskrise überwunden.

Eine richtige Proportionalität in oben genannten Verhältnissen kann nur durch Maßnahmen der Bundesregierung geschaffen werden.

*21.3. Geld als Maß der Werte aller Güter und als Zirkulationsmittel*

Da das Geld als Maß der Werte aller Güter (Ware, Leistungen) der jeweiligen Volkswirtschaften ist, kommt ihm die Funktion des Zirkulationsmittels zu.

*Unter dem Begriff ›Das Geld‹ meine ich die Währungseinheit, die durch Gesetz eines Staates in einem Land als Zahlungsmittel angeordnet ist, oder durch den Vertrag der 19. Länder der Europäischen Union als Zahlungsmittel vereinbart und nachfolgend durch ihre Gesetze in den 19. Ländern angeordnet ist.*

Deshalb ist sehr wichtig, Kenntnisse von dem Wesen des Geldes zu haben. Sollte man das Wesen des Geldes nicht begreifen, dann wird man auch nicht verstehen, wodurch das Geld ihre Kaufkraft verliert; wodurch sich die Geldentwertung bzw. der Geldwertzuwachs ereignen; wodurch die Ursachen der Wirtschaftskrise entstehen.

*Ganz kurz über die historische Entstehung der Gelder.*
Mit dem Beginn der menschlichen Arbeitsteilung und der beruflichen Spezialisierung entstand bei den Wirtschaftssubjekten (Unternehmer, private Haushalte) Bedarf an Tauschen der hergestellten Güter (Ware, Leistungen) der einen Eigentümer gegen Güter (Ware, Leistungen) der anderen Eigentümer (Besitzer), um dadurch ihre Bedürfnisse zu befriedigen.

Auf der ersten Phase der Warentauschen funktionierten als Wertmaßen der Güter (Ware, Leistungen) die entgegensetzenden Güter (Ware, Leistungen). Das heißt, dass als Äquivalent auf dem Gegenpol in den Handlungsgeschäften der Wirtschaftssubjekte (Unternehmen, Unternehmer, private Haushalte) auch Güter (Ware, Leistungen) von einem anderen Besitzer aufgetreten wurden und die Güter (Ware, Leistungen) wechselten ihre Eigentümer bzw. Besitzer (W = W). Den Gütern in Geschäften konnten Leistungen aller Art, einschließlich Arbeit der Geschäftspartner gegenüber stehen. Die Güter (Ware, Leistungen) waren ein unmittelbares Maß der Werte der getauschten Güter.

Das war die unmittelbare Form der Warenzirkulation gewesen, wo sich die Warenwerte der Verkäufer in den Warenwerten der Käufer und umgekehrt gemessen hatten. Das wichtige war, dass durch Tausche der Güter gegen Güter ihre Gebrauchswerte (Qualität, Brauchbarkeit usw.) für die Geschäftspartner offensichtlich waren. Wenn Güter (Ware, Leistungen) ihre Nutzbarkeit, Brauchbarkeit usw. für die Menschen verloren hatten, wurden sie von niemandem erworben. Von solchen Geschäftspartnern hatten auch die anderen Geschäftspartner Verluste gehabt, weil sie ihre Güter (Ware, Leistungen) nicht veräußern konnten.

Damals war noch kein Geld gewesen, aber beim Tausch verglichen die Geschäftsseiten, wie z. B. Käufer und Verkäufer, die Gebrauchswerte ihrer Güter (Ware, Leistungen) und dadurch bildeten sich die Werte der Güter, wenn man so will Proportionen zwischen den Mengen der getauschten Güter (Ware, Leistungen). Obwohl es noch kein Geld als Gegenwert bzw. Äquivalent der Güter (Ware, Leistungen) gab, wirkte das Axiom der Äquivalenz beim Tausch der Güter ebenso wie beim Geld, d. h., dass die Tauschgeschäfte auch nach Angebote der Güter und

Nachfrage nach ihnen zustande kamen und dabei mussten die getauschten Güter (Ware, Leistungen) die Herstellungskosten der Besitzer decken und ihnen Gewinne bringen, damit sie nicht Bankrott werden.
Falls die Seiten, nämlich die Warenhersteller ihre Güter nicht veräußerten, konnten sie nicht ihre Produktion fortsetzen.

*Sollte mein Leser den einfachen Prozess der Zirkulation der hergestellten Güter (Ware, Leistungen) verstehen, dann wird er auch die möglichen Ursachen der Wirtschafskrisen verstehen und die Ursachen der Wirtschaftskrisen nicht in der Währungseinheit der Volkswirtschaft, sondern in der Warenproduktion der Volkswirtschaft suchen.*

*Von enormer Bedeutung ist dabei das Rechtssystem des Staates, das die Arbeits- und Wirtschaftsordnung sowie die Infrastruktur des Landes regelt, wie Gesetze des Staates über Staatseinnahmen (Steuer, Sozialversicherungsbeiträge, andere Abgaben an Staat), Bürgerliches Recht, Arbeitsgesetze usw. und vor allem die Anwendung der Gesetze und ihre Erfüllung.*

Mit der Entwicklung der Warenzirkulation entwickelte sich auch die Form des allgemeinen Äquivalentes der Güter (Ware, Leistungen), nämlich an die Stelle der Güter (Ware, Leistungen), die als bisherige Äquivalente der Güter (Ware, Leistungen) auf den Märkten auftraten, kamen wertvolle Metalle, wie z. B. Gold, Silber und folglich kam das Geld auf die Märkte.

Die Eigentümer bzw. Besitzer der Güter (Ware) veräußerten ihre Güter (Ware) gegen Geld (W=G). Das dadurch erworbene Geld nutzten sie, um ihre anderen Bedürfnisse zu befriedigen.
Somit ist das Geld als Produkt der Entwicklungen der Tausche der Güter (Ware, Leistungen) gegen Güter (Ware, Leistungen) entstanden.
Man kann die Ursachen der Bewegungen der Geldwerte zur Steigerung, zur Senkung oder zur Stabilität nur dann erkennen, wenn man das Wesen des Geldes begreift.

Die Warenwerte werden durch ein bestimmtes Quantum der geleisteten menschlichen Arbeit sowie der Arbeit der Maschinen (= im weiteren Sinne), wie z. B. durch das Einkalkulieren in die Preise der Güter (Ware, Leistungen) der Abschreibungen, gemessen.
Durch die Abschreibungen werden die Werte der Maschinen der Unternehmen vermindert, aber der verminderte Teil, der in die Preise der Güter (Ware, Leistungen) mit einkalkuliert wird, fließt in die Unternehmen zurück. Die dadurch entstehende Geldmenge wird ebenso auf den Produktionsgütermärkten auftreten.

Da dem Geld, nämlich der Währungseinheit, wie z. B. EURO, die Funktion als Maß der Werte aller Güter (Ware, Leistungen) gehört, gehört dem Geld auch die Funktion als Zirkulationsmittel.

Es kann gesagt werden, dass das Geld mit ihrem Wert und ihrer Kaufkraft in der Tat eine Reflexion und demnach ein Vermittler des Produktionswertes des Sozialproduktes ist, und spiegelt in sich alle Veränderungen der Teile des Produktionswertes des Sozialproduktes im Verhältnisse zueinander wider.

## 21.4. Der Wert der Währung bzw. der Gelder und ihre Entwicklungen

Der Wert der Währung bzw. des Geldes bestimmt sich durch Verhältnis von Nettowertschöpfung zum Produktionswert des Sozialproduktes voraus.
Von daher ist sehr wichtig, zu beantworten, wessen Reflexion das Geld ist?
Ist das Geld eine Reflexion nur von der Nettowertschöpfung oder vom gesamten Produktionswert des Sozialproduktes?

Da in die Preise der Güter (Ware, Leistungen) alle betrieblichen Aufwendungen und alle Erträge (Gewinne) der Wirtschaftssubjekte mit einkalkuliert sind, sollte man das Geld eher als eine Reflexion des Produktionswertes des Sozialproduktes betrachten.

Produktionswert des Sozialproduktes spiegelt in sich die Produktion der Güter (Ware, Leistungen) innerhalb einer Volkswirtschaft und mithin ihre Werte wider, die durch die Produktion entstehen und an private Haushalte sowie an Wirtschaftssubjekte veräußert werden.

Zur Begründung meiner Position greife ich wieder zum Thema Bildung der betrieblichen Aufwendungen und der Erträge (Gewinne) der Unternehmen einer Volkswirtschaft, ihre Zusammenstellung und statistische Erfassung in Daten zum Sozialprodukt des Landes.
Während der Warenproduktion der Wirtschaftssubjekte entstehen ihnen verschiedene betriebliche Aufwendungen, die ich rein bedingungsweise in meinen Schriften auf folgende gegliedert habe:
1) ›Angeordnete Aufwendungen‹ der Unternehmen, die ihnen durch Staatseinnahmen (Steuer, Sozialversicherungsbeiträge, und andere Abgaben) entstehen.

2) ›Personalaufwendungen‹ der Unternehmen‹, die ihnen durch Arbeit (Leistungen) der Arbeitnehmer entstehen. Arbeitnehmerentgelt: Gehälter der Geschäftsführung, Löhne, Gehälter der Arbeitnehmer (Angestellte, Arbeiter).

3) ›Andere betriebliche Aufwendungen‹ der Unternehmen‹, die ihnen durch die Anschaffung der Produktionsgüter, Verbrauchsgüter sowie durch ihre Wertminderungen (Vorleistungen und Abschreibungen) entstehen.

Durch solch eine Gliederung der betrieblichen Aufwendungen der Unternehmen mache ich sichtbar, dass sich Proportionalität zwischen betrieblichen Aufwendungen selbst und den Letzten zu Erträgen (Gewinnen) der Unternehmen und folglich die Proportionalität zwischen Teilen des Produktionswertes des Sozialproduktes einer Volkswirtschaft durch die ›Angeordnete Aufwendungen‹ der Wirtschaftssubjekte (Unternehmen) unwillkürlich verändern.

Dementsprechend verändert sich auch die Proportionalität der Nettowertschöpfung (Löhne, Gehälter, Unternehmens- und Vermögenseinkommen, einschließlich Zinsen, Miete, Pachte, Gewinne, Einkommen der Selbständigen) zu Vorleistungen und Abschreibungen des Produktionswertes des Sozialproduktes.

Was für eine Bedeutung haben die Veränderungen der Proportionalität im Verhältnisse zwischen den Teilen des Produktionswertes des Sozialproduktes?

Durch die oben genannte Proportionalität wird in der Tat bestimmt, welche Menge von Geld auf den Märkten: Produktionsgütermärkte, Konsumgütermärkte, Immobilienmärkte den Gütern (Waren, Leistungen) gegenüber steht.

Von daher redet man vom Äquivalent bzw. vom Gegenwert der Güter (Ware, Leistungen) in Geld, das sich stets verändert.

*Wie man sieht, ist das Geld eine Reflexion des ganzen Produktionswertes des Sozialproduktes einer Volkswirtschaft.*
*Sollte die Währungseinheit, wie z. B. der EURO in 19. Ländern bzw. Volkwirtschaften der Europäischen Union die Funktion als Wert aller Güter (Ware, Leistungen) übernehmen, dann wirken sich die Veränderungen der Strukturen der Produktionswerte der Sozialprodukte der Länder, die zur Eurozone gehören, sofort auf den Kurs des EUROs aus.*

Daraus ziehe ich folgende Schlussfolgerung, dass die Wirkung des Axioms der Äquivalenz in Produktionsverhältnissen der Unternehmen verlangt:

1) Eine richtige Proportionalität im Verhältnisse einerseits zwischen Teilen der Nettowertschöpfung: Arbeitnehmerentgelt (Löhne, Gehälter), Gewinnen der Unternehmen, Einkommen der Selbständigen, und andererseits dem gesamten Produktionswert des Sozialproduktes.

156

$\frac{N}{P} = \frac{A+U+S+V}{P}$ (Nettowertschöpfung zum Produktionswert des Sozialproduktes).

2) Eine richtige Proportionalität im Verhältnisse zwischen den Abgaben der Unternehmen an Staat (Steuer, Sozialversicherungsbeiträge, andere Abgaben an den Staat) einerseits, und andererseits, den Vorleistungen und Abschreibungen ($\frac{AU}{V+A}$) des Produktionswertes des Sozialproduktes.

3) Eine richtige Proportionalität im Verhältnisse zwischen dem gesamten Arbeitnehmerentgelt und der Nettowertschöpfung ($\frac{A}{N}$) des Produktionswertes des Sozialproduktes.

4) Eine richtige Proportionalität im Verhältnisse zwischen dem gesamten Arbeitnehmerentgelt ($\frac{A}{G}$) und Gewinnen der Unternehmen.

*Es besteht eine unmittelbare Abhängigkeit des Realwertes und der Kaufkraft des Geldes nicht nur vom Maß der Nettowertschöpfung, sondern auch von deren Verteilung zwischen den privaten Haushalten der jeweiligen Volkswirtschaften.*

Deshalb ist sehr wichtig, dass schon durch die Arbeitsverhältnisse bzw. die Dienstverhältnisse die Vergütungen, die Arbeitnehmerentgelte (Löhne, Gehälter), die Einkommen der Selbständigen sowie die Gehälter der Unternehmer, die Verdienste der Manager in Millionen-Höhe einem bestimmten Äquivalent entsprechen sollen.

Richtige Proportionalität in oben genannten Verhältnissen des Produktionswertes des Sozialproduktes würde die stabilen Entwicklungen der Werte und der Kaufkraft der Gelder fördern.

Wie gesagt, die Realwerte und die Kaufkräfte der Gelder bzw. der Währungen hängen nicht nur vom Maß der Nettowertschöpfungen ab, sondern auch von ihrer Verteilungen zwischen den privaten Haushalten bzw. den Bürgern der jeweiligen Volkswirtschaften.

Für den Prozess der Bildung der Werte der Gelder ist nicht gleichgültig, wie das gesamte Geld (Nettowertschöpfung) zwischen den privaten Haushalten verteilt wird, weil das Geld auf allen Märkten als Gegenwert bzw. als Äquivalent der Güter (Ware, Leistungen) auftreten und zurück in die Warenproduktion der Wirtschaftssubjekte (Unternehmen, Unternehmer) kehren muss.

Meines Erachtens ist jede Währungseinheit bzw. jedes Geld, wie z. B. EURO, US-Dollar usw. in Bezug auf Sozialprodukt sekundär.

Diese Auffassung vom Wesen des Geldes ist von enormer Bedeutung für das Treffen der richtigen Maßnahmen zur Stabilisierung der Geldwerte.

Aber das Geld als Vermittler des Sozialproduktes beeinflusst durch die Handlungs- und Rechtsgeschäfte der Wirtschaftssubjekte die Veränderungen der Marktpreise der Güter (Ware, Leistungen) und dadurch verändern sich die Proportionen bzw. die Anteile der betrieblichen Aufwendungen und die der Erträge (Gewinne) der Wirtschaftssubjekte.

Außerdem beeinflusst das Geld die Veränderungen der Nettowertschöpfung des Produktionswertes des Sozialproduktes durch die Zinseinnahmen für die Spareinlagen der Bürger, durch die Zinsen für die Finanzierungen der Kredite der Unternehmen und der privaten Haushalte, durch die Zinsen für die Anlagen der Unternehmen usw..

Welche Folgen treten in Volkwirtschaften der Europäischen Union auf, wenn in die schwachen Volkswirtschaften der Europäischen Union immer wieder Hilfe mit Geld geleistet wird?
Solch eine Geldpolitik wird zu Folge haben:
- Steigerung der Kaufkraft der Gelder in Ländern, wo die Hilfe empfangen wird.
- Steigerung der Marktpreise der Güter (Ware, Leistungen) in den Empfangsländern.
- Steigerung der betrieblichen Aufwendungen der Unternehmen dieser Volkswirtschaften.
- Dadurch werden nach und nach zur Senkung die Realeinkommen der privaten Haushalte in diesen Ländern kommen.
- Unternehmen dieser Länder werden am Anfang Vorteile haben, weil sie mehr Erträge erzielen können, aber nach und nach werden wegen der senkenden Realeinkommen der privaten Haushalte ihre Warenumsätze senken und mithin werden die Unternehmen in Gewinnen verlieren.

Endlich wird solch eine Geldpolitik zum Nachteil für die schwachen Länder der Europäischen Union und besonders für die Länder, die zur Eurozone gehören. Gleichzeitig ist solch eine Geldpolitik zum Vorteil für die starken Länder sowohl der Europäischen Union, wie z. B. Deutschland, Frankreich, England usw. als auch für die Drittländer der Weltwirtschaft, die ihre Güter (Ware, Leistungen) dort veräußern.

Die Unternehmen der Drittländer der Weltwirtschaft, wie z. B. von China, USA, Indien, Russland, Japan usw. haben von solch einer Geldpolitik Vorteile, weil sie ihre Güter für höhere Marktpreise verkaufen können.

Viele Unternehmen der Drittländer produzieren in ihren Ländern oder in anderen Ländern Güter (Ware) gegen niedrige Herstellungskosten und danach exportieren sie in die Länder der Europäischen Union, wo sie gegen höhere Marktpreise auf den Märkten der Länder der Europäischen Union veräußert werden. Dadurch erzielen ihre Unternehmen drastische Gewinne.

Unternehmen der Volkswirtschaften der Länder der Europäischen Union werden immer wieder im Wettbewerb gegen die Unternehmen der Drittländer und besonders gegen die von China, Indien verlieren, weil sie höhere Herstellungskosten haben.

*Unternehmer von China, Indien werden mehr und mehr Geld als Kapitalanlagen in die Unternehmen der Volkswirtschaften der Länder der Europäischen Union investieren.*

Die Organen der Europäischen Union und die Länder der Europäischen Union sollten Maßnahmen treffen, die zu Verbesserungen der Gebrauchswerte der hergestellten Güter und vor allem ihrer Qualität, Reduzierungen der Herstellungskosten und vor allem der Staatseinnahmen der Unternehmen, fördern würden. Dadurch würde die Wettbewerbsfähigkeit der Unternehmen der Länder der Europäischen Union steigen.

## 22. Das Verhältnis zwischen Währungen

Durch das Verhältnis Währung (Geld) zu Gütern (Waren) mit ihren Preisen versuche ich das Wesen des Geldes bzw. der Währung deutlicher zu machen.
Die Aufklärung des Wesens des Geldes ist von enormer Bedeutung, um nachvollziehen zu können, wodurch das Geld ihre Kaufkraft verliert; wodurch sich die Geldentwertung bzw. der Geldwertzuwachs ereignen; wodurch die Ursachen der Wirtschaftskrise entstehen und warum die Ursachen der Wirtschaftskrisen nicht in der Währungseinheiten, sondern in der Warenproduktion der Volkswirtschaften zu suchen sind.

Deshalb nahm ich vor, im Abschnitt „Sozialprodukt und das Wesen der Währung bzw. des Geldes" in der ersten Auflage meines Buches „Axiome der Entwicklungen jeder Volkswirtschaft und ihre Auswirkungen auf die Entwicklung der Europäischen Union" das Wesen des Geldes zu verdeutlichen; aber meines Erachtens reicht die Verdeutlichung nicht aus.

Mit der Erläuterung der physikalischen Entwicklungen der Gegenstände (Dinge, Substanzen) und ihrer Bestandteile durch die Verhältnisgleichungen habe ich vor, meinen Lesern das Verstehen der Entwicklungen der Wirtschaftsbeziehungen der Wirtschaftssubjekte, die sich ebenso durch Verhältnisgleichung Währung bzw. Geld mit ihrem Realwert gegen Güter (Ware) mit ihren Preisen entwickeln, zu erleichtern.

Wie man sieht, verlangt jeder Gegenstand als ein Ganzes eine proportionale Entwicklung zwischen ihren Teilen bzw. ihren Gegenteilen.

*Aber meine Leser sollten verstehen, dass ich mit meiner Darstellung der physikalischen Entwicklungen der Gegenstände rein logische Verknüpfung verfolge, um dadurch zu verdeutlichen, dass in jedem Bereich und einschließlich den Wirtschaftsbeziehungen das Ganze sich durch ihre Teile bzw. ihre Gegenteile und die Letzten durch ihr Ganzes entwickeln.*

Während der unmittelbaren Warenzirkulation (Ware gegen Ware) verglichen die Geschäftspartner die Gebrauchswerte (Qualität, Nutzbarkeit, Brauchbarkeit usw.) ihrer Güter und dadurch bestimmten sie die Werte, nämlich die Proportionen bzw. Antiproportionen zwischen den Mengen der getauschten Güter.

Mit der Entstehung der Währung bzw. der Gelder gelingt es den Menschen nicht, die Proportionen bei den Veräußerungen bzw. den Erwerben der Güter mit Sinnesorganen wahrzunehmen, weil die Menge, die die Proportionen bzw. Antiproportionen bilden, durch den Kurs der Währung, nämlich durch den Kurs des EUROs ausgeprägt sind.

Das bedeutet, dass auf die Märkte jeder Volkswirtschaft stets eine streng bestimmte Menge der Gelder kommen müssen.

Welche Bedeutung hat derartige Verhältnismäßigkeit für Stabilität der Marktpreise der Güter?
Sollte auf die Märkte einer Volkswirtschaft übermäßig viel Geld kommen, dann werden dadurch zum Steigen die Preise der Güter (Ware, Leistungen) und folglich zur Geldentwertung (Inflation) kommen.

Sollte auf die Märkte einer Volkswirtschaft übermäßig wenig Geld kommen, dann werden dadurch zum Senken die Preise der Güter (Ware, Leistungen) und folglich kommt auch zur Geldentwertung (Deflation). Also, haben die Verletzungen der Proportionen zur Folge die Geldentwertung.

In Handlungs- und Rechtsgeschäften der Wirtschaftssubjekte (Unternehmen, Unternehmer) und auch der privaten Haushalte treten auf der einen Seite Güter mit ihren Preisen und auf der anderen Seite Gelder der Erwerber der Güter auf.

Der EURO als Währungseinheit der 19. Länder tritt als Maß der Werte aller Güter in den jeweiligen Ländern der Eurozone auf und hat wie jede Währung einen Wert, der durch den sogenannten Kurs der Währung ausgeprägt wird.

Ich kläre die proportionalen bzw. die antiproportionalen Entwicklungen durch die Verhältnisgleichungen (Geld = Güter) mit Methoden der Philosophie, sozusagen *a priori* und rechnerisch mit Methoden der Mathematik auf.

Die Verhältnisgleichung lautet:
Güter mit ihren Preisen = Geld als Äquivalent mit ihrem Realwert.

Da sich die Verhältnisgleichungen durch die Angebote der Güter und die Nachfragen der Kunden nach den Gütern gestalten, tragen sie stets die Besonderheiten von jedem Handlungs- und Rechtsgeschäft der Wirtschaftssubjekte bzw. der Bürger, sozusagen das Subjektive der Geschäftspartner.

Die Währung bzw. das Geld als ein Ganzes betrachtet, verlangt durch ihren Kurs auch proportionale Entwicklungen der Marktpreise der Güter.

Der EURO als Währungseinheit hat einen Kurs und dadurch beeinflusst er die Stabilität bzw. die Unstabilität der Marktpreise der Güter.

Aber dir Marktpreise der Güter bilden sich durch die Angebote der Güter und die Nachfragen der Kunden nach den Gütern. Ganz wichtig sind dabei die Gebrauchswerte der Güter.

Je niedriger die Herstellungskosten und je höher die Gebrauchswerte der Güter sind, desto mehr Geld können die Wirtschaftssubjekte durch die stabile Preise auf ihre Güter von Märkten holen, und dadurch wird auch der Wert der Währung stabiler bzw. zuwachsen, weil die Wirtschaftssubjekte das Arbeitnehmerentgelt (Gehälter, Löhne) erhöhen bzw. Arbeitsplätze schaffen können.

*Und umgekehrt:*
Je höher die Herstellungskosten und je niedriger die Gebrauchswerte der Güter sind, desto weniger Geld können die Wirtschaftssubjekte durch die Senkungen der Preise von Märkten holen, und dadurch wird auch nach und nach der Realwert der Währung unstabiler bzw. entwerten, weil die Wirtschaftssubjekte das Arbeitnehmerentgelt (Gehälter, Löhne) reduzieren bzw. Arbeitsplätze abschaffen müssen.

*Somit senkt dadurch der Realwert und folglich die Kaufkraft des EUROs und das wirkt sich negativ auf die Stabilität der Warenumsätze der Unternehmen aus.*

Positive bzw. negative Wirtschaftlichkeit jedes Unternehmens bestimmen die Entwicklungen der Arbeitsverhältnisse mit ihren Mitarbeitern.

Eben durch diese Verhältnisse wird bestimmt, welche Menge von Geld auf die Märkte der jeweiligen Länder kommen wird und folglich gestaltet sich dadurch die Kaufkraft der entsprechenden Währung bzw. des Geldes.

Darum ist wichtig, dass schon durch die Arbeitsverhältnisse bzw. durch die Dienstverhältnisse die Arbeitnehmerentgelte (Gehälter, Löhne), die Einkommen der Selbständigen sowie die Gehälter der Unternehmer, die Verdienste der Manager einem bestimmten Äquivalent entsprechen sollen.

*Das erhöht den Realwert und demnach die Kaufkraft des EUROs und wirkt sich positiv auf die Stabilität des Kurses des EUROs aus.*

Durch die Ergebnisse der Handlungs- und Rechtsgeschäften aller Unternehmen jeder Volkswirtschaft bilden sich die Teile des Sozialproduktes jedes Landes, in dessen Verhältnissen zueinander spiegelt sich der Durchschnittswert bzw. der Mittelwert der gesamten Aufwendungen und der gesamten Gewinne aller Wirtschaftssubjekten der jeweiligen Volkswirtschaft wider.

Zwischen den Teilen der Sozialprodukte gestaltet sich eine Proportionalität, die ebenso eine Verhältnisgleichung bildet. Gerade diese Verhältnisgleichung spiegelt die Verteilung der Gelder bei der Warenproduktion einer Volkswirtschaft wider und verkörpert die Proportionen bzw. die Antiproportionen von den einzelnen Handlungsgeschäften, die den Kurs der Währung beeinflussen.

$\frac{N}{P} = \frac{A+U+S+V}{P}$ (Nettowertschöpfung zum Produktionswert des Sozialproduktes)

Aber im Gegensatz zu Verhältnisgleichungen, die die physikalischen Entwicklungen der Gegenstände (Dinge, Substanzen) widerspiegeln, bilden sich die Verhältnisgleichungen in den ökonomischen Verhältnissen der Unternehmen und folglich zwischen den Teilen der Sozialprodukte sowohl durch die Staatseinnahmen als auch durch die Handlungs- und Rechtsgeschäfte der Wirtschaftssubjekte (Unternehmen, Unternehmer), nämlich rein durch die Tätigkeiten der Menschen.

*Und die Bildung der Kurse der nationalen Währungen und der internationalen Währungen, dazu zähle ich auch den EURO, haben ihren Ursprung in den ökonomischen Verhältnissen der Unternehmen der jeweiligen Volkswirtschaften.*

Jede Werte der Güter (Ware, Leistungen), ob es sich um ihre Gebrauchswerte oder ihre Herstellungskosten handelt, werden im Endergebnis auf den Märkten durch die Preise der Güter (Ware) ausgeprägt.

Die Gebrauchswerte der Güter (Ware, Leistungen) beeinflussen das Streben der Menschen zum Erwerb der Güter, das sich in den Nachfragen der Kunden nach den Gütern (Waren), äußert.

Und in dem Preise jedes Gutes (Ware, Leistung) sind bestimmte Anteile der betrieblichen Herstellungskosten und die Anteile der erwünschten Erträge (Gewinne) der Unternehmen nach entsprechenden Proportionen und in schlimmsten Fällen nach entsprechenden Antiproportionen mit einkalkuliert, die sich im Verhältnisse zueinander entweder proportioniert oder antiproportioniert befinden.

Deshalb betone ich in jedem Werk, dass es sehr wichtig ist, die Reduzierung der Staatseinnahmen der Wirtschaftssubjekte und der privaten Haushalte durchzuführen.

In den Ländern, wie Spanien, Portugal, Griechenland, Zypern und anderen sollten Maßnahmen zu Reduzierungen der Staatseinnahmen und Staatsausgaben und zugleich Maßnahmen zu Veränderungen der Infrastruktur durchgesetzt werden.

In die genannten Volkswirtschaften und besonders in die Volkswirtschaft von Griechenland sollte mehr Geld investiert werden.
Wer meine Bücher gelesen hat, weiß Bescheid, dass ich dieses Verhältnis mit dem Inbegriff "Das ökonomische Verhältnis" bezeichnet habe.

Es ist ohne Unterschied in welchem Bereiche man die Entwicklungen (Entstehungen, Veränderungen) der Gegenstände (Dinge, Substanzen) und ihrer Bestandteile untersucht, wendet man dafür die Methoden der Mathematik und Logik an.

## 23. Einwirkungen der Werte der Güter auf die Entwicklung des Kurses der Währung

In der ersten Auflage meines Buches ›Axiome der Entwicklungen jeder Volkswirtschaft und ihre Auswirkungen auf die Entwicklung der Europäischen Union‹ verdeutliche ich den Unterschied zwischen den ökonomischen Kategorien ›Der Wert‹ und ›Der Gebrauchswert‹ der Güter (Ware, Leistungen) und ihre Bedeutungen für die Entwicklungen der Warenproduktion der Unternehmen und die der Volkswirtschaft.

Zum ersten Mal schreibe ich in dem Buch, dass der Wert und der Kurs der Währung jedes Landes an den Werten der Güter, die ihre Wirtschaftssubjekte herstellen und auf den Märkten veräußern, liegen. Damit sind nur Wirtschaftsgüter gemeint.

Ganz kurz beschreibe ich die Wirtschaftsgüter, damit meine Leser das Thema besser verstehen können.

Wie uns bekannt ist, es können materielle Güter (Ware, Leistungen) und immaterielle Güter (Leistungen) sein.

Güter, die für die Menschen, nämlich für die Haushalte bzw. für die ähnliche Nutzung bei den Unternehmen produziert werden, heißen Konsumgüter.

Das können entweder Gebrauchsgüter, wie z. B. Möbel, Kleidung, Haushaltsgeräte oder Verbrauchsgüter, wie Nahrungsmittel und andere Lebensmittel, sein.

Güter, die hergestellt und veräußert an andere Unternehmen werden, nämlich zum Einsatz bei der Warenproduktion, heißen Produktionsgüter.

Das können auch entweder Gebrauchsgüter, wie z. B. Maschinen, Werkzeuge, oder Verbrauchsgüter, wie Rohstoffe, Rohmaterial, Strom, Wasser, Öl, Diesel, Benzin usw. sein.

Wenn ich in dem Abschnitt über den Wert der Güter (Ware, Leistungen) schreibe, dann handelt es sich nicht um die Herstellungskosten oder irgendwelcher Ausgaben der Unternehmen, die sie einsetzen, um die Güter (Ware, Leistungen) zu produzieren.

*Hier schildere ich die Bedeutung des Grades, des Maßes, der Klasse der Nutzung, des Gebrauches der Güter (Ware, Leistungen), die von Unternehmen gemacht werden, für Verbesserungen der Angebote und mögliche Erhöhungen der Preise der Güter (Ware, Leistungen) und demnach für die Bildung des Wertes bzw. des Kurses der Währung bzw. des Geldes.*

Inwieweit ein Gut, eine Ware bzw. eine Leistung einen Wert bei Ihrer Nutzung bzw. bei ihrem Gebrauch hat, wird von Kunden bestimmt, die sich durch ihre Nachfragen nach den Gütern (Waren, Leistungen) äußern.

Wenn man in dem Sinne von dem Wert der Güter (Ware, Leistungen) redet, dann meint man, wie sehr die Güter  zur Befriedigung der Bedürfnisse der Menschen beitragen, und man merkt nicht, dass sich in der Tat durch alle Rechtsgeschäfte, wie beispielsweise Kaufvertrag, Werkvertrag, Mietvertrag, Pachtvertrag usw. auch die Einwirkung auf die Entstehung bzw. auf die Veränderung des Wertes bzw. des Kurses der Währung bzw. des Geldes ereignet.

Das Geschehen kann nur mit Methoden der Philosophie verstanden werden, indem man die Güter (Ware, Leistungen) mit ihren entsprechenden Werten und ihrem Preis abstrakt *(gedanklich, a priori)* auf das Geld, das als Gegenwert bzw. als allgemeines Äquivalent dem Preis der Güter gegenübersteht, bezieht.

Somit ist das Allgemeine gegensätzlich bezogene auf irgendwelches Gut (Ware, Leistung) das Geld mit ihrem Wert bzw. mit ihrem Kurs, der sich durch die Warenproduktion der jeweiligen Volkswirtschaft gestaltet.

Immer wieder versuche ich, das Geschehen zu verdeutlichen, weil nur beim Begreifen des Wesens der Währung bzw. des Geldes können richtige Maßnahmen zur stabilen Entwicklung jeder Volkswirtschaft bzw. zur Überwindung der Wirtschaftskrise getroffen werden.

Es können verschiedene Eigenschaften der Güter (Ware, Leistungen) sein, die einen Einfluss auf ihre Nutzungen, ihre Gebrauche haben können.
Die Eigenschaften wirken sich auf die Entstehungen bzw. auf die Veränderungen der Werte der Güter (Ware, Leistungen) aus.

Aufgrund der Eigenschaften der Güter (Ware, Leistungen), die in den Angeboten auf den Märkten erscheinen, bilden sich durch Nachfrage der Kunden ihre Marktpreise. Und die Güter (Ware, Leistungen) ziehen nach sich ihre Gegenwerte zu Veränderungen, nämlich ihr allgemeines Äquivalent, dessen Träger die Währung bzw. das Geld mit ihrem Wert bzw. Kurs ist.

*Zwar verändern sich die Marktpreise der Güter (Ware, Leistungen) durch Wille der Menschen, die die Rechtsgeschäfte eingehen, aber sie werden durch das Verhältnis von Umsatzerlöse zu Herstellungskosten der Unternehmen vorausbestimmt und dies ist die Wirkung der objektiven Kraft, nämlich des Axioms der Äquivalenz in ökonomischen Verhältnissen.*

*Weil jedes Gut (Ware, Leistung) auf den Märkten solch einen Gegenwert (Marktpreis) finden soll, der die Herstellungskosten decken und Gewinn bringen soll. In solchem Fall kann man von einem Äquivalent reden. Und das Äquivalent bildet sich aus dem Arbeitnehmerentgelt (Löhne, Gehälter) aller Unternehmen der jeweiligen Volkswirtschaft, die in den Herstellungskosten jedes Unternehmens mit einkalkuliert sind, den Arbeitnehmern als Entlohnung ausgezahlt werden und auf den Märkten zum Erwerb der Güter (Ware, Leistungen) auftreten.*

*Umsatzerlöse = Preis \* Menge + Kosten*

$$\frac{Umsatzerlöse - Kosten}{Menge} = Preis\ eines\ Gutes\ (Ware)$$

165

*Durch die Nachfrage der Kunden verändern sich die Marktpreise der Güter (Ware, Leistungen), die die Umsatzerlöse der Unternehmen entsprechend verändern. Und die Nachfrage der Kunden hängt nicht nur von den Preisen der Güter ab, entscheidend ist, über wieviel finanzielle Mittel jeder private Haushalt bzw. jeder Bürger verfügt.*

Damit mein Leser mich besser verstehen kann, wie sich etliche Eigenschaften der Güter auf die Werte der Güter (Ware, Leistungen) und mithin auf den Wert bzw. auf den Kurs der Währung auswirken können, nenne ich ein paar Beispiele, mit denen ich solche Eigenschaften offensichtlich mache:

- Wichtigkeit der Güter für die Gesundheit oder das Leben der Menschen.
- Bedeutung der Güter für die Behandlungen bzw. für die Erholungen der Menschen.
- Knappheit der Güter bzw. die begrenzte Menge der angebotenen Güter.
- Die Qualität der Güter.
- Die Jahreszeit.
- Dem neuesten Stand entsprechen.
- Geschmack bei den Nahrungsmitteln.
- Sparsamkeit, Nutzbarkeit, Brauchbarkeit usw., usw.

Was die Qualität der Güter betrifft, das ist eine Beschaffenheit, die für jedes Gut (Ware, Leistung) viel sagend ist und ist von großer Bedeutung für die Bildung der stabilen Marktpreise der Güter, die zur Folge gute Entwicklungen der Warenumsätze der Unternehmen haben und demnach entwickeln sich stabil der Realwert und folglich der Kurs der Währung bzw. des Geldes und folglich entwickelt sich gut die ganze Volkswirtschaft.

Auf solche Weise wird der Wert bzw. der Kurs der Währung bzw. des Geldes jeder Volkswirtschaft bestimmt, weil die Währung bzw. das Geld als allgemeiner Gegenwert der Güter (Ware, Leistungen) auf den Märkten auftritt.
Somit entstandene während der Warenproduktion als das allgemeine Äquivalent der Güter (Ware, Leistungen) Währung bzw. Geld vertritt alle Güter (Ware, Leistungen) einer Volkswirtschaft und in der Eurozone vertritt der EURO alle Güter (Ware, Leistungen) der 19. Volkswirtschaften, die zu Eurozone gehören.

Was heißt das?
Das heißt, dass die Ergebnisse der Herstellung und der Veräußerung der Güter (Ware, Leistungen) der Unternehmen auf den Märkten die Bildung des Kurses der Währung bzw. des Geldes vorausbestimmen.
Wenn auf die Güter (Ware, Leistungen) der Unternehmen Nachfragen der Kunden bestehen, dann können die Güter (Ware, Leistungen) verkauft werden, und dementsprechend holen sie durch ihre Preise das Geld an die Unternehmen, das

den Arbeitnehmern während der Arbeit ihrer als Entlohnung ausgezahlt worden ist und auch noch mehr, sie bringen Gewinne den Unternehmen.

Obwohl ich schreibe, dass sich grundsätzlich der Geldwert bzw. der Kurs der Währung bzw. des Geldes durch Verhältnis von Nettowertschöpfung zum Produktionswertes des Sozialproduktes der jeweiligen Volkswirtschaft bildet, wird der Geldwert bzw. der Kurs der Währung bzw. des Geldes durch die Werte der Güter (Ware, Leistungen) der Unternehmen der jeweiligen Volkswirtschaften bestimmt.

*In diesem Sinne ist die Warenproduktion der Unternehmen der Volkswirtschaft primär und das Sozialprodukt des Landes sekundär.*

Warum beschreibe ich das?
Um die Leute zu überzeugen, dass ein Land, wie z. B. Griechenland bzw. ein anderes Land, deren Volkswirtschaft aus größtem Teil aus Landwirtschaft besteht, kann auch Währung mit einem stabilen Kurs haben.

Aber dafür müssen ihre Unternehmen die produzierten Güter (Ware, Leistungen) gut verkaufen können, d. h. dass der Absatz der Güter (Ware, Leistungen) auf den Märkten problemlos ablaufen und an die Menschen ankommen sollen.

Sollten die Güter (Ware, Leistungen) für die Menschen nutzlose bzw. unbrauchbare sein, dann werden sie auch keinen Wert verkörpern, und auf solche Güter wird keine Nachfrage der Menschen entstehen; obwohl für ihre Herstellung viel Geldmittel eingesetzt worden ist.

Auf solche Weise kommt es nach und nach zum Verstoß gegen das Axiom der Äquivalenz in Produktionsverhältnissen und zwar werden die Kontinuität und die Diskretion (Taktvollsein) bei der Herstellung und der Veräußerung der Güter (Ware, Leistungen) verletzt.

*Manche Ereignisse wirken sich negativ auf den Kurs der Währung aus, wie z. B. Katastrophen, Krieg, militärische Konflikten zwischen Ländern usw., aber für den stabilen Kurs der Währung ist ganz wichtig stabile Entwicklung der jeweiligen Volkswirtschaften.*

## 24. Nettowertschöpfung und ihre Einwirkung auf den Realwert und die Kaufkraft des Geldes

Um die Ursachen der Veränderungen des Wertes und der Kaufkraft des Geldes zu erkennen, sollte man über Kenntnisse von Einwirkungen auf deren Bildungen der Verhältnisse zwischen den Teilen des Produktionswertes des Sozialproduktes verfügen.

Was für Einwirkungen auf die Veränderungen des Wertes und der Kaufkraft des Geldes haben die Veränderungen der Proportionalität zwischen den Teilen des Produktionswertes des Sozialproduktes?
Um die Frage zu beantworten, ziehe ich wiederum zur Analyse die dafür bedeutsamen Verhältnisse zwischen den Teilen des Produktionswertes des Sozialproduktes.

1) Proportionalität im Verhältnisse zwischen Nettowertschöpfung (gesamte Arbeitnehmerentgelt, Gewinne der Unternehmer sowie Einkommen der Selbständigen) einerseits, und andererseits, Produktionswert des Sozialproduktes.

2) Proportionalität im Verhältnisse zwischen Abgaben der Wirtschaftssubjekte an den Staat (Steuer, Sozialversicherungsbeiträge, andere Abgaben) einerseits, und andererseits, Vorleistungen und Abschreibungen des Produktionswertes des Sozialproduktes.

3) Proportionalität im Verhältnisse zwischen dem gesamten Arbeitnehmerentgelt (Löhne, Gehälter) und der Nettowertschöpfung des Sozialproduktes.

4) Proportionalität im Verhältnisse zwischen dem gesamten Arbeitnehmerentgelt (Löhne, Gehälter) und Gewinnen der Unternehmen.

Als Maß der Werte aller Güter, (Ware, Leistungen) hat das Geld ein Wert, der grundsätzlich durch das Verhältnis von Nettowertschöpfung zum Produktionswert des Sozialproduktes bestimmt wird.
Die durchgeführte Gliederung der betrieblichen Aufwendungen der Unternehmen erlaubt jedem Forscher ersichtlich zu machen, dass sich grundsätzlich der Wert des Geldes als Maß der Werte aller Güter (Ware) einer Volkswirtschaft durch das Verhältnis von Nettowertschöpfung zum Produktionswert des Sozialproduktes bildet.

*Ausnahme ist für den EURO, der als Währungseinheit in 19. Ländern der Europäischen Union die Funktion als Wert der Güter (Ware, Leistungen) und mithin die Funktion als Zahlungsmittel in den jeweiligen Ländern übernimmt.*

*Zwar bestimmt die Proportionalität im Verhältnisse der Teile des Produktionswertes des Sozialproduktes den Wert und die Kaufkraft des EUROs im eigenen Land voraus, aber entsprechende Veränderungen der Sozialprodukte der Länder, die zur Eurozone gehören, beeinflussen die Veränderungen des Kurses des Euros.*

*In Veränderung der Verhältnisse zwischen den Kursen der verschiedenen Währungen spiegeln sich die Werte der jeweiligen Währungen wider, wie z. B. das Verhältnis von EURO zum US-Dollar.*
*Aber der Wert und folglich der Kurs der Währung jedes Landes bilden sich nicht durch dieses Verhältnis, sondern sie liegen an den Werten der Güter, die ihre Unternehmen herstellen und auf den Märkten veräußern, dessen Ergebnisse das Bruttoinlandsprodukt jedes Landes bilden.*

Wir wissen, dass in die Preise jedes einzelnen Gutes (Ware, Leistung) der Unternehmen ein Anteil von allen ihren betrieblichen Aufwendungen und ein Anteil ihrer Gewinne mit einkalkuliert sind.

Aber nur einzelne von den gesamten betrieblichen Aufwendungen der Unternehmen und zwar: Die ›Personalaufwendungen‹ der Unternehmen treten genauso wie die erzielten Gewinne der Unternehmer und Einkommen der Selbständigen auf den Konsumgütermärkten als Äquivalent bzw. Gegenwert der Güter (Ware, Leistungen) auf.
*Somit bildet sich der Wert des EUROs durch die Proportionalität von Nettowertschöpfung zum Produktionswert des Sozialproduktes der 19. jeweiligen Länder, die zur Eurozone gehören.*

›Die Waren werden nicht durch das Geld kommensurabel. Umgekehrt. Weil alle Waren als Werte vergegenständlichte menschliche Arbeit, daher an und für sich kommensurabel sind, können sie ihre Werte gemeinschaftlich in derselben eigentümlichen Ware messen und diese dadurch in ihr gemeinschaftliches Wertmaß oder Geld verwandeln‹,
so K. Marx. [20]

*Mit dem Satz: ›Die Waren werden nicht durch das Geld kommensurabel‹, meinte Marx, dass das Maß der Werte aller Waren durch das Geld insofern als gleiches*

---

[20] K. Marx, ›Das Kapital‹ Parkland Verlag, 1980, Seite 103.

*Maß gemessen werden kann, weil die Waren ihre Werte durch ein bestimmtes Quantum der menschlichen Arbeit (Nettowertschöpfung) dem Geld seine Werte vermitteln und dadurch bildet sich der Geldwert.*
Von daher ist das Verhältnis zwischen den Personalaufwendungen der Unternehmen und allen anderen betrieblichen Aufwendungen der Unternehmen von enormer Bedeutung sowohl für die Bildung der Preise der Güter (Ware, Leistungen) als auch für die Bildung des Realwertes des Geldes.

Man kann die Ursachen der Veränderungen des Geldwertes aufklären, wenn man begreift, wodurch sich der Wert des Geldes bildet.
Die durchgeführte Gliederung der betrieblichen Aufwendungen der Unternehmen zeigt die Einwirkungen der gegenteiligen betrieblichen Aufwendungen auf die Veränderungen der Proportionen sowohl in Verhältnissen zwischen ihren betrieblichen Aufwendungen als auch in Verhältnissen der Letzten zu ihren Erträgen.

Durch die Verhältnisse der gesamten betrieblichen Aufwendungen und der gesamten Erträge aller Unternehmen einer Volkswirtschaft entsteht und verändert sich die Proportionalität im Verhältnisse zwischen der Nettowertschöpfung und dem Produktionswert des Sozialproduktes, die den Wert und die Kaufkraft des Geldes verändert.

Eine richtige Proportionalität im Verhältnisse zwischen Staatseinnahmen der Unternehmen (Steuer, Sozialversicherungsbeiträge, andere Abgaben an Staat) einerseits, und andererseits, den Vorleistungen und Abschreibungen des Produktionswertes des Sozialproduktes hat eine große Bedeutung für die Bildung des Geldwertes.

In Bezug auf die betrieblichen Aufwendungen der Unternehmen ist das die Proportionalität im Verhältnisse zwischen den Staatseinnahmen der Unternehmen bzw. den ›Angeordneten Aufwendungen‹ der Unternehmen einerseits, und andererseits, den ›Anderen betrieblichen Aufwendungen‹ der Unternehmen.

Eine richtige Proportionalität im Verhältnisse der Herstellungskosten der Unternehmen gibt den Letzten die Möglichkeit mehr Investitionen für die Ausdehnung bzw. für die Erhöhung der Kapazität der Warenproduktion und für die Schaffung der Arbeitsplätze zu leisten.
Dadurch werden bei den Unternehmen die ›Personalaufwendungen‹ und die ›Anderen betrieblichen Aufwendungen‹ steigen, was die Veränderung der Proportionalität im Verhältnisse von ›Nettowertschöpfung‹ und ›Vorleistungen und Abschreibungen‹ des Produktionswertes des Sozialproduktes herbeiführen wird.

Was für Einwirkungen auf die Bildung des Realwertes und der Kaufkraft des Geldes haben die Verhältnisse zwischen Arbeitnehmerentgelt und Nettowertschöpfung des Sozialproduktes; zwischen Arbeitnehmerentgelt und Gewinnen der Unternehmer?

Was für Einwirkungen auf die Bildung des Realwertes und der Kaufkraft des Geldes haben die Verteilungen der Arbeitnehmerentgelte (Löhne, Gehälter) zwischen den privaten Haushalten?

Eine richtige Proportionalität im Verhältnisse der Teile des Sozialproduktes sowie angemessene Verteilung der Arbeitnehmerentgelte (Löhne, Gehälter) zwischen den privaten Haushalten sind von enormer Bedeutung für die Bildung des Realwertes und der Kaufkraft des Geldes.

*Dafür stelle ich und beantworte folgende Fragen:*
1. *Sind die Ausmaßen der Nettowertschöpfung des Sozialproduktes und ihrer Teilen, wie ›Personalaufwendungen‹ der Unternehmen, der Unternehmens- und Vermögenseinkommen, einschließlich Gewinne der Unternehmer und Einkommen der Selbständigen für die Stabilität des Geldwertes stets positiv?*
2. *Ist das Ausmaß der Staatseinnahmen, nämlich das der ›Angeordneten Aufwendungen‹ der Unternehmen, die einen Anteil der Vorleistungen und Abschreibungen der Unternehmen bilden, für Stabilität des Geldwertes stets negativ?*

Aus meiner Sicht sollten sich die betrieblichen Aufwendungen der Unternehmen stets in einer richtigen Proportionalität befinden, da sich dadurch nicht nur die Warenwerte, sondern auch der Geldwert bildet.

Diese Verhältnismäßigkeit hat einen Charakter zur Gesetzmäßigkeit, weil sich dadurch der Wert des Geldes bildet, der in sich den Gegenwert bzw. das Äquivalent der Güter (Ware, Leistungen) enthält.

In bestimmten Fällen können Ausmaße der ›Personalaufwendungen‹ der Unternehmen, der Gewinne der Unternehmer und der Einkommen der Selbständigen, nämlich das Ausmaß der Nettowertschöpfung des Sozialproduktes für die Stabilität des Geldwertes *negativ* sein, obschon deren Anteile *zunehmen* werden.

In bestimmten Fällen kann auch das Ausmaß der Staatseinnahmen bzw. der ›Angeordneten Aufwendungen‹ *positiv* sein, obwohl sie im Vergleich mit einem anderen Zeitraum *zunehmen* werden.

Somit folgt, dass ›das Negative‹, nämlich ›Angeordnete Aufwendungen‹ der Unternehmen, das ›dem Positiven‹, nämlich den ›Personalaufwendungen‹ der Unternehmen, die in ökonomischen Verhältnissen gegenüberstehen, einen Sinn nur in diesem Verhältnisse haben.

Als gegenteilige betriebliche Aufwendungen der Unternehmen können sie entweder eine *positive* oder eine *negative* Auswirkung auf die entsprechende Proportionalität und mithin auf die Bildung des Geldwertes haben.
Sollte sich eine richtige Proportionalität in dem Verhältnisse bilden, dann wird durch die Staatseinnahmen der Unternehmen der Geldwert stabil gehalten werden.

*In solchem Fall kann man von ›Angeordneten Aufwendungen‹ der Unternehmen als ›das Positive‹ reden.*
Wenn durch die zu hohen oder die zu niedrigen Staatseinnahmen bzw. ›Angeordnete Aufwendungen‹ der Unternehmen gegen die richtige Proportionalität verstoßen wird, dann wird der Anteil der ›Angeordneten Aufwendungen‹ der Unternehmen für die Stabilität des Geldwertes eine negative Auswirkung ausüben.

*In solch einem Fall kann man von ›Angeordneten Aufwendungen‹ der Unternehmen als ›das Negative‹ reden.*

Somit sind die gegenteiligen betrieblichen Aufwendungen der Unternehmen und zwar: ›Angeordnete Aufwendungen‹, ›Andere betriebliche Aufwendungen‹ und ›Personalaufwendungen‹ der Unternehmen aufeinander angewiesen und können zu positiven Entwicklungen der Unternehmen nur unter bestimmten Verhältnissen beitragen.
Der Anteil der Nettowertschöpfung am Produktionswert des Sozialproduktes hat sich im Zeitraum 1999.- 2010., in Prozenten (%), von 43,15 (%) im 1999. bis auf 39,35 (%) im 2010. vermindert.

Auf Grund der bestehenden Proportionalität zwischen Nettowertschöpfung und Produktionswert des Sozialproduktes ziehe ich Schlussfolgerung, dass in dem Zeitraum der EURO seinen Wert in unserem Land verloren hat.

Aber über Bewegung und Veränderung der Kaufkraft des Geldes kann man eine Schlussfolgerung ziehen, wenn man zur Untersuchung die andere Proportionalität zieht und zwar:
- Proportionalität im Verhältnisse zwischen dem gesamten Arbeitnehmerentgelt (Löhne, Gehälter) und der Nettowertschöpfung des Sozialproduktes.
- Proportionalität im Verhältnisse zwischen dem gesamten Arbeitnehmerentgelt (Löhne, Gehälter) und den Gewinnen der Unternehmer.

172

- Verteilung der Arbeitnehmerentgelte (Löhne, Gehälter) zwischen privaten Haushalten (Bürgern) unseres Landes.

Die Anteile der Arbeitnehmerentgelte (Löhne, Gehälter) an der Nettowertschöpfung des Sozialproduktes betragen, in Prozenten (%):

1999 – 70,01; 2000 – 71,08; 2001 – 70,56; 2002 – 70,02;
2003 - 69,61; 2004 - 68,04; 2005 - 66,83; 2006 - 65,50;
2007 - 65,30; 2008 - 65,45; 2009 – 70,00; 2010 – 68,63.

Wie konnte die Kaufkraft des EUROs auf dem Binnen-Konsumgütermarkt von Deutschland in dem Zeitraum zunehmen, wenn die Realeinkommen der privaten Haushalte in der Tat sanken.

Während die realen Exporte der Güter (Ware, Leistungen) im Zeitraum 2000. – 2010. um + 72,21 % gestiegen wurden, gab es bei den realen privaten Konsumausgaben einen flachen Anstieg von + 4,2 % und die realen Arbeitnehmerentgelte (Löhne, Gehälter) lagen sogar um – 1,4 % unter dem Niveau von 2000.

Gleichzeitig ist der Anteil der Gewinne der Unternehmer und Einkommen der Selbständigen an Nettowertschöpfung im demselben Zeitraum gestiegen, in Prozenten (%): 1999 - 29,26; 2000 - 28,12; 2001 - 28,66; 2002 - 29,23;2003 - 29,51; 2004 - 30,77; 2005 - 31,89; 2006 - 32,99; 2007 - 33,12; 2008 - 33,05; 2009 - 30,00; 2010 – 31,37.

Was für einen Einfluss hat die Kaufkraft des Geldes auf die Veränderung des Wertes des Geldes?
*Was ist überhaupt Kaufkraft des Geldes?*
Um die Frage zu beantworten, untersuche ich folgende Funktionen des Geldes in ihrer Wechselbeziehung zueinander:
1) Geld als Maß der Werte aller Güter (Ware, Leistungen) und
2) Geld als Zirkulationsmittel mit ihren Eigenschaften, wie ›Nominalwert‹ und ›Realwert‹ des Geldes.

Dadurch beantworte ich eben die Frage: Was man unter der Kaufkraft des Geldes verstehen soll?
›Die nominale (= betragsmäßige) Höhe eines Geldbetrages sagt zunächst noch nichts über seinen Tauschwert aus.
Für den realen (tatsächlichen) Wert des Geldes ist vielmehr entscheidend, wie viel Güter man dafür kaufen kann.
Man muss daher zwischen dem Nominalwert und dem Realwert des Geldes unterscheiden:
- Der Nominalwert des Geldes ist der auf einer Münze oder Banknote genannte Betrag.

Die Erfassungen der Werte aller Güter einer Volkswirtschaft im Sozialprodukt des jeweiligen Landes erfüllen sich durch die Nominalwerte des Geldes bzw. der Währung.
- Der Realwert des Geldes ist Ausdruck für die Kaufkraft (= den Tauschwert) des Geldes.
Während der Nominalwert des Geldes im Zeitablauf konstant bleibt, kann sich der Realwert des Geldes aufgrund von Preisschwankungen verändern.

Die Kaufkraft des Geldes ist die Fähigkeit des Geldes, zum Kauf von Gütern verwendet zu können. Die Kaufkraft des Geldes wird durch die Güterpreise bestimmt...‹. [21]

Ich gehen davon aus, dass man bei der Schätzung des Realwertes des Geldes und mithin der Kaufkraft des Geldes zwei Kriterien zugrunde legen sollte:
1)  Erstens, wie viele man Güter (Ware, Leistungen) für eine bestimmte Menge von Geld kaufen kann.
2)  Zweitens, wie viele privaten Haushalten bzw. Bürger diese Anzahl von Gütern (Waren, Leistungen) für diese bestimmte Menge von Geld kaufen können.

Ich begründe meine Position.

Was heißt: ›Die Kaufkraft des Geldes ist die Fähigkeit des Geldes, zum Kauf von Gütern verwendet zu können‹?

Was bedeutet: ›Die Kaufkraft des Geldes wird durch die Güterpreise bestimmt‹?

Um die Fragen zu beantworten, sollte man Kenntnisse von der Bedeutung der Verteilungen der Arbeitnehmerentgelte (Löhne, Gehälter) durch die Entlohnungen der Arbeitnehmer nach den Gebrauchswerten ihrer Arbeitskräfte für die Bildung der Kaufkraft des Geldes haben.

Es besteht eine unmittelbare Abhängigkeit der Kaufkraft des Geldes und des Geldwertes nicht nur von dem Maß der Nettowertschöpfung, sondern auch von ihrer Verteilung zwischen den privaten Haushalten des Landes.
Durch die oben genannte Proportionalität wird in der Tat bestimmt, welche Menge von Geld auf den Konsumgütermärkten als Äquivalent bzw. Gegenwert für die Güter (Ware, Leistungen) auftreten wird.

---

[21]  Wurm, C., Möhlmeier, I I., Nath, G.: ›Wirtschaftslehre und Wirtschaftsrecht...‹, Stam Verlag, Köln1995, Seite 437.

Deshalb ist sehr wichtig, dass schon durch die Arbeitsverhältnisse bzw. durch die Dienstverhältnisse die Arbeitnehmerentgelte (Löhne, Gehälter), Einkommen, einschließlich die Gewinne der Unternehmer, Einkommen der Selbständigen sowie Verdienste der Manager der Unternehmen einem bestimmten Äquivalent entsprechen sollen.

Unter Anwendung der statistischen Daten habe ich schon im 2003.-2004. in meinem ersten Buch nachgewiesen, dass die zu hohen Staatseinnahmen der Unternehmen die *bestimmte Ursache* der Wirtschaftskrise ist, weil dadurch die Herstellungskosten der Unternehmen immer wieder nach oben getrieben wurden, und dadurch wurden Arbeitsplätze verdrängt.

Statt die Staatseinnahmen der Unternehmen zu reduzieren, schlugen viele Politiker vor, verschiedene Formen der Kürzungen der Löhne und Gehälter der Arbeitnehmer (Arbeitnehmerentgelt) durchzusetzen.
Seither (2003) hat Bundesregierung mit ihrer Lohn- und Arbeitsstellenpolitik auf einer Seite die billigen Arbeitsplätze, wie:
- Arbeit der Arbeitnehmer ohne Lohnausgleich;
- Erfindung des Ein-Euro Job;
- Geringfügige Beschäftigung (Mini-Job);
- Anwendung der Mindestlöhne;
- Arbeit der Arbeitnehmer bei den Verleiher-Unternehmen für fürchterlich
  niedrige Stundenlöhne;
- Andere verschiedene Formen der Kürzungen der Stundenlöhne der
  Arbeitnehmer legitimiert.
*Gleichzeitig akzeptierte die Bundesregierung die Millionen-Gehälter der Manager der Unternehmen.*
In beiden Fällen stellt sich unwillkürlich die Frage, ob durch solche Arbeitsverhältnisse nicht gegen die Verteilung der Arbeitnehmerentgelte durch die Entlohnungen der Arbeitnehmer nach den Gebrauchswerten ihrer Arbeitskräfte verstoßen wird?

Mit meinen Werken mache deutlich, dass durch solche Arbeitsverhältnisse gegen den Grundsatz: ›Entlohnungen der Arbeitnehmer nach den Gebrauchswerten ihrer Arbeitskräfte‹ verstoßen wird.
Der Weg zur Reduzierung der betrieblichen Personalaufwendungen der Unternehmen durch verschiedene Formen der Kürzungen der Arbeitnehmerentgelte (Löhne, Gehälter) der Arbeitnehmer (Angestellte, Arbeiter), den unsere Wirtschaftswissenschaftler, Politiker und Unternehmer viele Jahre unterstützen, ist ein falscher Weg, der unsere Volkswirtschaft in eine neue Krise stürzen wird und demnach auch die Weltwirtschaft.

*Kapitalismus als ein Wirtschaftssystem kann nur dann erfolgreich dem Wohle der Allgemeinheit (Staat, Unternehmen und private Haushalte) dienen, wenn die Unternehmen (Unternehmer) stabile Gewinne erzielen werden.*

*Damit die Unternehmen (Unternehmer), einschließlich die Kreditinstituten stabile Gewinne erzielen können, sollten gleichzeitig Arbeitnehmerentgelte (Löhne, Gehälter) stabil sein.*

Solch eine Wechselbeziehung zwischen den gesamten Personalaufwendungen (Arbeitnehmerentgelte) aller Unternehmen und den gesamten Gewinnen aller Unternehmen einer Volkswirtschaft ist eine Voraussetzung für die Stabilität der Kaufkraft und des Wertes des Geldes und demnach für stabile Entwicklungen der Marktpreise der Güter (Ware, Leistungen).

*In Bezug auf die Entwicklungen der Unternehmen der Volkswirtschaften der 19. Länder, die zur Eurozone gehören, und die als Währungseinheit den EURO haben, ist solch eine Wechselbeziehung als eine Voraussetzung für die Stabilität des Wertes und der Kaufkraft des EUROs und folglich der stabilen Marktpreise der Güter (Ware, Leistungen).*

*Was verstehe ich unter dem Begriff ›stabile Gewinne‹?*

Als ›stabile‹ betrachte ich Gewinne, die für einen entsprechenden Ort und eine entsprechende Branche einer Volkswirtschaft üblich sind; aber nicht für alle Volkswirtschaften, die zur Eurozone gehören.

*Was heißt aus meiner Sicht stabile Arbeitnehmerentgelte (Löhne, Gehälter)?*

Stabile Arbeitnehmerentgelte bedeuten Entlohnung (Vergütung) der Arbeitnehmer (Arbeiter, Angestellte) nach den Gebrauchswerten ihrer Arbeitskräfte, und sollte ebenso für einen entsprechenden Ort und eine entsprechende Branche einer Volkswirtschaft üblich sein; aber nicht für alle Volkswirtschaften, die zur Eurozone gehören.

*Der Lebensstandard bzw. der Wohlstand der Bürger in jedem Land, das zur Eurozone gehört, sind verschiedene und sie bestimmen auch sowohl das Niveau der Arbeitnehmerentgelte (Löhne, Gehälter) als auch die Ausmaßen der Gewinne der Unternehmer voraus.*

Die Entwicklungen der Arbeitnehmerentgelte und der Gewinne der Unternehmen sollten zur Bildung der richtigen Proportionalität im Verhältnisse zwischen ihnen und zur Nettowertschöpfung des Produktionswertes des Sozialproduktes herbeiführen.

Das Vorhandensein der richtigen Proportionalität in oben genannten Verhältnissen ist nur durch die äquivalenten Tausche der Güter (Ware, Leistungen) auf den Märkten bzw. durch das Äquivalent in den Entlohnungen der Arbeitnehmer zu erreichen.

Das heißt, dass auf Grund solch einer Lohn- und Arbeitsstellenpolitik, die in letzten Jahren durchgeführt wurde und weiterhin durchgeführt wird, wird sich die Kluft zwischen Armut und Reichtum nach wie vor vertiefen und unsere Volkswirtschaft sowie die Volkwirtschaften der Länder, die zur Eurozone gehören, werden in eine neue Krise stürzen.

Dadurch verliert das Geld (EURO) seine Kaufkraft, weil viele privaten Haushalte aus Mangel an Geld bzw. wegen ihrer Angewiesenheit auf die Staatshilfe sich entweder den Kauf der bestimmten Güter (Ware, Leistungen) nicht leisten können oder nicht leisten dürfen; obwohl die Mitglieder solcher privaten Haushalte auch nicht weniger als andere Bürger arbeiten.

Durch solche Entlohnungen verliert das Geld ihre Kaufkraft, weil immer mehr private Haushalte auf die Staatshilfe angewiesen werden, was nach und nach zur Senkung der Warenumsätze und mithin zum Rückgang der Produktivität der Unternehmen führt.

Und wenn man vom Realwert des Geldes redet, dann sollte man nicht bloß die Anzahl von Gütern (Waren, Leistungen), die man für eine Menge von Geld kaufen kann, berücksichtigen, sondern vielmehr entscheidend ist, was für ein Anteil von unseren privaten Haushalten es sich leisten können oder, wie gesagt, nach den geltenden Gesetzen des Landes leisten dürfen.

*Eben deshalb betone ich, dass man bei der Schätzung des Realwertes des Geldes und mithin der Kaufkraft des Geldes zwei Kriterien zugrunde legen sollte und zwar:*
1)  Erstens, wie viele man Güter (Ware, Leistungen) für eine bestimmte Menge von Geld kaufen kann.
2)  Zweitens, wie viele privaten Haushalten bzw. Bürger diese Anzahl von Gütern (Waren, Leistungen) für diese bestimmte Menge von Geld kaufen können.
Mit meiner Theorie verdeutliche ich, dass bloß durch die Steuerentlastungen der privaten Haushalte bzw. durch die Reduzierung der Staatseinnahmen der Unternehmen bzw. durch die Investitionen des Staates in die Volkswirtschaft ihre stabilen Entwicklungen nicht zu erreichen sind; vielleicht doch, aber nicht für lange Zeit.

Dafür sollte man daneben Maßnahmen treffen, die sich auf die Veränderungen der Vergütungen (Löhne, Gehälter) durch die Arbeitsverhältnisse beziehen würden, die die betrieblichen Aufwendungen und besonders die Personalaufwendungen der Unternehmen strukturell verändern würden, und folglich durch die Wirkung des Axioms der Äquivalenz die entsprechenden strukturellen Veränderungen der Nettowertschöpfung sowie der anderen Teile des Produktionswertes des Sozialproduktes beeinflusst würden.

Wenn das Geld ihre Kaufkraft verliert, dann werden zur Senkung die Warenumsätze der Unternehmen kommen und allmählich wird zum Rückgang in der Warenproduktion der Unternehmen kommen, was die Geldentwertung zur Folge haben wird.

Sollte die Kaufkraft des Geldes zunehmen, dann werden die Marktpreise der Güter und die Warenumsätze der Unternehmen stabil sein, die zur Folge einen Zuwachs der Produktivität der Unternehmen haben würden.
Dadurch wird nach und nach auch der Geldwert steigen.

Wenn man zusätzlich zur Untersuchung die Angaben über die Verteilung der Nettowertschöpfung des Produktionswertes des Sozialproduktes zwischen den privaten Haushalten zieht, dann wird es ganz deutlich sein, warum das Geld seine Kaufkraft verloren hat.
*Leider stehen mir solche Daten nicht zur Verfügung.*

Aber schon auf Grund der Daten über verschiedene Formen der Kürzungen der Arbeitnehmerentgelte, der Angaben über die Menge der Verleiher-Unternehmen, kann gesagt werden, dass durch solche Arbeitsplätze die Bildung der richtigen Proportionalität in oben genannten Verhältnissen nicht bewirkt werden kann; dass sich dadurch die Kluft zwischen Armut und Reichtum nach wie vor vertiefen wird; dass dadurch das Geld ihre Kaufkraft weiterhin verlieren wird.

Den Ablauf der Bildung der Kaufkraft des Geldes und ihre Einwirkung auf die Veränderungen des Geldwertes kann man auch gedanklich (*a priori*) durch die Auswirkung des Axioms der Äquivalenz und mit ihm in einem Zusammenhang stehenden Grundsätzen begreifen, die sich in den Veränderungen der Proportionen bzw. der Antiproportionen zwischen den gegenteiligen betrieblichen Aufwendungen und den Erträgen der Unternehmen ereignen, die ihre Anteile verändern und folglich kommen zu Veränderungen die Marktpreise der Güter (Ware, Leistungen).

## 25. Erläuterung der Veränderungen der Geldwerte unter Anwendung der Beispiele von gegenwärtigen geldlosen Rechtsgeschäften der Unternehmen

Handlungs- und Rechtsgeschäfte, in denen eine Partei des Vertrages ihre Güter (Ware, Leistungen) gegen Güter (Ware, Leistungen) der anderen Partei des Vertrages tauschen, können jederzeit geschehen; obschon als Zahlungsmittel Geld existiert.

*Aber in solchen Fällen verwendeten die Unternehmer beim Abschließen der Rechtsgeschäfte als Maß zur Bewertungen der getauschten Güter (Ware) eine internationale Währung, wie z. B. US-Dollar, Deutsche Mark oder EURO.*

Um meinem Leser dies ersichtlicher zu machen, beschreibe ich den Tauschprozess in Bezug auf die gegenwärtigen Rechtsgeschäfte.

Als an der Spitze der Sowjetregierung Herr M. Gorbatschev gewesen war, hatte die Regierung Maßnahmen gegen Alkoholismus durchgeführt, die als ›Kampf gegen Alkoholismus‹ in die Geschichte der ehemaligen Sowjetunion gingen.

Während dieser Kampagne wurde die Herstellung der Alkoholgetränke in den Ländern der ehemaligen Sowjetunion mehrfach reduziert. Auf solche Weise entstand in den Ländern der ehemaligen Sowjetunion, einschließlich in Russland und Kasachstan Mangel bzw. Defizit an Alkoholgetränken.

Angebote der Alkoholgetränke, die die Unternehmen von Kasachstan, von Russland und anderen Ländern der ehemaligen Sowjetunion gemacht hatten, reichten nicht aus, weil die Nachfragen der Menschen nach Alkoholgetränken höher waren.

Nach dem Zusammenbruch der Sowjetunion am Anfang 90. nutzten die Unternehmer von China, von Kasachstan, von Russland und anderen Ländern die Lage aus.

Sie hatten Alkoholgetränke, einschließlich Wodka und viele Massenbedarfsartikel und vor allem Kaugummi aus China nach Kasachstan, Russland und andere Länder der ehemaligen Sowjetunion exportiert und dort verkauft.

Unternehmen von Russland, Kasachstan und anderen Ländern hatten verschrotteten Ersatzteile von Traktoren, Maschinen, Werkzeugen, Flugzeugen, Raketen usw., die aus bunten Metallen, wie Aluminium, Kupfer, Bronze, Blei usw. bestanden haben, und andere wertvolle benutzte Ersatzteile nach China exportiert und, wie gesagt, mit Unternehmen von China gegen Alkoholgetränke, wie Wodka, Bier und Güter, die zu Massenbedarfsartikel gehörten, getauscht.

*Als Maß zur Bewertungen der getauschten Güter verwendeten die Unternehmer von beiden Seiten den US-Dollar.*

*Den Kurs der internationalen Währung von US-Dollar nutzten die Unternehmen lediglich zu Bewertungen und zu Verrechnungen der Menge der getauschten Güter (Ware, Leistungen).*

Die importierten Güter wurden in Kasachstan, in Russland und anderen Ländern der ehemaligen Sowjetunion gegen nationale Währungen (Rubel, Tenge) und auch gegen US-Dollar oder Deutsche Mark nach ihren Kursen verkauft.

So kurz habe ich den Tauschprozess dargestellt, um meinem Leser zu zeigen, dass, wenn Unternehmen von verschiedenen Ländern während der Inflation bzw. der Deflation ihre Güter (Ware, Leistungen) gegen Güter (Ware, Leistungen) der anderen Unternehmen tauschen, dann sind sie im Vorteile, weil sie Güter (Ware) erwerben, die selbst mit ihren Eigenschaften, Beschaffenheit, wie z. B. Qualität, Nutzbarkeit, Brauchbarkeit usw. Träger der Werte sind.

In solchen Fällen haben die Unternehmen Möglichkeit ihre durch Tausch erworbenen Güter (Ware) jederzeit bei der Inflation bzw. der Deflation auf die Märkte zu bringen und gegen neue erhöhte Marktpreise auf derartige Güter (Ware) zu verkaufen.

Sollten die Unternehmen ihre Güter (Ware, Leistungen) gegen Geld bzw. gegen Währung anschaffen bzw. erwerben und danach veräußern, wie bei der Spekulation mit den Gütern (Waren), dann sind die Unternehmen nur dann im Vorteile, wenn das Geld bzw. die Währung einen stabilen Kurs oder einen höheren Kurs enthält, und in Zukunft die Währung einen stabilen Kurs behalten wird oder sogar ihr Kurs zunehmen würde.

Unternehmen von Russland, Kasachstan hatten Interesse am hohen Kurs der Währung von US-Dollar gehabt und haben es auch heutzutage, weil sie schon immer die erworbenen Güter (Ware, Leistungen) auf die Märkte in ihren Ländern brachten bzw. bringen und bei ihren Veräußerungen die Marktpreise in Rubel (Russland), Tenge (Kasachstan) auspreisen, die bezüglich des Kurses zum US-Dollar und heutzutage zum EURO berechnet werden.

*Zum welchen Zweck führe ich als Beispiel den Tausch der Güter gegen Güter zwischen Unternehmen von verschiedenen Ländern an?*

*Hiermit mache ich meinem Leser deutlich, dass die Werte der nationalen Währungen (Gelder) an den Werten der Güter (Ware, Leistungen) liegen, die ihre Unternehmen herstellen, anfertigen und nach Nachfragen der Kunden auf den Märkten: Produktionsgütermärkte, Konsumgütermärkte, Immobilienmärkte veräußern.*
*Aber die Kunden (private Haushalte) müssen finanzielle Mittel (Geld) haben, um angebotene Güter (Ware, Leistungen) zu erwerben bzw. zu kaufen.*

In Veränderungen der Verhältnisse zwischen der nationalen (staatlichen) Währung und der internationalen Währung (US-Dollar oder EURO), nämlich vom Kurs einer Währung zum Kurs der anderen Währung, widerspiegeln sich die Werte der Währungen, wie z. B. durch das Verhältnis zwischen der Währung Tenge von Kasachstan und US-Dollar sieht man die Bewegung des Kurses von Tenge zum Kurs von US-Dollar bzw. durch das Verhältnis zwischen der Währung Renminbi-Yuan von China und US-Dollar widergibt sich die Bewegung des Kurses von Renminbi-Yuan zum Kurs von US-Dollar.
Man weiß, dass man nur ähnliche Gegenstände, Dinge, Sache, Substanzen miteinander vergleichen kann.

*Aber der Realwert und auch der Kurs der Währung jedes Landes werden nicht durch dieses Verhältnis vorausbestimmt, sondern der Realwert und der Kurs der Währung jedes Landes werden durch das Verhältnis der Teile des Produktionswertes des Sozialproduktes des eigenen Landes vorausbestimmt.*

Deshalb sollte man die Ursachen der Veränderungen des Geldwertes bzw. des Kurses der Währung jedes Landes in Veränderung der Proportionalität im Verhältnisse zwischen den Teilen des Produktionswertes des Sozialproduktes ihres Landes suchen.
Wie gesagt, die Ausnahme ist für den Euro, dessen Kurs sich durch die Ergebnisse der Volkswirtschaften von 19. Ländern der Europäischen Union bildet.

Maßgebend für die Schätzung des Realwertes der nationalen Währung bzw. der nationalen Gelder ist dabei das Niveau des Realeinkommens aller privaten Haushalte der jeweiligen Länder.
Wie ich schon geschrieben habe, lege ich bei der Schätzung des Realwertes der Währung bzw. der Gelder zwei Kriterien zugrunde:
1) Erstens, wie viele man Güter (Ware, Leistungen) für eine bestimmte Menge von Geld kaufen kann.

2) Zweitens, wie viele privaten Haushalten bzw. Bürger diese Anzahl von Gütern (Waren, Leistungen) für diese bestimmte Menge von Geld kaufen können.

Damit die Marktpreise der Güter (Ware, Leistungen) auf den Konsumgütermärkten der Länder stabil bleiben können, müssen die Realeinkommen ihrer privaten Haushalte stabil bleiben, d. h., dass durch die Warenproduktion der jeweiligen Länder genügend Arbeitnehmerentgelte (Löhne, Gehälter), Unternehmens- und Vermögenseinkommen der Unternehmer und Einkommen der Selbständigen an die privaten Haushalte ausgezahlt werden sollte.

Gerade diesen Sinn hat meine Redewendung: Die Werte der nationalen Währungen (Gelder) liegen an den Werten der Güter (Ware, Leistungen), die ihre Unternehmen herstellen, anfertigen und nach den Nachfragen der Kunden auf den Märkten veräußert haben.
Schon in den Preisen dieser Güter (Ware, Leistungen) müssen die Arbeitnehmerentgelte (Löhne, Gehälter) mit einkalkuliert werden.

Sollte in den Ländern gegen die richtige Proportionalität zwischen den Teilen des Produktionswertes des Sozialproduktes verstoßen werden und auf den Märkten irgendwelche Menge von Geld gegenüber den angebotenen Gütern (Waren) mehr auftreten, dann wird es zur Geldentwertung kommen.

Länder der Europäischen Union und einschließlich Länder, die zur Eurozone gehören, müssen selbst nicht nur mehr Güter (Ware, Leistungen) und vor allem Massenbedarfsartikel (Güter, Ware) herstellen, sondern auch die Gebrauchswerte, wie Qualität, Brauchbarkeit usw. der Güter (Ware, Leistungen) verbessern, um auf allen Märkten der Europäischen Union und weltweit wettbewerbsfähiger zu sein.

Wenn die Unternehmen der schwachen Länder der Europäischen Union, einschließlich Unternehmen von Griechenland das nicht schaffen, dann wird auch der Euro-Rettungsfond In vielen Mrd. EURO nichts bringen und dessen Ausmaß wird ewig auf Erweiterung angewiesen sein.

Die wirtschaftlich starken Länder der Europäischen Union werden dann auf Kosten ihrer Steuerzahler den schwachen Ländern immerfort mithelfen müssen.

Wird der Bund der Europäischen Union dadurch stärker, wenn immer wieder die Steuerzahler der starken Länder für die schwachen Länder blechen werden müssen?
Ich glaube, nein.

Nur die Unabhängigkeit der Länder voneinander, die in einer Föderation bzw. einer Konföderation sind, macht jeden Bund stärker.

Jedem Land der Europäischen Union, ob es zur Eurozone gehört oder nicht, sollte das Recht auf eigene Währung zustehen, d.h. dass den Ländern der Eurozone sollte das Recht auf Austritt aus der Eurozone eingeräumt werden, und, dass sie dabei ihre Mitgliedschaft in der Europäischen Union behalten dürfen.

Das ist der Weg zu einem starken Bund.

In solchem Fall würden die schwachen Länder durch die starken Länder weniger unter Druck gesetzt und ihre Unabhängigkeit voneinander in einer Föderation bzw. einer Konföderation würde mehr garantiert.

Durch die gemeinsame Währung EURO wird die Europäische Union immer mehr zur wirtschaftlichen Bevormundung der starken Länder und das wird über kurz oder lang zum Zusammenbruch des Bundes führen.

*Von vielen Politikern hört man oft, dass durch die gemeinsame Währung EURO die Länder der Eurozone zur Integration kommen. Meines Erachtens werden die Länder, die zur Eurozone gehören, durch solch eine Währungspolitik allmählich in große Krise stürzen und nach sich die anderen Länder in Krise ziehen.*

*Weil die Bevölkerung der Länder, die zur Eurozone gehören, die Ursachen der Krise falsch verstehen: Sie suchen die Ursachen der Wirtschaftskrise nicht in den Warenproduktionen ihrer Volkswirtschaften, sondern in der allgemeinen Währung, nämlich in Euro.*

In all meinen Schriften behaupte ich, dass man durch die Gewährungen der Subventionen die Herstellung der Güter (Ware, Leistungen) fördern sollte.

Seit langer Zeit werden durch die Subventionen viele Nicht-Hersteller der Güter belohnt. Solch eine Geldpolitik führt zur Geldentwertung. Die möglichen Folgen von solchen Subventionen habe ich schon beschrieben, die führen zur Entwertung der Währung.

Wie ich bereits geschrieben habe, für alle Unternehmen sowohl der starken als auch der schwachen Länder der Europäischen Union und ebenso für Unternehmen der Drittländer der Weltwirtschaft, wie Russland, China, USA, Indien usw. ist vorteilhafter, wenn sie ihre Güter (Ware, Leistungen) zu hohen Marktpreisen und gegen stabilen Kurs des EUROs in Ländern der Europäischen Union veräußern können.

Aber jedes einzelne Unternehmen bzw. jeder einzelne Unternehmer interessieren sich kaum, um welche Kosten es sich für die Arbeitnehmer und andere Steuerzahler der Länder der Europäischen Union geht, durch die die Realeinkommen der privaten Haushalte aufgestockt werden sollten, um den Bedarf und folglich die Nachfrage der privaten Haushalte der Länder der Europäischen Union zu erhöhen.

Immer mehr Güter (Ware) werden auf die Märkte der Länder der Europäischen Union aus China, Indien, Russland (ist durch Sanktionen beschränkt) und anderen Ländern, deren Herstellungskosten niedriger sind, importiert.

Dadurch werden von den Märkten der Länder der Europäischen Union Güter (Ware, Leistungen) der Unternehmen von Ländern der Europäischen Union verdrängt, weil sie sich wegen ihrer hohen Herstellungskosten nicht leisten können, ihre Güter (Ware, Leistungen) für niedrige Marktpreise anzubieten.

Die Produktivität der Unternehmen der Länder der Europäischen Union wird immer mehr zum Rückgang kommen.

Mit solchen Maßnahmen der Länder der Europäischen Union wird gegen die Axiome der Entwicklungen der Volkswirtschaften verstoßen, und deshalb ziehe ich Schlussfolgerung, dass durch solch eine Währungspolitik die schwachen Volkswirtschaften der Länder der Eurozone allmählich in große Krise gestürzt werden; dass dadurch zum wirtschaftlichen Zusammenbruch in den schwachen Ländern und demnach in der ganzen Europäischen Union kommen kann.

### 26. Ursachen der gegenwärtigen Krise in Ländern der Eurozone und Kurs der Währung

Auf Grund meiner Lehre behaupte ich, dass in den Ländern der Europäischen Union, die zur Eurozone gehören, wirken sich die Ergebnisse der Handlungs- und Rechtsgeschäfte der Wirtschaftssubjekte (Unternehmen, Unternehmer) jeder Volkswirtschaft direkt auf den Kurs des EUROs aus und als Wechselwirkungen verändern sich die Marktpreise auf die Güter, (Ware, Leistungen), die entsprechend die Herstellungskosten der Unternehmen abändern.

In den Ländern der Europäischen Union, die die eigene nationale Währung haben, wirken sich die Ergebnisse der Handlungs- und Rechtsgeschäfte ihrer Wirtschaftssubjekte (Unternehmen, Unternehmer) auch auf den Kurs des EUROs aus, aber das sind keine offensichtliche Vorgänge, denn solche Auswirkungen ereignen sich durch Handlungs- und Rechtsgeschäfte ihrer Wirtschaftssubjekte, die die Veränderungen der Kurse der nationalen und des EUROs bewirken.

Dabei ist ganz wichtig, dass durch die Warenproduktion aller Wirtschaftssubjekte der jeweiligen Volkswirtschaften das entsprechende Äquivalent bzw. Menge von Gelder auf die Märkte kommen wird, das ich mit der unten genannten Formel ausdrücke:

$\frac{N}{P} = \frac{A+U+S+V}{P}$ (Nettowertschöpfung zum Produktionswert des Sozialproduktes)

Es gibt Politiker, die behaupten, dass die Wirtschaftskrise in den Ländern, wie Spanien, Portugal, Griechenland, Zypern überwinden werden können, wenn in den Ländern ihre nationalen Währungen eingeführt werden.
Durch die Einführung in den Ländern, wie Spanien, Portugal, Griechenland, Zypern und in Zukunft können auch andere Länder in dieser Reihe stehen, ihrer nationalen Währungen (Gelder) können in den jeweiligen Volkswirtschaften die Wirtschaftskrisen nicht überwunden werden.

Es ist ohne Unterschied welche Währung in den Ländern eingeführt wird, wird der EURO mit seinem Kurs die Marktpreise der Güter nach oben ziehen und die Unternehmen in den oben genannten Ländern werden ihre Handlungs- und Rechtsgeschäfte mit ihren nationalen Währungen (Gelder) und nach dem Kurs des EUROs umrechnen müssen.

In dem Abschnitt werde ich im Detail darauf eingehen und die Vorgänge meinen Lesern verdeutlichen.
Um die Vorgänge verständlicher zu machen, führe ich als Beispiel einige Kurse der nationalen Währungen an, die am 18.11.2013 im Verhältnisse zu einem (1) EURO berechnet wurden und beschreibe das Verfahren:
US – Dollar – 1,3503
Englischer Pfund – 0,8382
Schweizer Franken – 1,2323
Chinesischer Renmimbi – 8,2237
Japanischer Yen – 135,1351
Russischer Rubel – 44,0529
Tschechische Krone – 27,1003
Polnischer Zloty – 4,1719
Dänische Krone – 7,4571
Der Abschnitt wurde von mir zum 18.11.2013 geschrieben. Eigentlich eine Veränderung der Kurse der Währungen ändert nichts in meiner Theorie.

Wie ich schon immer betont habe, bildet sich der Kurs der nationalen Währung jeder Volkswirtschaft durch die Herstellung und die Veräußerungen der Güter (Ware, Leistungen) ihrer Wirtschaftssubjekte, dessen Ergebnisse sich in den Teilen des Produktionswertes des Sozialproduktes zusammenfassen.

Nur als Ausnahme wird der Kurs des EUROs durch die Herstellung und die Veräußerungen der Güter (Ware, Leistungen) der Wirtschaftssubjekte der 19. Länder, die zur Eurozone gehören, gestaltet.

Von daher ist sehr wichtig den Ländern, deren Volkswirtschaften in der Krise sind, finanzielle Hilfe, wie günstige Kredite, Subventionen gewähren, damit sie in ihre Volkswirtschaften mehr Geld investieren können, um stabile Warenumsätze der Unternehmen zu bekommen und folglich den Kurs des EUROs stabil zu halten.

Wenn man von internationalen Währungen redet, dann meint man damit nationale Währungen, die sich als Maß bzw. Größe zu Bewertungen der anderen Währungen auf den Märkten der Weltwirtschaft entwickelt hatten und das sind der US-Dollar und der EURO.

Aber jede internationale Währung ist im Grunde genommen, eine nationale Währung, dessen Kurs sich ebenso durch die Herstellung und die Veräußerungen der Güter (Ware, Leistungen) der Wirtschaftssubjekte der Volkswirtschaft von USA und der Volkswirtschaften von 19. Ländern der Eurozone der Europäischen Union gestalten.

Im Verhältnisse jeder nationalen Währung zu internationalen Währung, wie z. B. in Verhältnissen von Tschechischer Krone oder von Russischem Rubel oder von Polnischem Zloty zum US-Dollar oder zum EURO wird die Stabilität bzw. die Unstabilität der oben genannten Währungen bewertet.

Und über die Stabilität bzw. die Unstabilität des Kurses des US-Dollars sowie des EUROs kann man genauso durch ihr Verhältnis zueinander urteilen.

Wie gestaltet sich der Kurs jeder Währung?

Sollten der größte Teil bzw. die führenden Wirtschaftssubjekte (Unternehmen) einer Volkswirtschaft Güter (Ware, Leistungen) mit schlechten Gebrauchswerten herstellen, auf die keine Nachfragen der Kunden entstehen werden, dann werden auf solche Güter (Ware, Leistungen) die Marktpreise senken und folglich wird auch der Kurs der Währung Ihrer Volkswirtschaft senken.

Wegen entstehender Defizite der Güter (Ware) steigen die Marktpreise auf den Märkten solcher Länder und auf die Märkte der entsprechenden Volkswirtschaft werden Güter (Ware) von Unternehmen der anderen Länder kommen.

*Aber der Kurs der jeweiligen Volkswirtschaft wird dadurch zur Steigerung nicht kommen, solange die Warenproduktion bzw. die Warenumsätze ihrer Wirtschaftssubjekte (Unternehmen) unstabile sind.*

Welche Folgen hat die Senkung des Kurses der Währung für ihre Volkswirtschaft?

Von dem Augenblick an, rechnen die nationalen Kreditinstitute (Banken, Sparkassen) die Kurse ihrer Währungen nach dem Kurs des US-Dollars oder nach dem Kurs des EUROs um und geben sie weiter an die Wirtschaftssubjekte und private Haushalte, die beim Erwerb eines Dollars oder eines EUROs mehr Geld, das zu ihrer nationalen Währung gehört, ausgeben müssen.

Sie müssen nicht nur beim Erwerb eines Dollars oder eines EUROs mehr Geld ausgeben, sondern auch beim Erwerb der nationalen Währungen der anderen Volkswirtschaften, deren Wirtschaftssubjekte Güter (Ware, Leistungen) mit guten Gebrauchswerten herstellen und veräußern und dadurch die Kurse ihrer Währungen stabile sind.

Zur Folge werden beim Abschließen der Handlungs- und Rechtsgeschäfte der Wirtschaftssubjekte untereinander und mit den privaten Haushalten die Marktpreise ihrer Güter (Ware, Leistungen) nach den Kursen der jeweiligen Währungen umgerechnet und sie nehmen Kurs zum Steigen.
Senkung bzw. Steigerung des Kurses jeder nationalen Währung spiegelt sich bei ihren Umrechnungen im Verhältnisse zu 1. US-Dollar bzw. im Verhältnisse zu 1. EURO wider.

*Die Kurse der Währungen mancher Volkswirtschaften können auf Dauer stabile sein, wenn ihre Wirtschaftssubjekte Güter (Ware), wie Erdöl, Gas, Edelmetalle, Uran, Plutonium usw. gewinnen bzw. produzieren und auf dem Weltmarkt veräußern.*
*Aber das heißt noch gar nicht, dass auf ihren Binnenmärkten die Marktpreise stabile werden und die Bevölkerung des Landes nicht in Armut leben wird.*

Es kommt noch darauf an, welche Regierung im Lande an der Macht ist und wie die Nettowertschöpfung des Sozialproduktes des jeweiligen Landes zwischen den privaten Haushalten verteilt wird.
Das Urteil des Wertes der Währung, das sich durch den Vergleich der Verhältnisse der Kurse der nationalen Währungen mit den internationalen Währungen bildet, hat aus meiner Sicht einen relativen Gehalt.
Ich unterscheide den Wert bzw. den Kurs jeder Währung von ihrer Kaufkraft. Davon schrieb ich bis ins Detail schon in meinen vorigen Büchern.
*Eben deshalb schreibe ich, dass man bei der Schätzung des Realwertes des Geldes bzw. der Währung und mithin ihrer Kaufkraft zwei Kriterien zugrunde legen sollte und zwar:*
1. *Erstens, wie viele man Güter (Ware, Leistungen) für eine bestimmte Menge von Geld erwerben kann.*
2. *Zweitens, wie viele privaten Haushalte diese Anzahl von Gütern (Waren Leistungen) für diese bestimmte Menge von Geld erwerben können.*

Sollten Unternehmen von den oben genannten Ländern mit Unternehmen, die zur Eurozone gehören, Handlungs- und Rechtsgeschäfte abschließen, dann rechnen sie ihre nationalen Währungen nach dem Kurs von EURO um und auf solche Weise werden die Proportionen auf die Marktpreise der Güter und mithin auf die Herstellungskosten der Unternehmen übertragen werden.
Zur Verdeutlichung der Auswirkungen der Kurse der nationalen Währungen auf die Preise der Güter (Ware) führe ich auf einige Rohstoffe Preise je 1 kg an, die in EURO und umgerechnet in nationalen Währungen bestehen würden.
Dafür wandte ich die Kurse der nationalen Währungen vom 18. November 2013 an.

Aber das heißt gar nicht, dass sich die Bildungen der Marktpreise auf die Güter (Ware, Leistungen) der Wirtschaftssubjekte der jeweiligen Länder einfach durch die Umrechnungen aufgrund der Kurse ihrer nationalen Währungen ereignen.

*Die Preise bilden sich durch Angebote der Güter (Ware, Leistungen) auf den Märkten und Nachfragen der Kunden (Unternehmen, private Haushalte) nach ihnen.*
Wie gesagt, durch den Vergleich der Verhältnisse der Kurse der nationalen Währungen mit den internationalen Währungen kann man über den Wert der Währungen noch nicht urteilen.

| Bezeichnung der Rohstoffe | Preis in EURO | Preis in US-Dollar | Preis in Tschech. Krone | Preis in Poln. Zloty | Preis in Chin. Renmimbi | Preis in Japan. Yen |
|---|---|---|---|---|---|---|
| Weizen je 1 kg | 0,20 | 0,27 | 5,42 | 0,83 | 1,64 | 27,03 |
| Braugerste je 1 kg | 0,20 | 0,27 | 5,42 | 0,83 | 1,64 | 27,03 |
| Mais je 1 kg | 0,31 | 0,42 | 8,40 | 1,29 | 2,55 | 41,90 |
| Baumwolle je 1 kg | 1,27 | 1,72 | 34,42 | 5,30 | 10,44 | 171,62 |
| PE-HD Blasware je 1 kg | 1,24 | 1,67 | 33,60 | 5,17 | 10,20 | 167,57 |
| PE-HD Folienware je 1 kg | 1,24 | 1,67 | 33,60 | 5,17 | 10,20 | 167,57 |
| PE-HD Spritzguss je 1 kg | 1,25 | 1,69 | 33,88 | 5,21 | 10,28 | 168,92 |
| PE-HD Rohrware je 1 kg | 1,35 | 1,82 | 36,59 | 5,63 | 11,10 | 182,43 |
| Aluminium je 1 kg | 1,33 | 1,80 | 36,04 | 5,55 | 10,94 | 179,73 |
| Blei je 1 kg | 1,53 | 2,07 | 41,46 | 6,38 | 12,58 | 206,76 |
| Kupfer je 1 kg | 5,15 | 6,95 | 139,57 | 21,49 | 42,35 | 695,95 |
| Nickel je 1 kg | 10,19 | 13,76 | 276,15 | 42,51 | 83,80 | 1377,03 |
| Zink je 1 kg | 1,38 | 1,86 | 37,40 | 5,76 | 11,35 | 186,49 |
| Platin je 1 kg | 33540,62 | 45289,90 | 908960,86 | 139928,11 | 275828,00 | 4532515,04 |

Durch die Umrechnungen der nationalen Währungen nach dem Kurs von US-Dollar bzw. nach dem Kurs von EURO beim Abschluss der Handlungs- und Rechtsgeschäften der Unternehmen werden die Proportionen automatisch auf die Marktpreise der Güter der Unternehmen der jeweiligen Volkswirtschaften übertragen werden.

*Von daher betone ich, dass durch die Einführungen der nationalen Währungen (Gelder) in den oben genannten Ländern die Herstellungskosten ihrer Unternehmen nicht reduziert werden können.*

*Die Einführungen der nationalen Währungen (Gelder) in den oben genannten Ländern können mehr Unabhängigkeit den wirtschaftlich starken Ländern, die zur Eurozone gehören, geben, weil durch die Krise in ihren Ländern direkte Auswirkungen auf die Stabilität bzw. auf die Unstabilität des Kurses von EURO vermieden werden, aber die Herstellungskosten ihrer Unternehmen werden dadurch nicht reduziert, sondern sie werden steigen.*

*Die Einführungen der nationalen Währungen (Gelder) in den oben genannten Ländern können ebenso mehr Unabhängigkeit den wirtschaftlich schwachen Ländern der Europäischen Union geben, weil sie nicht mehr wegen des Kurses des EUROs unter wirtschaftlichen Druck gesetzt werden, aber, wie gesagt, die Herstellungskosten ihrer Unternehmen werden dadurch nicht reduziert, sondern sie werden steigen.*

Das Arbeitnehmerentgelt (Löhne, Gehälter) und andere Gelder der Nettowertschöpfung der jeweiligen Volkswirtschaften müssen dabei durch die Herstellung bzw. die Anfertigung der Güter (Ware, Leistungen) ihrer Unternehmen entstehen und auf die Märkte der jeweiligen Volkswirtschaften kommen.

*Das entspricht meinem Lehrsatz, dass der Wert bzw. der Kurs der Währung jedes Landes an den Werten der Güter liegen, die ihre Wirtschaftssubjekte herstellen und auf den Märkten veräußern.*

*Die Lehre über die antiproportionalen Entwicklungen der Preise der Güter (Ware), die die schlechten Gebrauchswerte haben, trägt zur Aufklärung der gegenwärtigen Ursachen der Wirtschaftskrise in Ländern, wie Griechenland, Spanien, Portugal, Zypern bei.*

Wie gesagt, sollte man die antiproportionalen Entwicklungen der Preise auf die Güter (Ware, Leistungen), die die schlechten Gebrauchswerte haben, verstehen, dann wird man auch die gegenwärtigen Ursachen der Wirtschaftskrise in den oben genannten Ländern der Europäischen Union nachvollziehen können.

Im Buch „Axiome der Entwicklungen jeder Volkswirtschaft und ihre Auswirkungen auf die Entwicklung der Europäischen Union" schreibe ich, dass man nur durch ähnliche Sparmaßnahmen wie in Deutschland durchgesetzt worden sind, die Krise in den Ländern nicht überwinden kann.

*Und ich mache keinen Fehler, wenn ich behaupte, dass man die Ursachen der Krise in den Ländern, wie Griechenland, Spanien, Portugal und anderen Ländern der Europäischen Union nicht in der Währung, sondern in ihren Infrastrukturen suchen sollte.*

## 27. Die Auffassung des ›Wirtschaften auf Pump‹ und ihre möglichen Folgen

Die Warenproduktion der Unternehmen sollte sich auf Grund der Prinzipien der freien Marktwirtschaft ereignen.

Und dabei, wie ich schon seit 2005. behaupte, sollte die Warenproduktion nach den Prinzipien bzw. nach den Axiomen, die ich in all meinen Büchern ausgearbeitet und nach und nach vervollkommnet habe, geregelt werden.

Welche Bedeutung hat die Auffassung ›Wirtschaften auf Pump‹ während der Herstellung der Güter (Ware, Leistungen) für die Entwicklungen der Werte und auch der Kurse der Währungen und einschließlich des Euros?

Der Wert des EUROs bildet sich durch die Werte der Güter (Ware, Leistungen), die durch die Wirtschaftssubjekte (Unternehmen, einschließlich der einzelnen Unternehmer) der 19. Länder der Eurozone hergestellt und auf den Märkten veräußert werden.

Die Ergebnisse der Warenproduktion der Länder, die zur Eurozone gehören, wirken sich direkt bzw. unmittelbar auf den Kurs des EUROs aus, die zur Stabilität oder zur Unstabilität des Euros beitragen.

Die Werte der anderen Währungen wirken sich auf die Stabilität oder auf die Unstabilität der Währung EURO indirekt bzw. mittelbar aus, indem sich die Auswirkungen durch die Warenumsätze mit den Wirtschaftssubjekten, die nicht zu Eurozone gehören, ereignen.

Die Stabilität des Wertes des EUROs kann nicht ewig ›auf Pump‹ gesichert werden, denn dadurch werden auch wirtschaftlich starke Länder verarmt, weil sie immerfort mehr Steuer einziehen müssen, um den schwachen Ländern günstige Kredite und auch Subventionen zur Verfügung stellen zu können.

In dem Zusammenhang interpretiere ich die Auffassung des ›Wirtschaften auf Pump‹ in Bezug auf alle Wirtschaftsbereiche einer Volkswirtschaft, um die Interdependenz zwischen dem Staat, den Wirtschaftssubjekten und den privaten Haushalten zu zeigen.

Darüber schrieb ich schon in meinem ersten Buch:

›Sollten wir den Begriff Staat als philosophische Kategorie in Betracht ziehen und Staat, Unternehmen und Bürger wie drei Elementen einer inneren Einheit (wie drei Teile eines Ganzen) verstehen, dann würden wir sehen, dass sich private Haushalte, Wirtschaft und Staat als Elemente eines Ganzen nur in einem angemessenen Verhältnis zueinander entwickeln können. Dass sich die Entwicklung der drei Elemente eines Wesens (Staat, Unternehmen, Bürger) in einer Interdependenz befindet, kann sich   nur durch wechselseitige Bedingtheit ereignen‹, so Hahn. [22]

Das bedeutet folgendes:

- Sollte irgendwelche Maßnahme des Staates hinsichtlich der Staatseinnahmen für die Wirtschaftssubjekte (Unternehmen, einzelne Unternehmer) nicht zumutbar sein, dann werden solche Maßnahmen auch weder für die privaten Haushalte noch für den Staat zumutbar sein.
- Würden irgendwelche Maßnahme des Staates bezüglich der Staatseinnahmen für die privaten Haushalte nicht zumutbar sein, dann werden solche Maßnahmen ebenso weder für die Wirtschaftssubjekte noch für den Staat zumutbar sein.
- Und Falls irgendwelche Maßnahme des Staates in Bezug auf die Staatseinnahmen für den Staat nicht zumutbar würde, dann würde solche Maßnahme zugleich weder für die Wirtschaftssubjekte noch für die privaten Haushalte zumutbar sein.

*Das ist das Prinzip der Interdependenz bzw. der Abhängigkeit des Staates, der Wirtschaftssubjekte und der privaten Haushalte voneinander während der Warenproduktion.*

Von daher interpretiere ich die Auffassung des ›Wirtschaften auf Pump‹ für jeden Wirtschaftsbereich einer Volkswirtschaft folgendermaßen:
- Sollte ein Staat wegen Mangel an finanziellen Einnahmen durch Steuer, Beiträge und Abgaben von den Wirtschaftssubjekten und von den privaten Haushalten seine Ausgaben nicht mehr finanzieren können, dann entsteht ein Bedarf an Aufnahme der Kredite, und solch ein Zustand des Staates heißt ›Wirtschaften auf Pump‹.

---

[22] W. Hahn, ›Philosophie – Wissenschaft zur Aufklärung der Ursachen der Wirtschaftskrise‹, Verlag ›Mein Buch‹, Hamburg 2005, Seite 127.

Durch die Anwendung des unbestimmten Artikels ›ein Staat‹ ziehe ich die Aufmerksamkeit meiner Leser darauf, dass sich meine Theorie auf die Entwicklungen jeder Volkswirtschaft bzw. jedes Landes bezieht.
Solch ein Staat muss Reformen durchsetzen, um ihre Sozialausgaben zu kürzen und zugleich durch Reduzierungen der Staatseinnahmen der Unternehmen und der privaten Haushalte die Volkswirtschaft anzukurbeln.

- Wenn die Wirtschaftssubjekte (Unternehmen) durch ihre Warenproduktion unrentabel bzw. nicht gewinnbringend werden und ihre Warenproduktion nur mittels der Aufnahme der Kredite fortsetzten können, dann kann in Bezug auf solche Unternehmen gesagt werden, dass solche Unternehmen in Zustand des ›Wirtschaften auf Pump‹ geraten sind.
Bei solchen Unternehmen kommt es zu Kürzungen der Arbeitnehmerentgelte (Gehälter, Löhne) der Arbeitnehmer bzw. zur Abschaffung der Arbeitsstellen.

- Private Haushalte, die auf ihre Einkommen (Gehälter, Löhne, Rente, Pensionen) nicht mehr leben können und immer wieder ihre Ausgaben durch die Aufnahmen der Kredite finanzieren müssen, existieren ebenso ›auf Pump‹.

Sollte der größte Teil der privaten Haushalte ihre Existenz ›auf Pump‹ aufbauen, dann werden die Warenumsätze der Unternehmen auf dem Binnenmarkt senken und die Produktivität der Unternehmen wird zum Rückgang kommen.
Deshalb sind die Maßnahmen zur Erhöhungen der Arbeitnehmerentgelte (Gehälter, Löhne) der Leiharbeitnehmer und der anderen Arbeitnehmer, wie z. B. für Mini-Job – Arbeitnehmer usw. von enormer Bedeutung nicht nur für die betroffenen privaten Haushalte, sondern auch für den Anstieg des Inlandsproduktes jedes Landes, nämlich für die Steigerung des Wirtschaftswachstums jedes Landes und aller Länder der Europäischen Union.

*So kurz charakterisiere ich das Wesen des ›Wirtschaften auf Pump‹ in Bezug auf alle Wirtschaftsbereiche jeder Volkswirtschaft und ich glaube, dass ich dadurch dessen Sinn verständlich gemacht habe.*
*Man sollte die Bedeutung der Auffassung ›Wirtschaften auf Pump‹ gerade für drei Wirtschaftsbereiche kennen, weil eine Wirtschaftskrise durch jeden Bereich jeder Volkswirtschaft ausbrechen kann.*

Regierungen der wirtschaftlich schwachen Länder, die zur Eurozone gehören, sollten Gesetze verabschieden, die ihre Unternehmen zur Investitionen fördern würden, um die Infrastruktur zu verändern.
Nur durch Durchsetzung der ähnlichen Reformen, wie in Deutschland durchgeführt worden sind, wird die Wirtschaftskrise z. B. in Griechenland nicht überwunden.

Regierungen aller Länder der Europäischen Union, nämlich sowohl der wirtschaftlich starken als auch der wirtschaftlich schwachen Länder sollten Gesetze verabschieden, die die Investitionen in die Gründungen der kleinen Unternehmen fördern würden.
Jedem Land der Europäischen Union, das zur Eurozone gehört, sollte das Recht auf Austritt aus der Eurozone eingeräumt werden, und, dass sie dabei nach ihren Austritten ihre Mitgliedschaft in der Europäischen Union behalten dürfen.

Die Entscheidungen der wirtschaftlich schwachen Länder der Eurozone, die von EURO auf eigene Währungseinheit umsteigen wollen, sollten unterstützt werden.
Die anderen Länder der Europäischen Union und einschließlich die, die zur Eurozone gehören, sollten dafür Verständnis haben und dabei ihnen helfen.

Dadurch wird der Einheit der Länder der Europäischen Union nicht geschadet, sondern im Gegenteil, solche Entscheidungen werden sich positiv auf die Stabilität der Währung – EURO und mithin auf die der Entwicklungen der Volkswirtschaften aller Länder der Europäischen Union auswirken.

Eine Wirtschaftspolitik, die sich auf dem ›Wirtschaften auf Pump‹ basiert, kann sowohl den Staat als auch jedes Unternehmen und auch jeden privaten Haushalt nach und nach zur Überschuldung bringen.

Was heißt Überschuldung?
Materielle und einschließlich finanzielle Lage, in der die Schulden das Vermögen des Staates, des Unternehmens oder des Eigentümers übersteigen.
Auf solche Weise werden Staat, Unternehmen und auch private Haushalte bzw. Bürger zum Bankrott gemacht.


## 28. Die Krise in Griechenland und die Überwindung ihrer Ursachen


Schon immer war ich der Meinung, dass die Regierungen aller Länder die ganz wichtigen ökonomischen Fragen durch Referendum ihrer Bevölkerung abstimmen sollen, wodurch die territoriale, nationale, historische, kulturelle, lokale usw. Besonderheiten jedes Landes berücksichtigt werden, was sehr wichtig für die harmonische Entwicklung jedes Landes der Europäischen Union sowie der gesamten Europäischen Union ist.

Aber die Bevölkerung jedes Landes der Europäischen Union muss begreifen, dass, wenn man in einer Gemeinschaft lebt, dann sollte man nicht nur mit der Vorliebe für eigene Interesse handeln und dadurch für sich Vorteile herbeischaffen bzw. gewinnen, sondern man muss Respekt vor den Interessen der ganzen Gemeinschaft bzw. der Mehrheit der Europäischen Union haben. Ein Land der Europäischen Union darf nicht von den Finanzfonds der Union im Vergleich zu anderen Ländern Vorteile haben. [23]

Sollte solch eine Politik durchgesetzt werden, dann wird es zur Krise in anderen Ländern und dadurch zur Krise in der ganzen Europäischen Union kommen. Die unzufriedene Bevölkerung wird keinen Stein auf dem anderen lassen. Wenn die Politiker glauben, dass sie allmächtige sind, dann irren sie sich.

Seit 2003 untersuche ich die Ursachen der Wirtschaftskrise, die im kausalen Verhältnisse mit den Staatseinnahmen und mit den Staatsausgaben stehen, die aufgrund des unvollkommenen Rechtssystems des Staates entstehen.
Wie uns bekannt ist, gehört das Rechtssystem zur Infrastruktur des Staates, das von der Regierung für die Entwicklungen der Wirtschaftssubjekten (Unternehmen, einzelnen Unternehmer, privaten Haushalte und den Einrichtungen des Staates) der jeweiligen Volkswirtschaft zur Verfügung gestellt wird.

Schon viele Jahre herrscht in Griechenland die Wirtschaftskrise und bis jetzt konnte keine Regierung richtige Maßnahmen treffen und umsetzen, um die Ursachen der Krise zu überwinden, damit sich die Volkswirtschaft von Griechenland wieder stabil entwickeln könnte.
Ich glaube, dass die Regierungen in Griechenland schon vor 15. Jahren mit den Veränderungen des ganzen Staatsüberbaus (Das Rechtssystem, das sittliche Handeln der Menschen hinsichtlich der Steuer, Löhne, Renten usw.) anfangen müssten.

Von daher fand ich als korrekt die Position ›Grexit auf Zeit‹ von Bundesfinanzminister W. Schäuble für den Ausgang der Verhandlungen bzw. für die Einigung um ein drittes Hilfsprogramm für Griechenland beim Eurosondergipfel, den er am 12.07.2015 vorgeschlagen hatte.

Zwar war die Basis für weitere Verhandlungen über ein Hilfsprogramm unter dem Europäischen Stabilitätsmechanismus für Griechenland gelegt, aber bevor die Gespräche begonnen hatten, musste die Regierung von Griechenland die Gesetze

---

[23] Hahn, W., ›Philosophie – Wissenschaft zur Aufklärung der Ursachen der Wirtschaftskrise‹, 2.-Auflage, Verlag ›Mein Buch‹, 2006, Seite 154.

durch ihr Parlament bis zum Mittwoch, dem 15.07.2015 verabschieden. Andernfalls konnte auch die ›Grexit‹ in Gespräch kommen.
Man sollte niemals den Übergang zu nationalen Währung, wie z. B. zum ›Grexit‹ als Tragödie wahrnehmen.
Es sollte als ein Schritt zur Vermeidung der Krise in der ganzen Europäischen Union betrachtet werden.

Tragödie würde vorhanden sein, wenn die Regierung von Griechenland, die das dritte Hilfsprogramm für Griechenland beantragt hat, keine richtige Reformen durchsetzen würde, um die Infrastruktur des Landes zu verändern.
Am 14.07.2015 gab der Ministerpräsident von Griechenland A. Tsipras ein Interview den Journalisten über die Verhandlungen für die Veröffentlichung in den Medien, dabei sagte er, dass er die Richtigkeit bzw. die Korrektheit der Maßnahmen zu Reformen zur Überwindung der Krise bezweifelt bzw. in sie nicht glaubt und trotzdem hatte er das Abkommen unterschrieben, dabei hatte er die Handlungen der Deutschen Regierung als Erpressung genannt.

Und danach am 15.07.2015 verteidigte er im Parlament von Griechenland die Einigung, die während den Verhandlungen erreicht worden war, und setzte sich für die Gesetzesentwürfe zu den Reformen zur Überwindung der Krise ein. Solch eine Position von Ministerpräsident A. Tsipras war inkonsequenz, nämlich widersprüchlich und stiftetete Zwist nicht nur in der Gesellschaft bzw. unter den Abgeordneten von Griechenland, sondern auch in der ganzen Welt.

Die richtige Einigung während den Verhandlungen war infolge der harten Position von Bundeskanzlerin A. Merkel und Bundesfinanzminister W. Schäuble geschehen.
Deshalb behaupte ich, dass solch eine Position von Politikern schon vor 15. Jahren gegeben sollte.
Und die Politiker von der Opposition und auch innerhalb der SPD, die die Position von Bundesminister W. Schäuble als fragwürdig betrachten, haben keine Kenntnisse von der dialektischen Entwicklung der Gegenstände und einschließlich der Gesellschaft.

Aus meiner Sicht sollte man so eine Betrachtungsweise der Regierung von Griechenland, deren Land fortwährend die Hilfe aus dem Finanzfond der Europäischen Union beantragt, zu Position der Deutschen Regierung eine Tragödie nennen, weil sie bis jetzt nicht verstanden haben, dass die Steuerzahler aller Länder der Europäischen Union unzufrieden sind bzw. wütend auf sie werden.
Einige Politiker übertreiben jetzt und verlangen sofort die Gründung der Regierung der Europäischen Union. In dem Zusammenhang äußere ich mich unaufschiebbar darüber.

Im Interview mit dem Hamburger Magazin Stern schlug Martin Schulz, der Präsident des EU-Parlaments, eine Verteilung der Kompetenzen innerhalb der Europäischen Union vor: ›Wir brauchen eine Europäische Regierung‹. ›Die zentralen, wichtigen europäischen Fragen dürfen nicht mehr von den nationalen Regierungschefs gelöst werden‹.

Ich habe gegensätzliche Meinung. Wenn eine Regierung der Europäischen Union geschaffen wird und ein Teil der Kompetenz der Regierungen der Länder an die Regierung der EU delegiert wird, dann entsteht in Europa ein neues Reich.

So eine Stellungnahme zur Verteilung der Kompetenzen zwischen Ländern und der Europäischen Union ist total falsch. Das darf niemals passieren, weil es zum Zusammenbruch der ganzen Europäischen Union führen wird, wie es in den Geschichten den Menschen mit den Reichen schon immer geschehen war. Die Zentralisation der Macht führt unbedingt zur Krise und zum Zusammenbruch der Union.

Die Europäische Union ist meiner Meinung nach eine Konföderation, wo jedem Mitgliedsland der Status der Souveränität gehört, und so muss es auch bleiben. Mit der Zeit wird sich die Konföderation weiter entwickeln und vervollkommnen.

Aber die Bevölkerung jedes Landes sollte über ihr Schicksal selbst entscheiden.Schade, dass meine Bücher nicht gelesen werden. Im Zusammenhang mit dem Vorschlag von Herrn M. Schulz ziehe ich gerne wieder ein Zitat aus meinem Buch (2006):

›Sollte zu viel Kompetenz an die EU delegiert werden, dann kann dadurch die ökonomische Unabhängigkeit eines Staates verletzt werden, d. h., dass zu viel Kompetenz bei den Organen der EU zentralisiert und somit in der Tat die Souveränität des Staates beschränkt wird. Konzentration vieler wichtigen wirtschaftlichen Kompetenzen (Zentralismus) bei den Organen der Europäischen Union wird nach und nach sowohl zu einer ökonomischen als auch zu einer politischen Krise führen, weil in solchen Fällen die Angestellten der EU-Behörden ihre Kompetenzen missbrauchen und die ihnen vertraute Kompetenz ausnutzen können.

Einige Politiker werden mir widdersprechen, aber bei der Zentralisierung der Machtbefugnis über wirtschaftliche Verhältnisse bei den Organen der Europäischen Union werden die Rechte einiger Länder durch die Entscheidungen der zentralisierten Macht verletzt.Dies ist ein historisches Faktum, das alle ehemalige Reiche oder Staatsunionen erlebt hatten. Wenn jemand glaubt, dass es bei der Europaunion anders verlaufen wird, dann ist es ein Irrtum, eine Illusion, weil die Entscheidungen durch die Tätigkeit der Menschen getroffen werden, die sich mehr nach dem Prinzip ›Gerechtigkeit‹

richten. Und jeder Mensch hat eigene Vorstellung über die Gerechtigkeit, die man subjektive Gerechtigkeit nennen kann, die der sozialen Gerechtigkeit (Vorstellung der Mehrheit der Menschen einer Gesellschaft, eines Landes usw. über Gerechtigkeit) nicht entsprechen könnte‹. [24]

Am frühen Donnerstag dem 16.07.2015 stimmten die Abgeordneten von Griechenland im Parlament mit klarer Mehrheit für die ersten Spar- und Reformmaßnahmen zu. Dadurch wurde der Weg zu Verhandlungen mit den Europartnern über ein drittes Hilfspaket frei gemacht. Das ist die richtige Demokratie. Jedes Volk soll selbst entscheiden und die Gesetze in die Tat umsetzen.

*Wenn die Regierung von Griechenland die Maßnahmen nicht umsetzt, dann werden die Ursachen der Wirtschaftskrise nicht überwunden.*

Damit meine Leser mich besser verstehen können, schildere ich nun sehr kurz den Inhalt vom Begriff ›Staatsüberbau‹.
Aufgrund der Gesetze des Staates stellen die Unternehmen die Arbeitnehmer (Arbeiter, Angestellte) ein und bestimmen die Höhe ihrer Gehälter und Löhne; machen die Lohnabrechnungen ihrer Arbeitnehmer; führen Steuer, Sozialversicherungsbeiträge und andere Einnahmen an Staat ab usw.

Von enormer Bedeutung ist nicht nur die Verabschiedung der Gesetze durch Parlament des Staates, sondern ihre Umsetzung in die Tat, damit die wirtschaftlichen Beziehungen zwischen dem Staat, den Unternehmen und den privaten Haushalten bzw. den Bürgern hinsichtlich der Staatseinnahmen und der Staatsausgaben richtig geregelt und erfüllt werden.

Sehr wichtige Rolle spielt die vollziehende Gewalt bzw. die Tätigkeit der Beamten der Behörden des Staates, die die Kontrolle über Finanzeinnahmen und Finanzausgaben ausüben, damit die Staatseinnahmen und Staatsausgaben richtig in Erfüllung gehen werden.

*Von nicht geringer Bedeutung sind die Haltungen bzw. die Einstellungen der Bürger zu den Gesetzen und von hier aus ihr Verhalten bzw. ihr Benehmen bei der Umsetzung der Gesetze in die Tat und besonders in solchem Land wie Griechenland.*
Jetzt schildere ich ganz kurz die anderen Teile der Infrastruktur, die für die Volkswirtschaft von Griechenland bedeutsam sind.

---

[24] Hahn, W., ›Philosophie – Wissenschaft zur Aufklärung der Ursachen der Wirtschaftskrise‹, 2.-Auflage, Verlag ›Mein Buch‹, 2006, Seite 155.-156.

Niemals hatte ich über Fälle geschrieben, die als mögliche Ursache der Krise einer Volkswirtschaft sein können, welche durch die öffentlichen Einrichtungen, die ein Teil der Infrastruktur des Staates sind, herbeigeführt werden. Für die Entwicklung der Warenproduktion der Unternehmen ist von enormer Bedeutung die Infrastruktur des jeweiligen Landes, da es immer mit den Kosten verbunden ist, die den Unternehmen verursacht werden.

Auf die Höhe der Kosten der Unternehmen wirken sich verschiedene Umstände aus. Für ein Unternehmen ist ziemlich bedeutend, wo es sich befindet: Auf der Fläche, auf den Bergen, am Meer, am Fluss, die Entfernung zwischen Unternehmen und den Einkaufs- und Verkaufsmärkten usw.

Aus den Geschichten der Menschen ist uns bekannt, dass am meisten ihre Niederlassungen und später die Städte an Flüssen, an Meeren, an See gegründet wurden, weil es mit den Lieferungen der Einkaufs- und Verkaufsgütern zusammengehängen hatte.

Die Herstellungskosten hängen davon ab, wie weit die Rohstoffe, Rohmaterial, Strom, Wasser, Öl, Diesel, Benzin, Gas und andere Materiale für die Produktion der Güter (Ware) geliefert werden oder mit welchen Verkehrsmitteln bzw. Transporter: Lastkraftwagen, Eisenbahnzug, Fähre, Schiffe oder Frachtflugzeuge sie befördert werden.
Genauso sieht es beim Warenabsatz der hergestellten Gütern (Waren) aus.

Nicht geringe Rolle gehört auch dem Zustand der Verkehrswege und den Orten, wo die Handlungs- und Rechtsgeschäfte in Erfüllung gehen:
- Autostraßen;
- Autobahnen;
- Eisenbahnlinien;
- Meereslinien;
- Fluss-Linien auf inländischen und ausländischen Gewässern;
- Flughäfen- und Plätze;
- Bahnhofe;
- Häfen von Flussschiffahrten usw.

Wesentliche Bedeutung für die entstehenden Kosten haben Aufladen (Ladung, Beladung) und Entladen (Ausladen, Abladen) der Güter (Ware), ob die Arbeitnehmer die Arbeit mit Maschinen oder ohne die Maschinen in Anspruch zu nehmen, erfüllen.

Solche Tätigkeiten können sowohl durch die Einrichtungen bzw. Unternehmen des Staates als auch durch die privaten Unternehmen erfüllt werden, die zum Teil der Infrastruktur des Landes gehören.

Sollten die Kosten für die Beförderung der Güter (Ware) zu hohe sein, dann werden auch die Herstellungskosten der Unternehmen höher, weil die Kosten in die Herstellungskosten und mithin in die Preise der Güter (Ware, Leistungen) miteinkalkuliert werden.

Auf solche Weise wirken sich die Liefer- bzw. Transportkosten auf die Warenumsätze und die Produktivität der Unternehmen aus.

Es ist ohne Unterschied, zu welchem Bereich der Volkswirtschaft ein Unternehmen gehört, ob es zu Einrichtungen der Infrastruktur oder zu Unternehmen, die direkt an der Produktion der Güter (Ware, Leistungen) beteiligt sind, müssen alle Unternehmen auf die Modernisierungen bzw. Verbesserrungen der Gebrauchswerte und vor allem der Qualität der Güter (Ware, Leistungen) und die Intensität ihrer Produktion setzen, um wettbewerbsfähig zu sein.

Unternehmen, die das nicht schaffen, werden ihre Herstellungskosten nicht reduzieren können, und die Konkurrenz gegen die anderen Unternehmen verlieren.

Griechenland ist eine bergige Halbinsel, die von vielen Inseln umgeben ist. Gesamtfläche von Griechenland beträgt 131 990 km$^2$ oder 13 199 000 ha. Griechenland hat 11,2 Millionen Einwohner. Die Bevölkerungsdichte beträgt 78 Einwohner pro km$^2$.

Die Landwirtschaft spielt in Griechenland eine wichtige wirtschaftliche Rolle. Die landwirtschaftlichen Unternehmen produzieren 21% des Bruttoinlandsproduktes. Im 2014 macht das Bruttoinlandsprodukt von Griechenland etwa 240 Milliarden US-Dollar aus, davon sind es 22 594, 26 US-Dollar pro Kopf. Etwa 50,4 Milliarden und pro Kopf 4 744,80 US-Dollar werden durch die landwirtschaftlichen Unternehmen produziert. Landwirtschaftlichen Unternehmen beschäftigen 23% der erwerbstätigen. Das sind 600 000 Menschen und davon sind es 14% Arbeitnehmer.

3 500 000 ha werden landwirtschaftlich genutzt, davon sind 27% oder 945 000 ha Pachtflächen. Es gibt 821 000 landwirtschaftliche Betriebe. Davon haben 0,1% eine Fläche von über 100 ha. Die durchschnittliche Betriebsgröße liegt bei 4,5 ha (EU: 18,5 ha).

Das Landesinnere von Griechenland ist Heideland. Dort werden nur 44% der Fläche landwirtschaftlich genutzt. Durch Bewässerungssysteme kann in einigen Beckengebieten des Landesinneren und in den Küstengebieten intensive Landwirtschaft betrieben werden.

Griechenland erzeugt vor allem folgende landwirtschaftliche Produkte:
Reis, Oliven, Olivenöl, Wein, Zitrusfrüchte, Obst, Frisches Gemüse, Baumwolle
(Fasern), Tabak, Weizen, Mais, Gerste, Rinder, Schafe, Schweine, Geflügel
(Fleisch), Wolle, Eier, Holz und Rohholz, Fischfang und Fisch.

*Wie ich schon immer betone, bildet sich der Kurs des Euros durch die Verhältnisse
von Nettowertschöpfungen zu Produktionswerten der Sozialprodukte der 19.
Länder, die zur Eurozone gehören.*
*In all diesen Ländern sind verschiedene Wohlstände und Lebensstandarten ihrer
privaten Haushalte bzw. ihrer Bürger.*

*Es besteht eine unmittelbare Abhängigkeit des Realwertes und folglich der
Kaufkraft der Währung bzw. des Geldes nicht nur vom Maß der
Nettowertschöpfung, sondern auch von ihrer Verteilung zwischen den privaten
Haushalten bzw. den Bürgern der jeweiligen Volkswirtschaften.*

*Dieser Unterschied zwischen den verschiedenen Realwerten und den Kaufkräften
des Euros von den einzelnen 19. Ländern der Eurozone und dem allgemeinen Kurs
des Euros macht den Unternehmen in den wirtschaftlich schwachen Ländern die
Herstellung der Güter (Ware) teurer.*

*Damit meine ich, dass die einsetzende Rohstoffe, Rohmaterial, Rohprodukte usw.
für die Herstellung der Güter (Ware) durch den Einfluss des Kurses von Euro
höhere Marktpreise haben, und folglich sind die Herstellungskosten der
Unternehmen höher.*

*Und auf der anderen Seite sind der Lebensstandard und der Wohlstand der
privaten Haushalte bzw. der Bürger in Griechenland im Vergleich mit wirtschaftlich
starken Ländern niedriger und demzufolge sind der Realwert des Euros und folglich
seine Kaufkraft auf dem Binnenmarkt Griechenland niedriger als in den
wirtschaftlich starken Ländern.*

*Von daher sollten die Unternehmen von Griechenland beim Planen und der
Durchführung der Absätze ihrer hergestellten Güter (Ware) daran denken, dass sie
Märkte für ihre Güter (Ware) im Ausland brauchen und in erster Linie in den
wirtschaftlich starken Ländern der Europäischen Union, wo die Marktpreise der
Güter höher sind.*

*Obwohl Griechenland ein Agrarland ist, können auch in dem Land die
Warenumsätze der Unternehmen stabile sein.*

*Dazu brauchen die landwirtschaftlichen Unternehmen nützliche Märkte im Ausland,*
*wo sie gegen gute Marktpreise ihre Güter (Ware) verkaufen können, um die*
*Produktivität ihrer Unternehmen zu erhöhen.*

*Das sollen die griechischen Unternehmen von den Unternehmer von China, Indien*
*usw. lernen.*
*Gerade deshalb bringen die Chinesen, Indien, (vor den Sanktionen auch die*
*Russen) usw. ihre Güter (Ware) in die Länder der Europäische Union, weil hier der*
*Euro stabilen und hohen Kurs hat.*

*Unternehmer von China, Indien werden mehr und mehr Geld als Kapitalanlagen in*
*die Unternehmen der Volkswirtschaften der Länder der Europäischen Union*
*investieren. Darüber schrieb ich auch in meinem vorigen Buch.*

Die Griechen sollten den EURO als Währungseinheit für ihre Volkswirtschaft
behalten. Aber wenn sich die Griechen für ›Grexit auf Zeit‹ entscheiden, dann
werden dadurch den Unternehmen wegen Umrechnungskurse zusätzliche Kosten
entstehen. Eine Tragödie bzw. eine Katastrophe sowohl für Griechenland als auch
für die Länder der Eurozone wird dadurch nicht geschehen.

Da bin ich völlig auf der Seite von Bundesfinanzminister Herrn W. Schäuble.

Den Unternehmen der Länder der Europäischen Union sollte das Recht eingeräumt
werden, ihre Märkte im Ausland selbst zu bestimmen, nämlich in welchem Land sie
mit Unternehmen die Handlungs- und Rechtsgeschäfte eingehen dürfen.

Aus meiner Sicht sollten die griechischen Unternehmen mit den Unternehmen der
Länder der Europäischen Union in ersten Linie solche Handlungs- und
Rechtsgeschäfte abschließen, weil der Kurs des Euros stabil ist und
dementsprechend werden auch die Warenumsätze ihrer Unternehmen stabiler sein.

Die verpachteten Anbauflächen sollten nach Möglichkeit an die Besitzer bzw. an die
Anbauer der Kulturen (Obst, Gemüse) veräußert werden, wenn die Besitzer bzw.
die Anbauer es wollen. Dadurch werden die Herstellungskosten senken.

Die Veräußerungen der Pachtflächen an die Pächter sollte durch die Gewährungen
der langjährigen Krediten und Subventionen gefördert werden.
Sollte das Pachtgeld und dadurch verursachten Kosten entfallen, dann können
dadurch die Herstellungskosten der Obst und Gemüse reduziert werden.

Damit die Landwirtschaftlichen Unternehmen stabile Absätze ihrer hergestellten
Güter (Obst, Gemüse) und folglich stabile Warenumsätze haben würden, sollte der
Staat viel Geld in die Infrastruktur von Landwirtschaft investieren.

Der Absatz der Güter (Obst, Gemüse) von den landwirtschaftlichen Unternehmen bzw. Betrieben sollte durch den Staat mit dem Geld von Subventionen gefördert werden, um die Herstellungskosten der landwirtschaftlichen Unternehmen zu reduzieren.

Die Europäische Union sollte mehr Subventionen in die Modernisierung der Infrastruktur des Agrarsektors von Griechenland gewähren.

Zu Verarbeitungen der landwirtschaftlichen Kulturen (Obst, Gemüse) sollten moderne Unternehmen bzw. Betrieben von Verarbeitungsindustrie aufgebaut werden.

## 29. Philosophisches Kausalitätsprinzip: ›Von Ursache zur Wirkung und zur Wechselwirkung‹ und dessen Anwendung bei der Aufklärung der Entwicklungen der ökonomischen Verhältnisse der Unternehmen

Jede Entwicklung (Entstehung, Veränderung) in ökonomischen Verhältnissen bzw. in Produktionsverhältnissen der Wirtschaftssubjekte (Unternehmen, Unternehmer) erfordern einen Anstoß, einen Vorgang, die durch die Handlungen der Bundesregierung und zwar durch die Gesetze über die Staatseinnahmen (Steuer, Sozialversicherungsbeiträge, andere Abgaben), über die Lohn- und Arbeitsstellenpolitik usw. angeordnet werden.

Um die Kausalität von Ursache zur Wirkung und zur Wechselwirkung in den Entwicklungen der Kostenverhältnissen bzw. in den ökonomischen Verhältnissen der Wirtschaftssubjekte zu begreifen, sollte man Bewegungen und Veränderungen ihrer Gegenteile und zwar:
›Angeordnete Aufwendungen‹, ›Personalaufwendungen‹ und ›Andere betrieblichen Aufwendungen‹ der Unternehmen zur Analyse ziehen.

Die kausalen Entwicklungen der ökonomischen Verhältnisse der Unternehmen können durch die Analyse der Bewegungen und der Veränderungen der Teile des Produktionswertes des Sozialproduktes erkannt werden.

Sollten sich die ›Angeordneten Aufwendungen‹ der Unternehmen quantitativ verändern, dann werden dadurch entweder die ›Personalaufwendungen‹ oder die ›Anderen betrieblichen Aufwendungen‹ der Unternehmen zu    quantitativen Veränderungen bewirkt.

202

Somit verändern sich die Verhältnisse sowohl zwischen allen betrieblichen Aufwendungen zueinander als auch der Letzten zu Erträgen (Gewinnen) der Unternehmen.

Beim Streben nach Vermögensvermehrung verändern Unternehmen (Unternehmer) aufgrund der geltenden Arbeitsgesetzten über Lohn- und Arbeitsstellenpolitik die Anteile der Gewinne der Unternehmen, die der Gehälter der Vorsitzenden, der Geschäftsführer und die Anteile der Löhne, Gehälter.

Das Streben nach Vermögensvermehrung ist die Kraft, die das Niveau des Arbeitnehmerentgeltes (Löhne, Gehälter) stets verändert und dadurch verändern sich der Anteil der ›Anderen betrieblichen Aufwendungen‹ der Unternehmen (Vorleistungen und Abschreibungen) und demnach auch die Gewinne der Unternehmen.

Mithin verändert sich Proportionalität zwischen gegenteiligen betrieblichen Aufwendungen und Erträgen der Wirtschaftssubjekte (Unternehmen, Unternehmer) und zwar zwischen:
›Angeordneten Aufwendungen‹, ›Personalaufwendungen‹ und ›Anderen betrieblichen Aufwendungen‹.

Demnach verändern sich im Verhältnisse zueinander alle Teile des Produktionswertes des Sozialproduktes: Vorleistungen, Abschreibungen und Nettowertschöpfung.

Die Teile der Nettowertschöpfung (Arbeitnehmerentgelt, Gewinne der Unternehmer) verändern sich ebenso im Verhältnisse zueinander und zum Produktionswert des Sozialproduktes.

Aufgrund der Lehre der Philosophie entwickelte ich meine Lehre über die Kausalität von Ursache zur Wirkung und zur Wechselwirkung in den Entwicklungen der Produktionsverhältnisse der Unternehmen.

In ökonomischen Verhältnissen der Unternehmen ist die Ursache bezüglich der Wirkung ebenso das Ursprüngliche. Die Ursache ist nur Ursache, insofern sie eine Wirkung hervorbringt.

In ökonomischen Verhältnissen ereignet sich die Kausalität ebenso von Ursache zur Wirkung.
Sollten zu hohen Staatseinnahmen der Unternehmen angeordnet werden, dann verdrängen sie aus ökonomischen Verhältnissen genau solch einen

Anteil von ›Anderen betrieblichen Aufwendungen‹ oder von › Personalaufwendungen‹ der Unternehmen und dadurch verändert sich die Proportionalität zwischen allen ihren betrieblichen Aufwendungen sowie zwischen Letzten und Erträgen (Gewinnen) der Unternehmen.

*Tatsächlich zähle ich zu Ursachen der Veränderungen der ökonomischen Verhältnisse der Unternehmen und mithin der Teile der Nettowertschöpfung die Handlungen der Unternehmen, nämlich ihrer Geschäftsführungen, die auf Grund der geltenden Gesetze des Staates über Staatseinnahmen, über Arbeitsgesetze, in denen die Staatseinnahmen, Lohn- und Arbeitsstellenpolitik angeordnet werden, ihr Streben nach Vermögensvermehrung verwirklichen.*

Da das Streben der Menschen nach Vermögensvermehrung zu natürlichen Eigenschaften der Menschen gehört, ereignen sich die Wirkungen durch Handlungen der Menschen und zwar durch Handlungen der Arbeitgeber (Unternehmer) mit ihren Organen auf einer Seite und auf der anderen Seite durch Handlungen der Arbeitnehmer (Arbeiter, Angestellte) mit ihren Organen, die ihre Wünsche durch Arbeitsverhältnisse (Arbeitsverträge) durchsetzen.

Sollte sich durch die Arbeitsverhältnisse ein von den oben genannten Anteilen: Arbeitnehmerentgelt (Löhne, Gehälter) oder Gewinne der Unternehmer quantitativ verändern, dann kommen zu den quantitativen Veränderungen die Anteile der anderen betrieblichen Aufwendungen der Unternehmen.

Die Veränderungen der gegenteiligen betrieblichen Aufwendungen sowie der Erträge (Gewinne) der Wirtschaftssubjekte bewirken die Veränderungen der Struktur des Produktionswertes des Sozialproduktes und dadurch kommen zu Veränderungen der Wert und die Kaufkraft des Geldes.
In allen Rechtsgeschäften der Unternehmen, die sowohl die Produktionsverhältnisse im ›engeren Sinne‹ (Arbeitsverhältnisse, Dienstverhältnisse) als auch die Produktionsverhältnisse im ›weiteren Sinne‹ (Verhältnisse mit Lieferanten und Kunden) betreffen, wirkt sich das Axiom der Äquivalenz aus.

Durch die Wirkungen der Eigenschaften der gegensätzlichen betrieblichen Aufwendungen der Unternehmen, wie z. B. durch das obligatorische Entrichten der Staatseinnahmen der Unternehmen, ereignen sich ihre Entwicklungen (Entstehungen, Veränderungen) in einer angeordneten, festlegenden Aufeinanderfolge.
Das Axiom der Äquivalenz verwirklicht ihre Wirkung durch die Proportionen bzw. die Antiproportionen und von daher bestimmen sich die Grenzen der möglichen

Veränderungen der Anteile der betrieblichen Aufwendungen sowie die Anteile ihrer Erträge voraus, und folglich ändern sich nach solchen Proportionen bzw. nach solchen Antiproportionen die entsprechenden Teile des Produktionswertes des Sozialproduktes, die nach sich die Veränderungen des Wertes und der Kaufkraft des Geldes ziehen.

Unter den möglichen Grenzen der Veränderungen zwischen Teilen der Nettowertschöpfung verstehe ich solch einen Zustand der entsprechenden Verhältnisse, in denen sich solch eine Proportionalität zwischen ihren Teilen ereignet hätte, die die Stabilisierung des Wertes und der Kaufkraft des Geldes und mithin der Marktpreise der Güter (Ware, Leistungen) gesichert hätten.

Die Veränderungen der betrieblichen Aufwendungen der Unternehmen und mithin all ihren Produktionsverhältnissen sowie der Teile der Nettowertschöpfung des Produktionswertes des Sozialproduktes geschehen in einer Zeitfolge, in der sie durch ihre Entwicklungen zu verschiedenen Größen werden, und die wir entweder durch Wahrnehmung oder *a priori* erkennen können.

Die Anwendung der philosophischen Kategorie ›Kausalität von Ursache zur Wirkung und zur Wechselwirkung‹ gibt den Menschen das Instrument bzw. das Werkzeug zur Erkennung der Entwicklungen der betrieblichen Aufwendungen und der Erträge der Unternehmen in ihren Bewegungen und Veränderungen der Zeit nach.

Zur Erkennung der Veränderungen der betrieblichen Aufwendungen sowie der Erträge der Unternehmen vergleicht man ihre Zustände zu einer Zeit mit ihren vorigen Zuständen.

Der Grad der Veränderungen der Teile des Produktionswertes des Sozialproduktes wird in Beziehung auf ihren vorigen Zustand bestimmt und dadurch erkennt man im Durchschnitt die Veränderungen der betrieblichen Aufwendungen und der Erträge (Gewinne) der Unternehmen im Verhältnisse zueinander.

Sollte man diese Regel der Forschung nicht einhalten, dann kann auch nicht der Zusammenhang, nämlich die Kausalität von Ursache zur Wirkung und zur Wechselwirkung in den Veränderungen der betrieblichen Aufwendungen und der Erträge der Unternehmen konstatiert werden.

Diese Größe der Veränderungen der betrieblichen Aufwendungen und der Erträge der Unternehmen und die dadurch herbeiführenden Veränderungen der Struktur des Sozialproduktes und folglich der des Wertes und der Kaufkraft des Geldes können mit Sinnesorganen der Menschen nicht wahrgenommen werden, sie können nur gedanklich *(a priori)* in einem kausalen Verhältnisse von Ursache zur Wirkung, wovon die Erstere die Letztere in der Zeit vorhergeht, begriffen werden.

Durch die Gesetze des Staates, die entweder die Staatseinnahmen der Unternehmen oder die Lohn- und Arbeitsstellenpolitik betreffen, können die Wirkungen der Eigenschaften der Gegenteile der ökonomischen Verhältnisse der Unternehmen verändert werden, und dadurch kommt es zu quantitativen Veränderungen aller ihren Gegenteilen, die sich zueinander in einem Verhältnisse befinden, was nach sich die Veränderungen der vorher bestehenden Proportionalität zwischen ihren Gegenteilen bewirkt.

Die Wirkungen der Eigenschaften der gegenteiligen betrieblichen Aufwendungen der einzelnen Unternehmen und die Wechselwirkungen der Ergebnisse aller betrieblichen Aufwendungen der Unternehmen einer Volkswirtschaft erfüllen sich gleichzeitig durch jede Handlungs- und Rechtsgeschäfte der Wirtschaftssubjekte, in denen die Marktpreise der Güter bestimmt werden.

*Wirkung und Wechselwirkung geschehen ohne einen Zeitabstand, aber das Kausalitätsverhältnis von Ursache zur Wirkung und zur Wechselwirkung bleibt unverändert.*

Sollten sich durch die Handlungen der Geschäftsführungen der Unternehmen, die ich als Ursache annehme, die Proportionen der gegenteiligen betrieblichen Aufwendungen bzw. die der Erträge verändern, dann verändern sich auch die Anteile der betrieblichen Aufwendungen bzw. der Erträge der Unternehmen und mithin verändern sich die Teile des Produktionswertes des Sozialproduktes.

*Auf solche Weise bestimmt die Wirkung des Axioms der Äquivalenz in ökonomischen Verhältnissen der Wirtschaftssubjekte die Grenzen der möglichen Veränderungen der Anteile der betrieblichen Aufwendungen und der Erträge (Gewinne) der Unternehmen voraus, und mithin verändern sich die Anteile der Nettowertschöpfung sowie die der Vorleistungen und Abschreibungen des Produktionswertes des Sozialproduktes.*

Somit, um die Auswirkungen der Eigenschaften der gegenteiligen betrieblichen Aufwendungen der Unternehmen zu erkennen, sollte man während der Forschung zum Vergleich den bestehenden Zustand in Beziehung auf den vorigen Zustand in Betracht nehmen.

Nur dadurch erkennt man die Kausalität der Veränderungen der gegenteiligen betrieblichen Aufwendungen der Unternehmen. Aber das kann nur durch Forschung der Veränderungen der Teile des Produktionswertes des Sozialproduktes im Verhältnisse zueinander erreicht werden.

*In meinen Werken habe ich die philosophische Lehre über ›bestimmte‹ und ›bedingte‹ Ursache in Bezug auf die ökonomischen Verhältnisse der Unternehmen entwickelt.*

*Die Theorie ist von enormer Bedeutung für die Forschung der Ursachen der Wirtschaftskrise, denn man kann auf Grund solch einer Theorie die Ursache von jeder Wirkung erfolgreicher erfassen.*

Während der Entwicklung der Produktionsverhältnisse der Unternehmen entsteht ganze Reihe (Kette) von Ursache zur Wirkung, und auf Grund meiner Theorie kann der Unterschied zwischen ›bestimmten‹ Ursachen und ›bedingten‹ Ursachen ganz deutlich gemacht werden.

Z. B. zu hohe Staatseinnahmen der Unternehmen sind Ursache ihrer hohen betrieblichen Aufwendungen; zu hohe betrieblichen Aufwendungen der Unternehmen sind Ursache der Verdrängungen aus ökonomischen Verhältnissen eines Anteils entweder der Gewinne der Unternehmen oder eines Anteils des Arbeitnehmerentgeltes; Kürzungen der Gewinne der Unternehmer oder des Arbeitnehmerentgeltes kann Ursache zum Rückgang der Warenumsätze sein; der Rückgang der Warenumsätze kann Ursache des Rückganges der Produktivität der Unternehmen sein usw. .

In meinem Buch: ›Philosophie – Wissenschaft zur Aufklärung der Ursachen der Wirtschaftskrise‹ habe ich unter Anwendung der Lehre über ›bestimmte‹ Ursache die Kausalität der Verdrängung der Arbeitsplätze aus ökonomischen Verhältnissen der Unternehmen aufgeklärt.

*Aus der oben genannten Kette von Ursache zur Wirkung gehören zu hohe Staatseinnahmen der Unternehmen zu ›bestimmten‹ Ursachen, weil sie durch die Gesetze des Staates angeordnet sind, und bestimmen alle anderen Veränderungen in ökonomischen Verhältnissen.*

Ich zähle sie zu ›bestimmten‹ Ursachen, weil sie über Eigenschaften verfügen, die die Entwicklungen der betrieblichen Aufwendungen und der Erträge der Unternehmen entscheidend beeinflussen, nämlich bewirken sie zu Veränderungen.

*Alle anderen Ursachen gehören zu ›bedingten‹ Ursachen, weil sie durch die Wirkung der ›bestimmten‹ Ursachen bedingt bzw. verursacht sind; deshalb nenne ich sie als ›bedingte‹ Ursachen.*

Durch die Gliederung der betrieblichen Aufwendungen der Unternehmen auf Aufwendungen, die durch die Staatseinnahmen angeordnet werden, betriebliche Aufwendungen, die durch ihre Vorleistungen und Abschreibungen entstehen, und ihre Personalaufwendungen (Löhne, Gehälter), die ihnen durch Gegenleistungen der Arbeitnehmer entstehen, kläre ich die Eigenschaften auf, die die betrieblichen Aufwendungen zu Gegenteilen eines Verhältnisses machen.

*Als Gegenteile eines Verhältnisses wirken sie gegeneinander, und dadurch äußert sich ihre Gegenwirkung, die man als ›bedingte‹ Ursache bezeichnen kann, weil ihre Wirkung durch die Wirkung der ›bestimmten‹ Ursache prädestiniert wird.*

*In bestimmten Fällen werden ›bedingte‹ Ursachen zu ›bestimmten‹ Ursachen sein, wenn sie über Eigenschften verfügen werden, die die Veränderungen der Kaufkraft der Währung prädestinieren werden.*

Die Kürzungen der Arbeitnehmerentgelte (Löhne, Gehälter), die auf Grund der geltenden Gesetze der Bundesregierung durchgeführt werden, werden nach und nach von ›bedingten‹ zu ›bestimmten‹ Ursachen der Wirtschaftskrise sein.

Da die betrieblichen Aufwendungen der Unternehmen sich in einem Verhältnisse zueinander befinden, sollte man ihre Entwicklungen durch ihre aufeinander folgenden Wirkungen zur Forschung ziehen.

Aber die Entwicklungen (Entstehungen, Veränderungen) der betrieblichen Aufwendungen und der Erträge jedes einzelnen Unternehmens ereignen sich durch Veränderungen der Verkaufspreise ihrer Güter (Ware, Leistungen), deren Veränderungen durch die Wirkungen der Marktpreise der Güter (Ware, Leistungen) prädestiniert werden.

*Die Veräußerungen der Güter (Ware, Leistungen) auf den Märkten geschehen gegen Geld (W=G), wobei jedes einzelne Gut (Ware, Leistung) ihren Preis hat, und dem steht Geld als Gegenwert bzw. als Äquivalent gegenüber, dessen Wert und Kaufkraft durch die Verhältnisse der Teile des Sozialproduktes bestimmt werden.*

Das heißt, dass das Geld in sich das Ergebnis von den gesamten betrieblichen Aufwendungen und den gesamten Erträgen (Gewinne) aller Unternehmen einer Volkswirtschaft reflektiert.
Von daher ist sehr wichtig, Kenntnisse von der philosophischen Kategorie ›Wechselwirkung‹ zu haben.

## 29.1. Anwendung der philosophischen Kategorie ›Wechselwirkung‹ zur Aufklärung der Entwicklungen der Preise der Güter und Veränderungen der Kaufkraft und des Wertes des Geldes

Warum habe ich die Erläuterung der Wechselwirkung ausgesondert? Unternehmens Ziele ereignen sich durch Tätigkeiten (Handlungen) der Menschen und zwar der Geschäftsführung, der Manager sowie der einzelnen Unternehmer, die vom Namen der Unternehmen verschiedene Handlungs- und Rechtsgeschäfte mit anderen Unternehmen abschließen.

Aber die Wechselwirkung als Element der Kausalität ereignet sich durch die Wirkung der Ergebnisse der gesamten betrieblichen Aufwendungen sowie der gesamten Erträge (Gewinne) aller Wirtschaftssubjekte (Unternehmen) einer Volkswirtschaft, die den Produktionswert des Sozialproduktes eines Landes bilden.

Die Aufklärung der Verhältnisse zwischen den Teilen des Produktionswertes des Sozialproduktes, durch die sich das Axiom der Äquivalenz in ökonomischen Verhältnissen verwirklicht, wodurch die erforderlichen Proportionen der Veränderungen der betrieblichen Aufwendungen und der Erträge (Gewinne) der Unternehmen vorausbestimmt werden, ist sehr wichtig für das Treffen der richtigen Maßnahmen des Staates.

Solch eine Aufklärung kann man nur unter Anwendung der philosophischen Kategorie ›Wechselwirkung‹ machen.

Was versteht man unter Wechselwirkung in Bezug auf die Entwicklungen der ökonomischen bzw. der Produktionsverhältnisse der Wirtschaftssubjekte?

Um die Frage zu beantworten, wende ich die Lehre der transzendentalen Philosophie an.
In den Wirtschaftsbeziehungen der Wirtschaftssubjekte (Unternehmen, Unternehmer) läuft die Kausalität von Ursache zur Wirkung und zur Wechselwirkung komplizierter ab, als in den Substanzen der Natur, in denen sich die Wirkung und die Wechselwirkung am meisten in einem Körper ereignen.
Deshalb kann der Ablauf der Wechselwirkung in den Produktionsverhältnissen der Unternehmen nur gedanklich *(a priori)* begriffen werden.

Dabei sollte man sich von jedem einzelnen Handlungs- und Rechtsgeschäft der Unternehmen abstrahieren, um zu begreifen, wie sich die Wechselwirkung in ihnen durch die Ergebnisse der gesamten betrieblichen Aufwendungen sowie der gesamten Erträge (Gewinne) aller Unternehmen eines ›Volkswirtschaftsraumes‹ ereignet.

Die Wechselwirkung als Äußerung der Ergebnisse der gesamten betrieblichen Aufwendungen und der gesamten Erträge (Gewinne) aller Unternehmen eines Volkswirtschaftsraumes ereignet sich durch Proportionalität, die sich im Verhältnisse zwischen den Teilen des Produktionswertes des Sozialproduktes bildet.

Der Wert und die Kaufkraft des Geldes sind in der Tat eine Äußerung der Proportionalität im Verhältnisse zwischen Teilen der Nettowertschöpfung zueinander und der Proportionalität im Verhältnisse zwischen Nettowertschöpfung und Produktionswert des Sozialproduktes.

In dem Wert und der Kaufkraft des Geldes äußert sich die Wechselwirkung der entstandenen proportionalen Verhältnisse der Teile des Produktionswertes des Sozialproduktes.

Die Wechselwirkung geschieht durch jedes einzelne Handlungs- und Rechtsgeschäft der Unternehmen, in dem die Veränderungen der Marktpreise der Güter (Ware, Leistungen) beeinflusst werden.

Da ich meine Lehre auf Grund der Philosophie von Hegel und Kant aufbaue, führe ich einige ihre Zitate an, um dadurch die kausalen Entwicklungen in ökonomischen Verhältnissen der Unternehmen verständlicher zu machen.

›Diese Einwirkung kommt aber ferner nicht von einer anderen ursprünglichen Substanz her, sondern eben von einer Ursächlichkeit, welche durch Einwirkung bedingt oder ein Vermitteltes ist. Dies zunächst Äußerliche, das an die Ursache kommt und die Seite ihrer Passivität ausmacht, ist daher durch sie selbst vermittelt; es ist durch ihre eigene Aktivität hervorgebracht, somit die durch ihre Aktivität selbst gesetzte Passivität. ... Dies Bedingen oder die Passivität ist die Negation der Ursache durch sich selbst, indem sie sich wesentlich zur Wirkung macht und eben dadurch Ursache ist.

Die Wechselwirkung ist daher nur die Kausalität selbst; die Ursache hat nicht nur eine Wirkung,  sondern in der Wirkung steht sie als Ursache mit sich selbst in Beziehung‹, so Hegel. [25]

---

[25] C.W.F. Hegel, ›Wissenschaft der Logik‹ II, Werke 6, Suhrkamp Verlag Frankfurt am Main, 1969, Seite 238.

Aus diesem Zitat sieht man, dass Hegel die Wechselwirkung als eine vermittelte Wirkung betrachtet hat, die durch die Ursache und Wirkung bedingt ist.

Mit dem Halbsatz: ›*Die Wechselwirkung ist daher nur die Kausalität selbst;* ... ‹, drückt Hegel die Verbundenheit von Ursache, Wirkung und Wechselwirkung aus, nämlich den auf der Ursache beruhenden Zusammenhang.

Wie gesagt, als Ursachen bezeichne ich Handlungen der Geschäftsführungen der Unternehmen, wodurch die Veränderungen der betrieblichen Aufwendungen und der Erträge (Gewinne) der Unternehmen in Bewegung gesetzt werden, die auf Grund der geltenden Gesetzte des Staates verübt werden.

Durch Handlungen der Geschäftsführungen der Unternehmen der ganzen Volkswirtschaft, die die Anteile der betrieblichen Aufwendungen und die der Erträge der Unternehmen verändern, kommen zu Veränderungen entsprechende Anteile des Produktionswertes des Sozialproduktes und folglich verändern sich der Wert und die Kaufkraft des Geldes, die die Marktpreise der Güter (Ware, Leistungen) zu Veränderungen bewirken, und dadurch werden die betrieblichen Aufwendungen und die Erträge der Unternehmen abgeändert.

Man sieht, dass sich die Wechselwirkungen der Gelder auf die Marktpreise der Güter auf beruhenden Zusammenhängen mit Ursachen und Wirkungen befinden.

›Die Wechselwirkung ist daher nur die Kausalität selbst; die Ursache hat nicht nur eine Wirkung, sondern in der Wirkung steht sie als Ursache mit sich selbst in Beziehung‹, so Hegel. [26]

Ich führe jetzt ein ganz wichtiges Zitat von I. Kant an, aus dem ersichtlich ist, dass man die Gründe der Veränderungen des Wertes und der Kaufkraft des Geldes sowie die Gründe der Veränderungen der Marktpreise der Güter (Ware, Leistungen) in den Veränderungen der Struktur des Sozialproduktes suchen sollte.

›Nun ist aber das Verhältnis der Substanzen, in welchem die eine Bestimmungen enthält, wovon der Grund in der anderen enthalten ist, das Verhältnis des Einflusses und wenn wechselseitig dieses den Grund der Bestimmungen in dem anderen enthält, das Verhältnis der Gemeinschaft oder Wechselwirkung.

Also kann das Zugleichsein der Substanzen im Raume nicht anders in der Erfahrung erkannt werden als unter Voraussetzung einer Wechselwirkung derselben untereinander; ... ‹, so I. Kant. [27]

---

[26] G.W.F. Hegel, ›Wissenschaft der Logik‹ II, Werke 6, Suhrkamp Verlag Frankfurt am Main, 1969, Seite 238.

[27] I. Kant, ›Kritik der reinen Vernunft, Kritik der praktischen Vernunft, Kritik der Urteilskraft‹, Fourier Verlag GmbH, Wiesbaden 2003, Seite 174.

Von enormer Bedeutung ist I. Kants Lehre für die Erkennung der wichtigen Verhältnisse zwischen den Teilen des Produktionswertes des Sozialproduktes, die die Veränderungen des Wertes und der Kaufkraft des Geldes prädestinieren, deren Wechselwirkungen die Entwicklungen der Marktpreise der Güter (Ware, Leistungen) und folglich die Veränderungen der betrieblichen Aufwendungen und der Erträge (Gewinne) der Unternehmen vorausbestimmen.

Unter Anwendung der philosophischen Kategorien ›Ursache‹ und ›Wirkung‹ verdeutliche ich die Bildung des Wertes und der Kaufkraft des Geldes.

Und unter Anwendung der philosophischen Kategorie ›Wechselwirkung‹ verdeutliche ich den Ablauf der Auswirkung des Wertes und der Kaufkraft des Geldes auf die Marktpreise der Güter (Ware, Leistungen), die zur Folge die Veränderungen der Anteile der betriebliche Aufwendungen und der Erträge der Unternehmen haben.

Wirkungen und Wechselwirkungen ereignen sich gleichzeitig durch jede Handlungs- und Rechtsgeschäfte der Unternehmen, die im Bereiche der Wirtschaftsbeziehungen der Unternehmen vorkommen, in denen Güter (Ware, Leistungen) zum Einkauf oder zur Veräußerung kommen, und außerdem enthalten sie sich zugleich in jeder Warenmetamorphose (W - G), in denen auf der einen Seite Güter (Ware, Leistungen) der Verkäufer mit ihren Marktpreisen und auf der anderen Seite Gelder der Käufer als Zahlungsmittel auf den Konsumgütermarkten auftreten .

›Der größten Teil der wirkenden Ursachen in der Natur ist mit ihren Wirkungen zugleich, und die Zeitfolge der letzteren wird nur dadurch veranlasst, dass die Ursache ihre ganze Wirkung nicht in einem Augenblick verrichten kann. Aber in dem Augenblicke, da sie zuerst entsteht, ist sie mit der Kausalität ihrer Ursache jederzeit zugleich, weil, wenn jene einen Augenblick vorher aufgehört hätte zu sein, diese gar nicht entstanden würde‹, so I. Kant. [28]

Durch den doppelten Übergang ereignet sich das Aufheben des Unterschieds zwischen den Preisen der Güter jedes einzelnen Unternehmens einerseits, und andererseits, den Ergebnissen der Entwicklungen der gesamten Aufwendungen und der gesamten Erträge bzw. Gewinne aller Unternehmen eines Volkswirtschaftsraumes.
Durch die Wechselbeziehungen ereignet sich das Aufheben des Unterschieds der Preise der Güter (Ware, Leistungen) jedes einzelnen Unternehmens auf der einen

---

[28] I. Kant, ›Kritik der reinen Vernunft, Kritik der praktischen Vernunft, Kritik der Urteilskraft‹, Fourier Verlag GmbH, Wiesbaden 2003, Seite 169.

Seite und auf der anderen Seite der Marktpreise der Güter (Ware, Leistungen), deren Höhe eben durch den Wert und die Kaufkraft des Geldes prädestiniert werden.

Da sich Wirkung und Wechselwirkung stets durch dasselbe Handlungs- und Rechtsgeschäft und selbst in einer Warenmetamorphose (W-G) ereignen, gibt es deshalb Schwierigkeiten bei der Abgrenzung der Wirkung von der Wechselwirkung.

Gerade auf solche Handlungs- und Rechtsgeschäfte der Unternehmen ist die Lehre von I. Kant über das Zugleichsein (zu gleichen Zeit) der Ursache und der Wirkung bzw. der Wirkung und der Wechselwirkung anzuwenden.

›Die Zeit zwischen der Kausalität der Ursache und deren unmittelbaren Wirkung kann verschwindend (sie also zugleich) sein; aber das Verhältnis der einen zur anderen bleibt doch immer der Zeit nach bestimmbar. Also ist hier keine Reihenfolge der Zeit nach zwischen Ursache und Wirkung, sondern sie sind zugleich, und das Gesetz gilt doch‹, so I. Kant. [29]

Diese Regeln folgen aus der inneren Einheit der Kausalität von Ursache zur Wirkung und zur Wechselwirkung und aus dem Relativitätsprinzip.

*Die Lehre über ›doppelten Übergang‹, die ich in meinen Werken entwickelt habe, ist gerade das Werkzeug, um die Wechselwirkung in Entwicklungen der ökonomischen Verhältnisse der Unternehmen zu verstehen.*

Auf Grund meiner Lehre, die ich unter Anwendung der Wissenschaft-Philosophie entwickelt habe, zog ich Schlussfolgerung, dass die Wirkung des Axioms der Äquivalenz in ökonomischen Verhältnissen der Wirtschaftssubjekte immer wieder richtige Proportionalität in folgenden Verhältnissen verlangt:

1) Richtige Proportionalität im Verhältnisse zwischen Nettowertschöpfung und Produktionswert des Sozialproduktes.

2) Richtige Proportionalität im Verhältnisse zwischen Abgaben der Unternehmen an Staat (Steuer, Sozialversicherungsbeiträge, andere Abgaben) und Vorleistungen und Abschreibungen des Produktionswertes des Sozialproduktes.

3) Richtige Proportionalität im Verhältnisse zwischen Arbeitnehmerentgelt (Löhne, Gehälter) und Nettowertschöpfung des Produktionswertes des Sozialproduktes.

---

[29] I. Kant, ›Kritik der reinen Vernunft, Kritik der praktischen Vernunft, Kritik der Urteilskraft‹, Fourier Verlag GmbH, Wiesbaden 2003, Seite 169 – 170.

4) Richtige Proportionalität im Verhältnisse zwischen Arbeitnehmerentgelt (Löhne, Gehälter) und Gewinnen der Unternehmen.

*Dabei darf man nicht vergessen, dass sich in diesen Verhältnissen der Teile des Produktionswertes des Sozialproduktes die Ergebnisse der gesamten betrieblichen Aufwendungen sowie der gesamten Erträge bzw. der Gewinne aller Unternehmen einer Volkswirtschaft widerspiegeln.*

## 29.2. Gegenwirkungen und deren Einflüsse auf die Entwicklungen der Unternehmen

Da auf die Entwicklungen der betrieblichen Aufwendungen und der Erträge bzw. der Gewinne der Wirtschaftssubjekte (Unternehmen, einzelne Unternehmer, Einrichtungen des Staates) und auf die Realeinkommen der privaten Haushalte oft verschiedene Ereignisse einen Einfluss haben, die durch Wirkungen der Substanzen der Natur, wie z. B. durch Krieg, durch Katastrophen; durch Erkrankungen (Endemien, Epidemien); durch Katastrophen, die durch Handlungen der Unternehmen, wie Ölpest im Golf von Mexiko (2010) oder bei Schiffsunglücken bzw. bei Flugzeugunglücken oder bei Zugunglücken usw. vorkommen, kommt unwillkürlich die Frage, ob man solche Ereignisse mit ihren Schäden als Gegenwirkungen oder als Wechselwirkungen betrachten sollte.

Allerdings entstehen oft durch solche Ereignisse den Wirtschaftssubjekten Schäden und sogar auch große, die mit zusätzlichen Kosten und oft sehr großen Kosten verbunden sind. Solche Ereignisse können Kosten in Millionen und sogar in Milliarden EURO verursachen, die zur Folge negative Einflüsse auf die Entwicklungen der Unternehmen der Volkswirtschaften haben.

Wie man sieht, können durch solche Ereignisse den Unternehmen, den privaten Haushalten hohe Kosten entstehen, die die Gewinne der Unternehmen bzw. die Realeinkommen der privaten Haushalte vermindern.
*Ich zähle solche Ereignisse zu Gegenwirkungen, weil sie sich nicht auf den oben genannten kausalen Verhältnissen: von Ursache zu Wirkung und zu Wechselwirkung beruhen.*
Aber solche Ereignisse mit ihren Kosten beeinflussen die Veränderungen der Ergebnisse der Unternehmen, die zu Verminderungen ihrer Gewinne oder sogar zu Verlusten führen können und folglich verändern sich auch die Teile des Produktionswertes des Sozialproduktes der jeweiligen Volkswirtschaften.

Solche Ereignisse beeinflussen das Verhalten bzw. die Handlungen der anderen Unternehmen (Unternehmer), ihrer Manager, ihrer Geschäftsführungen, die unter dem Einfluss des Strebens nach Vermögensvermehrung unverzüglich auf die Märkte die Angebote auf ihre Güter (Ware, Leistungen) verändern, wie z. B. Erhöhung ihrer Marktpreise bzw. Preissenkungen auf das Erdöl und ihre Produkten, wie Diesel, Benzin und Gas.
Private Haushalte, die die Katastrophen ohne Schaden überstehen, kaufen mehr Lebensmittel ein und dadurch kommt es zu Erhöhungen der Marktpreise auf solche Güter (Ware), die für die Verunglückte bzw. Opfer unzumutbar werden.

Derartige Gegenwirkungen haben auch Einflüsse auf die Entscheidungen der Regierungen, die aufgrund des Geschehens Maßnahmen treffen, um durch die Gewährungen der Hilfe Voraussetzungen zu Veränderungen der ökonomischen Verhältnisse der Unternehmen zu schaffen.

Die Wirkung des Axioms der Äquivalenz in ökonomischen Verhältnissen der Unternehmen ist eben die objektive Kraft, die alle Aufwendungen der Unternehmen zueinander und zu den Erträgen als bezügliche und voneinander abhängige macht, und dass sich dadurch die Kausalität von Ursache zur Wirkung und zur Wechselwirkung in ihnen weiterverbreitet.

## 30. Bedarf an vervollkommnenden Regelungen der Entwicklungen der ökonomischen Verhältnisse der Unternehmen nach Axiomen

### 30.1. Kurz über Axiomen, die die Regelung der ökonomischen Verhältnisse der Unternehmen verlangen

Durch die Definition der philosophischen Kategorie ›Materie‹ verfolge ich das Ziel jeden Forscher auf den Gedanken zu bringen, im Untersuchungsgegenstand die bewegenden objektiven Kräfte zu erkennen, die man mit Sinnesorganen nicht wahrnehmen und erkennen kann.
Und durch die Definition der philosophischen Kategorie ›Das Prinzip‹ erläutere ich den Bedarf an der Regelung der Entwicklungen der gegenteiligen betrieblichen Aufwendungen und der Erträge der Unternehmen bzw. der ökonomischen Verhältnisse der Unternehmen nach Prinzipien oder wie ich sie nenne Axiomen.

*Schon in meinem ersten Buch (2005) im Abschnitt: ›Wichtige Grundsätze (Prinzipien), die bei der Gesetzgebung über Staatseinnahmen und Staatsausgaben beachtet werden sollten‹ habe ich Prinzipien ausgearbeitet nach denen die Entwicklungen jeder Volkswirtschaft geregelt werden müssen, um die Wirtschaftskrisen zu vermeiden.* [30]

*Seit her schrieb ich noch einige Bücher, in denen ich immer wieder meine Lehre über die Axiome verbessert hatte.*
*In diesem Buch habe ich diese Theorie vervollkommnet.*

Was versteht man unter den Entwicklungen der betrieblichen Herstellungskosten und der Erträge, nämlich der ökonomischen Verhältnisse der Unternehmen nach Prinzipien?

Dafür definiere ich zunächst die philosophische Kategorie ›Das Prinzip‹.
Also, um aufzuklären, was für eine Bedeutung die philosophische Kategorie ›Das Prinzip‹ für die Regelung der ökonomischen Verhältnisse der Unternehmen bzw. der Produktionsverhältnisse der Unternehmen hat, sollte man zuerst das Wesen der philosophischen Kategorie ›Das Prinzip‹ begreifen.

Im Detail habe ich in meinem jeden Werk und besonders in diesem Buch die Abwicklung der Bewegungen und der Veränderungen der betrieblichen Herstellungskosten und der Erträge der Unternehmen und mit ihnen in einem Zusammenhang stehenden Veränderungen der Marktpreise der Güter, der Teile des Sozialproduktes, des Wertes und der Kaufkraft des Geldes beschrieben.

Schon beim Lesen des Buches wird mein Leser merken, dass die Geschäftsführungen der Unternehmen, einschließlich einzelne Unternehmer alle Ausgaben bzw. Kostenaufwendungen und Einnahmen bzw. Erträge ihrer Unternehmen nach bestimmten Prinzipien bzw. Regeln durchführen, in dem sie die Eigenschaften der betrieblichen Aufwendungen der Unternehmen berücksichtigen müssen.
Welchen Sinn enthält der Begriff ›Das Prinzip‹?
Um seine Definition und Bedeutung klar zu machen, analysiere ich ein belehrendes Zitat von Aristoteles:
*›Prinzip wird:*
*(1) derjenige Teil einer Sache genannt›, von dem aus sich jemand zuerst bewegt, ...;*

---

[30] W. Hahn, ›Philosophie – Wissenschaft zur Aufklärung der Ursachen der Wirtschaftskrise‹, Verlag ›Mein Buch‹, Seiten 108 – 130.

*(2) weiter nennt man Prinzip dasjenige, von dem aus jedes Einzelne am besten entstehen kann, ...;*

*(3) weiter denjenigen Teil einer Sache, von dem als innewohnenden Teil eine Sache zuerst entsteht, ...;*

*(4) ferner dasjenige, von dem als nicht innewohnend eine Sache zuerst entsteht und wovon zuerst Bewegung und Veränderung natürlich ihren Anfang nehmen, ...;*

*(5) dann dasjenige, nach dessen Entscheidung sich das Bewegte bewegt und das Sichverändernde verändert, ... ;*

*(6) noch dasjenige, an dem eine Sache zuerst erkennbar ist;...*

*Allen Prinzipien ist nun gemeinsam, dass sie ein Erstes sind, von dem aus entweder ein Ding ist oder entsteht oder erkannt wird; Die einen dieser Prinzipien aber sind den Dingen innewohnend, die anderen sind außerhalb von ihnen‹, so Aristoteles.* [31]

Aus meiner Sicht sollte man unter jedem Prinzip eine Widerspiegelung einer gesetzesmäßigen Entwicklung eines Gegenstandes mit ihren Teilen verstehen, indem sich die Teile zueinander und jeder Teil zum Ganzen im angemessenen Verhältnisse befinden müssen und nur eine richtige Verhältnismäßigkeit zwischen ihnen gibt den Entwicklungen sowohl der Teile als auch dem Ganzen einen positiven Ablauf.

Meine Definition des Begriffes ›Das Prinzip‹ ermöglicht meinem Leser besser und schneller die Entwicklungsprozesse jedes Unternehmens und die der ganzen Volkswirtschaft in einem Zusammenhang bzw. in einer gegenseitigen Abhängigkeit (Interdependenz) zu begreifen.
Beispielsweise: Warum eine Wirtschaftskrise entsteht? Was eine Währung ist und die möglichen Ursachen ihrer Entwertungen?

Meiner Meinung nach kriegt man aus den Zitaten von Aristoteles präzise Antworten zur Bedeutung des Begriffes ›Das Prinzip‹ und was man darunter verstehen sollte.
*1)* Nehmen wir den ersten Halbsatz: ›*... von dem aus sich jemand zuerst bewegt, ...‹.*

In Bezug auf die Produktionsverhältnisse der Unternehmen sollte man darunter z. B. die Handlungen der Subjekte bzw. der Vertragsparteien der Handlungs- und Rechtsgeschäfte der Unternehmen verstehen, deren Benehmen durch ihr Streben nach Vermögensvermehrung prädestiniert werden.

---

[31] Aristoteles, ›Metaphysik‹, Verlag Philipp Reclam Jun.Stuttgart, 2000,Seite 112 - 113.

*2)* Der zweite Halbsatz: › ... *von dem aus jedes Einzelne am besten entstehen kann, ...‹.*

Hinsichtlich der Produktionsverhältnisse der Unternehmen kann der Halbsatz folgende Bedeutung haben:
- Dass durch die Staatseinnahmen den Unternehmen die ›Angeordneten Aufwendungen‹ der Unternehmen entstehen, die für die Unternehmen einen obligatorischen Charakter haben, und mit deren Entstehungen andere betrieblichen Aufwendungen, wie z. B. ›Personalaufwendungen‹ aus den ökonomischen Verhältnissen der Unternehmen verdrängt werden.

3) Der Halbsatz: ›... *von dem als innewohnenden Teil eine Sache zuerst entsteht, ...‹,* stößt uns auf den Gedanke, dass die Gründe der Einteilung der betrieblichen Aufwendungen der Unternehmen auf ›Gegenteile‹ eines ökonomischen Verhältnisses in ihren Eigenschaften liegen.

4) Durch die durchgeführte Gliederung der betrieblichen Aufwendungen der Unternehmen zeige ich ihre Eigenschaften, auf deren Grund die betrieblichen Aufwendungen der Unternehmen zu Gegenteilen der ökonomischen Verhältnisses der Unternehmen werden.
*Da lege ich folgendes Kriterium zugrunde:*
- Die betrieblichen Aufwendungen der Unternehmen, die ihnen durch Gegenleistungen und ohne Gegenleistungen entstehen.
- Die ›Angeordnete Aufwendungen‹ der Unternehmen, die für die Wirtschaftssubjekte einen obligatorischen Charakter haben, und verdrängen aus ökonomischen Verhältnissen der Unternehmen einen Anteil von ihren anderen betrieblichen Aufwendungen.

Die Definition zum Begriff ›Das Prinzip‹ von Aristoteles ist von enormer Bedeutung für die Entdeckung und die Erläuterung jedes einzelnen Prinzips in Bezug auf die ökonomischen Verhältnisse der Unternehmen:
- Der Inhalt enthält Merkmale, die darauf hinweisen, dass sich in jedem Prinzip eben die Eigenschaften der betrieblichen Aufwendungen und der Erträge bzw. der Gewinne der Unternehmen äußern, die ihre Entwicklungen in Bewegung setzen und zu Veränderungen drängen.

5) Die zwei Halbsätze, die ich jetzt zur Synthese ziehe, helfen den Forschern die subjektiven Kräfte der Entwicklungen (Entstehungen, Veränderungen) in den *Produktionsverhältnissen der Unternehmen aufzuklären:* ›...*von dem als nicht Innewohnend eine Sache zuerst entsteht und wovon zuerst Bewegung und Veränderung natürlich ihren Anfang nehmen, ...;*

*dann dasjenige, nach dessen Entscheidung sich das Bewegte bewegt und das Sichverändernde verändert, ...* ‹, nämlich die Handlungen der Geschäftsführungen, der Manager der Unternehmen, die Handlungen der einzelnen Unternehmer, der privaten Haushalte, der Bürger, durch die sich die ökonomischen Verhältnisse der Wirtschaftssubjekte entwickeln.

6) Oder z. B. Das Prinzip: *›noch dasjenige, an dem eine Sache zuerst erkennbar ist‹*, stößt uns bei der Forschung auf den Gedanke, dass man an den Gütern (Waren, Leistungen) die Eigenschaften, Beschaffenheit erkennen sollte, auf dessen Grund sich die forschenden Güter (Ware, Leistungen) von den anderen unterscheiden. Beispielsweise: Das Steigen der Nachfrage der Kunden auf einzelne Güter (Ware, Leistungen), die zu einer Gattung gehören, bringt uns auf die Idee, dass solche Güter (Ware, Leistungen) günstige Preise haben, oder sehr nützliche mit guten Gebrauchswerten sind. Auf solche Weise kann auch schneller die Ursache des Steigens der Nachfrage der Kunden auf solche Güter (Ware, Leistungen) erkannt werden.

Bei der Gliederung der betrieblichen Aufwendungen der Wirtschaftssubjekte (Unternehmen, Unternehmer) lege ich eben ihre allgemeine Eigenschaften zu Grunde und beantworte die Frage: Wodurch? Durch wessen Leistungen? sich die betrieblichen Aufwendungen und die Erträge der Unternehmen bewegen und verändern, wie z. B. durch die Staatseinnahmen, durch die betrieblichen Anschaffungen, durch die geleistete Arbeit der Arbeitnehmer der Unternehmen.

Wenn man von den Ursachen der Entwicklungen der betrieblichen Aufwendungen und der Erträge der Unternehmen redet, dann stellt man die Frage: Wodurch? die Entwicklungen (Entstehungen, Veränderungen) der betrieblichen Aufwendungen und der Erträge (Gewinne) der Unternehmen beginnen.
Und wenn man von den Wirkungen der Eigenschaften der betrieblichen Aufwendungen der Unternehmen redet, dann stellt man die Frage: Woraus? sich die Entwicklungen der gegensätzlichen betrieblichen Aufwendungen der Unternehmen ereignen.

Ebenso stellt man die Frage: Woraus? die Entwicklungen entstehen, wenn es sich um die Auswirkungen der subjektiven Kräfte (Des Strebens der Arbeitgeber und der Arbeitnehmer nach Vermögensvermehrung) handelt.
Kenntnisse von Auswirkungen der subjektiven und der objektiven Kräfte in Produktionsverhältnissen der Unternehmen verschaffen uns Klarheit an der Notwendigkeit der harten gesetzlichen Regelungen der Produktionsverhältnisse der Unternehmen.

219

## 30.2. Axiom der Äquivalenz und andere Axiome, die die Entwicklungen der Produktionsverhältnisse der Unternehmen bewirken und nach denen sie geregelt werden sollten

Weil die Herstellung der Güter (Ware, Leistungen) durch die Menschen erfolgt, fange ich die Zuordnung der Axiome vom Verhalten den Menschen zur Warenproduktion an.

1. *Axiom: Das Streben der Menschen von Natur aus nach Vermögensvermehrung bzw. antreibende Kraft der Warenproduktion und zugleich subjektive Kraft.*
Das Streben der Menschen von Natur aus nach Vermögensvermehrung gehört zur psychologischen Verfassung der Menschen, aber in dem Werk bezeichne ich den Zustand der Menschen als ein Axiom.
Warum?
Darum, dass das die antreibende Kraft zur Warenproduktion ist.

Und das sollten die Abgeordneten vom Parlament bzw. der Gesetzgeber jedes Landes wissen, um beim Verabschieden der Gesetze die Gesetzeslücken zu vermeiden, die den Menschen ermöglicht hätten, die Gesetze zu Ausnutzungen bzw. zu Ausbeutungen der anderen Menschen zu verwenden.

Die subjektive Kraft veranlasst die Menschen zu Bewegungen und drängt sie zu Veränderungen (Kürzungen, Erhöhungen) der Teile der Nettowertschöpfung, wie das Arbeitnehmerentgelt, das Unternehmens- und Vermögenseinkommen, einschließlich Gewinne der Unternehmer und Einkommen der Selbständigen.

Dies ist die Kraft, die alle Teile der Nettowertschöpfung im Verhältnisse zueinander, zur Nettowertschöpfung und zum Produktionswert des Sozialproduktes verändert.
*Aber die objektive Kraft (Wirkung des Axioms der Äquivalenz) bestimmt die Grenzen der möglichen Veränderungen (Kürzungen, Erhöhungen) voraus.*
Das Problem ist, dass viele Wirtschaftswissenschaftler sowie viele Politiker die Wirkung des Axioms der Äquivalenz nicht begreifen können bzw. nicht ernst nehmen, und deshalb betrachten sie die Veränderungen in Produktionsverhältnissen nur als Wünsche der Bundesregierung bzw. der Unternehmen, Unternehmer (Arbeitgeber).

Solche Wissenschaftler, Politiker glauben, dass man die Lohn- und Arbeitsstellenpolitik hinsichtlich der Vergütungen (Löhne, Gehälter) der Arbeitnehmer nach ihrem Belieben bilden kann, ohne dabei irgendwelche Auswirkungen sowohl der subjektiven Kraft der Menschen (Ihr Streben nach Vermögensvermehrung) als auch der Wirkung des Axioms der Äquivalenz in den Produktionsverhältnissen der Unternehmen in Betracht zu nehmen.

Also, das Streben der Menschen nach Vermögensvermehrung setzt die Geschäftsführungen der Unternehmen, die einzelnen Unternehmer in Bewegung, die mittels ihrer Handlungen die Herstellungskosten und die Einnahmen bzw. die Erträge ihrer Unternehmen verändern und folglich verändern sich alle Teile der Nettowertschöpfung im Verhältnisse zueinander, zur Nettowertschöpfung und zum Produktionswert des Sozialproduktes.

2. *Axiom: Die ständige zeitgemäße Vervollkommnung der Gebrauchs-werte der Güter (Ware, Leistungen).*

Seitdem der Mensch die Güter (Ware, Leistungen) für die Veräußerungen an die anderen Menschen, nämlich für den Markt herstellt, denkt er stets an der Modernisierung bzw. an der Verbesserung ihrer Gebrauchswerte, damit der Erwerber bzw. der Käufer sie nützlicher (sparsamer, dauerhafter) gebrauchen kann.

Auf solche Weise bringen die Unternehmen die Nachfragen der Kunden nach den Gütern (Waren, Leistungen) zum Steigen.
Unternehmen, die die Gebrauchswerte ihrer Güter (Ware, Leistungen) zeitgemäß nach dem neuesten Stand nicht bringen werden, werden die Nachfrage der Kunden nach ihren Gütern (Waren, Leistungen) verlieren, die zur Folge die Senkung der Warenumsätze und der Marktpreise haben werden, was sie zum Bankrott machen kann.
*Deshalb zähle ich die ständige Modernisierung der Gebrauchswerte der Güter (Ware, Leistungen) der Unternehmen zum Axiom der Warenproduktion.*

3. *Axiom: Das Axiom der Äquivalenz in ökonomischen Verhältnissen der Unternehmen.*

Obwohl sich die Marktpreise der Güter (Ware, Leistungen) durch Wille der Menschen, die die Handlungs- und Rechtsgeschäfte eingehen, verändern, wird die Höhe ihrer Veränderungen unter Berücksichtigung der Verhältnisse von Umsatzerlöse zu Herstellungskosten der Unternehmen vorausbestimmt.
Das ausgezahlte den Arbeitnehmern Arbeitnehmerentgelt (Gehälter, Löhne) wird als Personalkosten in die Herstellungskosten jedes Unternehmens miteinkalkuliert und das gesamte Geld ist ein Teil der Nettowertschöpfung des Sozialproduktes und tritt auf den Märkten zur Erwerbung der Güter (Ware, Leistungen) auf.

*Jeder Unternehmer muss für seine Güter (Ware, Leistungen) auf den Märkten solche Gegenwerte, die in den Marktpreisen ausgepreist sind, finden, die seine Herstellungskosten decken und ihm Gewinne bringen würden. Solch einen Sinn hat das Axiom der Äquivalenz.*

*Somit bilden sich die Gegenwerte bzw. die Äquivalente für die Güter (Ware, Leistungen) in jedem Land aus dem Geld, das als Gehälter, Löhne, Gewinne der Unternehmer, Einkommen der Selbständigen usw. ausbezahlt werden und im Sozialprodukt als Nettowertschöpfung angegeben ist.*

*Durch die Nachfrage der Kunden verändern sich die Marktpreise der Güter (Ware, Leistungen), die die Umsatzerlöse der Unternehmen entsprechend verändern.*

*Und die Nachfrage der Kunden hängt nicht nur von den Gebrauchswerten und Preisen der Güter ab, entscheidend ist, über wieviel finanzielle Mittel jeder private Haushalt bzw. jeder Bürger verfügt.*

*Dies ist die Wirkung der objektiven Kraft in ökonomischen Verhältnissen der Unternehmen, die ich in all meinen Werken als Axioms der Äquivalenz bezeichne.*

*Das Axiom der Äquivalenz hatte schon beim Tausch der Ware gegen Ware gewirkt, obgleich in den Geschichten der Warenproduktion noch keine Währung bzw. kein Geld gewesen war.*

Während meinen Untersuchungen der Entwicklungen der ökonomischen bzw. der Produktionsverhältnisse der Unternehmen zog ich folgende Schlussfolgerung:

- Dass die Wirkung des Axioms der Äquivalenz *(objektive Kraft)* ein Axiom ist.
- Dass jedem Mensch von Natur aus das Streben nach Vermögensvermehrung *(subjektive Kraft)* gehört, die als antreibende Kraft der Warenproduktion ist.
- Dass diese subjektive Kraft alle Menschen in Bewegung setzt und drängt sie zu Veränderungen der Teile der Nettowertschöpfung im Verhältnisse zueinander, zur Nettowertschöpfung und zum Produktionswert des Sozialproduktes.
- Dass die Wirkung des Axioms der Äquivalenz die Grenzen der möglichen Veränderungen der Anteile der betrieblichen Aufwendungen und die der Erträge der Unternehmen und mithin der Teile des Produktionswertes des Sozialproduktes vorausbestimmt.
- Dass sich die Begrenzung der Veränderungen der Anteile und mithin der Quantitäten der betrieblichen Aufwendungen und der Erträge der Unternehmen durch die Proportionen bzw. die Antiproportionen im Verhältnisse zueinander ereignet.

- Dass die proportionalen Veränderungen der betrieblichen Aufwendungen und der Erträge aller Unternehmen einer Volkswirtschaft die entsprechenden Veränderungen der Proportionalität im Verhältnisse zwischen den Teilen des Produktionswertes des Sozialproduktes herbeiführen.

- Dass sich durch die jeweilige Proportionalität im Verhältnisse der Teile des Produktionswertes des Sozialproduktes der Wert und die Kaufkraft des Geldes bilden.

- Dass das Geld mit ihrem Wert und mit ihrer Kaufkraft durch die Vielzahl der Handlungs- und Rechtsgeschäfte der Unternehmen die Veränderungen der Marktpreise der Güter (Ware, Leistungen) und mithin durch die verändernden Proportionen zwischen den betrieblichen Aufwendungen und den Erträgen der Unternehmen ihre Anteile zu Veränderungen bewirkt.

Deshalb ist von enormer Bedeutung, dass sich durch die treffenden Maßnahmen der Bundesregierung die Bildungen der folgenden Verhältnisse zwischen den Teilen des Produktionswertes des Sozialproduktes gefördert werden:

1) Eine richtige Proportionalität im Verhältnisse zwischen Nettowertschöpfung: Arbeitnehmerentgelt (Löhne, Gehälter), Unternehmens- und Vermögenseinkommen, einschließlich Gewinne der Unternehmen und Einkommen der Selbständigen einerseits, und andererseits dem Produktionswert des Sozialproduktes.

2) Eine richtige Proportionalität im Verhältnisse zwischen den Abgaben der Unternehmen an Staat (Steuer, Sozialversicherungsbeiträge, andere Abgaben) einerseits, und andererseits den Vorleistungen und Abschreibungen des Produktionswertes des Sozialproduktes.

3) Eine richtige Proportionalität im Verhältnisse zwischen dem gesamten Arbeitnehmerentgelt (Löhne, Gehälter) und der Nettowertschöpfung des Produktionswertes des Sozialproduktes.

4) Eine richtige Proportionalität im Verhältnisse zwischen dem gesamten Arbeitnehmerentgelt (Löhne, Gehälter) und den Gewinnen der Unternehmen (Unternehmer).

Da die Wirkung des Axioms der Äquivalenz in Produktionsverhältnissen die Entwicklungen aller ökonomischen Verhältnisse bzw. aller Produktionsverhältnisse der Unternehmen prädestiniert, müssen sich andere Axiomen (Grundsätze), die auf die Entwicklungen der Produktionsverhältnisse einwirken, aus der Wirkung des Axioms der Äquivalenz ableiten.

*Da die Wirkung des Axioms der Äquivalenz in Produktionsverhältnissen unabhängig des menschlichen Wissens vorhanden ist, bezeichne ich sie als objektive Kraft.*

Die Wirkung des Axioms der Äquivalenz verlangt ein Äquivalent für die Güter (Ware, Leistungen) der Unternehmen auf den Märkten; prädestiniert die Grenzen der möglichen Veränderungen der Marktpreise der Güter (Ware, Leistungen); bestimmt die proportionalen Veränderungen sowohl zwischen den Teilen der Nettowertschöpfung als auch den Letzten zum Produktionswert des Sozialproduktes voraus; verlangt eine richtige Proportionalität im Verhältnisse zwischen den Teilen des Produktionswertes des Sozialproduktes zueinander und dadurch entsteht ein neuer Wert und entsprechende Kaufkraft der Währung bzw. des Geldes.

*4. Axiom: Die Zumutbarkeit des Ausmaßes der Staatseinnahmen der Unternehmen für die Unternehmen, für die privaten Haushalte und für den Staat*

Da die Gewinne der Unternehmen von der Höhe ihrer Herstellungskosten abhängen, untersuche ich die Entwicklungen der betrieblichen Aufwendungen der Unternehmen, die ich dafür in meinen Werken auf folgende gegliedert habe: ›Angeordnete Aufwendungen‹, ›Personalaufwendungen‹ und ›Andere betriebliche Aufwendungen‹ der Unternehmen.

Die betrieblichen Aufwendungen und die betrieblichen Erträge bzw. Gewinne der Unternehmen machen zusammen ein Ganzes aus, die sich in einem ökonomischen Verhältnisse befinden und können miteinander, zueinander, füreinander oder gegeneinander wirken.
Die Staatseinnahmen der Unternehmen, die ich als ›Angeordneten Aufwendungen‹ der Unternehmen nenne, entstehen den Unternehmen bzw. den einzelnen Unternehmer auf Grund der Gesetze des Staates und haben einen obligatorischen Charakter.

*Durch die Anordnung der Staatseinnahmen der Unternehmen darf gegen die richtige Proportionalität in den ökonomischen Verhältnissen der Unternehmen nicht verstoßen werden.*

*In Bezug auf die Herstellungskosten der Unternehmen muss ihre Höhe den Unternehmen und den privaten Haushalten zumutbar sein.*

Die ›Angeordneten Aufwendungen‹, die ›Personalaufwendungen‹ und alle ›Andere betriebliche Aufwendungen‹ der Unternehmen, die zusammen ein Ganzes ausmachen, gehören zu Gegenteilen eines Verhältnisses, weil:
a) Die ersten den Unternehmen ohne Gegenleistungen entstehen, nämlich ohne geleistete menschliche Arbeit.

b) Die zweiten entstehen den Unternehmen auf Grund ihrer Dienst-, Arbeitsleistungen.

c) Und die dritten werden den Unternehmen durch die Leistungen der Vertragsparteien der Handlungs- und Rechtsgeschäfte, wie beispielsweise der Kaufverträge, der Miete und der anderen Schuldverhältnissen, verursacht.

Als Bestandteile eines Verhältnisses machen sie zusammen ein Ganzes aus und durch die, wie gesagt, miteinander, zueinander, füreinander oder gegeneinander wirkenden Funktionen beeinflussen sie die Entwicklungen der Aufwendungen und der Erträge der Unternehmen.

Deshalb ist sehr wichtig die richtige Proportionalität in ihrem Verhältnisse zu schaffen, damit dadurch die Rentabilität der Unternehmen gefördert werden kann.

Sollte das Ausmaß der Staatseinnahmen der Unternehmen negative Einwirkungen auf die rentablen Entwicklungen der Unternehmen haben, dann werden davon nach und nach weder der Staat noch die privaten Haushalte Profit haben.

*Als ein Ganzes sind die betrieblichen Aufwendungen und die Erträge der Unternehmen nur unter bestimmten Verhältnissen bzw. unter der richtigen Proportionalität zueinander erfolgreich zu bewirken.*

*5. Axiom: Die Entlohnungen der Arbeitnehmer sollten aufgrund der Angebote und der Nachfragen nach Arbeitskräften auf den Arbeitsmärkten erfolgen*

Da sich das Axiom der Äquivalenz in allen Produktionsverhältnissen der Unternehmen durch die Proportionen bzw. die Antiproportionen zwischen ihren betrieblichen Aufwendungen verwirklicht, erfordern ihre Wirkungen als eine absolut notwendige Voraussetzung beim Abgelten für die Leistungen der Arbeitnehmer die entsprechenden Gegenleistungen, die ich auch als Gengenwert bzw. Äquivalent nenne, die in Vergütungen (Löhne, Gehälter) ausgezahlt werden.

Der Arbeitsmarkt ist genauso wie andere Märkte, einschließlich Produktionsgütermarkt, Konsumgütermarkt und Finanzmarkt zu schätzen, zu beachten, d. h., dass man auf keinen Fall bei der Schließung der Arbeitsverträge die Gesetze der freien Marktwirtschaft in Bezug auf die Höhe der Arbeitnehmerentgelte (Löhne, Gehälter) ignorieren soll, weil dadurch das eigentliche Äquivalent der Güter (Ware, Leistungen) entstehen muss.

Die Höhe der Vergütungen (Löhne, Gehälter) muss durch die Arbeitsverhältnisse nach Angeboten der Arbeitskräfte und laut Nachfragen nach ihnen, mit der Rücksicht auf ihre Gebrauchswerte, sowie unter strengem Beachten der Willenserklärungen beider Vertragsparteien, bestimmt werden.

Die Entlohnungen der Arbeitnehmer (Arbeiter, Angestellte) sollten sich nach den Gebrauchswerten ihrer Arbeitskräfte ereignen. Solch ein Prinzip würde die Entwicklungen der richtigen Proportionalität im Verhältnisse: Arbeitnehmerentgelt (Löhne, Gehälter) zur Nettowertschöpfung fördern.

Dieser Grundsatz der Arbeitsverhältnisse wirkt ebenso auf Bestimmung der Höhe der Mindest- und Höchstlöhnen, einschließlich der Millionen-Gehältern der Manager der Unternehmen bzw. der Kreditinstituten.
Das ist das Gesetz der freien Marktwirtschaft, das gleichermaßen für alle Märkte, einschließlich für Arbeitsmarkt gilt, weil hier der Anfang der Bildung des Wertes und der Kaufkraft des Geldes ist.
Deshalb widme ich zum Thema ›Millionen-Gehälter‹ und ›Mindestlöhne‹ der Arbeitnehmer einen besonderen Abschnitt.

*Wenn die Unternehmen einer Volkswirtschaft den Arbeitnehmern zu viel Arbeitnehmerentgelt (Gehälter, Löhne) zahlen würden, der Staat zu hohe Sozialleistungen an die privaten Haushalten gewähren würde, dann wird dadurch auf die Märkte zu viel Geld kommen.*

*Von solchen Maßnahmen steigen auf Rekordhöhe die Marktpreise der Güter (Ware, Leistungen), gehen die Warenumsätze der Unternehmen zurück, weil viele private Haushalte es sich nicht leisten können und folglich kommt es zur Geldentwertung (Inflation).*

*Sollten die Unternehmen einer Volkswirtschaft den Arbeitnehmern zu wenig Arbeitnehmerentgelt (Gehälter, Löhne) zahlen, der Staat zu niedrige Sozialleistungen an die privaten Haushalten gewähren, dann wird dadurch auf die Märkte zu wenig Geld kommen.*
*Von solchen Maßnahmen senken die Marktpreise der Güter (Ware, Leistungen), kleine und mittlere Unternehmen werden nicht kostendeckend produzieren können, und gehen Bankrott und folglich kommt es zur Geldentwertung (Deflation).*

Somit bestimmt die Wirkung des Axioms der Äquivalenz die Begrenzung zur Vermehrung bzw. zur Verminderung der Anteile der Personalaufwendungen der Unternehmen sowie der Anteile der Erträge bzw. der Gewinne der Unternehmer voraus.

6. *Axiom: In den Entwicklungen der betrieblichen Aufwendungen und der Erträge aller Unternehmen einer Volkswirtschaft sollte die Kontinuität sein, die die entsprechenden Veränderungen des Produktionswertes des Sozialproduktes herbeiführen.*

Die Kontinuität in den Entwicklungen der betrieblichen Aufwendungen, einschließlich der Personalaufwendungen und der Erträge der Unternehmen bedeutet sowohl die Stetigkeit bzw. ein fortdauernder, ununterbrochener Zusammenhang durch die Erwerbung der Rohstoffe, Rohmaterial usw. für den Einsatz bei der Warenproduktion und der Veräußerungen der hergestellten Güter (Ware, Leistungen) als auch ein ausgewogener, proportionaler, sozusagen äquivalenter Austausch der Güter (Ware, Leistungen), wie z. B. den Gütern (Waren, Leistungen) mit ihren Marktpreisen sollte das Geld, bzw. dem Geld bei Krediten sollten die Zinsen, bzw. den Arbeitskräften sollten die Entlohnungen (Gehälter, Löhne) im Äquivalent gegenüberstehen.

Also, eine kontinuierliche Entwicklung der gegenteiligen betrieblichen Aufwendungen und der Erträge der Unternehmen heißt ihre taktvolle, proportionale, verhältnismäßige Entwicklung und daran besteht ihre Einheit.

Die gegenteiligen betrieblichen Aufwendungen der Unternehmen müssen sich zueinander in einer Verhältnismäßigkeit befinden. Ihre positiven Entwicklungen sind nur unter bestimmten Verhältnissen zueinander zu bewirken.

Aus der Sicht der Natur der Warenproduktion gehören die ›Personalaufwendungen‹ (Arbeitnehmerentgelt) der Unternehmen grundsätzlich zu positiven betrieblichen Aufwendungen, weil damit das eigentliche Äquivalent für die Güter (Ware, Leistungen) geschaffen wird.

Und die ›Angeordneten Aufwendungen‹ der Unternehmen gehören grundsätzlich zu negativen betrieblichen Aufwendungen, weil sie ohne die Gegenleistungen, nämlich ohne die menschliche Arbeit den Wirtschaftssubjekten (Unternehmen, Unternehmer) entstehen.

*Aber die ersten als ›Das Positive‹ und die zweiten als ›Das Negative‹ haben Sinn nur in dieser Beziehung und können bei ihren richtigen Proportionalität zueinander eine positive Auswirkung auf die Entwicklungen der Produktionsverhältnisse der Unternehmen und im Ganzen für die Volkswirtschaft haben.*

Sollte gegen die richtigen Verhältnismäßigkeiten entweder durch die gesamten ›Personalaufwendungen‹ (Arbeitnehmerentgelt) oder durch die ›Angeordneten

Aufwendungen‹ der Unternehmen verstoßen werden, dann können sowohl die Erste als auch die Zweite eine negative Auswirkung auf die Entwicklungen der ökonomischen Verhältnisse bzw. der Produktionsverhältnisse der Unternehmen haben, und dadurch wird es ›zum umgekehrten Verhältnisse‹ in den Entwicklungen der gegenteiligen betrieblichen Aufwendungen der Unternehmen kommen.

Die Aufgabe der Wirtschaftsexperten (Gutachter) ist auf Grund der Angaben zum Produktionswert des Sozialproduktes die richtige Proportionalität zwischen den oben genannten Verhältnissen bzw. die proportionalen Grenzen der möglichen quantitativen Veränderungen der gegenteiligen betrieblichen Aufwendungen der Unternehmen zu entdecken, um beim Eingriff durch die Staatseinnahmen der Unternehmen die Verletzungen der oben genannten Proportionalität zu vermeiden.

Damit mein Leser besser das Axiom der Kontinuität in den Entwicklungen der Aufwendungen und der Erträge der Unternehmen verstehen kann, mache ich die Bedeutung der Totalität in der Warenproduktion deutlicher.

*7. Axiom: Vollständigkeit des Zyklus in der Warenproduktion*

Die Vollständigkeit der Herstellung jedes Gutes (Ware) ereignet sich in einem Zyklus $[K\ (R + A) = W\ (R + A + G) = Geld]$, der sich ständig wiederholen muss, um die Fortbewegung der Warenproduktion zu ermöglichen.

K $(R + A)$ = Das angelegte Geld bzw. Kapital auf dem Konto des
        Unternehmens.
  a)  Der Teil $(R)$ kommt zur Ausgabe bei der Erwerbung der Rohstoffgüter, für Strom, Wasser, Diesel, Öl usw., die für die Herstellung der Güter (Ware, Leistungen) verbraucht werden.
  b)  Der Teil $(A)$ kommt zur Ausgabe für die Entlohnungen (Gehälter, Löhne) der Arbeitnehmer.
W $(R + A + G)$ = Bedeutet Ware mit Ihrem Preis, in dem die Herstellungskosten und der Gewinn mit einkalkuliert sind.
Geld = Bezeichnet die Erlöse für die hergestellten und veräußerten Güter (Ware), nämlich Wiederkehr der Gelder an das Unternehmen.

Welche Vorgänge, die in einem Zeitraum verlaufen, fasst ein Zyklus der Warenproduktion um?
Aus meiner Sicht schließt ein Zyklus die Zeit ein:
  a)  Vom Einsatz der Gelder für die Erwerbung der Rohstoffgüter, Strom, Wasser, Diesel, Öl usw. für die Herstellung der Güter.
  b)  Dauer der Herstellung der Güter (Ware), nämlich selbst der Prozess ihrer Herstellung, einschließlich Entlohnung der Arbeitnehmer.

c) Verkauf der hergestellten Güter (Ware).

d) Eingang auf das Konto des Unternehmens der Gelder als Erlöse für die hergestellten und veräußerten Güter (Ware).

Also, was ist ein Zyklus in der Warenproduktion?

Ein Zyklus in der Warenproduktion ist ein Zeitraum von Anschaffung der Rohstoffgüter (Rohmaterial, Rohstoff) für die Herstellung bestimmter Menge Verarbeitungs- , Lebens- oder Industriegüter bis zum Eingang auf das Konto des Unternehmens der Geldeinnahmen bzw. Erlöse für davon hergestellten und veräußerten Güter (Ware).

Je zeitlich kürzer der Zyklus abläuft, desto produktiver würde die Tätigkeit des Unternehmens sein.

Deshalb muss auch die Zeit für die Verbindlichkeiten bei den Geldschulden für die veräußerte Güter (Ware) kürzer sein, weil dem Unternehmen nur das Geld zu nutzen sein kann, das auf seinem Konto gutgeschrieben ist.

Sollte das Geld spät oder überhaupt nicht eingehen, dann entsteht beim Unternehmen der Bedarf an der Aufnahme der Kredite.

Verzögerungen bei Zahlungen für die gekauften Güter (Ware, Leistungen) können die Unternehmen zahlungsunfähig machen. Die Zahlungsunfähigkeit der Unternehmen wirkt sich auf die Rechtsgeschäfte mit anderen Unternehmen aus, nämlich wie eine Kettenreaktion.

*Der Zyklus ist nur dann beendet, wenn das Geld auf dem Konto des Unternehmens gutgeschrieben ist.*

Die Totalität bzw. die Vollständigkeit spiegelt in sich die Reproduktion der Herstellung der Güter (Ware, Leistungen) und die der Arbeitskräfte wider und kann mit menschlichen Sinnesorganen nicht wahrgenommen werden.

Deshalb ist ganz wichtig, jeden wirtschaftlichen Vorgang und alle Vorgänge in einem Zusammenhang, die in einem Zyklus geschehen, gedanklich *(a priori)* zu verstehen.

In meinen Büchern erläutere ich die Übergänge der proportionalen Veränderungen in Bezug auf die von mir gegliederten Aufwendungen der

Unternehmen, damit man besser verstehen kann, dass in jedem weiteren Zyklus der Herstellung der Güter (Ware, Leistungen) von den hergestellten Gütern (Waren, Leistungen) mehr Wert entstehen soll, d. h., dass die Warenproduktion den Unternehmen mehr und mehr Gewinne bringen soll.

Auf solche Weise sind überhaupt die Reproduktion und sogar die Erweiterung der Produktion der Güter (Ware, Leistungen) und Schaffung der neuen Arbeitsplätze möglich.

*In vielen Rechtsgeschäften ist keine Reihenfolge der Zeit nach zwischen Ursache, Wirkung und sogar Wechselwirkung, sondern sie sind zugleich und das Gesetz des Kausalitätsprinzips gilt doch, weil, wenn die Güter (Ware, Leistungen) mit besseren Gebrauchswerten einen Augenblick vorher aufgehört hätten zu sein, nämlich nicht hergestellt würden, dann würden die stufenförmigen Entwicklungen in der Volkswirtschaft gar nicht entstanden.*

Zeitpunkt, in dem zu niedrige oder zu hohe Staatseinnahmen für die Unternehmen angeordnet werden, ist der erste Übergang zu Veränderungen der Proportionen und mithin der Anteile der ›Angeordneten Aufwendungen‹, der ›Personalaufwendungen‹ und der ›Anderen betrieblichen Aufwendungen‹ der Unternehmen.
Damit wird der Anfang des Prozesses der permanent fortsetzenden Vergrößerungen bzw. Verminderungen der ›Personalaufwendungen‹ sowie der ›Anderen betrieblichen Aufwendungen‹ der Unternehmen in Gang gesetzt, und dadurch verändern sich nach und nach die entsprechenden Teile des Produktionswertes des Sozialproduktes.

Von nun an werden die ökonomischen Verhältnisse bzw. die Produktionsverhältnisse, einschließlich die Arbeitsverhältnisse der Unternehmen die entsprechenden quantitativen Veränderungen in Gegenteilen (Nettowertschöpfung, Vorleistungen und Abschreibungen) des Produktionswertes des Sozialproduktes beeinflussen.

*Auf solche Weise verändern sich die Struktur des Produktionswertes des Sozialproduktes und zugleich der Wert und die Kaufkraft des Geldes.*

Der zweite Übergang ereignet sich durch das Zurückkehren der Gelder in das Erste, nämlich in die ökonomischen Verhältnisse, einschließlich in die Arbeitsverhältnisse der Unternehmen, indem das Geld mit seinem Wert durch die Vielzahl der Handlungs- und Rechtsgeschäfte der Unternehmen auf die Marktpreise der Güter (Ware, Leistungen) bzw. auf die Höhe der Vergütungen (Löhne, Gehälter) und dadurch auf die Proportionen bzw. Anteile der betrieblichen Aufwendungen, einschließlich ›Personalaufwendungen‹ und auf die Erträge (Gewinne) der Unternehmen auswirkt.

Die zwei Übergänge ereignen sich durch jedes Handlungs- und Rechtsgeschäft der

Unternehmen, die im Bereiche der ökonomischen Verhältnisse, einschließlich der Arbeitsverhältnisse der Unternehmen vorkommen, durch die die Güter (Ware, Leistungen) zur Erwerbung oder zur Veräußerung bzw. die Entlohnungen der Arbeitnehmer vorkommen, und außerdem enthalten sie sich gleichzeitig in jeder Warenmetamorphose (W - G), in denen auf der einen Seite die Güter (Ware, Leistungen) mit ihren Marktpreisen bzw. Arbeitskräfte mit ihrem Arbeitnehmerentgelt (Löhne, Gehälter) und auf der anderen Seite das Geld als Zahlungsmittel auf allen Märkten: Arbeitsmärkten, Produktionsgütermärkten, Konsumgütermärkten, Immobilienmärkten, Finanzmärkten, auftreten. Sowohl die Marktpreise der Güter (Ware, Leistungen) als auch die Höhe der Arbeitsnehmerentgelte (Löhne, Gehälter) müssen sich nach den Gesetzen der freien Marktwirtschaft bilden, nämlich nach Angeboten der Güter (Ware, Leistungen) bzw. der Arbeitskräfte und laut Nachfragen nach ihnen, mit Rücksicht auf die Gebrauchswerte der Güter (Ware, Leistungen) bzw. auf die Gebrauchswerte bzw. auf die Qualifikationen der Arbeitskräfte und die Verträge sollten entsprechend den Willenserklärungen beider Vertragsparteien zustande kommen.

*8. Axiom: Die Zeitgemäße Modernisierung und Vervollkommnung der Infrastruktur des Landes*

Infrastruktur ist von enormer Bedeutung für die Entwicklung jeder Volkswirtschaft. Was Infrastruktur ist, habe ich in einem Abschnitt des Buches verdeutlicht. *In dem Buch behaupte ich, dass die ständige Entwicklung der Infrastruktur zu einem Axiom gehört.*
Der Begriff ›Infrastruktur‹ hat zum Inhalt wirtschaftliche, soziale und organisatorische Bedingungen eines Landes, die als Überbau und Unterbau (Grundlage, Basis, Fundament) für das Funktionieren und die Entwicklung ihrer Volkswirtschaft (Unternehmen, einschließlich Kreditinstitute, private Haushalte) erforderlich sind.
Dazu gehören:

a)   Natürliche Infrastruktur: Menschen, Klima, geografische Lage des Landes mit ihren Staaten-Nachbarn, sowie ihre Felder, Gewässer, Flüsse, See, Meere, Wälder, Ressource, wie Bodenschätze, Erdöl, Erdgas, Metalle, Uran, Kohle und andere Rohstoffe.

b)   Private Unternehmen aller Wirtschaftsbereichen und aller Form (Einzelunternehmer, Unternehmen, einschließlich Konzerne mit ihren Investitionen und Einrichtungen). Private Straßen, Flusshäfen, Meerhäfen, Flughäfen mit ihren Einrichtungen und Investitionen, die verschiedenartige Dienstleistungen den Unternehmen und den Menschen liefern.
Private Telekommunikations- und Energieversorgungsanbieter, Krankenhäuser, Schulen, Kindergärten.

c) Infrastruktur, die durch Investitionen des Staates geschaffen wurden und neu geschaffen werden: Verwaltungs- und Bildungseinrichtungen, Gesundheitswesen, Krankenhäuser, Schulen, Hochschulen, einschließlich Universitäten, Gas- und Wasserwerke, Flugplätze, Verkehrssysteme, wie Straßen, U-Bahne, Eisenbahnverkehr, innere und äußere Sicherheit des Staates sowie dessen Rechtssystem.

Was den natürlichen Faktor – Menschen - betrifft, sieht man, dass die Zuwanderung der Flüchtlinge in die Länder der Europäischen Union aus Syrien, Afghanistan, Irak und aus den Ländern von Afrika sowie die Immigration aus Rumänien, Bulgarien, Kosovo drückt auf den Arbeitsmärkten Deutschland, Italien, Frankreich, England usw. das Arbeitnehmerentgelt (Gehälter, Löhne) nach unten. Immer mehr werden Arbeitnehmer mit niedrigen Löhnen, Gehältern eingestellt.

Wie ich schon geschrieben habe, nutzen viele Unternehmen die Lage der Flüchtlinge und der anderen Zuwanderer aus und beuten sie aus, um mehr und mehr Gewinne zu erzielen.

Die Aufgabe der Regierungen der Länder der Europäischen Union ist die Leute durch das Verabschieden der neuen Arbeitsgesetze in Schutz zu nehmen. Die ganze Volkswirtschaft wird durch solche Maßnahmen im Vorteil sein, weil das Sozialprodukt zwischen den Bürgern bzw. den privaten Haushalten rationaler verteilt wird.

Für erfolgreiche Entwicklung einer Volkswirtschat ist von großer Bedeutung das Rechtssystem, nämlich die Gesetze des Staates und vor allem Bürgerliches Recht, Steuerecht, Arbeitsgesetze, und andere Gesetze, unter deren Anwendungen wirtschaftliche, soziale und organisatorische Verhältnisse zwischen Wirtschaftssubjekten (Unternehmen, einzelne Unternehmer, Einrichtungen des Staates, privaten Haushalte und Bürger) aller Wirtschaftsbereiche geregelt werden.

Deutschland ist ein Rechtsstaat, in dem die Institutionen der Demokratie sehr entwickelt sind, und die Bevölkerung nimmt die Rechte, die nach dem Grundgesetzt ihnen zustehen, in Anspruch, um ihre Interessen zu verwirklichen.

Das Niveau des Rechtsbewusstseins der Bürger von Deutschland ist aus meiner Sicht auch sehr hoch. Demokratie gibt den Menschen die Möglichkeit mehr und mehr ihre Meinungen über wirtschaftliche, soziale und organisatorische Aufgaben hinsichtlich der Entlohnungen der Unternehmen, der Bedingungen ihrer Arbeit bzw. ihrer Beschäftigung bei Unternehmen usw. auszusprechen.

Dadurch wird die Politik der Bundesregierung über Steuerrecht, Lohn- und Arbeitsstellenpolitik beeinflusst.
Ich führe ein paar Beispiele an.
Am 18. Juni 2015 verabschiedete der Bundestag Gesetze über Steuerentlastungen unserer Bürger über die Erhöhung des Kindergeldes und der Steuerfreibeträge.

Damit wird rückwirkend zum 1. Januar 2015 der steuerliche Grundfreibetrag (aktuell 8.354 Euro) um 118 Euro auf 8.472 Euro erhöht. Ab dem 1. Januar 2016 ist eine Anhebung um weitere 180 Euro auf dann 8.652 Euro vorgesehen.

Der steuerliche Kinderfreibetrag beträgt aktuell 7.008 Euro (einschließlich Freibetrag für Betreuung und Erziehung oder Ausbildung) und wird rückwirkend zum 1. Januar 2015 um 144 Euro auf 7.152 Euro je Kind erhöht. Ab 1. Januar 2016 ist eine erneute Anhebung um weitere 96 Euro auf 7.248 Euro vorgesehen.Das Kindergeld beträgt derzeit monatlich 184 Euro für das erste und zweite Kind, 190 Euro für das dritte Kind und 215 Euro für das vierte Kind und weitere Kinder. Es wird rückwirkend ab 1. Januar 2015 um vier Euro monatlich je Kind erhöht. Ab dem 1. Januar 2016 ist eine Erhöhung um weitere zwei Euro monatlich je Kind vorgesehen.

Mit den Beispielen zeige ich, dass gerade die richtigen Gesetze des Staates, die die Steuer-, Lohn- und Arbeitnehmerentgelt bzw. die Einnahmen der Arbeitnehmer bzw. der privaten Haushalte regeln, geben die Möglichkeit die Warenumsätze der Unternehmen zu beeinflussen und dadurch wird auch die gesamte Aufwärtsentwicklung der Volkswirtschaft beigesteuert.
Auf solche Weise wird die Infrastruktur des Landes rationeller und effektiver verwendet.

Ich finde, dass die Regierungen in Griechenland, sowohl alte als auch neue, nicht effektiv die Gesetze über Staatseinnahmen, Staatsausgaben, Steuer, Arbeitnehmerentgelt verwenden, um die notwendigen wirtschaftlichen Reformen durchzusetzen.
*Allein die Beherrschung, der Besitz oder die Verfügung (egal wie man das nennt) über die Gegenstände (Substanzen, Dinge, Sachen der Natur), Schaffungen, Einrichtungen, Institutionen der Menschen und des Staates wird noch keinen positiven Einfluss auf die Bildung des Sozialproduktes des Landes haben, wenn die Infrastruktur von Menschen für die Herstellung und Veräußerungen der Güter, (Ware, Leistungen) unrationell, unfruchtbar benutzt wird.*

Ich kann nicht behaupten, dass in Griechenland oder einem anderen Land der Europäischen Union die Institutionen der Demokratie schlechter als in Deutschland entwickelt sind, und ich habe überhaupt so etwas nicht vor.

Aber eins weiß ich Bescheid, dass die Bevölkerung und die Regierung jedes Landes die Institutionen der Demokratie so nutzen müssen, dass dadurch den Wirtschaftssubjekten (Unternehmen) ihrer Volkswirtschaften Bedingungen geschaffen werden, die ihnen ermöglichen, ihre Produktivität zu erhöhen.

Die Regierung von Griechenland sollte Maßnahmen treffen, die die Investitionen ihrer Unternehmen und möglicherweise auch der Unternehmen aus dem Ausland zur Modernisierung bzw. zur Verbesserung ihrer Infrastruktur fördern würden.

Nur durch gute zusammengesetzte Tätigkeit der Regierungen, neuer Investoren, Arbeitgeber mit ihren Organen und Arbeitnehmer mit ihren Organen kann die Produktion der Güter (Ware, Leistungen) in solchen Ländern wieder in Gang gebracht werden, sodass ihre Volkswirtschaften zu Aufwärtsentwicklungen bewegt werden.

Ob eine Volkswirtschaft, nämlich ein Land der Europäischen Union, als Währung – EURO – oder eine andere Währungseinheit hat, kann der Wert ihrer Gelder nur durch die Aufwärtsentwicklungen ihrer Volkswirtschaften stabiler werden.

Bei hohen Entwicklungen der Volkswirtschaften vieler Länder wachsen die Länder wirtschaftlich so zusammen, dass Krise in einem Land nach sich Unternehmen der anderen Länder in Krise zieht.

Sollte eine Volkswirtschaft in die Krise geraten, deren Unternehmen sich in Wirtschaftsbeziehungen mit Unternehmen der anderen Volkswirtschaften befinden, dann werden sie nach sich Unternehmen und mithin andere Volkswirtschafte in eine Krise ziehen, und unabhängig davon, ob die Länder zur Eurozone gehören oder nicht.

Die Regierungen von jedem Staat sollten mehr Maßnahmen treffen, um die Infrastruktur, die dem Absatz der hergestellten Güter (Ware) der Unternehmen dient, zeitgemäß zu modernisieren. Damit die Unternehmen die Kosten für den Absatz ihrer hergestellten Güter (Ware) reduzieren können.

Besonders betroffen sind die Unternehmen vom Agrarsektor.

Was hergestellt worden ist, soll auch gut bei den Konsumenten (Bürgern, privaten Haushalten, Unternehmen) ankommen.
Nur dann kann man von einem vollständigen Zyklus der Warenproduktion reden.

## 31. Ursachen der Wirtschaftskrise

Um die Ursachen der Wirtschaftskrise zu konstatieren, sollte man zunächst feststellen, ob gegen die Wirkungen des Axioms der Äquivalenz oder die anderen Axiomen in Produktionsverhältnissen verstoßen worden ist. Danach kann man über Vorgänge urteilen, die die Volkswirtschaft dazu herbeigeführt haben bzw. die die Wirtschaftskrise verursacht haben.

Dafür empfehle ich meinen Lesern den Abschnitt über die Prinzipien bzw. Axiomen und besonders den Abschnitt über die einzelnen Axiome gründlich durchzuarbeiten, weil jeder Verstoß der Unternehmen gegen jedes Axiom führt das betroffene Unternehmen zum Rückgang der Warenumsätze und folglich zum Rückgang der Produktivität der Unternehmen.
Außerdem empfehle ich meinen Lesern den Abschnitt: ›Philosophische Kausalitätsprinzip: ›Von Ursache zur Wirkung und zur Wechselwirkung‹ und dessen Anwendung bei Aufklärung der Entwicklungen der ökonomischen Verhältnisse der Unternehmen‹ aufmerksam durchzuarbeiten, um erfolgreich die Frage ›Wodurch‹? die Wirtschaftskrise verursacht worden ist bzw. verursachet werden kann, zu beantworten.

Sollten die Verstöße gegen die Axiome bei vielen Unternehmen geschehen, dann werden nach und nach zum Rückgang die gesamtwirtschaftlichen Angebote und die gesamtwirtschaftlichen Nachfrage in der Volkswirtschaft kommen und folglich wird es zu einer konjunkturellen Abwärtsentwicklung der Volkswirtschaft kommen. Dadurch wird solch eine Volkswirtschaft in eine Krise geraten.
Als Ursache zur Entstehung der Wirtschaftskrise können falsche Handlungen der Bundesregierung bzw. der Regierungen der Länder der Europäischen Union mit ihren Koalitionen sein, wenn sie zu hohe oder zu niedrige Staatseinnahmen für die Unternehmen oder für die privaten Haushalte bzw. zu hohe oder zu niedrige Staatsausgaben für die privaten Haushalte bzw. für die Bürger anordnen.

Wenn die Verstöße gegen die Axiomen durch falsche Handlungen der Bundesregierung bzw. der Regierung jedes Landes verursacht werden, dann werden derartigen Verstöße gegen die Axiomen gleichzeitig bei meisten Unternehmen der Volkswirtschaft vorkommen, was zum Rückgang die gesamtwirtschaftlichen Angebote und die gesamtwirtschaftlichen Nachfrage in der

Volkswirtschaft herbeiführen wird und zur Folge wird man die konjunkturelle Abwärtsentwicklung in der Volkswirtschaft haben.

Ich zeige meinen Lesern, was geschieht, wenn die Bundesregierung bzw. Regierung eines Landes zu hohe Staatseinnahmen für die Unternehmen (Steuer, Sozialversicherungsbeiträge und andere Abgaben) anordnet. Zu hohe Staatseinnahmen der Unternehmen veranlassen die Geschäftsführungen der Unternehmen bzw. die einzelnen Unternehmer zur Reduzierung der Herstellungskosten, einschließlich zu Kürzungen der Arbeitnehmerentgelte (Gehälter, Löhne), damit die Unternehmen in die Preise ihrer Güter (Ware, Leistungen) die gewünschten Gewinnanteile miteinkalkulieren können.

Und jetzt beschreibe ich ganz kurz, wie sich solche Handlungen der Bundesregierung oder der Regierung jedes Landes auf die Handlungs- und Rechtsgeschäfte der Unternehmen auswirken und wie dadurch gegen die Axiomen verstoßen wird.
*Erstens (1. – Axiom), die Unternehmer handeln unter dem Einfluss des Strebens der Menschen nach Vermögensvermehrung.*
*Hier wirkt: Jede Lücke im Gesetz, die man für das eigene Interesse nutzen kann, sollte effektiver ausgenutzt werden.*

*Man sollte unbedingt das Axiom berücksichtigen, wenn man über die Handlungen der Unternehmer adäquat urteilen will.*

*Zweitens (2.-Axiom), die Unternehmer müssen noch mehr Geld in die Vervollkommnung der Gebrauchswerte ihrer Güter (Ware, Leistungen) investieren.*

*Drittens (3.-Axiom), die Unternehmer müssen in die Preise ihrer Güter (Ware, Leistungen) die Gewinne* $[Preis\ der\ Ware = Herstellungskosten + Gewinn]$ *miteinkalkulieren können.*

*Viertens (4.-Axiom), zu hohe Staatseinnahmen der Unternehmen sind weder für die Unternehmen noch für die privaten Haushalte noch für den Staat zumutbar.*

*Fünftes (5.-Axiom), auf den Arbeitsmärkten wird die Tendenz zur Steigerung der Nachfrage der Unternehmen nach Arbeitnehmern mit billigen Gehältern, Löhnen annehmen.*

*Sechstes (6.-Axiom), die betrieblichen Herstellungskosten werden permanent steigen und die Erträge bzw. die Gewinne der Unternehmen werden fortwährend sinken. Um dies zu vermeiden, werden die Unternehmen die Marktpreise auf ihre Güter (Ware, Leistungen) erhöhen.*

*Die bisher stabilen kontinuierlichen Entwicklungen der betrieblichen Herstellungskosten und der Erträge der Unternehmen werden wieder und wieder einen stockenden Ablauf annehmen.*

*Siebtes (7.-Axiom), die Vollständigkeit des Zyklus der Warenproduktion wird ins Stocken geraten, weil auf die Märkte weniger Geld kommen wird.*

*Achtens (8.-Axiom), besteht der Bedarf an den neuen Gesetzen, mit denen die Bundesregierung bzw. die Regierung jedes Landes, die Staatseinahmen der Unternehmen reduzieren müssen. Somit ist es nötig, die zeitgemäße Veränderung der Gesetze bzw. die Modernisierung und die Vervollkommnung der Infrastruktur des Landes durchzusetzen.*
*Durch die Verwendung der neuen Gesetze der Unternehmen über Staatseinnahmen (Steuer, Sozialversicherungsbeiträge, Lohn- und Arbeitsstellenpolitik usw.) sollten die Verstöße gegen die Axiome beseitigt werden und mithin werden auch die Ursachen der Krise in der Volkswirtschaft behoben.*

*So kurz habe ich die Auswirkungen der zu hohen Staatseinnahmen der Unternehmen geschildert.*
*Jetzt habe ich vor, meinen Lesern zu zeigen, was geschieht, wenn die Bundesregierung bzw. Regierung eines Landes zu niedrige Staatseinnahmen für die Unternehmen (Steuer, Sozialversicherungsbeiträge und andere Abgaben) anordnet.*
*Erstens (1. – Axiom), die Unternehmer handeln stets unter dem Einfluss des Strebens der Menschen nach Vermögensvermehrung.*

*Hier wirkt: Jede Lücke im Gesetz, die man für das eigene Interesse nutzen kann, sollte effektiver ausgenutzt werden.*

*Wie gesagt, wenn man über die Handlungen der Unternehmer adäquat urteilen will, dann muss man, das Axiom in Betracht nehmen.*

*Zweitens (2.-Axiom), die Unternehmer müssen noch mehr Geld in die Vervollkommnung der Gebrauchswerte ihrer Güter (Ware, Leistungen) investieren, weil auf die Märkte Güter (Ware, Leistungen) von großen Unternehmen mit niedrigen Preisen kommen werden.*

*Drittens (3.-Axiom), die niedrigen Staatseinnahmen geben den großen Unternehmen die Möglichkeit kostengünstiger produzieren, indem sie durch Intensität der Herstellung der Güter (Ware, Leistungen) die Herstellungskosten für jedes einzelnen Gut (Ware) reduzieren und folglich können die Güter (Ware, Leistungen) den Kunden günstiger veräußert werden.*

237

*Mittlere und kleinere Unternehmen können ihre Einsätze, nämlich ihre Herstellungskosten nicht reduzieren und wenn sie für gleiche Preise ihre Güter (Ware, Leistungen) veräußern, dann werden sie kostendeckend nicht produzieren können.*
*Das bedeutet für die Unternehmen, dass sie ihre Herstellungskosten durch die entsprechenden Umsatzerlöse nicht aufbringen können werden.*

*Um die Herstellungskosten zu reduzieren, müssen die mittleren und die kleinere Unternehmen das Arbeitnehmerentgelt (Gehälter, Löhne) kürzen oder etliche Arbeitsplätze abschaffen.*

*Demzufolge werden immer mehr Bürger bzw. private Haushalte vom Staat die Transferzahlungen, Arbeitslosengeld beziehen. Deswegen werden von nun an dem Staat mehr Ausgaben an die privaten Haushalte entstehen.*

*Außerdem sind viele mittlere und kleinere Unternehmen an der Produktion der Ersatzteile für die großen Unternehmen beteiligt, wie z. B. für Maschinenbau-Unternehmen, für Autoindustrie-Unternehmen. Wenn sie Pleite gehen, dann wirkt es sich auch negativ auf die Produktivität der großen Unternehmen aus.*

*Viertens (4.-Axiom), zu niedrige Staatseinnahmen der Unternehmen sind weder für die Unternehmen noch für die privaten Haushalte noch für den Staat zumutbar.*

*Um das verständlicher zu machen, fange ich vom Staat an.*
*Wenn der Staat zu wenig Geld einnimmt, kann er weniger Transferzahlungen, Staatshilfe usw. an die privaten Haushalte ausgeben. Aber der Staat muss die finanzielle Hilfe leisten, deshalb muss der Staat zur Aufnahme der Kredite greifen. Für die Kredite entstehen dem Staat Zinsen, die an die Unternehmen oder an die privaten Haushalte als Staatseinnahmen aufgebürdet werden.*

*Viele Bürger verlieren ihren Job und werden an die Staatshilfe angewiesen. Sie können sich auch weniger Güter (Ware, Leistungen) erwerben.*
*Warenumsätze der Unternehmen werden zurückgehen und ihre Produktivität wird sinken.*
Niedrige Staatseinnahmen haben auch Vorteile: Unternehmen, die drastische Gewinne erzielen, können in die Erweiterung der Produktionskapazität ihrer Unternehmen investieren und zusätzliche Arbeitsplätze schaffen.

*Fünftes (5.-Axiom), bei mittleren und kleinen Unternehmen werden immer mehr Arbeitnehmer gegen niedrige Löhne eingestellt. Ihre Einkommen sinken und nach und nach wächst dann die Kluft zwischen Armut und Reichtum.*

*Sechstes (6.-Axiom), die betrieblichen Herstellungskosten werden bei mittleren und kleinen Unternehmen permanent steigen und ihre Erträge bzw. ihre Gewinne werden sinken. Auf solche Weise wird die Kontinuität in ihren Entwicklungen verletzt.*

*Siebtes (7.-Axiom), die Vollständigkeit des Zyklus der Warenproduktion bei mittleren und kleinen Unternehmen wird verletzt, weil sie keine Möglichkeit haben, ihre Güter (Ware) kostendeckend zu produzieren.*

*Achtens (8.-Axiom), besteht der Bedarf an den neuen Gesetzen, mit denen die Bundesregierung bzw. die Regierung jedes Landes, die Staatseinahmen der Unternehmen erhöhen müssen. Somit ist es nötig, die zeitgemäße Veränderung der Gesetze bzw. die Modernisierung und die Vervollkommnung der Infrastruktur des Landes durchzusetzen.*

*Durch die Verwendung der neuen Gesetze der Unternehmen über Staatseinnahmen (Steuer, Sozialversicherungsbeiträge, Lohn- und Arbeitsstellenpolitik usw.) sollten die Verstöße gegen die Axiome beseitigt werden und mithin werden auch die Ursachen der Krise in der Volkswirtschaft behoben.*
*So kurz habe ich die Auswirkungen der zu niedrigen Staatseinnahmen der Unternehmen geschildert.*

Mit meiner Theorie überzeuge ich mehr und mehr meine Leser, dass die Produktionsverhältnisse bzw. die ökonomischen Verhältnisse der Unternehmen besser geregelt werden müssen.

Für die Untersuchung benutzt man die Daten über den Produktionswert des Sozialproduktes des Landes, weil im Produktionswert und einschließlich der Nettowertschöpfung des Sozialproduktes spiegeln sich die durchschnittlichen gesamten Aufwendungen und die gesamten Arbeitnehmerentgelte (Gehälter, Löhne), Gewinne aller Unternehmen und die anderen Einnahmen der privaten Haushalte einer Volkswirtschaft wider.

Um Ursache der Wirtschaftskrise festzustellen, untersucht man die Folgen der Anwendung der geltenden Gesetze des Staates, sozusagen das Rechtssystem, durch dessen Normen die Wirtschaftsbeziehungen der Wirtschaftssubjekte geregelt werden, und vor allem z. B. die Staatseinnahmen der Unternehmen (Steuer, Sozialversicherungsbeiträge, andere Abgaben an Staat), die Staatseinnahmen von natürlichen Personen (Einkommensteuergesetz usw.), die Staatsausgaben, die Angaben über Arbeitslosenquote, Arbeitsgesetze über Arbeitnehmerentgelt (Gehälter, Löhne) usw. .

Bei der Forschung der Ursachen der Krise ist sehr wichtig die Tendenzen zur Steigerung oder zum Rückgang der Produktivität der Unternehmen zu erkennen, um dadurch die Auswirkungen der Gesetze des Staates auf die Veränderungen der betrieblichen Aufwendungen und der Erträge bzw. der Gewinne der Wirtschaftssubjekte zu verstehen.

Die Tendenzen ihrer Veränderungen zeigen uns die Auswirkungen der Staatseinnahmen der Unternehmen auf ihre Herstellungskosten, auf die Preise ihrer Güter, auf ihre Warenumsätze und endlich auf ihre Produktivität.

Die Angaben über Verteilungen der Arbeitnehmerentgelte zwischen den privaten Haushalten sprechen von ihren Auswirkungen auf die Kaufkraft und den Wert des Geldes und mithin auf die Nachfragen der Kunden nach Gütern (Waren, Leistungen).
Sollten die Nachfragen der Kunden nach irgendwelchen Gütern (Waren, Leistungen) zurückgehen, dann sollte man klären, ob es an ihren Marktpreisen oder an ihren Gebrauchswerten, wie Qualität, Nutzbarkeit, Brauchbarkeit usw. liegt.

Jeder Verstoß gegen jedes Axiom ist zugleich eben ein Verstoß gegen das Axiom der Äquivalenz in Produktionsverhältnissen der Unternehmen, weil sich dadurch die falsche Proportionen bzw. Antiproportionen in Verhältnissen sowohl zwischen den betrieblichen Aufwendungen zueinander als auch zwischen den Letzten auf der einen Seite und den Erträgen der Unternehmen auf der anderen Seite bilden werden.
Auf dem Arbeitsmarkt war schon immer erlaubt, die Arbeitnehmer gegen geringe Vergütungen einzustellen bzw. zu beschäftigen, und das entspricht auch den Grundsätzen der freien Marktwirtschaft, aber auf Grund solcher Maßnahmen bilden sich:
- Falsche Proportionalität im Verhältnisse zwischen dem gesamten Arbeitnehmerentgelt (Löhne, Gehälter) und der Nettowertschöpfung des Sozialproduktes.
- Falsche Proportionalität im Verhältnisse zwischen dem gesamten Arbeitnehmerentgelt (Löhne, Gehälter) und den Gewinnen der Unternehmer.
Durch solche Verteilungen der Arbeitnehmerentgelte (Löhne, Gehälter) wird gegen das Prinzip der Entlohnungen der Arbeitnehmer nach den Gebrauchswerten ihrer Arbeitskräfte verstoßen, was die äquivalenten Verteilungen der Arbeitnehmerentgelte (Löhne, Gehälter) zwischen privaten Haushalten zu unmöglich macht.
Die Entstehung einer falschen Proportionalität in oben genannten Verhältnissen bewirkt die Senkung des Wertes und der Kaufkraft des Geldes. Es kann zur Geldentwertung kommen.

Durch derartige Veränderungen der Proportionen zwischen den betrieblichen Aufwendungen der Unternehmen wird gegen die Kontinuität in ihren quantitativen Entwicklungen verstoßen und folglich wird auf dem Konsumgütermarkt sowie auf dem Finanzmarkt der Verstoß gegen die Vollständigkeit des Zyklus der Warenproduktion (G - W-G) vorkommen.

Auf den Konsumgütermärkten und auf den Finanzmärkten tritt zu wenig Geld auf, und die Fortbewegung der Warenproduktion bzw. der Handlungs- und Rechtsgeschäften bei den Kreditinstituten wird nicht mehr möglich sein.
Unternehmen der wichtigen Branchen können nicht mehr die notwendigen Mengen von ihren Gütern (Waren, Leistungen) veräußern, um die Warenproduktion fortzusetzen.
Maßnahmen, die zu übermäßigen Kreditaufnahmen führen, machen in finanzieller Hinsicht weder Unternehmen noch Einrichtungen des Staates noch private Haushalte stark.

Unter übermäßigen Aufnahmen der Kredite meine ich das überproportionale bzw. weit übertreffende Verhältnis der Kreditsummen und deren Kosten zum Eigenvermögen, einschließlich Eigenkapital der Unternehmen (einzelne Unternehmer), der Staatseinrichtungen und der privaten Haushalte.

Uns ist bekannt, dass sich durch die Aufnahme der Kredite bzw. des Darlehens der Kreditnehmer bzw. der Darlehensnehmer verpflichtet sein wird, die geschuldeten Zinsen dem Kreditgeber bzw. dem Darlehensgeber zu zahlen.

Dadurch kommen zur Erhöhung die Herstellungskosten und zur Senkung die Erträge bzw. die Gewinne der betroffenen Unternehmen. Im Wirtschaftssektor – private Haushalte - kommen zu Senkungen die Realeinkommen.

Volkswirtschaft kann in eine Krise durch jeden Wirtschafssektor gestürzt werden. Schon im ersten Buch (2005) ›Philosophie – Wissenschaft zur Aufklärung der Ursachen der Wirtschaftskrise‹ schrieb ich, dass sich die Entwicklungen des Staates, der Volkswirtschaft und der privaten Haushalte in einer Interdependenz, nämlich in einer gegenseitigen Abhängigkeit befinden.

Sollte eine Maßnahme für Unternehmen nicht zumutbar sein, dann können sie auch nicht für die privaten Haushalte bzw. Bürger oder den Staat als zumutbare anerkannt werden und umgekehrt.
Seither behaupte ich in jedem Buch, dass die Wirtschaftsbeziehungen der Wirtschaftssubjekte jeder Volkswirtschaft durch die Gesetze des Staates streng geregelt werden müssen; dass die Wirtschaftsbeziehungen der Wirtschaftssubjekte

der Länder der Europäische Union miteinander und mit anderen Ländern der Weltwirtschaft ebenfalls durch die Verträge bzw. Wirtschaftsabkommen strenger geordnet sein müssen.

Während meiner Untersuchung der Ursachen der Wirtschaftskrise in 2003.-2004. zog ich Schlussfolgerung, dass die zu hohen Staatseinnahmen der Unternehmen (Steuer, Sozialversicherungsbeiträge) und auch die Millionen-Gehälter der Manager der Unternehmen als ›bestimmte‹ Ursachen der Wirtschaftskrise sind. [32]

In meinen Büchern beschreibe ich, wie die zu hohen Staatseinnahmen der Unternehmen einen Anteil der Arbeitnehmerentgelte (Löhne, Gehälter) bzw. der Gewinne der Unternehmen (Unternehmer) aus den ökonomischen Verhältnissen der Unternehmen verdrängen und dadurch entstehen immer wieder andere Proportionen bzw. Antiproportionen sowohl zwischen den betrieblichen Aufwendungen selbst und den Letzten zu den Erträgen der Unternehmen.

Außerdem machen sie zu unmöglich die Verteilungen der Arbeitnehmerentgelte (Löhne, Gehälter) zwischen den Arbeitnehmern nach dem Prinzip der Entlohnungen der Arbeitnehmer nach den Gebrauchswerten ihrer Arbeitskräften, und eben dadurch werden die äquivalenten Verteilungen der Arbeitnehmerentgelte (Löhne, Gehälter) zwischen privaten Haushalten zu nicht realisierbar gemacht.

Meine Theorie über die ›bestimmten‹ Ursachen und die ›bedingten‹ Ursachen in Bezug auf die Entwicklungen der Produktionsverhältnisse der Wirtschaftssubjekte ist von enormer Bedeutung für das Verstehen der Ursachen der Wirtschaftskrise.

Aber statt die zu hohen Staatseinnahmen der Unternehmen zu reduzieren, hat die damalige rot-grüne Bundesregierung mit ihrer Lohn- und Arbeitsstellenpolitik die Bildung der billigen Arbeitsplätze legitimiert.

Auf solche Weise wurden durch solche Lohn- und Arbeitsstellenpolitik der Bundesregierung seit 2004 Arbeitsplätze in Millionen Menge geschaffen, wobei die Arbeitnehmer trotz ihrer Arbeit geringes Arbeitnehmerentgelt (Gehälter, Löhne) bekommen und auf die Staatshilfe angewiesen sind.
Die falsche Lohn- und Arbeitsstellenpolitik der Bundesregierung führt dazu, dass auf einer Seite Millionen Arbeitsplätze mit geringen Vergütungen (Löhnen) geschaffen wurden, und auf der anderen Seite wurden die Millionen-Gehälter der Vorsitzenden bzw. der Manager der Unternehmen als verdiente bzw. angemessene

---

[32] Hahn, Waldemar, ›Philosophie-Wissenschaft zur Aufklärung der Ursachen der Wirtschafts-krise‹, Verlag ›Mein Buch‹ Hamburg, 2005, Seiten 48, 107.

akzeptiert; obwohl ihre Unternehmen unrentabel geworden waren, wie Z. B. der Fall mit den Banken.
Meiner Meinung nach sollte unsere Bundesregierung Maßnahmen treffen, die die Lohn- und Arbeitsstellenpolitik verändern würde, damit billige Arbeitsplätze abgeschafft werden.

Wenn solche Gesetze über Lohn- und Arbeitsstellenpolitik nicht verabschiedet werden, wird die Kluft zwischen Armut und Reichtum in unserer Gesellschaft immerfort steigen. Die deutsche Volkswirtschaft wird in eine neue Krise stürzen.

Im Buch ›Philosophie – Wissenschaft zur Aufklärung der Ursachen der Wirtschaftskrise‹ habe ich im Abschnitt ›7.5. Schutzbedürftigkeit der ökonomischen Privatautonomie der mittleren und kleinen Unternehmen mittels einer Schranke nach dem § 15 des Grundgesetzes‹ den Rechtsgrund angegeben, auf dem man die Verhältnisse Regeln sollte.
Dafür widme ich dem Thema wieder einen Abschnitt.

Was würde passieren, wenn auf die Konsumgütermärkte einfach durch die Steuerentlastung der privaten Haushalte übermäßig mehr Geld auftreten würde?

Ich beschreibe kurz den Ablauf, der geschehen würde, wenn solche Maßnahmen getroffen würden.
- Die Nachfrage nach den Gütern (Waren, Leistungen) würde steigen, was nach sich die Erhöhung der Marktpreise der Güter (Ware, Leistungen) ziehen würde.

Deshalb würden die privaten Haushalte mit geringeren Einkommen davon nur leiden.
Warenumsätze der Unternehmen (Unternehmer) würden steigen, aber es würde nicht lange dauern. Dadurch würde mehr Umsatzsteuer an den Staat einbezogen.

- Die Einkommen der privaten Haushalte, die auf die Staatshilfe angewiesen sind, würden sich erheblich nicht verändern. Solche privaten Haushalte zahlen sowieso keine Lohn- und Einkommensteuer.

- Das Geld würde durch den Konsumgütermarkt in die Unternehmen, die die Güter (Ware, Leistungen) herstellen und veräußern, fließen.

- Wenn die Gesetze über die Lohn- und Arbeitsstellenpolitik nicht verändert werden, werden sich während der Herstellung der Güter (Ware, Leistungen) die oben genannten antiproportionalen Verteilungen der Arbeitnehmerentgelte verstärken.
*Die Kluft zwischen Reichtum und Armut wird sich vertiefen.*

Unternehmen (Unternehmer) sowie die viel Verdiener (Geschäftsführung, Manager) würden mehr Gewinne erzielen bzw. höhere Verdienste erhalten.
Auf solche Weise angekurbelte Volkswirtschaft wird nach und nach wieder in eine neue Krise gestürzt, weil durch solche Maßnahmen die Ursachen der Wirtschaftskrise nicht überwunden werden.

Personen, einschließlich Wirtschaftswissenschaftler, Politiker, die keine Kenntnisse von der Wirkung des Axioms der Äquivalenz und von den Bedeutungen der anderen Axiomen zur Regelung der Produktionsverhältnisse der Unternehmen haben, können auch nicht ihre Auswirkungen bzw. ihre möglichen Folgen vorhersehen.

Solche Personen nehmen ihre Folgen als spontane wahr.
Aber in der Tat sollte man solche Folgen als Ergebnisse akzeptieren, die sich durch Verstöße gegen die Wirkungen des Axioms der Äquivalenz und andere Axiomen in Produktionsverhältnissen ereignen.

In letzten Jahren wird immer mehr über Euro-Rettungsfonds debattiert. Es finden sich Politiker von jeder Partei, die vorschlagen, den Euro-Rettungsfonds zu vergrößern. Aber solche Maßnahmen haben sowohl Vorteile als auch Nachteile.

Im Endeffekt können solche Maßnahmen zur Geldentwertung führen.
Welche Folgen können in Volkwirtschaften der Länder der Europäischen Union auftreten, wenn in die schwachen Volkswirtschaften der Europäischen Union immer wieder Hilfe mit Geld geleistet wird, und ihre Unternehmen sich an der Warenproduktion zu wenig beteiligt werden, sodass ihre privaten Haushalte geringe Arbeitnehmerentgelte (Löhne, Gehälter) bekommen werden; sodass sich im Verhältnisse der Teile ihrer Sozialprodukten immer wieder falsche Proportionalität bilden werden?

Zur Folge werden auftreten:
- Stelgerung der Kaufkraft der Gelder in Ländern, die solche Hilfe empfangen.
- Steigerung der Marktpreise der Güter (Ware, Leistungen) in den Empfangsländern.
- Steigerung der betrieblichen Aufwendungen der Unternehmen dieser Volkswirtschaften; dadurch werden zu allmählichen Senkungen die Realeinkommen der privaten Haushalte in diesen Ländern kommen.
- In wirtschaftlich starken Ländern, wie Deutschland, Frankreich, England usw. werden dadurch auch zu Senkungen die Realeinkommen der privaten Haushalte kommen, weil sie immer mehr durch Steuer und andere Staatseinnahmen belastet werden.

- Unternehmen der schwachen Länder werden am Anfang Vorteile haben, weil sie mehr Erträge bzw. Gewinne erzielen können, aber nach und nach werden wegen der sinkenden Realeinkommen der privaten Haushalte ihre Warenumsätze zurückgehen und mithin wird die Produktivität solcher Unternehmen zum Rückgang kommen.

Solch eine Geldpolitik wird zum Nachteil für die schwachen Länder der Europäischen Union und besonders für Länder, die zur Eurozone gehören, sein.

*Aus meiner Sicht sollten mehr und mehr Subventionen aus dem Fond der Europäischen Union für die Investitionen zu Modernisierungen bzw. zu Verbesserungen der Infrastrukturen jedes Landes der Europäischen Union und besonders für die Bereiche, die zum Absatz der Güter (Ware, Leistungen) beisteuern sollen, gewährleistet werden.*

## 31.1. Unpassender Aufbau der Infrastruktur als mögliche Ursache der Wirtschaftskrise

In meinem Buch (2006) habe ich der Volksabstimmung zu Bildung der neuen Gesetze usw. eine große Rolle zugefügt, in dem ich geschrieben habe:
›Meiner Ansicht nach sollte unsere Bundesregierung häufiger die Ideen der Menschen über wirtschaftliche Fragen zu analysieren und die wichtigen Fragen durch eine Volksabstimmung beurteilen lassen.

Insbesondere bei der Gesetzgebung über Lohn- und Steuerpolitik sowie über Staatseinnahmen und Staatsausgaben sollten mehr Ideen der Bürger zur Lehre (Forschung) herangezogen werden, damit zwischen der durchführenden Politik der Bundesregierung und dem tatsächlichen Willen der Menschen keine tiefe Kluft entsteht. Dies kann durch einen Volksentscheid erreicht werden, wenn über ganz wichtige Fragen die Bevölkerung abstimmen kann‹. [33]

Damals wünschte ich, dass solches Referendum manchmal in Bundesrepublik Deutschland durchgeführt wird, damit die deutschen Bürger über die Politik der Bundesregierung hinsichtlich der Staatseinnahmen und Staatsausgaben ihre Meinung äußern könnten.

---

[33] Hahn, W., ›Philosophie – Wissenschaft zur Aufklärung der Ursachen der Wirtschaftskrise‹, 2.-Auflage, Verlag ›Mein Buch‹, 2006, Seite 153.

Am 30. Juni 2015. waren 5. Tage bis zum Referendum in Griechenland geblieben. Diese Tage zeigte uns die Regierung von Griechenland mit Ministerpräsident Alexis Tsipras echte Demokratie, sie zeigte der ganzen Welt, wie man richtig demokratisch handeln sollte.

Ich fand, dass der Ministerpräsident von Griechenland Alexis Tsipras einen richtigen Schritt gemacht hatte, indem er sich zum Referendum zur Volksabstimmung über Sparpaket entschieden hatte. Er wusste nicht, wie sich die Bevölkerung von Griechenland entscheiden wird. Aber das war ein großer und richtiger Schritt zur Vermeidung der Konflikte zwischen den Menschen, der Parteien, zur Vermeidung des Bürgerkrieges in Griechenland.

Das Problem ist, dass viele Politiker in Ländern der Europäischen Union nicht verstanden hatten. Sie gingen damals nur von den Schulden und Krediten aus. Es konnte mehr als Wirtschaftskrise gewesen sein, es konnte zum Bürgerkrieg in Greichenland kommen. Und gerade das wollte die Regierung von Ministerpräsident A. Tsipras vermeiden und er hatte das auch erreicht.
Ich glaube, die anderen Länder der Europäischen Union können bei Griechen etwas lernen.

Es wäre besser, wenn das Referendum von der Regierung von A. Tsipras schon dann veranstaltet wäre, als er und die Mitglieder seiner Regierung überzeugt wurden, dass daran der Bedarf bestanden hatte und zwar als sie an die Macht gekommen waren.
Schon immer war ich der Meinung, dass die Regierungen aller Länder die ganz wichtigen wirtschaftlichen Fragen durch Referendum ihrer Bevölkerung abstimmen sollen.

In meinen Büchern untersuchte ich immer wieder die Ursachen der Wirtschaftskrise, die im Kausalitätsverhältnis mit der Höhe der Staatseinnahmen bzw. mit der Höhe der Staatsausgaben, mit der falschen Lohn – und Arbeitsstellenpolltlk usw. standen, dle auf Grund der geltenden Gesetze bzw. des Rechtssystems (Steuerrecht, Bürgerliches Gesetzbuch, Arbeitsgesetze des Landes usw.) entstanden wurden.

Wie gesagt, zur Infrastruktur des Staates gehört das Rechtssystem, das von der Regierung den Entwicklungen der Wirtschaftssubjekten (Unternehmen, Unternehmer, private Haushalte und den Einrichtungen des Staates) der jeweiligen Volkswirtschaft zur Verfügung gestellt wird.
Mit nur ein paar Beispielen mache ich meinen Lesern deutlich dle Bedeutung des Rechtsystems des Staates.

Auf Grund der wirtschaftlichen Abkommen der Länder verabschieden die Regierungen der betroffenen Länder Gesetze, auf dessen Grund die Wirtschaftssubjekte die Handlungs- und Rechtsgeschäfte schließen und erfüllen.

Aufgrund der geltenden Gesetze des Staates stellen die Unternehmen die Arbeitnehmer (Arbeiter, Angestellte) ein und bestimmen die Höhe ihrer Entlohnungen (Gehälter und Löhne); machen die Lohnabrechnungen ihrer Arbeitnehmer; führen Steuer, Sozialversicherungsbeiträge und andere Einnahmen an Staat ab.

Von enormer Bedeutung ist sowohl die Verabschiedung der Gesetze durch Parlament des Staates als auch ihre Umsetzung in die Tat, damit die wirtschaftlichen Verhältnisse zwischen dem Staat, den Unternehmen und den privaten Haushalten bzw. den Bürgern, hinsichtlich der Staatseinnahmen und der Staatsausgaben nicht nur richtig geschrieben werden, sondern auch entsprechend in Erfüllung gehen werden.

Von daher sind von sehr großer Bedeutung die Gesetze des Staates, unter Verwendung dessen Normen die Gesetze vollziehen werden.
Ferner spielt sehr wichtige Rolle die vollziehende Gewalt bzw. die Tätigkeit der Beamten der Behörden des Staates, die die Kontrolle bzw. die Inspektionen über Finanzeinnahmen und Finanzausgaben ausüben, damit die Staatseinnahmen und Staatsausgaben richtig in Erfüllung gehen werden.

Von nicht geringer Bedeutung sind die Haltungen bzw. die Einstellungen der Bürger zu den Gesetzen und von hieraus ihr Verhalten bzw. ihr Benehmen bei der Umsetzung der Gesetze in die Tat.

Sehr wichtige Bedeutung gehört auch den Traditionen und den Sitten bzw. den Gebräuchen der Bevölkerung, die von einer Generation zur anderen Generation übergehen und sehr stark die Mentalität der Leute beeinflussen.
Bedeutende Rolle gehört auch den Gewohnheiten der Bevölkerung. Man sagt, die Gewohnheit wird zur zweiten Natur.

In Ländern, wo die Traditionen, Gebräuche, Gewohnheiten sehr starken Einfluss auf die Mentalität und Handlungen der Menschen haben, kommt es durch Verwandtschaft und Bekanntschaft zur Familiarität in den Dienstbeziehungen.

In den Ländern, wie Griechenland haben die Normen von Tradition, Gebräuchen und Gewohnheiten starken Einfluss auf die Handlungen der Menschen, weil sie andere Mentalität haben.

Deshalb zähle ich solche Normen, obwohl sie nicht geschrieben sind, zum Teil der Infrastruktur, die man in Betracht nehmen sollte, und nach und nach durch die Verwendung und Vollziehen der Gesetze bei der Bevölkerung die Priorität bzw. den Vorgang der normen der Gesetze vor den Normen der Moral erziehen sollte.

Niemals hatte ich über Fälle geschrieben, die als mögliche Ursache der Krise einer Volkswirtschaft sein können, welche durch die öffentlichen Einrichtungen, die ein Teil der Infrastruktur des Staates sind, herbeigeführt werden.

Für die Entwicklung der Warenproduktion der Unternehmen ist von enormer Bedeutung die Infrastruktur des jeweiligen Landes, da es immer mit den Kosten verbunden ist, die den Unternehmen verursacht werden.

Auf die Höhe der Kosten der Unternehmen wirken sich verschiedene Umstände aus. Für ein Unternehmen ist ziemlich bedeutend, wo es sich befindet: Auf der Fläche, auf den Bergen, am Meer, am Fluss, die Entfernung zwischen Unternehmen und den Einkaufs- und Verkaufsmärkten usw.

Aus den Geschichten der Menschen ist uns bekannt, dass am meisten ihre Niederlassungen und später die Städte an Flüssen, an Meeren, an See gegründet wurden, weil es mit den Lieferungen der Einkaufs- und Verkaufsgütern zusammenhängen hatte.

Die Herstellungskosten hängen davon ab, wie weit die Rohstoffe, Rohmaterial, Strom, Wasser, Öl, Diesel, Benzin, Gas und andere Materiale für die Produktion der Güter (Ware) geliefert werden oder mit welchen Verkehrsmitteln bzw. Transporter: Lastkraftwagen, Eisenbahnzug, Fähre, Schiffe oder Frachtflugzeuge sie befördert werden.
Genauso sieht es beim Warenabsatz der hergestellten Gütern (Waren) aus.

Nicht geringe Rolle gehört auch dem Zustand der Verkehrswege und den Orten, wo die Handlungs- und Rechtsgeschäfte in Erfüllung gehen.

Wesentliche Bedeutung für die entstehenden Kosten haben Aufladen (Ladung, Beladung) und Entladen (Ausladen, Abladen) der Güter (Ware), ob die Arbeitnehmer die Arbeit mit Maschinen oder ohne die Maschinen in Anspruch zu nehmen, erfüllen.

Solche Tätigkeiten können sowohl durch die Einrichtungen bzw. Unternehmen des Staates als auch durch die privaten Unternehmen erfüllt werden, die zum Teil der Infrastruktur des Landes gehören.

Sollten die Kosten für die Beförderung der Güter (Ware) zu hohe sein, dann werden auch die Herstellungskosten der Unternehmen höher, weil die Kosten in die Herstellungskosten und mithin in die Preise der Güter (Ware, Leistungen) miteinkalkuliert werden.
Auf solche Weise   wirken sich die Liefer- bzw. Transportkosten auf die Warenumsätze und die Produktivität der Unternehmen aus.

Es ist ohne Unterschied, zu welchem Bereich der Volkswirtschaft ein Unternehmen gehört, müssen alle Unternehmen auf die Modernisierungen bzw. Verbesserrungen der Gebrauchswerte und vor allem der Qualität der Güter (Ware, Leistungen) und die Intensität ihrer Produktion setzen, um wettbewerbsfähiger zu sein.
Unternehmen, die das nicht schaffen, werden ihre Herstellungskosten nicht reduzieren können, und die Konkurrenz gegen die anderen Unternehmen verlieren.


## 31.2. Millionen-Gehälter der Vorsitzenden bzw. der Manager der Unternehmen als Ursache der Wirtschaftskrise


Da ich die Millionen-Gehälter der Manager der Unternehmen für eine Ursache der Wirtschaftskrise halte, habe ich schon in meinem ersten Buch ›Philosophie – Wissenschaft zur Aufklärung der Ursachen der Wirtschaftskrise‹ (2005) auf die Wichtigkeit der Regelung der Höhe der Millionen-Gehälter für die Leistungen der Manager der Unternehmen, einschließlich der Kreditinstitute aufmerksam gemacht.
Damals schrieb ich:
›Wie gesagt, ich sehe den Schlüssel zur Überwindung der Krise in folgenden Maßnahmen:
- Sicherung der ökonomischen Privatautonomie der Unternehmen in Form meines Vorschlags im Abschnitt – 9, zu gewährleisten.
- Die Staatseinnahmen durch die Mineralöl- und Stromsteuer bzw. Ökosteuer zu reduzieren.
- Die Beschränkung der Personalaufwendungen der Unternehmen, deren Manager Millionen-Gehälter beziehen, durchzuführen‹. [34]
Meine Position an Bedarf der Regelung durch die Gesetze des Staates der Höhe der Millionen-Gehälter der Manager der Unternehmen habe ich im Abschnitt: ›Beschränkung der Personalaufwendungen der Unternehmen‹ begründet.

---

[34] Hahn, W.: ›Philosophie – Wissenschaft zur Aufklärung der Ursachen der Wirtschaftskrise‹, Verlag ›Mein Buch‹, Hamburg 2005, Seite 112.

Das war damals und ist bis heute noch für mich ein sehr bewegender Erörterungsgegenstand geblieben, weil damit unwillkürlich die Frage kommt, ob dadurch gegen die Freiheit der Eigentümer der Unternehmen (Unternehmer, Manager), gegen die Autonomie der Entscheidungen ihrer Geschäftsführungen nicht verstoßen wird.

Ich stellte mir damals die Frage, ob solch eine Maßnahme rechtmäßig, zumutbar und gerecht würde?
Um auf die Fragen eine vernünftige Antwort zu finden, nahm ich mir Zeit und studierte die Monographie von F. A. v. Hayek ›Die Verfassung der Freiheit‹ und ›Die Grundrechte‹ des Deutschen Grundgesetzes.
Hier führe ich ein paar Zitate von F. A. v. Hayek an, um die Zweckmäßigkeit der Beschränkung der ›Personalaufwendungen‹ der Unternehmen, die durch die Millionen-Gehälter der Manager usw. entstehen, zu rechtfertigen.

›Damit ein Mensch in der Verfolgung seiner Ziele Vernunft und Wissen wirksam gebrauchen kann, muss er die Bedingungen seiner Umgebung ungefähr voraussehen und bei einem Plan für sein Handeln bleiben können‹, so Hayek. [35]

Wenn man über den Gebrauch von Vernunft und Wissen bei den Handlungs- und Rechtsgeschäften der Wirtschaftssubjekte (Unternehmen, einzelne Unternehmer) während der Warenproduktion redet, dann sollte man zunächst von den Regeln ausgehen, die ihnen durch die Gesetze des Staates und in der ersten Linie durch das Deutsche Grundgesetz vorgeschrieben sind.

Ich zitiere den Artikel 14 des Deutschen Grundgesetzes und lege meine Interpretation dazu da.
Artikel 14 des Deutschen Grundgesetzes lautet:
›(1) Das Eigentum und das Erbrecht werden gewährleistet. Inhalt und Schranken werden durch die Gesetze bestimmt.
(2) Eigentum verpflichtet. Sein Gebrauch soll zugleich dem Wohle der Allgemeinheit dienen‹. [36]
Um mit dem Gesetzestext klar zu kommen, wende ich die sprachlich-grammatikalische Auslegung an.
Was heißt sprachlich-grammatikalische Auslegung?
›Ausgangspunkt dieser Auslegung ist der Gesetzeswortlaut und der dahinter stehende Wortsinn, wie er sich aus dem allgemeinen und dem juristischen Sprachgebrauch und den Regeln der Grammatik ergibt.

---

[35] F. A. v. Hayek, ›Die Verfassung der Freiheit‹, J. C. B. Mohr (Paul Siebeck) Tübingen, 1991, Seite 27.
[36] Grundgesetz, Deutscher Taschenbuch Verlag, 2002, Seite 19.

Sofern der Gesetzgeber nicht selbst eine Definition bestimmter Begriffe bereithält, gilt grundsätzlich für die Auslegung juristischer Fachausdrücke der Sprachgebrauch der Juristen und sekundär der allgemein Sprachgebrauch.‹ [37]

Jetzt betrachten wir uns die Interpretation des Wortsinnes ›zugleich‹ aus dem Wörterbuch:
›Zugleich: Uw.: gleichzeitig: eins mit dem andern zusammen.‹ [38]
Aus dem Inhalte der Normen des Deutschen Grundgesetzes zog ich Schlussfolgerung, an deren Wiederholung ich den Bedarf finde:
- Aus dem Wortsinn ›zugleich‹ folgt, dass der Gebrauch von Eigentum sowohl den Unternehmen selbst als auch dem Wohle der Allgemeinheit dienen soll, nämlich den Unternehmen, dem Staat und den privaten Haushalten bzw. Bürgern.
- Das Eigentum kann dem Wohle der Allgemeinheit nur dann dienen, wenn es in Form von Kapital bei den Unternehmen angelegt wird, und würde zur Schaffung sowohl der Arbeits- und Ausbildungsplätze als auch zum Erzielen der Gewinne der Unternehmer beitragen, und während ihrer Tätigkeit würden die Unternehmen an den Staat verschiedene Staatseinnahmen, einschließlich die Lohn- und Einkommensteuer abführen.

Auf solche Weise kann das Eigentum zugleich sowohl den Unternehmen als auch dem Wohle der Allgemeinheit dienen.
Daraus entspringt meine Auffassung an Bedarf der Regelung der Höhe der Millionen-Gehälter der Manager, und das ist zugleich meine Antwort auf das Zitat von Hayek.
- Jeder Unternehmer muss die Bedingungen seiner Umgebung ungefähr voraussehen und bei einem Plan für seine Handlungen nur dann bleiben, wenn seine Handlungen zugleich dem Wohle der Allgemeinheit dienen können.
Als Ausnahme betrachte ich die Handlungen der einzelnen Unternehmer, bei denen ihr Unternehmen nur für den Lebensunterhalt ihrer Familie dient.

- Meines Erachtens ist ein rationaler Gebrauch von Vernunft und Wissen nur dann vorhanden, wenn deren Gebrauch mit Rücksicht auf die geltenden Gesetze des Staates den Wirtschaftssubjekten (Unternehmen, Unternehmer) und zugleich dem Wohle der Allgemeinheit dienen kann.
Wenn vorsätzliche Handlungen der Geschäftsführer bzw. der Manager der Unternehmen zur Krise in der Volkswirtschaft und mithin in der Weltwirtschaft führen, dann kann man nur von einem unvernünftigen und einem unwissenschaftlichen Gebrauch des Eigentums reden.

---

[37] BGB Allgemeiner Teil I, Studium Jura, Verlag C. H. Beck, München 1996, Seite 134.
[38] Das neue deutsche Wörterbuch, Wilhelm Heyne Verlag München, 1997, Seite 1054.

Jetzt führe ich ein anderes Zitat von F. A. v. Hayek an, um, wie gesagt, die Zweckmäßigkeit der Beschränkung der ›Personalaufwendungen‹ der Unternehmen, die durch die Millionen-Gehälter der Manager usw. entstehen, zu rechtfertigen.

›Der Zwang, den der Staat immer noch ausüben muss, ist dadurch auf ein Minimum verringert und so unschädlich wie möglich gemacht, dass er durch bekannte allgemeine Regel beschränkt ist, so dass der Einzelne in den meisten Fällen nie gezwungen zu werden braucht, wenn er sich nicht selbst in eine Lage versetzt hat, von der er weiß, dass er gezwungen wird,‹ so Hayek. [39]

Mit diesem Abschnitt bezwecke ich die Menschen zu überzeugen, dass die Beschränkung der ›Personalaufwendungen‹ der Unternehmen, die durch die Millionen-Gehälter der Manager usw. entstehen, eine rechtmäßige, zumutbare und gerechte Maßnahme wäre.

Man hätte durch solch eine Maßnahme die Ursache der Wirtschaftskrise nicht nur in einer Volkswirtschaft, sondern auch in der Weltwirtschaft überwinden können.

Versinken wir Mal in den Gedanken über den Wortsinn des angeführten Zitats von Hayek, in dem er schreibt, dass der Zwang, den der Staat immer noch ausüben muss, auf ein Minimum verringert wurde, …, so dass der Einzelne in den meisten Fällen nie gezwungen zu werden braucht, wenn er sich nicht selbst in eine Lage versetzt hat, von der er weiß, dass er gezwungen wird.

*Aus dem Wortsinn folgt, dass die Geschäftsführer bzw. die Manager der Unternehmen, die sich durch das Erzielen der Millionen-Gehälter selbst in so eine Lage versetzen, können im Interesse der Volkswirtschaft durch den Zwang des Staates, nämlich durch die Gesetze des Staates in eine andere Lage versetzt werden.*

Heutzutage ist solch eine Maßnahme schon dadurch rechtfertigt, dass die Zugehörigkeit der Millionen-Gehälter der Manager der Unternehmen zu einer Ursache der Weltwirtschaftskrise offenbar geworden ist.

Sollten die Personalaufwendungen der Unternehmen, die durch die Millionen-Gehälter den Unternehmen entstehen, durch die Gesetze des Staates nicht beschränkt werden, dann wird in der Zukunft dadurch wieder eine Volkswirtschaft und folglich die ganze Weltwirtschaft in eine neue Krise stürzen.

---

[39] F. A. v. Hayek, ›Die Verfassung der Freiheit‹, J. C. B. Mohr (Paul Siebeck) Tübingen, 1991, Seite 28.

Um meine Leser von der Rechtfertigung so einer Maßnahme zu überzeugen, habe ich in vielen Fällen in meinen Buechern (2005, 2006) den Standpunkt von F. A. v. Hayek über die ›Freiheit‹ aus seinem Werk ›Die Verfassung der Freiheit‹ zitiert.

Aber nach vier Jahren hat sich unsere Volkswirtschaft sowie die Weltwirtschaft so verändert, dass jeder Leser solch eine Maßnahme, wie Beschränkung der ›Personalaufwendungen‹ der Unternehmen, die durch die Millionen-Gehälter der Manager den Unternehmen entstehen, akzeptieren würde.


## 31.3. Drastische Kürzungen oder Erhöhungen der Vergütungen der Arbeitnehmer als Ursache der Wirtschaftskrise


Arbeitnehmerentgelt (Gehälter, Löhne) ist die wichtigste Quelle von Einkommen der meisten privaten Haushalten bzw. Bürgern und von daher ist es auch das erstrangige Äquivalent bzw. Gegenwert der Güter (Ware, Leistungen) mit ihren Preisen auf den Märkten.

Deshalb behaupte ich in jedem meinem Buch, dass es von enormer Bedeutung für die Warenumsätze und Produktivität der Unternehmen der ganzen Volkswirtschaft ist, wenn das Arbeitnehmerentgelt zwischen den privaten Haushalten nach Angeboten und Nachfragen auf die Arbeitskräfte mit Rücksicht auf die Qualifikationen und die Erfahrungen der Arbeitnehmer verteilt wird.

Arbeitnehmerentgelt ist der größte Teil der Einkommen der privaten Haushalte und deshalb spielt es auch wichtige Bedeutung für die Bildung der gesamtwirtschaftlichen Nachfrage der Kunden auf die Güter (Ware, Leistungen) der Unternehmen auf den Märkten.
Je höher sollte die Nachfrage der Kunden auf die Güter (Ware, Leistungen) sein, desto höher werden auch die gesamtwirtschaftlichen Angebote der Güter (Ware, Leistungen) der Unternehmen.

Für die positive Bildung der Realeinkommen und mithin des Wertes und der Kaufkraft der Währung bzw. des Geldes ist immer wichtig, dass das Arbeitnehmerentgelt (Gehälter, Löhne) rational zwischen den privaten Haushalten des ganzen Landes verteilt wird.
Sollte das Arbeitnehmerentgelt in meisten Unternehmen einer Volkswirtschaft drastisch senken, dann kann es zur Deflation der Währung kommen.

Die Marktpreise der Güter (Ware, Leistungen) werden senken und die Unternehmen werden nicht kostendeckend produzieren können. Die Warenumsätze und die Produktivität der Unternehmen werden zum Rückgang kommen.
Solche Maßnahmen werden zur Folge Wirtschaftskrise haben.
Sollte das Arbeitnehmerentgelt in meisten Unternehmen einer Volkswirtschaft deutlich steigen, dann kann es zur Inflation der Währung kommen.

Die Marktpreise der Güter (Ware, Leistungen) werden steigen. Die Warenumsätze der Unternehmen werden auch steigen. Aber nach und nach werden die Herstellungskosten der Unternehmen steigen und es wird schwieriger kostendeckend produzieren können.
Die Produktivität der Unternehmen wird allmählich zum Rückgang kommen.
Solche Maßnahmen werden zur Folge Wirtschaftskrise haben.

Schon in meinem ersten Buch hielt ich die Millionen-Gehälter der Manager der Unternehmen für die ›bestimmten Ursachen‹ der Wirtschaftskrise, die zur Folge die Verdrängungen der Arbeitsplätze mit gesetzlichen Sozialversicherungen hatten.

Die zu hohen Staatseinnahmen der Unternehmen haben dazu geführt, dass die ehemalige rot-grüne Bundesregierung mit ihrer Lohn- und Arbeitsstellenpolitik statt die Staatseinnahmen der Unternehmen zu reduzieren, Arbeitsplätze mit geringen Vergütungen (Löhne, Gehälter) legitimiert hat, wie:
- Arbeit der Arbeitnehmer ohne Lohnausgleich.
- Erfindung des Ein-Euro Jobs.
- Geringfügige Beschäftigung bzw. Mini-Job.
- Arbeit der Arbeitnehmer bei den Verleiher-Unternehmen für fürchterlich niedrige Stundenlöhne.
- Andere verschiedene Formen der Kürzungen der Stundenlöhne der Arbeitnehmer.

Unter Anwendung der statistischen Daten zeigte ich, dass seit 2003 die Tendenz zu Kürzungen der Arbeltnehmerentgelte (Löhne, Gehälter) zugenommen hat.

Viele Arbeitsplätze mit gesetzlichen Sozialversicherungen sind durch Unternehmen abgeschafft worden, und stattdessen sind Arbeitsplätze gegen geringfügiges Arbeitnehmerentgelt, wie z. B. Mini – Job gegründet worden, deren Arbeitnehmer auf die Leistungen des Staates angewiesen sind.

Viele Unternehmen schaffen zwar Arbeitsplätze mit gesetzlichen Sozialversicherungen, aber die Löhne der Arbeitnehmer sind so niedrige, dass viele von ihnen auf die Hilfe durch den Staat angewiesen sind.

Ich betone immer, dass wenn im Gesetz des Landes eine Lücke besteht, dann wenden die Arbeitgeber sofort solche Gesetze an, um das Gesetz in ihren Interessen zu interpretieren und die Arbeitnehmer auszubeuten, um ihr Vermögen zu vermehren.
In den letzten Jahren werden die Zuwanderer aus osteuropäischen (Rumänien, Bulgarien, Albanien, Kosovo) Ländern, aus Griechenland und anderen Ländern der Europäischen Union sowie aus den afrikanischen Ländern gegen billige Gehälter, Löhne eingestellt und ausgebeutet.

Die Arbeitgeber nutzen die schwierige Lage der Einwanderer aus und schließen mit ihnen Werkverträge ab. Ja, mit ihnen werden nicht Arbeitsverträge, sondern Werkverträge abgeschlossen; obwohl die Arbeiter ganz normale Arbeitsverhältnisse mit den Unternehmen eingehen.

Statt die Normen der Gesetze über Dienst- bzw. Arbeitsverhältnisse anzuwenden, wenden einige Arbeitgeber die Normen zum Werkvertrag an.
So wird die ›Lohndumping‹ durchgesetzt, wodurch die Löhne deutlich unter Tarifen eingestuft werden.

In der Gesellschaft wird die Kluft zwischen Armut und Reichtum immer tiefer. Auf einer Seite werden immer mehr reiche Unternehmer, die sogar zu Millionären werden und auf der anderen Seite werden immer mehr arme Arbeitnehmer mit ihren Familienmitgliedern.

Es werden immer weniger private Haushalte bzw. Bürger, die zur Mittelschicht gehören, sein, weil sie entweder reich oder verarmt werden.
Die Unternehmen bzw. die einzelnen Unternehmer sind sich sicher, dass sie auf Grund so einer Lohn- und Arbeitsstellenpolitik der Bundesregierung ihre Gewinne durch Ausbeutung der Arbeitnehmer erzielen können.

Deshalb können Unternehmen (Unternehmer) die Marktpreise für ihre manche Güter (Ware, Leistungen) stabil behalten oder sogar erhöhen, obschon ein Teil ihrer Güter (Ware, Leistungen) nicht veräußert wird; besonders sind es die Nahrungsmittel, weil sie verderben.

Unternehmen können ihre Gewinne durch die Schaffung der billigen Arbeitsplätze erzielen, in dem sie die Arbeitnehmer gegen niedrige, nämlich dem Äquivalent nicht entsprechende Arbeitnehmerentgelte (Löhne, Gehälter) einstellen.
Auf solche Weise wirkt sich solche Lohn- und Arbeitsstellenpolitik der Bundesregierung bzw. der Regierung jedes Landes negativ auf die freie Marktwirtschaft aus.

Es entspricht vernunftgemäßem Verhalten, wenn ein Mensch mit den ihm gegebenen Mitteln (Geld, Kapital) einen möglichst großen Gewinn oder mit einem möglichst geringen Einsatz von solchen Mitteln einen bestimmten Gewinn zu erzielen strebt, nämlich einen Gewinn, der allgemein üblich für die entsprechenden Branchen der Volkswirtschaft und sogar der Weltwirtschaft ist.
Aber es darf den Unternehmen (Unternehmer) nicht erlaubt werden, ihre Gewinne durch Ausbeutung der Arbeitnehmer zu erzielen.

## 31.4. Einfluss der gesetzlichen Mindestlöhne der Arbeitnehmer auf die Handlungen der Arbeitgeber und ihre Bedeutung für die Entwicklung der Volkswirtschaft

Meine Position über die gesetzlichen Mindestlöhne für die Arbeitnehmer legte ich schon im ersten Buch dar, in dem ich mich darüber auf den Seiten 89. - 90. geäußert habe.
Mit der Rücksicht auf die enorme Bedeutung der Mindestlöhne der Arbeitnehmer für die Entwicklung der Volkswirtschaft habe ich meine Position dazu umfassend im Buch ›Axiome der Dialektik in Produktionsverhältnissen‹ auf den Seiten 150. – 153. beschrieben.

Sollte sich die Anordnung der gesetzlichen Mindestlöhne auf alle Branchen der Volkswirtschaft ausbreiten, dann werden die Personalaufwendungen der Unternehmen schrittweise eine Tendenz zu ihren Senkungen annehmen, und das Arbeitnehmerentgelt als Teil der Nettowertschöpfung des Produktionswertes des Sozialproduktes wird sich auch vermindern, weil die Arbeitgeber (Unternehmen, Unternehmer) nach und nach zu dieser Form der Vergütungen ihrer Arbeitnehmer wechseln werden, nämlich als normale bzw. übliche, dem Arbeitsgesetz entsprechende Löhne, Gehälter praktizieren würden.

Auf solche Weise wird sich durch die Anwendung der gesetzlichen Mindestlöhne die Antiproportionalität in den oben genannten Verhältnissen verstärken, deren Auswirkungen zum Verlust der Kaufkraft des Geldes und zur Geldentwertung herbeiführen werden, was zum Rückgang der Warenumsätze und mithin zur Senkung der Produktivität der Unternehmen und folglich zum Arbeitsstellenabbau führen würde.
Ich halte die Mindestlöhne als Vergütungen für diejenige Arbeitnehmer, die bei Unternehmen (Unternehmer) einen Neuanfang bzw. eine Neueinstellung haben.

Aber dies sollten keine gesetzlichen Mindestlöhne sein, sondern Mindestlöhne, die auf Grund der Tarifverträge angewandt werden.
Zunächst, wird durch die gesetzlichen Mindestlöhne, die für eine ganze Branche bzw. sogar für einige Branchen der Volkswirtschaft gelten würden, nach und nach zu Veränderungen der Proportionalität in oben genannten ökonomischen Verhältnissen der Unternehmen führen, deren Folgen ich schon beschrieben habe.

Zweitens, durch die Anwendung der gesetzlichen Mindestlöhne wird gegen die Gebrauchswerte der Arbeitskräfte der Arbeitnehmer verstoßen.
Das heißt, dass im Endeffekt gegen das Streben der Menschen nach Vermögensvermehrung verstoßen wird.
Arbeitnehmerentgelte (Löhne, Gehälter) sollten nach den Gebrauchswerten der Arbeitskräfte von Arbeitnehmer bestimmt werden.

Nur auf solche Weise kann das Erfordernis der Wirkung des Axioms der Äquivalenz in Produktionsverhältnissen gesichert werden, d. h. dass das eigentliche Äquivalent für die Güter (Ware, Leistungen) der Unternehmen nur auf dem Wege der freien Marktwirtschaft geschaffen werden soll.
Wie gesagt, Arbeitsverträge sollten nur durch die Angebote der Arbeitskräfte und die Nachfragen nach ihnen, und einschließlich durch die Willenserklärungen der Vertragsparteien zustande kommen.

Beim Abschließen der Arbeitsverträge sollten z. B. folgende Gebrauchswerte der Arbeitnehmer in Betracht genommen werden:
- Qualifikation.
- Berufsausbildung.
- Fachliche Kenntnisse.
- Fachliche Erfahrung.
- Alter der Arbeitnehmern (Arbeiter, Angestellte).
- Arbeitsfähigkeit, Brauchbarkeit usw..

Und wenn für viele ungleiche Arbeitskräfte (bei Verschiedenheit ihrer Gebrauchswerte) gleiche Vergütungen (Löhne, Gehälter) bestimmt werden, dann würden die gesetzlichen Mindestlöhne sowohl gegen die Erfordernisse des Axioms der Äquivalenz als auch gegen andere Axiome verstoßen.
Dadurch werden viele Menschen Interesse für Berufsausbildung verlieren, was unserer Gesellschaft nach und nach einen großen Schaden herbeiführen würde.

Aus meiner Sicht sollten Vorschriften über Mindestlöhne für Arbeitnehmer durch Verträge auf der oberen Ebene zwischen Arbeitgeberverband und der Deutschen Gewerkschaften zustande kommen.

Auf Grund solcher Vereinbarungen sollten die Tarifverträge zustande kommen und folglich sollten bei Unternehmen zwischen den Geschäftsführungen und den Betriebsraten Maßnahmen über die Mindestlöhne in ihren Unternehmen getroffen werden.

Somit sollten von der einen Seite dafür die Organe der Arbeitgeber (Unternehmen, Unternehmer), und von der anderen Seite die Organe der Arbeitnehmer (Gewerkschaften, Betriebsraten) zuständig sein.

Aus meiner Sicht ist die Aufgabe der Bundesregierung das Gesetz über das Verfahren zum Abschließen der oben genannten Vorschriften hinsichtlich der Mindestlöhne zu verabschieden.

Die Bundesregierung sollte begreifen, dass es nicht ihre Aufgabe ist, den Arbeitgebern (Unternehmen, Unternehmer) die Mindestlöhne für ihre Arbeitnehmer durch die Gesetze anzuordnen.

Wie gesagt, es ist die Aufgabe der Vertragsparteien und zwar:
- Auf der höchsten Ebene zwischen einerseits, dem Arbeitgeberverband und andererseits, der Deutschen Gewerkschaft, einschließlich ihren Wirtschaftszweigen.
- Auf Grund dessen Vereinbarungen sollten Maßnahmen zwischen den Geschäftsführungen der Unternehmen und ihren Betriebsraten getroffen werden.
- Und auf der unteren Ebene sind es die Arbeitgeber (Unternehmen, Unternehmer) und die Arbeitnehmer beim Abschließen der Arbeitsverträge, die sich an die Vorschriften der oben genannten Instanzen halten müssen.

Das heißt, dass die Inhalte der Arbeitsverträge hinsichtlich der Höhe der Vergütungen (Löhne, Gehälter) der Arbeitnehmer den Tarifverträgen und den anderen Vorschriften der oben genannten Instanzen entsprechen sollten.

Durch die Arbeitsgesetze sollte man gleichzeitig die Merkmale über die sittenwidrige Rechtsgeschäfte in Bezug auf die Arbeitsverhältnisse etwas konkreter und deutlicher formulieren, um die Arbeitnehmer vor der Ausbeutung durch die Arbeitgeber (Unternehmen, Unternehmer) zu schützen.

Die Gesetze über die Höhe der Mindestlöhne müssen gleiche Geltung für alle Unternehmen (Unternehmer) haben, einschließlich für die Verleiher-Unternehmen. Sollte sich die Geltung der Gesetze über die Höhe der Mindestlöhne auf die Verleiher-Unternehmen nicht erstrecken, dann werden die Arbeitnehmer weiterhin bei den Verleiher-Unternehmen ausgebeutet.

Höhe der Arbeitnehmerentgelte (Gehälter, Löhne) müssen durch die Arbeitsverhältnisse nach den Angeboten der Arbeitskräfte und nach den Nachfragen nach ihnen, sowie unter dem strengen Beachten der Willenserklärungen der Vertragsparteien bestimmt werden.

Das ist das Gesetz der freien Marktwirtschaft, das gleichermaßen für den Arbeitsmarkt gilt, weil hier der Anfang der Bildung der Kaufkraft und des Wertes des Geldes ist.

## 32. Die ökonomische Kategorie ›Die Marktwirtschaft‹ und die Lohn- und Arbeitsstellenpolitik der Bundesregierung

Während der letzten Wahlkampagne hat Bundeskanzlerin Dr. Angela Merkel (CDU) immer wieder versprochen, dass die Politik ihrer neuen Bundesregierung im Falle des Wahlsiegs auf der Grundlage der Marktwirtschaft aufgebaut wird.

Was bedeutet das?
Das bedeutet:
- Dass sich die Marktpreise der Güter (Ware, Leistungen) der Unternehmen, einschließlich die Leistungen der Kreditinstituten nach den Angeboten der Güter (Ware, Leistungen) und den Nachfragen nach ihnen, mit Rücksicht auf ihre Gebrauchswerte sowie unter strengem Beachten der Willenserklärungen der Vertragsparteien bilden sollten.
- Dass die Höhe der Arbeitnehmerentgelte (Löhne, Gehälter) der Arbeitnehmer nach den Angeboten der Arbeitskräfte und den Nachfragen nach ihnen, mit Rücksicht auf ihre Gebrauchswerte sowie unter strengem Beachten der Willenserklärungen der Vertragsparteien (Arbeitgeber und Arbeitnehmer) bilden sollten.

Für den Arbeitsmarkt bedeutet die Politik der Marktwirtschaft, dass sich durch die Arbeitsverhältnisse das Axiom ›Äquivalent für Äquivalent‹ sowohl auf die Millionen-Gehälter der Manager der Unternehmen, einschließlich der Manager der Kreditinstitute als auch auf die Höhe der Mindestlöhne der Arbeitnehmer erstrecken sollte.

Politik nach der Marktwirtschaft heißt, dass sich auf allen Märkten und einschließlich auf dem Arbeitsmarkt mehr und mehr die Handlungs- und Rechtsgeschäfte der Unternehmen nach den Grundsätzen der freien Marktwirtschaft ereignen sollten.

Aufgabe der Bundesregierung ist solche Gesetze über die Staatseinnahmen und über die Staatsausgaben zu verabschieden, die die Auswirkungen des Axioms der Äquivalenz und der anderen Axiome, die die Entwicklungen der Produktionsverhältnisse der Unternehmen bewirken, fördern würden. Zugleich ist besonders wichtig auch die richtige Lohn- und Arbeitsstellenpolitik zu bestimmen.

Die Lohn- und Arbeitsstellenpolitik, die zur Reduzierung der Herstellungskosten der Unternehmen durch die verschiedenen Formen der Kürzungen der Arbeitnehmerentgelte (Löhne, Gehälter) der Arbeitnehmer (Angestellte, Arbeiter), die viele Wirtschaftswissenschaftler, Politiker und Unternehmer unterstützen, ist eine falsche Politik, die die Volkswirtschaft und mithin die Weltwirtschaft in eine neue Krise zieht.

Man kann fehlerfreie, richtige Gesetze über Arbeitsverhältnisse (Dienstverhältnisse) hinsichtlich der Lohn- und Arbeitsstellenpolitik der Unternehmen, Gesetze über Staatseinnahmen (Steuersystem, Sozialversicherungssystem), Gesetze über Kreditgeschäfte der Kreditinstitute usw. nur dann verabschieden, wenn durch ihre Normen die Auswirkungen des Axioms der Äquivalenz und der anderen Axiomen in Produktionsverhältnissen der Unternehmen mehr beeinflusst werden, um dadurch effektvoller die Entwicklungen der Wirtschaftssubjekte der Volkswirtschaft zu fördern.

Falls beim Verabschieden solcher Gesetze die Erfordernisse des Axioms der Äquivalenz und die der anderen Axiomen ignoriert werden, dann werden solche Gesetze den Entwicklungen der Volkswirtschaft schaden und sie allmählich in eine neue Krise stürzen.

Jede Maßnahme der Bundesregierung kann nur dann positive Ergebnisse herbeiführen, wenn durch ihre Verwirklichung gegen die Wirkung des Axioms der Äquivalenz und andere Axiomen nicht verstoßen wird.
Sollte man durch solche Maßnahmen der Bundesregierung direkt in die oben genannten Verhältnisse positiv eingreifen, dann wird die Aufwärtsentwicklung der Volkswirtschaft weniger Zeit beanspruchen, weil dadurch eine stabile Entwicklung der Volkswirtschaft gefördert würde.

Gesetze der Bundesregierung, durch deren Geltung die Lohn- und Arbeitsstellenpolitik nicht verändert werden, können die Volkswirtschaft zur konjunkturellen Aufwärtsentwicklung ankurbeln, aber die Kluft zwischen Armut und Reichtum wird sich weiterhin vertiefen und dementsprechend wird unsere Volkswirtschaft nach und nach in eine neue Krise stürzen.

## 32.1. Werkvertrag als Werkzeug zur Ausbeutung der Menschen

Sowohl in Deutschland als auch in anderen Ländern der Europäischen Union wird durch die Einsätze der Arbeiter zu Beschäftigungen bei Herstellungs-Unternehmen durch die Werkverträge gegen die Menschenrechte verstoßen.

Dadurch wird auch gegen die Rechte der Länder verstoßen. Hiermit begründe ich meine Position und mache einen Vorschlag zur Ergänzung des Deutschen Bürgerlichen Gesetzbuches.

In Niedersachsens Schlachthöfen und auch anderen herrschen schon viele Jahre Netto-Stundenlöhne von weniger als vier Euro.

Die Kosten für die Arbeitskleidung und ihre Reinigung werden manchen Arbeitern vom Lohn abgezogen. Übernachtungen der Arbeiter in billigen Bruchbuden werden immer teurer. Sogar für die Arbeitsgeräte werden Kosten für ihre Miete abgezogen. In der Branche heißt das dann ›Messergeld‹.

Von besseren Arbeitsbedingungen will die Fleischindustrie trotz massiven Drucks von Politikern und Gewerkschaften nichts wissen.

In Ernährungsbranchen sind mehr als halbe Millionen Leih- oder Werkvertragsarbeitnehmer/innen beschäftigt.

Mehr als eine Million Menschen arbeiten demnach als Leiharbeiter oder mit Werkverträgen für die Metall- und Elektroindustrie.

In der Automobilindustrie kommen zu Einsätzen fast die Hälfte der Arbeiter als Leiharbeitskräfte und Werkvertragsbeschäftigte. Die Autohersteller, wie VW, Daimler, BMW setzen für die technische Entwicklung immer mehr Ingenieure über Werkverträge ein. Werkverträge boomen. Die Herstellungs-Unternehmen weichen auf diese Form der Beschäftigung aus, um den im Tarifvertrag ausgehandelten Lohnsteigerung für die Leiharbeiter zu entgehen sowie die Zuschläge zu umgehen.

In den Unternehmen der Werf- und Stahlindustrie werden ebenso viele Werkvertragsbeschäftigte angeheuert.

261

Das ist das System der sogenannten Werkverträge, mit denen das deutsche Arbeitsrecht systematisch unterlaufen wird. Werkverträge entwickeln sich nach der Leiharbeit zum neuen Billiglohnmodel. Dabei setzen die Branchen längst auf die frühkapitalistischen Arbeitsbedingungen – mit den Werkverträgen, die oft an Subunternehmen aus osteuropäischen Niedriglohnländern, wie Rumänien, Bulgarien vergeben werden.

Das Lohnniveau wird dadurch massiv nach unten gedrückt. Das ist ein Anschlag auf die soziale Marktwirtschaft. Bei Einsätzen der Arbeiter zu Beschäftigungen durch die Werkverträge zahlen die Subunternehmen keine Sozialversicherungsbeiträge an Staat. Der Staat verliert dadurch Millionen und vielleicht Milliarden EURO. Weder die Landesregierung noch die Bundesregierung noch das Bundesverfassungsgericht noch der Bundesgerichtshof tun nichts dagegen.

Wo ist dann der Rechtsstaat von Bundesrepublik Deutschland?

Gegründete in Rumänien oder Bulgarien Subunternehmen überlassen per Werkverträgen die Leute an die großen Unternehmen von Deutschland und dadurch verdienen ihre Bosse Millionen.

Das wird unsere Volkswirtschat in eine große Katastrophe stürzen, weil das Geld an die ›Bossen‹ ins Ausland fließt und die miserable Vergütungen, die die Arbeitnehmer für ihre geleistete Arbeit bekommen, bleibt in Deutschland und kommt auf den Binnenmarkt von Deutschland.

Und das Schlimmste ist, dass es nach und nach zur kräftigen Abhängigkeit der Herstellungs-Unternehmen von Subunternehmen kommen wird. Die Abhängigkeit wird immerfort wachsen.

Die Subunternehmen werden sich ununterbrochen und schnell wie ›Geschwür‹ zu organisierten Syndikaten entwickeln, was Mafia heißt, die über kurz oder lang auf den größten Teil der Arbeitsmärkte vieler Länder der Europäischen Union ihren Einfluss ausüben werden.

Beim Schreiben des Buches stellte ich mir folgende Fragen:
Sind die Deutsche Juristen bzw. die Deutsche Richter nicht Stolz auf ihren Beruf, der ihnen das Recht einräumt, sich für den Rechtsstaat von Bundesrepublik Deutschland einzusetzen und das Land und die Bevölkerung von Ausbeutungen und Missbrauchen zu schützen?
Sind die Deutschen Politiker, Abgeordneten und unsere Bundesregierung bzw. Landesregierungen nicht Stolz auf ihren Beruf, den sie für die Bevolkerung und fur das Land ausüben?

Um das Land und die Bevölkerung von Ausbeutungen und Missbrauchen zu schützen, sollte man sich zunächst gegen die Verstoßen der Gesetze einsetzen.

Man kann sich doch nicht gleichgültig benehmen, wenn die Gesetze mit Füßen getreten und Millionen Menschen sowie der Rechtsstaat von Bundesrepublik Deutschland ausgebeutet werden.

Während des Schreibens des Buches nahm ich mir vor, unter der Anwendung der Auslegungsmethoden, wie sprachlich-grammatikalische, systematische und teleologische Auslegungen, eine deutliche Abgrenzung zwischen dem Arbeitsvertrag und dem Werkvertrag zu machen.

Dass das verschiedene Rechtsverhältnisse sind, ist mir klar, aber ich musste die Abgrenzung so durchführen, damit meine Leser davon überzeugt werden.
Diese Rechtsverhältnisse werden durch verschiede Rechtsgebiete des Bürgerlichen Gesetzbuches geregelt.

Mit dem Titel 9 ›Werkvertrag und ähnliche Verträge‹, §§ 631-651 des BGB bezweckt der Gesetzgeber die Regelung der Rechtsverhältnisse zwischen dem Besteller und dem Hersteller des Werkes.

Und die Rechte und Pflichte der Arbeiter bei ihrer Arbeit bzw. ihrer Dienstleistung sind nach dem Titel 8 ›Dienstvertrag‹ bzw. Arbeitsvertrag, §§ 611-630 des BGB zu regeln.

Die Rechtsverhältnisse werden nicht nur nach dem Zivilrecht von Bundesrepublik Deutschland durch die Normen der verschiedenen Rechtsgebiete des Bürgerlichen Gesetzbuches geregelt.

Von Beruf bin ich Jurist aus der ehemaligen Sowjetunion und weiß Bescheid, dass diese Rechtsverhältnisse genauso in allen Ländern der ehemaligen Sowjetunion geregelt werden. Das habe ich noch an Universität studiert.
Und ich bin zur Überzeugung gekommen, dass man nicht nur eine Abgrenzung zwischen den beiden Verträgen machen soll. Das wäre für die Nicht - Rechtsgehorsamen Menschen zu wenig. Man muss für solche Menschen die Konstruktion vom § 631 des Bürgerlichen Gesetzbuches ändern.

Die Konstruktion des § 631 des Bürgerlichen Gesetzbuches von Deutschland macht nicht ganz deutlich den Gegenstand des Werkvertrags. Das ermöglicht den Nicht - Rechtsgehorsamen Menschen die Lücke im Gesetz auszunutzen und nach ihrem Belieben den § 631 des BGB zu interpretieren und die Arbeiter auszubeuten.

Zunächst zitiere ich den § 631 des Bürgerlichen Gesetzbuches von Deutschland:
› § 631 Vertragstypische Pflichten beim Werkvertrag (1) [1]Durch den Werkvertrag wird der Unternehmer zur Herstellung des versprochenen Werkes, der Besteller zur Entrichtung der vereinbarten Vergütung verpflichtet.
(2) [1]Gegenstand des Werkvertrags kann sowohl die Herstellung oder Veränderung einer Sache als auch ein anderer durch Arbeit oder Dienstleistung herbeizuführender Erfolg sein‹ [1]

Aus meiner Sicht sollte § 631 mit dem Absatz (3) ergänzt werden.
Ich habe ihn folgendermaßen konstruiert:
**(3) [1]Gegenstand des Werkvertrags können weder die gewerbsmäßig anfertigende Güter (Ware, Leistungen) der Unternehmen noch die Erwerbstätigkeit (Arbeit, Dienstleistung jeder Art) für ihre Herstellung oder Veränderung sein.**
**[2]Derartige Erwerbstätigkeit ist Gegenstand des Arbeitsverhältnisses und die daraus entstehenden Vergütungen für die Arbeiten sowie die anderen Leistungen sind nach den Arbeitsgesetzen zu ordnen.**

*Diese Ergänzungs-Norm wäre ein historisches Faktum, dessen Entstehung aufgrund der Verstöße gegen die Normen des Werkvertrags und des Arbeitsvertrags entstünde wäre. Auf die Idee kam ich durch die Anwendung der historischen Auslegung der Gesetze.*

**Solch eine Konstruktion des § 631 des Bürgerlichen Gesetzbuches von Deutschland hätte die Gegenstände zwischen Arbeitsvertrag und Werkvertrag deutlich abgegrenzt.**

Der Satz 1 vom Absatz (3) weist darauf hin, dass die Güter (Ware, Leistungen) der Unternehmen keine ›Sache‹ im Sinne des Absatzes (2) des § 631 des Bürgerlichen Gesetzbuches sind.

Der zweite Halbsatz des Satzes 1 vom Absatz (3) weist zugleich darauf hin, dass die Arbeit oder Dienstleistungen jeder Art, die für die Herstellung oder Veränderung der Güter (Ware, Leistungen) der Unternehmen erfüllt werden, nicht als ›...ein anderer durch Arbeit oder Dienstleistung herbeizuführender Erfolg...‹ im Sinne des Absatzes (2) des § 631 des Bürgerlichen Gesetzbuches sein können.

Und mit dem Satz 2 des Absatzes (3) wird nochmals deutlich gemacht, dass so eine Erwerbstätigkeit der Gegenstand des Arbeitsverhältnisses ist und, dass die daraus entstehenden Vergütungen für die erfüllten Arbeiten bzw. Leistungen nach den Arbeitsgesetzen zu ordnen sind.

Jetzt setze ich meine Ergänzung mit dem § 631 des BGB zusammen und dann würde der § 631, wie folgt lauten:

§ 631 Vertragstypische Pflichten beim Werkvertrag (1) [1]Durch den Werkvertrag wird der Unternehmer zur Herstellung des versprochenen Werkes, der Besteller zur Entrichtung der vereinbarten Vergütung verpflichtet.

(2) [1]Gegenstand des Werkvertrags kann sowohl die Herstellung oder Veränderung einer Sache als auch ein anderer durch Arbeit oder Dienstleistung herbeizuführender Erfolg sein.

(3) [1]Gegenstand des Werkvertrags können weder die gewerbsmäßig anfertigende Güter (Ware, Leistungen) der Unternehmen noch die Erwerbstätigkeit (Arbeit, Dienstleistung jeder Art) für ihre Herstellung oder Veränderung sein. [2]Derartige Erwerbstätigkeit ist Gegenstand des Arbeitsverhältnisses und die daraus entstehenden Vergütungen für die Arbeiten sowie die anderen Leistungen sind nach den Arbeitsgesetzen zu ordnen.

Das Gesetz sollte ab sofort in Kraft treten und eine rückwirkende Geltung haben, denn es ist nur eine gesetzliche Verfassung des Ergebnisses der Abgrenzung, die ich durch die Auslegungen des Titel 9 ›Werkvertrag und ähnliche Verträge‹, §§ 631-651 des BGB und des Titel 8 ›Dienstvertrag‹ bzw. Arbeitsvertrag, §§ 611-630 des BGB gemacht habe.

Sollte mein Entwurf zum § 631 des Bürgerlichen Gesetzbuches von Deutschland durch den Bundestag der Bundesrepublik Deutschland und Bundesrat verabschiedet werden, dann werden wieder viele ganz normale Arbeitsplätze geschaffen werden.

Das ist mein Gesetzesentwurf, den ich am 27. Juli 2015 an:
- Bundeskanzlerin Frau Dr. Angela Merkel;
- Vizekanzler und Bundesminister für Wirtschaft und Energie Herrn Sigmar Gabriel;
- Bundesminister der Justiz und für Verbraucherschutz Herrn Heiko Maas;
- Bundesministerin für Arbeit und Soziales Frau Andrea Nahles;
- Bundesminister der Finanzen Herrn Wolfgang Schäuble;
- Präsident des Bundesverfassungsgerichtes Herrn Prof. Dr. Andreas Voßkuhle und
- Präsident der Deutschen Arbeitgeberverbände e.V. Herrn Ingo Kramer zugeschickt habe.

Ich glaube, dass die Deutsche Bundesregierung dementsprechende Veränderungen des Gesetzes unternehmen werden, damit die Ausbeutung und der Missbrauch der Menschen zu Ende sein wird und der Sturz der Gesellschaften aller Länder der Europäischen Union ins Mittelalter verhindern wird.

Am 31 Juli 2015 bekam ich zur Kenntnisnahme die Mitteilung vom Bundesministerium für Wirtschaft und Energie, in dem steht: ›Zuständigkeitshalber haben wir Ihr Schreiben vom 25. Juli 2015 an das Bundesministerium der Justiz und Verbraucherschutz gesandt mit der Bitte, Ihnen direkt zu antworten‹.

## 32.2. Verstöße gegen die Gesetze der freien Marktwirtschaft durch die Handlungs- und Rechtsgeschäfte der Verleiher-Unternehmen

Wenn man über Marktwirtschaft redet, dann sollte man unbedingt zur Analyse die Handlungen der Verleiher-Unternehmen (Zeitarbeit, Mitarbeiterüberlassung, Personalleasing) ziehen, um die Frage zu beantworten: Ob die Arbeitsverhältnisse der Verleiher-Unternehmen mit ihren Arbeitnehmern dem Wohle der Allgemeinheit, nämlich dem Staat und den privaten Haushalten (Bürgern) unseres Rechtsstaates dienen.

Was bringen den Arbeitnehmern und dem Staat Arbeitsstellen, wenn die Arbeitnehmer jeden Tag zwischen Wohnung und Arbeitsstätte eine Strecke von 100 km und sogar mehr zurücklegen müssen?

Arbeitsplätze, die durch die Verleiher-Unternehmen gegründet werden, können nicht dem Wohle der Allgemeinheit dienen.
Erstens, die Leiharbeitnehmer haben am meisten Stundenlöhne in Höhe bis 7,00 bzw. 7,50 EURO und sogar niedrige.

Zwar gilt das Gesetz über Mindestlohn, aber ist in dem Gesetz vorgeschrieben, dass bestimmte Wirtschaftszweige innerhalb einer Übergangsfrist bis Anfang 2017 den Mindestlohn von 8,50 EUR unterschreiten dürfen.

Darunter fallen auch die tarifgebundenen Verleiher-Unternehmen.
Solche Löhne können nur die Kosten für das Überleben ihrer Familien decken und möglicherweise auch nicht. Deshalb sind solche Familien auf die Staatshilfe angewiesen.

Zweitens, durch die Geltendmachung der Fahrtkosten bei der Abgabe der Lohn-, Einkommensteuererklärung werden die Kosten kaum erstattet, wenn sie überhaupt erstattet werden, weil beim Beziehen niedriger Einkünfte aus nicht selbständiger Arbeit (Löhne, Gehälter) die Arbeitnehmer an Staat entweder keine Lohnsteuer zahlen oder zahlen ganz wenig.

Eben darum können die Fahrtkosten nicht erstatten werden.
Das heißt, dass für die Reparatur, für das Tanken usw. des Autos keine Kosten, die durch das Pendeln entstehen, erstattet werden können.

Drittens, wie gesagt, können solche Löhne nur die Kosten für das Überleben ihrer Familien decken und vielleicht auch nicht. Das übrig gebliebene Geld reicht bzw. reicht nicht für den Erwerb der notwendigen Lebensmittel aus.

Was hat der Staat von solchen Arbeitsplätzen?
- Wenn die Arbeitnehmer innerhalb des Jahres etwas Lohnsteuer an den Staat zahlen, dann bekommen sie das Geld bei der Abgabe der Lohn- und Einkommensteuererklärung zurück.

Das heißt, dass dem Staat in solchen Fällen durch die Lohnsteuer nichts bleibt.

- Wenn die Arbeitnehmer niedrige Löhne beziehen, dann werden an den Staat auch dürftige Sozialversicherungsbeiträge abgeführt.

Somit hat auch der Staat nichts von solchen Arbeitsplätzen.
Und das heißt, dass von solchen Arbeitsplätzen nur die Verleiher-Unternehmer profitieren.

Warum hat die Gründung der Verleiher-Unternehmen eine Tendenz zur Vermehrung gekriegt?
Durch die Gründung der Verleiher-Unternehmen finden viele Menschen den leichten Weg zur Verwirklichung ihres Strebens nach Vermögensvermehrung.

Dabei brauchen die Unternehmer kein Risiko einzugehen, um irgendwelche Güter (Ware) selbst herzustellen. Damit beschäftigen sich die Entleiher-Unternehmen, nämlich Unternehmen bei denen die Leiharbeitnehmer zu Produktion der Güter (Ware) eingesetzt werden.

Die Statistik zeigt, dass im Jahresdurchschnitt von 2002 bis 2011 die Tendenz zur Steigerung der Anzahl der Leiharbeitnehmer gewesen ist.
Im 2002 waren es 318.465 Zeitarbeitnehmer und im 2011 waren es schon 895.000 Arbeiter.

Im Zeitraum 2011. - 2013 ist die Zahl der Leiharbeitnehmer in Deutschland von 895.000 auf 839.000 gesunken.
In den letzten Jahren senkt die Anzahl der Zeitarbeitnehmer, aber viele Leiharbeitsverträge werden durch die Werkverträge ersetzt.

Wie ich schon geschrieben habe, steigt die Tendenz zur Umwandlung der Leiharbeitnehmerverträge in die Werkverträge und das ist noch schlimmer für die Arbeiter und auch für den Staat.
Die Arbeiter werden noch mehr ausgebeutet.

Die Anzahl der Verleiher-Unternehmen ist in allen Ländern der Europäischen Union außer Deutschland gestiegen.
Meine Leser werden denken, dass die Unternehmer von anderen Ländern der Europäischen Union die Unternehmer von Deutschland überholt haben. Aber das ist nicht so.

Den deutschen Unternehmer ist es zu wenig, was sie mittels der Ausbeutung der Arbeiter durch die Verleiher-Unternehmen bekommen haben.

Deshalb verwenden die deutschen Unternehmer mehr und mehr als Werkzeug zur Ausbeutung der Menschen die Werkverträge. Ich habe das oben schon beschrieben.

Die Bauer von Frankreich, Niederlande lehnen sich gegen den Import der Lebensmittel von Deutschland auf, weil die Lebensmittel von deutschen Unternehmen billiger sind. Wie die deutschen Unternehmen es erreichen, habe ich im Abschnitt ›Werkvertrag als Werkzeug zur Ausbeutung der Menschen‹ beschrieben.

Nach dem ich mein Gesetzentwurf zum § 631 des BGB an die Bundesregierung geschickt habe, hoffe ich, dass sich etwas verändern wird.
Ich untersuche die Entwicklungen der Arbeitnehmerüberlassungen in Bezug auf ihre Bedeutungen für die Bildungen der Kaufkraft und des Wertes des Geldes bzw. der Währung.

Viele Personen, die ihr Streben nach Vermögensvermehrung verwirklichen wollen, gründen Verleiher-Unternehmen.
Solche Personen haben verstanden, dass sie durch die Gründung der Verleiher-Unternehmen ihr Vermögen schnell vermehren können, indem sie die Leiharbeitnehmer an Entleiher-Unternehmen verleihen.

Ihre Vermehrungen werden sich vervielfachen, wenn das Europäische Parlament keine Rechtslinien verabschieden wird.

Das Schlimmste für die Volkswirtschaften ist, dass dadurch immer mehr zum Verstoß gegen proportionalen Entwicklungen in oben genannten Verhältnissen der Teile der Sozialprodukte der Länder der Europäischen Union kommen wird und folglich wird es zu Geldentwertungen führen.

Die Verleiher-Unternehmen in der Form, wie sie jetzt existieren, müssen abgeschafft werden.

Warum?

Ein größter Teil von dem Geld, das in der Tat die Arbeitnehmer gegen ihre Arbeit (Leistungen) bei Entleiher-Unternehmen erarbeiten, wird ihnen nicht ausgezahlt und davon bilden sich die Gehälter der Geschäftsführungen der Verleiher-Unternehmen und die Gewinne der Letzten.

Auf solche Weise konzentriert sich ein größter Teil von dem Geld bei kleiner Zahl der Menschen, die an der Geschäftsführung der Verleiher-Unternehmen sind.

Das französische Recht sieht vor, dass ein Zeitarbeiter die gleiche Entlohnung erhält wie ein Stammarbeiter von Unternehmen.

Leider gibt solches Recht nicht für Leiharbeitnehmer in Deutschland.

In allen Ländern der Europäischen Union sollten die Leiharbeitnehmer gleiches Entgelt (Löhne, Gehälter) für ihre Leistungen bekommen, wie die Stammarbeiter der Entleiher-Unternehmen.

Wie das geschaffen werden soll, ist Sache der Politiker, aber die Sklaverei von 20. - 21. Jahrhundert muss abgeschafft werden, sonst wird es in nahe Zukunft zur Ursache der Wirtschaftskrise sein.

Nach und nach führt so eine Lohn- und Arbeitsstellenpolitik zum Monopol der Verleiher-Unternehmen in den Einstellungen der Arbeitnehmer und dadurch werden immer wieder Arbeitsstellen (Arbeitsplätze) mit gesetzlichen Sozialversicherungen direkt bei den Hersteller-Unternehmen verdrängt.

Durch Schaffung solcher Arbeitsplätze werden Arbeitnehmerentgelte (Löhne, Gehälter) an die privaten Haushalte antiproportional verteilt und die Kluft zwischen Armut und Reichtum vertieft sich.

Jede Volkswirtschaft braucht einen starken Käufermarkt, damit die Warenumsätze ihrer Unternehmen steigen. Dadurch steigt die Produktivität jedes Unternehmens. Und dies ist nur bei äquivalentem Arbeitnehmerentgelt (Löhne, Gehälter) zu erreichen.

Warum sollte jemand, damit meine ich die Verleiher-Unternehmen bzw. ihre Geschäftsführungen, die Leistungen der Arbeitnehmer nach ihrem Belieben verteilen und auf die Kosten der Leiharbeitnehmer ihr eigenes Reichtum aufbauen?

Wer meine Theorie durcharbeitet, wird begreifen, dass die Verleiher-Unternehmen, in der Form, wie sie heutzutage existieren, nach und nach noch intensiver die deutsche Volkswirtschaft in eine Krise stürzen werden, weil durch ihre Handlungs- und Rechtsgeschäfte mehr und mehr gegen die richtigen Proportionalität in den erwähnten Verhältnissen verstoßen wird.

Deutschland ist ein zivilisierter, demokratischer Rechtsstaat.
In dem Zusammenhang möchte ich unsere Aufmerksamkeit auf folgende Grundrechte, die im Grundgesetze von Deutschland stehen, lenken:
- Schutz der Menschenwürde (Art. 1).
Politiker, Wissenschaftler, Wirtschaftsexperten sollten Mal die Leiharbeitnehmer befragen, was sie empfinden, wenn sie bei gleichen persönlichen Gebrauchswerten wesentlich weniger als die Arbeitnehmer der Entleiher-Unternehmen verdienen; ob dadurch ihre Menschenwürde nicht verletzt wird.

Ja, dadurch wird ihre Menschenwürde verletzt. Man fühlte sich wie ein Materialstück, und nicht wie ein vollwertiger Mensch.
- Gleichheit vor dem Gesetz (Art. 3). [40]

Die Arbeitnehmer der Entleiher-Unternehmen und der Verleiher-Unternehmen bekommen verschiedene Löhne, obwohl die Arbeitnehmer über die gleichen persönlichen Gebrauchswerte verfügen und gleiche Arbeit leisten.
Selbst die Begriffe ›Verleiher-Unternehmen‹ sowie ›Entleiher-Unternehmen‹ und der mit ihnen zusammenhängende Begriff ›Leiharbeitnehmer‹ entsprechen nicht dem Wesen des Menschen, der in der demokratischen, zivilisierten Gesellschaft von Deutschland lebt, weil ein Mensch keine Sache ist, und darf niemals verliehen werden.

Meines Erachtens wird schon durch Anwendung solcher Begriffe gegen die Menschenwürde verstoßen.
Wenn den Unternehmen durch das Gesetz erlaubt ist, einen Menschen als Arbeitnehmer an ein anderes Unternehmen zu verleihen und die Vergütung für die geleistete durch ihn Arbeit nach ihrem Belieben zu bestimmen, dann kommt unwillkürlich die Frage, ob dadurch die Menschenwürde solcher Arbeitnehmer nicht verletzt wird.

---

[40] Grundgesetz, Deutscher Taschenbuch Verlag, 2002, Seite 15 - 17.

Deutsche Volkswirtschaft braucht Unternehmen, in denen die Arbeitnehmer in Bezug auf die Vergütungen für ihre Leistungen gleichermaßen gestellt werden, ob sie sich in Arbeitsverhältnissen direkt mit einem Hersteller-Unternehmen befinden, oder mit einem Unternehmen, die den Hersteller-Unternehmen Arbeitskräfte zur Verfügung stellte.

Das Gesetz über Leiharbeit sollte nicht reformiert, sondern abgeschafft werden, weil an die Stelle der Verleiher-Unternehmen andere Unternehmen kommen sollen, die von der Natur aus als juristische Personen ganz andere Ziele haben und in denen die Arbeitnehmer hinsichtlich ihrer Vergütungen den Arbeitnehmern von den Hersteller-Unternehmen gleich gestellt würden.

Dies würde ein richtiger Weg der Bundesregierung zur Bekämpfung der Armut in Deutschland und mithin der Ursache der Wirtschaftskrise sein.

Im Buch habe ich wiederum Maßnahmen ausgearbeitet, die aus meiner Sicht stabile Entwicklungen nicht nur der Volkswirtschaft von Deutschland, sondern auch die der anderen Länder der Europäischen Union fördern sollten.

## 33. Maßnahmen, die eine stabile Entwicklung der mittleren und kleinen Unternehmen der Volkswirtschaft fördern sollen

### 33.1. Schutz der ökonomischen Privatautonomie der Unternehmen vor Eingriffen durch die Staatseinnahmen

Die Privatautonomie der Wirtschaftssubjekte (Unternehmen, Unternehmer) kann vor einem Eingriff des Staates geschützt werden, indem man durch das Gesetz einen Grundfreibetrag als Schranke für mittelständische und kleine Unternehmen festlegt, von dem keine Steuer einbezogen werden dürften.

Die Privatautonomie hat vier Haupterscheinungsformen: Vertragsfreiheit (Art.2 I GG), Vereinigungsfreiheit (Art.9 I GG), Testierfreiheit (Art.14 GG) und Eigentumsfreiheit (Art.14 GG). [41]

Wichtige Formen der Privatautonomie sind die Eigentumsfreiheit und die Vertragsfreiheit, nämlich die Abschluss- und Gestaltungsfreiheit der Handlungs- und Rechtsgeschäfte bzw. der Verträge, durch die die Eigentümer ihr Recht auf Herrschaft über eine Sache realisieren können.

---

[41] Grundgesetz, Deutscher Taschenbuch Verlag, 2002, Seite 19.

›Der Eigentümer einer Sache kann, soweit nicht das Gesetz oder Rechte Dritter entgegenstehen, mit der Sache nach Belieben verfahren und andere von jeder Einwirkung ausschließen‹, lautet § 903 des BGB. [42]
Ist die Eigentumsfreiheit der Wirtschaftssubjekte (Unternehmen, Unternehmer) tatsächlich geschützt, wenn ihnen solcher Grundfreibetrag als Schranke zum Schutz ihres Eigentums vor den Staatseinnahmen nicht gewährleistet ist?

Wenn die Staatseinnahmen der Wirtschaftssubjekte (Unternehmen, Unternehmer) permanent steigen, dann kann der Eigentümer in der Tat mit der Sache nicht nach seinem Belieben verfahren bzw. handeln.
Deshalb sollte aus meiner Sicht ein Anteil von Gewinnen der mittelständischen und kleinen Unternehmen mittels des Grundfreibetrags durch Steuer an Staat nicht einbezogen werden, und sollte dem Zweck der Erweiterungen der Produktionskapazitäten der Wirtschaftssubjekte dienen.

Unternehmen, die ihre Gewinne durch die Warenproduktion erzielen, sollten durch das Gesetz in privilegierte Lage versetzt werden.
Für solche Unternehmen sollte man durch das Gesetz mehr Privatautonomie gewährleisten.
Verleiher-Unternehmen produzieren keine Güter (Ware). Ihre Gewinne bilden sich durch Verleihung an Entleiher-Unternehmen ihrer Arbeitnehmer, denen sie das Entgelt (Löhne, Gehälter) nach ihrem Belieben bestimmen und den anderen Teil an sich nehmen.

Aus meiner Sicht sollten solche Unternehmen an Staat mehr Steuer zahlen, weil sie die Arbeitnehmer ausbeuten und davon erzielen sie drastische Gewinne. Der Staat ist verpflichtet, die Arbeitnehmer vor Ausbeutung zu schützen, denn das betrifft ihre Würde.

Mittels solcher Maßnahme würde nicht nur die Menschenwürde geschützt, sondern auch die stabilen Entwicklungen der Marktpreise und demnach auch die Kaufkraft und der Wert des Geldes gesichert.
Unternehmen, die ihre Gewinne durch Spekulationsgeschäfte erzielen, sollten ebenso mehr Steuer an Staat zahlen, weil dadurch die Marktpreise der jeweiligen Güter (Ware) und mithin die betrieblichen Aufwendungen der anderen Unternehmen steigen.
Man sollte jeder Art von Warenproduktion der Wirtschaftssubjekte entsprechend ihrer Bedeutungen fördern. Im Gegenteil dazu sollten Wirtschaftssubjekte, die ihre Gewinne ohne Warenproduktion erzielen, mit höheren Steuern belegt werden.

---

[42] Bürgerliches Gesetzbuch, Komet Verlag GmbH, Köln, 2003, Seite 226.

Bei der Abgabe der Steuererklärung sollte das zu versteuernde Einkommen der Unternehmen durch das Abziehen der Grundfreibeträge vermindert werden.

Das sollte ein Anteil von den Gewinnen der Unternehmen sein, von dem ein Unternehmen keine Steuer an den Staat abführen sollte.
Somit würden die Unternehmen mehr Verfügungsrecht über einen Anteil, der Grundfreibetrag heißt, von ihren Gewinnen haben.
Hierdurch würde die ökonomische Privatautonomie der Unternehmen mehr gesichert.
Außerdem hätte der Staat den Unternehmen eine Garantie zur Erweiterungen der Produktionskapazitäten gewährleistet.

## 33.2. Beschränkung der Millionen-Gehälter der Manager der Unternehmen

Man sollte durch das Gesetz eine Begrenzung verordnen, durch die die Millionen-Gehälter der Vorsitzenden bzw. der Manager der Unternehmen, einschließlich der Kreditinstitute beschränkt werden.
Der Ausgleich ihrer Einkommen sollte sich durch die Steuerentlastung der Einkommen der Vorsitzenden bzw. der Manager der Unternehmen ereignen.

Den Vorsitzenden bzw. den Managern der Unternehmen, einschließlich der Kreditinstitute sollte das Recht auf solch einen Ausgleich nur dann zustehen, wenn ihre Unternehmen rentabel sind bzw. Gewinne erzielen.

Falls ihre Unternehmen unrentabel sind und Verluste erleiden, dann sollte den Vorsitzenden bzw. den Managern der Unternehmen, einschließlich der Kreditinstitute kein Recht auf Bonus bzw. auf andere Prämien zustehen, sofern ihr Anspruch auf Bonus bzw. auf andere Prämien nur von Gewinnen abgegolten werden dürfen.

Falls ihre Unternehmen Gewinne erzielen, würden die Vorsitzenden bzw. die Manager der Unternehmen durch die Steuerentlastung stabile Einkommen beziehen können.
Solch eine Form des Entgeltes der Vorsitzenden bzw. der Manager der Unternehmen würde ihr Streben zur Steigerung der Produktivität der Unternehmen fördern.

## 33.3. Beteiligungen der Mitarbeiter an Gewinnen der Unternehmen und Reserven zur Reduzierung der Herstellungskosten

Aus meiner Sicht treffen richtige Maßnahmen diejenigen Geschäftsführer der Unternehmen, die sich für die Beteiligungen der Arbeitnehmer an Gewinnen ihrer Unternehmen entscheiden.

Solche Maßnahmen würden die Auswirkung des Strebens aller Mitarbeiter ihrer Unternehmen nach Vermögensvermehrungen bzw. zur Erhöhungen ihrer Entgelte und mithin zur Steigerung der Produktivität der Unternehmen anreizen.

Mittels der vereinten Kräfte und Anstrengungen aller Mitarbeiter des Unternehmens werden die gemeinsamen Ideen zur Reduzierung der Herstellungskosten der Güter (Ware, Leistungen) und zur Verbesserung der Gebrauchswerte der Güter (Ware, Leistungen) wie z. B. Qualität usw. rascher und besser umgesetzt.

Die Grundsätze, auf denen sich die Beteiligungen der Mitarbeiter an Verteilung der Gewinne der Unternehmen erfüllen sollten, sollten die Geschäftsführungen jedes Unternehmens gemeinsam mit Betriebsraten selbst bestimmen. Die Maßnahmen gehören zur Privatautonomie jedes Unternehmens.

Da die Mitarbeiter mehr Interesse an Steigerung der Gewinne der Unternehmen haben würden, würden produktiver ihre Kenntnissen und Erfahrungen benutzt und umgesetzt, um die Herstellungskosten der Güter (Ware) zu reduzieren, und die Produktivität der Unternehmen zu erhöhen.

Wenn an Verteilung der Gewinne nach Jahresende alle Mitarbeiter des Unternehmens beteiligt sind, dann wäre es sinnvoll, manche Kosten und ihre Ursachen für alle Mitarbeiter der Produktion offensichtlich zu machen, damit jeder Mitarbeiter des Unternehmens die Ursachen der Steigerung der Herstellungskosten kennen könnte, und zwar, ob sie durch die Tätigkeit der Maschinenbediener, Einrichter, Schichtführer, Abteilungsleiter, Werkleiter oder sogar durch die Tätigkeiten der Mitglieder der Geschäftsführung des Unternehmens verursacht worden sind.

Damit meine Leser meine Theorie für die Praxis nutzen können, stelle ich die Bildung einiger Kosten dar, die eine unmittelbare, sozusagen einen direkten Einfluss auf die Höhe der Herstellungskosten der Waren haben, deren Entstehung durch die Nutzungen der Maschinen, Werkzeugen, bzw. durch die Beschäftigungen der Mitarbeiter der Produktion-Abteilungen des Unternehmens verursacht werden.

Deshalb habe ich für ein Unternehmen ein Konzept zur Reduzierung der Herstellungskosten und Verbesserung der Qualität der herstellenden Waren geschrieben, dessen Inhalt ich jetzt veröffentliche, damit meine Leser es nutzen können.

Mit meinem Schema vereinfache ich die Zusammensetzung der Maschinen und der Mitarbeiter jedes Unternehmens zur Herstellung der Waren aus Plastik-Granulat, wie z. B. bei der Produktion der Kolben und der Zylinder für die medizinischen Spritzen, um meinem Leser deutlich und verständlich zu machen, wie die Kosten der Maschinen und der Mitarbeiter in die Preise der Waren fließen.

Warum trenne ich und zähle getrennt die Kosten, die durch die Maschinen anfallen, von den Kosten, die durch die Beschäftigungen der Mitarbeiter entstehen?

Ich trenne die Kosten, weil oft die Mängel an den Waren (Kolben, Zylinder) durch die Beschädigungen, Defekte, die an den Werkzeugen sind, entstehen. Und andererseits, zähle ich getrennt die Kosten, die durch die fahrlässigen bzw. versehentlichen Beschäftigungen der Mitarbeiter entstehen.

Außerdem unterscheide ich Kosten, die durch die Verschrottungen der Waren in der 1. Stufe der Produktion-Abteilung des Unternehmens von den Kosten, die durch die Verschrottungen der Waren z. B. in der 2. oder in der 3. Stufe der Produktion-Abteilung (Abteilungen desselben Unternehmens) dem Unternehmen verursacht werden, weil in jeder nächsten Stufe der Warenproduktion die Kosten höher als in den vorherigen Stufen der Warenproduktion sind; obschon all diese Abteilungen zu demselben Unternehmen gehören.

Wenn die Waren weiter in die Abteilung der nächsten Stufe abtransportiert werden, sogar mit fahrlosen Fahrzeugen, dann nehmen schon dadurch die Kosten zu, weil für die Fertigung der Waren Arbeit geleistet wird, deren Kosten in die Herstellungskosten miteinkalkuliert werden.

Es läuft wie selbstverständlich, sozusagen automatisch und man merkt nicht, dass dafür Arbeitszeit der Mitarbeiter, Strom des Unternehmens und andere Nutzungen der Maschinen, der Fahrzeugen verbraucht werden.

Jede Ware (Kolben, Zylinder) ist Träger zugleich der Quantität und der Qualität, weil jede Ware eigene Qualität hat.
Was bedeutet das?

Wenn eine Ware der notwendigen Qualität nicht entspricht, dann wird die Ware gesperrt oder verschrottet. Und dadurch vermindert sich die Quantität bzw. die Stückzahl (Menge) der hergestellten Waren. Deshalb sollte man in erster Reihe Maßnahmen treffen, wodurch die Qualität der Waren verbessert werden könnte.

Die Geschäftsführungen, die Werkleiter, die Abteilungsleiter wollen mehr und mehr Quantität (Menge) von den produzierten Waren haben, weil durch die Intensität der Warenproduktion die proportionale Verminderung der Herstellungskosten je Stück der Ware erreicht wird.

Das ist der richtige Weg. Nur mittels der intensiven Wirtschaften können die Unternehmen heutzutage die Konkurrenz bzw. den Wettbewerb auf den Weltmärkten gewinnen, nämlich kostendeckend produzieren.

Aber man darf dabei nicht vergessen, dass jede Ware eine gute Qualität und andere gute Gebrauchswerte haben müssen. Sonst werden sie an den Werten verlieren und auf solche Ware werden die Marktpreise senken.

Innerhalb einiger Zeit beobachtete ich im Betriebe eines Unternehmens, das Ware aus Plastik herstellt, die Produktionsprozesse, um über die Reduzierung der Herstellungskosten zu urteilen.

Ich habe mitgekriegt, wie die Geschäftsführung und die Mitarbeiter gemeinsam etwas tun, um die Gewinne zu vermehren.

Meines Erachtens, sollte man die Reserven für die Steigerung der Arbeitsproduktivität der Mitarbeiter bzw. der Maschinen dort schöpfen, wo man die Zeitverschwendung der Mitarbeiter, der Maschinen, die Fälle der Ausschussware, die Fälle vom Mehrstromverbrauch, die Ursachen der Entstehungen der Mehrpersonalaufwendungen usw. feststellt.

Deshalb mache ich mit meinem Schema sichtbar die Ursachen der zusätzlichen Herstellungskosten der Waren.

## Schema der wichtigen Herstellungskosten der Waren

| Maschinen bzw. Werkzeuge | Personal (Mitarbeiter) |
|---|---|
| Herstellung der Waren | Herstellung der Waren |
| Entstehende Kosten durch Leistungen der Maschinen, Werkzeugen:<br>Fixe Kosten durch z. B. Abschreibungen der Gebäuden, Maschinen, Werkzeugen usw. Variable Kosten z. B. durch Verbrauch des Plastik-Granulats, anderer Rohstoffe usw. | Entstehende Kosten durch Leistungen der Mitarbeiter:<br>Arbeitnehmerentgelt (Löhne, Gehälter) der Mitarbeiter |
| Zusätzliche Kosten:<br>Durch Verlust der Produktivität der Maschinen, wie z. B. wegen der zugemachten Nesten in Werkzeugen. | Zusätzliche Kosten:<br>Durch Verlust der Produktivität der Maschinenbediener. |
| Zusätzliche Kosten:<br>Durch zögerliche Einsätze der neu angeschafften Maschinen zur Herstellung der Waren. | Zusätzliche Kosten:<br>Durch Einsatz zur Herstellung der Ware der unerfahrenen Mitarbeiter, wenn sie z. B. mehr Ware (Kolben, Zylinder) mit Abweichungen bzw. Mängel produzieren, wodurch die Waren irgendwelche Defekte haben. |
| Zusätzliche Kosten:<br>Durch Ausschussware (Kolben, Zylinder), die wegen Störungen der Maschinen, Werkzeuge und Förderbände in die Mühle gemacht werden. | Zusätzliche Kosten:<br>Durch Ausschussware (Kolben, Zylinder), die aus Unerfahrenheit der Maschinenbediener beim Anfahren der Maschinen usw. gemacht werden. |
| Zusätzliche Kosten:<br>Durch die Reparatur und die Instandsetzung der Maschinen, der Werkzeuge und besonders, wenn sie eine längere Zeit durchgeführt werden. | Zusätzliche Kosten:<br>Durch Arbeitsunfälle der Mitarbeiter;<br>Durch Krankheiten der Mitarbeiter;<br>Durch Verstöße gegen die Maßnahmen von Hygiene, die zu Verbreitungen der Bakterien bzw. der Keimen führen können. |
| Zusätzliche Kosten:<br>Durch Sperrungen und Verschrottungen der defekten Kolben bzw. der defekten Zylinder in der Abteilung ›Gießerei‹. | Zusätzliche Kosten:<br>Durch Sperrungen und Verschrottungen der defekten Kolben bzw. der defekten Zylinder in der Abteilung ›Gießerei‹. |
| Zusätzliche Kosten:<br>Durch Sperrungen und Verschrottungen der defekten Kolben bzw. der defekten Zylinder in der Abteilung, die zur 2. Stufe der Warenproduktion des Unternehmens gehört. | Zusätzliche Kosten:<br>Durch Sperrungen und Verschrottungen der defekten Kolben bzw. defekten Zylinder in der Abteilung, die zur 2. Stufe der Warenproduktion des Unternehmens gehört. |
| Zusätzliche Kosten:<br>Durch Reklamationen der Kunden, die medizinische Spritzen kauften. | Zusätzliche Kosten:<br>Durch Reklamationen der Kunden, die medizinische Spritzen kauften. |

## 33.3.1. Zeitverschwendung als Ursache der Senkung der Produktivität der Maschinenbediener

In den Betrieben der Unternehmen wird folgendes praktiziert:
Damit einem Maschinenbediener mehr Maschinen eingeteilt werden könnten, werden bei der Einteilung der Maschinen sogar die Laufwege der Maschinenbediener von einer Maschine zu einer anderen Maschine nicht in Betracht genommen, obwohl die Maschinen voneinander mit einem Abstand, manchmal bis zu 100 m stehen.

Dadurch kommt es zu Zeitverschwendungen bei den Ausführungen der Arbeiten und dementsprechend zu Herstellung der Waren mit schlechten Qualitäten und das heißt, dass auch die Quantitäten der produzierten Waren zu Verminderungen kommen werden.

In solchen Fällen ist die Wahrscheinlichkeit zur Herstellung der Ware mit schlechter Qualität größer, und folglich wird sich auch die Quantität (Menge) der Waren vermindern.

Man sollte die Laufwege der Maschinenbediener bei den Einteilungen der Maschinen berücksichtigen, dann werden die Geschäftsführungen, die Werkleiter, die Abteilungsleiter etwas unternehmen müssen, um die Laufwege zu verkürzen.

Außerdem betrachte ich das Zurücklegen der Wege von einer Maschine zu einer anderen Maschine, die die Maschinenbediener während des Bedienens der Maschinen ausüben müssen, als Arbeit. Der Maschinebediener bringt eine bestimmte Strecke hinter sich, weil er die Maschinen bedienen muss. Man kann die Maschinen nicht bedienen, wenn man zu ihnen nicht geht. Dafür muss er seine Kraft einsetzen, um sein Gewicht von einer Maschine zu einer anderen Maschinen zu übertragen. Der Körper verbraucht dabei Energie und die Gesundheit der Mitarbeiter wird sich schneller verschlechtern.

Im physikalischen bzw. mechanischen Sinne gehört solche Beschäftigung überhaupt und einschließlich der Maschinenbediener zur Arbeit, die als Produkt aus Kraft und Weg entsteht.

Maschinenbediener legen innerhalb einer Schicht von 8. Stunden mehr als 10,00 km zurück. Ein Fußgänger benötigt dafür bis 1,5 Stunden. Zwei Maschinenbediener brauchen für das Laufen nicht weniger als 4. Stunden, weil sie noch bei der Ablösung zur Pause 2. - mal mehr laufen müssen.

Während einer Maschinenbediener Pause einlegt, passt der andere Maschinenbediener auf die Maschinen von seinem Kollege auf: Geht an die Maschinen, wenn sie Störungen haben; packt die Säcke bzw. die Wannen mit vollen Kolben der Zylinder auf die Paletten auf.

Aus meiner Sicht sollten die Laufwege in Betracht genommen werden, dann würden die Maschinenbediener weniger Maschinen bedienen und für die Verbesserung der Qualität der Waren mehr tun können.

Leider wird dort gespart, wo unmittelbar die Qualität der Waren und folglich die Quantität der Waren geschaffen werden.

Für die Preise der Waren (Kolben, Zylinder) ist es gleichbedeutend, wodurch die gesamten Herstellungskosten steigen, weil sie gleicherweise die Gewinne der Unternehmen vermindern.

*Man weiß, dass alle Arten der Herstellungskosten, ohne Unterschied wodurch sie dem Unternehmen verursacht werden, müssen durch die Mitarbeiter der Abteilungen der Produktion erwirtschaftet werden, weil nur die Letzten, unmittelbar bzw. direkt an der Herstellung der Waren beschäftigt sind.*

Und in erster Reihe sind das die Mitarbeiter der Wechselschichten (Früh-, Spät- und Nachtschicht), die die Qualität der Waren schaffen; gerade sie befassen sich mit der Schaffung der Qualität der Waren. Aber auch nicht alle, weil einige Mitarbeiter zur Reinigung der Maschinen und Paletten eingesetzt werden.

Um darüber zu urteilen, ermittelt man die Arbeitsproduktivität eines Teams, das direkt an der Herstellung der Waren beschäftigt ist.

## 33.3.2. Ziel des Teams: Erreichung der Nutzenschwelle und guter Qualität der herstellenden Waren

Zunächst, berechnet man die sogenannte Nutzenschwelle bzw. ›Break-even-Point‹ (mx = mx + b), nämlich den Punkt, ab dem die Herstellungskosten durch die Herstellung der Waren gedeckt werden und die Herstellung der Waren den Bereich der Gewinnzone erreicht.

Wie uns bekannt ist, werden bei der Berechnung der Nutzenschwelle alle fixen und alle variablen Kosten des Unternehmens miteinbezogen, die vor der Berechnung durch die Buchführung festgestellt worden sind. Sollten einige Kosten in die Herstellungskosten und folglich in die Preise der Waren nicht miteinkalkuliert werden, dann wird dem Unternehmen unkostendeckende Produktion drohen.

Als nächster Schritt dividiert man das Ergebnis durch die Zahl der Teams, um die Menge der Waren, die ein Team herstellen muss, herauszufinden. Das 4. Team nehme ich nicht in Betracht, weil ein Team von den 4. Teams frei hat. Dabei schlägt man noch z. B. 5% Gewinn auf die Nutzenschwelle-Ergebnisse auf, da diese Menge auch hergestellt werden muss.

Herstellungsmenge eines Teams für einen bestimmten Zeitraum:

$$\frac{\text{Nutzenschwelle} + \text{z. B. 5 \% Gewinn}}{\text{3. Teams}}$$

Tägliche Herstellungsmenge innerhalb von 8. Stunden:

$$\frac{\text{Nutzenschwelle−Anteil von einem Team}}{\text{Zahl der Arbeitstage vom 01.01.bis zur Nutzenschwelle−Erreichung}}$$

*Weil in die Preise der Waren alle Personalaufwendungen des Unternehmens miteinkalkuliert werden, nimmt man als Aufgabe jedes Teams für 8. Stunden die Menge der Kolben bzw. der Zylinder oder die Summe ihrer Kosten in EURO, die den entsprechenden Anteil von der Nutzenschwelle ausmachen.*

Ich nehme die Zahl der Mitarbeiter in Betracht, die direkt an der Herstellung der Waren beteiligt sind, nämlich Schichtführer und sein Vertreter, Einrichter, Kontrolleure und Maschinenbediener.
Maschinenbediener, die eine andere Arbeit ausüben, wie beispielsweise Reinigung der Maschinen, Paletten usw., nimmt man nicht in Betracht, weil sie direkt an der Herstellung der Quantität und der Qualität der Waren nicht beteiligt sind.

Nimmt man sie in Betracht, dann betrügt man sich selbst.

Und wenn ein Teamleiter, z. B. bei der Einteilung der Maschinen behauptet, dass heute z. B. 9. Mitarbeiter anwesend sind und das ist gut. Das wird noch nicht so ganz richtig übereinstimmen, da für die Verbesserungen der Qualität der Waren ändert sich nichts, weil nicht alle Mitarbeiter an der Herstellung der Waren beteiligt werden, denn z. B. zwei Maschinenbediener die Maschinen oder Paletten reinigen werden müssen und das kommt oft in der Nachtschicht und Sonntagsarbeit vor.

Und zwei Maschinenbediener werden bis 4. Stunden für das Laufen um die Maschinen verbringen, anstatt mehr Zeit für Verbesserungen der Qualität der Waren zu leisten.

Sollten die Maschinen von einem Maschinenbediener bedient werden, dann ist der Maschinenbediener nur am Laufen.

Teilt man die Menge von einem Team durch die Zahl der Mitarbeiter, dann bekommt man die Arbeitsproduktivität eines Mitarbeiters.

Arbeitsproduktivität eines Mitarbeiters für einen Tag:

$$\frac{\text{Herstellungsmenge von einer Schicht für 8 Stunden}}{\text{Zahl der Mitarbeiter}}$$

*Wie gesagt, als tägliche Aufgabe jedes Teams sollte der tägliche Nutzenschwelle-Anteil sein.*
*Die Berechnung der Arbeitsproduktivität eines Mitarbeiters für einen Tag führt die Mitarbeiter in Verwirrung.*

Je weniger von Mitarbeitern an der Herstellung der Waren beteiligt sind, desto größer ist die Wahrscheinlichkeit zur Herstellung der Kolben bzw. der Zylinder mit schlechter Qualität.

Ich führe ein Beispiel zu:
Am 17. Januar 2016 bediente ein Maschinenbediener alleine 15 Maschinen im Betriebe eines Unternehmens. Die Maschinen G009, G010, G077 und G087 hatten oft Störungen gehabt, besonders die Maschinen G010 und G009.

Bei den Störungen ist die Wahrscheinlichkeit hoch, dass die defekten Waren in die Behälter mit der Produktion kommen werden und dadurch üben sie negative Auswirkung auf die Qualität aller Waren, die im Behälter sind, aus.
Von der Maschine G010 hat er 2. Behälter in die Mühle gemacht, weil sie wegen der Störungen viele Ausschussware gemacht hat.

Bei der Maschine G010 waren 7 Neste zu, anstatt 104 kamen in einem Schuss 97 Kolben heraus.
Bei der Maschine G009 waren 8 Neste zu, anstatt 48 sind in einem Schuss 40 Kolben herausgekommen.

Bei der Maschine G004 und bei der Maschine G077 waren keine Mühlen angeschlossen und deshalb mussten die Angüsse zur Mühle gebracht werden.
Die Maschinen G062, G010, G077, G087 und G091 liefen auf die Säcke.

Wenn die Maschinen von einem Maschinenbediener bedient werden, dann braucht er insgesamt für das Laufen von einer Maschine zu einer anderen Maschine ungefähr 4. Stunden. Und wenn die Maschinen oft Störungen haben, dann ist der Maschinenbediener nur am Laufen.

Kann man bei solch einer Einteilung der Maschinen die Arbeit mit guter Qualität ausüben?
Wie man sieht, kann die Arbeit mit guter Qualität nicht gemacht werden.
Das ist mein Urteil über die Arbeitsproduktivität eines Mitarbeiters bei der Herstellung der Waren (Kolben, Zylinder).

Aus meiner Sicht sollten die Einrichter der Früh-, Spät- und Nachtschichten sowie die Maschinenbediener mehr Zeit haben, um sich um die Verbesserungen der Qualität der herstellenden Waren zu kümmern und dafür etwas mehr leisten zu können.

### 33.3.3. Zeitverschwendung, Mehrstromverbrauch, ›Mehrpersonalaufwendungen‹

Mit meinen Beispielen mache ich deutlich, was ich damit meine.
Fall – 1.: Dafür nehme ich die Maschine G090, Werkzeug KZ 103.
Das ist ein Werkzeug, mit dem Kolben 10 ml produziert werden, und in einem Schuss sollten 48 Kolben jede 13,9 Sekunden (Zykluszeit) herauskommen.
Aber mehr als ein Monat (Dezember 2015. - Januar 2016.) kamen 38 Kolben heraus, nämlich 10 Nesten waren zu gewesen.
Ich berechne den Verlust der Produktivität der Maschine für 30 Tage.

Zunächst, berechne ich den Verlust der Quantität der Kolben, der sich daraus ergibt.

8 Stunden = 28800 Sekunden

24 Stunden = 86400 Sekunden

30 Arbeitstage * 86400 Sekunden = 2592000 Sekunden = $\frac{2592000}{13,9\,S\,(Zykluszeit)}$ =

186474 $Zykluse$

48 Kolben * 186474 = 8.950 752 Stück

38 Kolben * 186474 = 7.086 012 Stück

Das heißt, dass innerhalb der 30. Arbeitstage 1.864 740 Kolben weniger hergestellt worden sind.

Der Verlust der Produktivität der Maschine beträgt: $\frac{10}{48}$ = 20,8 %

Nimmt man an, dass laut des Auftrages die 1.864 740 Kolben noch hergestellt werden müssen, dann muss die Maschine noch zusätzlich laufen. Ich rechne jetzt mit einem Schuss von 48 Kolben.

Zeit, die dafür gebraucht wird:

48 Kolben = 13,9 Sekunden (Zykluszeit)

1.864 740 = x

$x = \frac{1.864\,740*13,9}{48}$

x = 539997,63 Sekunden

539 998 Sekunden = 9000,00 Minuten = 150 Stunden = 6,25 Tage

Somit benötigt die Maschine 6,25 Tage für die Herstellung von 1.864 740 Kolben.

Für diese Zeit wird die Maschine 3690 kWh (24,6 kWh * 150,00 Stunden) verbrauchen.

Auf solche Weise kommt es zum zusätzlichen Stromverbrauch und zusätzlichen Löhnen für die Mitarbeiter.

Fall – 2.: Jetzt nehme ich die Maschine G012 (November 2015. – Januar 2016.) mit dem Werkzeug Z1053, die die Zylinder 5 ml produziert, und in einem Schuss sollten 64 Zylinder jede 8,5 Sekunden (Zykluszeit) herauskommen.

Aber 3.- 4. Monaten kamen bis 48 und manchmal weniger Zylinder heraus, nämlich 16 Nesten waren zu gewesen.

Ich berechne den Verlust, den die Maschine während der Produktion von 60 Tage verursacht hat.

Die Maschine G012 verbraucht 29,6 kWh.

Zunächst, berechne ich den Verlust der Quantität der Kolben, der sich daraus ergibt.

24 Stunden = 86400 Sekunden

60 Arbeitstage * 86400 Sekunden = 5. 184 000 Sekunden = $\frac{5.184000}{8,5 \text{ S (Zykluszeit)}}$ =

609 882 *Zykluse*

64 Zylinder * 609 882 Zykluse = 39. 032 448 Zylinder

48 Zylinder * 609 882 Zykluse = 29. 274 336 Zylinder

Das heißt, dass innerhalb der 60. Arbeitstage 9. 758 112 Zylinder weniger hergestellt worden sind.

Der Verlust der Produktivität der Maschine beträgt $\frac{16}{64}$ = 25 %

Um die Menge von 9. 758 112 Zylinder herzustellen, muss die Maschine noch zusätzlich laufen.

Ich rechne mit einem Schuss von 64 Zylinder.

Ermittlung der Zeit, die dafür gebraucht wird:

64 Zylinder = 8,5 Sekunden (Zykluszeit)

9. 758 112 = x

$$x = \frac{9.758\ 112 * 8,5}{64}$$

x = 1. 295 999 Sekunden

1.295999 Sekunden = 21.599,98 Minuten = 360 Stunden = 15 Tage

Somit braucht die Maschine 15 Tage für die Herstellung von 9.758112 Zylinder.

Für diese Zeit wird die Maschine 10.656 kWh (29,6 kWh * 360 Stunden) verbrauchen.

Also, kommt es zum zusätzlichen Stromverbrauch und zusätzlichen Löhnen für die Mitarbeiter.

Fall – 3.: Jetzt nehme ich die Maschine G076 mit dem Werkzeug Z1054, die die Zylinder 5 ml produziert, und in einem Schuss sollten 64 Zylinder jede 7,9 Sekunden (Zykluszeit) herauskommen.

Aber mehr als zwei Monaten (Dezember 2015. – Januar 2016) kamen von 48 bis 54 Zylinder heraus.

Ich berechne den Verlust, den die Maschine während der Produktion von 60 Tage und mit 10. zugemachten Nesten verursacht hat.

Mit einem Ausschuss von 54 Zylinder verbraucht die Maschine G076 bis 39,5 kWh.

Wieder berechne ich den daraus ergebenden Verlust der Quantität der Kolben.

24 Stunden = 86400 Sekunden

60 Arbeitstage * 86400 Sekunden = 5. 184 000 Sekunden $= \frac{5.184000}{7,9\,S\,(Zykluszeit)} =$

656 202 *Zykluse*

64 Zylinder * 656 202 Zykluse = 41. 996 928 Zylinder

54 Zylinder * 656 202 Zykluse = 35. 434 908 Zylinder

Innerhalb der 60. Arbeitstage werden 6. 562 020 Zylinder weniger hergestellt.

Der Verlust der Produktivität der Maschine beträgt 15,63 %.


Jetzt berechne ich die Zeit, die die Maschine zusätzlich laufen muss, wenn laut des Auftrages die 6. 562 020 Zylinder noch hergestellt werden.

64 Zylinder = 7,9 Sekunden (Zykluszeit)

6.562 020 = x

$$x = \frac{6.562\,020 * 7,9}{64}$$

x = 809 999 Sekunden


809 999 Sekunden = 13 499 Minuten = 225 Stunden = 9,37 Tage

Somit benötigt die Maschine 9,37 Tage für die Herstellung von 6. 562 020 Zylinder.

Innerhalb dieser Zeit wird die Maschine 10485 kWh (46,6 kWh * 225 Stunden) verbrauchen.

Also, kommt es zum zusätzlichen Stromverbrauch und zusätzlichen Löhnen für die Mitarbeiter.

In all diesen Fällen sind Zeit-, Strom- und Geldverschwendungen vorhanden.

Wie man weiß, sowas wurde schon immer praktiziert, dass die Nesten in den Werkzeugen einfach zugemacht worden sind und die Maschinen liefen weiter.


Fall – 4.: (Februar – 2016) Die Maschine GO79 mit dem Werkzeug Z1051 produziert 5 ml Zylinder. Anstatt 64 Zylinder kamen einige Tage 42 Zylinder und seit dem 05.02.2016 kommen 38 Zylinder heraus.

Der Verlust der Produktivität der Maschine beträgt 40 %.

Wieder entstehen Zeitverschwendung, Mehrstromverbrauch und Mehrpersonalaufwendungen.

Solche Fälle treiben die Herstellungskosten nach oben.

Kann die Intensität dadurch steigen?

Nein.

Kann die Intensität steigen, wenn bei zugemachten Nesten die Zykluszeit vermindert wird, damit die Maschinen schneller laufen sollen?

Ich denke, nein.

Wenn die Zykluszeit reduziert wird, steigen die elektrischen Arbeiten der Triebmotoren der Maschinen [ elektrische Leistung (P) * Zeit (t) ], weil die Maschinen schneller laufen müssen. Das hat zur Folge Mehrstromverbrauch (kWh).

Kann der entstehende Verlust der Produktivität der Maschinen durch die Einteilungen der Maschinen bis zu 110% pro Maschinenbediener ersetzt werden? Nein.

Kann der entstehende Verlust der Produktivität der Maschinen und somit auch der Mitarbeiter ohne die Berücksichtigung der Laufwege der Maschinenbediener ersetzt werden? Nein.

Weil der enorm verbrauchte Strom in kWh trieb und treibt immer wieder die Herstellungskosten für die Waren (Kolben, Zylinder) nach oben.

Weil dadurch für die Mitarbeiter der Wechselschichten Mehrarbeitszeit entsteht, werden dem Unternehmen Mehrpersonalaufwendungen verursacht, da die fehlenden Kolben bzw. Zylinder hergestellt werden müssen. Von daher rede ich von den zusätzlichen Löhnen für die Mitarbeiter.

Das können die Mitarbeiter mit ihren Sinnesorganen nicht wahrnehmen, sondern sie können es nur *a priori* verstehen.

Damit jeder Mitarbeiter meine Position verstehen kann, führe ich ein Beispiel zu. Nehmen wir an, dass wegen der Verluste der großen Menge von Kolben und Zylinder bei ihrer Herstellung durch die Maschinen G090, G012, G076, G079 müssen die Mitarbeiter zusätzlich zur Arbeit kommen, um die Menge der Kolben und Zylinder herzustellen. Dafür wird beispielsweise 8. Tage benötigt.

Das sind 192 Stunden (8 Tage * 24 Stunden). Für die Herstellung der Menge müssen bei jedem Team Schichtführer, Kontrolleuer und Maschinenbediener zur Arbeit kommen.
Jedes Team wird 64 Stunden arbeiten müssen. Dafür werden den Schichtführern, Kontrolleuren und Maschinenbedienern von 3. Teams Löhne bezahlt. So ist es sichtbar, dass durch die zusätzliche Arbeitszeit die zusätzlichen Personalaufwendungen entstehen.

Aber wenn die Maschinen mit anderen Maschinen den Maschinenbedienern eingeteilt werden und die Mitarbeiter zur Herstellung der Kolben und Zylinder mehr Arbeitszeit benötigen, ist es unsichtbar, dass dadurch dem Unternehmen Mehrpersonalaufwendungen verursacht werden.
*Ich glaube, mir ist es gelungen meine Position zu begründen, dass allein durch die Steigerung der physischen Arbeit der Einrichter und der Maschinenbediener der Wechselschichten (Früh-, Spät- und Nachtschicht) der Abteilung ›Gießerei‹ das Ziel der Intensität nicht erreicht werden kann.*

*Die erfolgreiche Intensität der Warenproduktion kann nur dadurch erreicht werden, wenn die Produktion von jeder Maschine ihrer Leistungsfähigkeit bzw. Produktionskapazität entsprechen wird und jede Maschine bei ihrem Einsatz sollte ununterbrochen laufen, nämlich Waren herstellen. Dann werden die Herstellungskosten je Ware (Kolben, Zylinder) niedriger.*
*Und wenn die Maschinen nicht auf volle Produktionskapazitäten laufen, dann werden die Ergebnisse der intensiven Warenproduktion niedriger.*

Bei solcher Herstellung der Waren steigen die Herstellungskosten, weil für die Herstellung dieser Menge der Kolben und Zylinder die Maschinen und die Mitarbeiter zusätzliche Arbeitszeit benötigen. Dadurch entstehen dem Unternehmen Mehrstromverbrauch und Mehrpersonalaufwendungen.

### 33.3.4. Ausschussware als Ursache der zusätzlichen Kosten

Noch schlimmer ist es, wenn Millionen Kolben bzw. Zylinder als Ausschusswaren verschrottet werden, denn in die Herstellungskosten noch die Kosten von Plastik-Granulat miteinkalkuliert werden.

Um dies zu vermeiden, finde ich den Bedarf an Verbesserungen der Reparatur der Werkzeuge, damit die Maschinen weniger Störungen haben. Dadurch werden die Ausschusswaren reduziert.

Von großer Bedeutung für die Reduzierung der Ausschusswaren ist die Verbesserung der Funktion der MFA, weil ihretwegen sehr oft die Maschinen stehen bleiben. Beim Anfahren der Maschinen kommt es zu Ausschusswaren.

Über den Fall der erhöhten Kosten durch die Steigerung der Ausschussware im 2015. möchte ich folgendes sagen.
Dass die Kosten durch Ausschusswaren zum Jahresende steigen werden, konnte jeder Mitarbeiter der Abteilung ›Spritzerei‹ noch im Laufe 2015 ohne die Daten von der Buchhaltung vorhersehen. Mitarbeiter der ›Spritzerei‹ wissen Bescheid, dass es wegen MFA geschehen ist, weil bei vollen Behältern die Förderbände stehen geblieben sind und die Maschinen liefen weiter. Deshalb wurden bei allen Maschinen immer wieder viele Kolben und besonders Zylinder in die Mühle gemacht.

Sollte jemand von Mitarbeitern der ›Gießerei‹ behaupten, er habe davon nichts gewusst, dann kann gesagt werden, dass er von der Produktion ›weit weg war‹ bzw. mit den Mitarbeitern zu wenig kommuniziert hatte.

Sollten die Kolben oder Zylinder verschrottet werden, dann ist das für jeden Mitarbeiter fassbar, dass dem Unternehmen zusätzliche Kosten verursacht worden sind.

Aber, wie ich schon geschrieben habe, bei der Herstellung der Kolben bzw. Zylinder mit zugemachten Nesten in Werkzeugen können die Mitarbeiter mit ihren Sinnesorganen die Steigerung der Herstellungskosten nicht wahrnehmen, nämlich, dass dem Unternehmen dadurch auch zusätzliche Kosten und sogar Höhe entstehen werden.
Wieder sind Zeitverschwendung, Mehrmaterialverbrauch, Mehrstromverbrauch, Mehrpersonalaufwendungen vorhanden.

### 33.3.5. Verzögernde Einsätze der Maschinen zur Herstellung der Waren als Ursache der Steigerung der Herstellungskosten

Mit meiner kurzen Analyse zeige ich die Reserven, wodurch in der Abteilung ›Gießerei‹ die Produktivität je Mitarbeiter und je Maschine steigern und wodurch die Herstellungskosten der Waren reduziert werden können.

Und über die Fälle der verzögernden Einsätze der Neuanschaffungen von Maschinen bzw. Werkzeugen zur Herstellung der Waren sollten alle Mitarbeiter diskutieren dürfen.

Manche Maschinen kommen nach ihrer Anschaffung zur Verwendung bzw. zur Nutzung nach vielen Monaten und die Absetzung für Abnutzung, sozusagen die Beträge der Abschreibungen nach AfA-Sätzen fließen in die Herstellungskosten und müssen, wie gesagt, durch die Mitarbeiter bzw. durch die Arbeit von kleinen Männern der Abteilungen der Produktion erwirtschaftet werden.

Die Frist zwischen den Anschaffungen der Maschinen und ihren Verwendungen sollte minimiert werden, um die Effektivität der Maschinen zur Herstellung der Waren zu steigern.

Es wird zu viel Zeit aufgebraucht, bis die Schlosser der Abteilung ›Gießerei‹ mit der Montage der Maschinen fertig sind und die Maschinen zur Herstellung der Waren eingesetzt werden. Die Herstellungskosten nehmen schon dadurch zu, weil für die Fertigung der Montage der Maschinen mehr Arbeitszeit geleistet wird.

Je länger die Montage der Maschinen durchgeführt wird, desto höher entstehen dadurch die Kosten durch die Löhne, Stromverbrauch. Es läuft wie automatisch und man merkt nicht, dass dadurch die Herstellungskosten der Waren steigen.
Für diese Arbeitszeit bekommen die Schlosser ihre Löhne, die in die Herstellungskosten der Waren miteinfließen; obwohl mit den Maschinen Monatelang keine Kolben bzw. Zylinder produziert werden.

Man sollte bei der Herstellung der Waren die Neuheiten bzw. das Novum intensiver verwirklichen bzw. zum Einsatz bringen.
Bei manchen jahrelang produzierten Waren werden nicht genug ihre Gebrauchswerte modernisiert. Das entspricht nicht den zunehmenden Nachfragen der Kunden.

Durch die intensiven Einsätze der Neuheiten in den Entwicklungen der Gebrauchswerte der Waren und die Vervollkommnung der Intensität der Warenproduktion können mehr und mehr die Weltmärkte erobert werden, die den Unternehmen die Arbeitsplätze mit stabilem Arbeitnehmerentgelt (Gehälter, Löhne) sichern werden.

*Zum Schluss möchte ich noch sagen, dass, wenn in der ersten Stufe der Warenproduktion eines Unternehmens, wie beispielsweise in der Abteilung ›Gießerei‹ genommen, die Waren mit besserer Qualität produziert werden, dann werden die Ergebnisse der Herstellung der Waren in allen anderen Abteilungen dieses Unternehmens und folglich bei dem ganzen Unternehmen die Aufwärtsentwicklung annehmen. Gerade in dieser Stufe sollte mehr und mehr für die Verbesserungen der Qualitäten der Waren geleistet werden.*

Aufgrund solcher Maßnahmen können Arbeitnehmerentgelte (Löhne, Gehälter) bzw. die Arbeitsplätze der Arbeitnehmer sowie die Gewinne der Unternehmen stabil behalten werden.

Dadurch wird die Bildung der richtigen Proportionalität in Verhältnissen sowohl zwischen den betrieblichen Aufwendungen selbst als auch zwischen ihnen und den Erträgen (Gewinnen) der Unternehmen gefördert. Dementsprechend wird sich auch die richtige Proportionalität in jeweiligen Verhältnissen zwischen den Teilen des Produktionswertes des Sozialproduktes bilden.

Somit würde durch die Stabilität der Personalaufwendungen (Löhne, Gehälter) der Unternehmen und die Beteiligungen der Arbeitnehmer an Gewinnen der Unternehmen die proportionalen Verteilungen der Nettowertschöpfung des Produktionswertes des Sozialproduktes zwischen den privaten Haushalten gefördert, was sehr wichtig für die Erhöhung bzw. für die Stabilität der Kaufkraft des Geldes und mithin für die stabilen Marktpreise der Güter (Ware, Leistungen) ist.

### 33.4. Steigen der Arbeitnehmerentgelte als wichtige Voraussetzung für eine stabile Entwicklung jeder Volkswirtschaft

Anhand von meiner Theorie kann gesagt werden, dass bloß durch die Steuerentlastung der privaten Haushalte und die Reduzierung der Staatseinnahmen der Unternehmen bzw. durch die Investitionen des Staates in die Volkswirtschaft kann eine stabile Entwicklung der Volkswirtschaft auf Dauer nicht erreicht werden.

Wie ich schon mehrmals betont habe, man kann die Kaufkraft und den Wert des EUROs zur Steigerung bringen, wenn sich die Entlohnungen der Arbeitnehmer nach den Gebrauchswerten ihrer Arbeitskräfte ereignen werden und dadurch werden die Realeinkommen der privaten Haushalte zunehmen.
Einige Wirtschaftswissenschaftler haben Recht, dass der Binnenmarkt gestärkt werden soll.
Mit meinen Werken zeige ich die Notwendigkeit und den Weg dazu.

Dafür sollte man einen ganzen Komplex von Maßnahmen treffen, die sich gleichzeitig auf die Veränderungen der Lohn- und Arbeitsstellenpolitik der Unternehmen beziehen würden, die die strukturellen Veränderungen der betrieblichen Aufwendungen der Unternehmen bewirken würden.

Zur Folge würden die entsprechenden Veränderungen der Verhältnisse zwischen den Teilen der Nettowertschöpfung zueinander sowie der Letzten zu den anderen Teilen des Produktionswertes des Sozialproduktes herbeigeführt.

Durch das verändernde Sozialprodukt und demnach den neuen Wert und die neue Kaufkraft des Geldes entstehen neue Marktpreise der Güter (Ware, Leistungen), die die betrieblichen Aufwendungen und die Erträge (Gewinne) der Unternehmen zu Veränderungen bzw. zu Weiterentwicklungen beeinflussen würden.

Sollte unsere Bundesregierung und die Regierungen der Länder der Europäischen Union Investitionen in ihre Volkwirtschafte verwenden, ohne die Ursachen der Wirtschaftskrise abzuschaffen, dann kurbeln solche Maßnahmen die Volkswirtschafte zur konjunkturellen Aufwärtsentwicklung an, aber die Kluft zwischen Armut und Reichtum wird sich weiterhin vertiefen, und dementsprechend werden die Volkswirtschaften nach und nach in eine neue Krise stürzen.

Um eine stabile Entwicklung der Volkswirtschaft zu erreichen, sollte die Bundesregierung durch ihre Lohn- und Arbeitsstellenpolitik zur Regel machen, dass die Arbeitgeber (Unternehmen, Unternehmer) nur Arbeitsplätze mit gesetzlichen Sozialversicherungen schaffen sollten.
Und nur als Ausnahmen sollten bei den Unternehmen andere Arbeitsplätze entstehen würden.

Sobald die Lohn- und Arbeitsstellenpolitik über sozial versicherte Arbeitsverhältnisse, Mini-Job, über Entlohnung bei Verleiher-Unternehmen über Entlohnung durch die Werkverträge usw. durch die Arbeitsgesetze des Staates verändert werden, wird die Armut in unserer Gesellschaft zurückgehen, weil sich die Abreitnehmerentgelte (Löhne, Gehälter) zwischen den privaten Haushalten mehr und mehr dem Prinzip der Proportionalität unterworfen wird, und dadurch wird die Auswirkung des Axioms der Äquivalenz gefördert.


## 34. Vorschlag zur Reformierung der gesetzlichen Sozialversicherungen


Die geltenden gesetzlichen Sozialversicherungen:
- gesetzliche Rentenversicherung,
- gesetzliche Krankenversicherung,
- gesetzliche Arbeitslosenversicherung,
- gesetzliche Pflegeversicherung,
- und gesetzliche Unfallversicherung
haben enorme  Bedeutungen zur Absicherung unserer Bürger (Arbeitgeber, Arbeitnehmer) während ihres Alters, in vielen Notsituationen, wie bei Krankheiten, Berufs- und Erwerbsunfähigkeit, Arbeitslosigkeit, Pflegebedürftigkeit.

Außerdem, sichert die Sozialversicherung nicht nur die Arbeitnehmer bei Unfällen, sondern auch ihre Hinterbliebenen-Familienmitglieder ab.

Solche Sozialversicherungen garantieren den Menschen in Deutschland ihre Grundrechte.
Aber die Finanzierung der gesetzlichen Sozialversicherungen durch Arbeitgeber (Unternehmen, Unternehmer) mit ihren Anteilen macht die Warenproduktion der Unternehmen in Deutschland zu teuer und erschwert den Unternehmen ihre Wettbewerbsfähigkeit.

In Bezug auf die Entwicklung der Weltwirtschaft, besonders der Volkswirtschaften von China und Indien sowie anderen Ländern und in Bezug auf die Steigerung der Marktpreise für Energiestoffe, wie Gas, Ölprodukten, Strom usw. besteht dringend Bedarf an der Reduzierung der Herstellungskosten der Unternehmen.

Die Tendenz zur Senkung der Marktpreise auf Öl und ihre Produkten (Diesel, Benzin usw.) in den letzten Jahren hat deshalb zugenommen, weil auf den Märkten der Länder der Europäischen Union die günstige Angebote von Öl und ihrer Produkten durch die Unternehmen vom Islamischen Staat (IS) gestiegen sind.

Der Weg zur Reduzierung der Herstellungskosten der Unternehmen durch Kürzungen der Arbeitnehmerentgelte (Löhne, Gehälter) der Arbeitnehmer, den viele unsere Wirtschaftswissenschaftler, Politiker und Unternehmen unterstützen, ist ein falscher Weg, der nicht nur unsere Volkswirtschaft, sondern auch die der anderen Länder der Europäischen Union und die ganze Weltwirtschaft in eine neue Krise stürzten würde.

Meine Theorie zeigt uns, dass sich die Wirtschaftssubjekte (Unternehmen, Unternehmer) nur dann erfolgreich entwickeln und stabile Gewinne erzielen können, wenn gleichzeitig das Arbeitnehmerentgelt (Löhne, Gehälter) bzw. die Personalaufwendungen der Unternehmen stabil bleiben würden.

In all meinen Büchern schlug ich Maßnahmen vor, um das Kapitalismus-Wirtschaftssystem zu modernisieren, in denen ich zugleich mit anderen Maßnahmen empfohlen habe, die Beiträge zur gesetzlichen Krankenversicherungen zu reduzieren.

Mit der Rücksicht auf die Entwicklung der Weltwirtschaft zog ich Schlussfolgerung, dass man die Modernisierung des Wirtschaftssystems in unserem Land durch die Reformierung der gesetzlichen Sozialversicherungen erreichen könnte, wodurch die Herstellungskosten der Unternehmen reduziert würden.
Aus meiner Sicht sollten die gesetzlichen Kranken- und Pflegeversicherungen reformiert werden. Die Kosten für diese Sozialversicherungen müssen alle Bürger, die in Deutschland ihren Wohnsitz haben, tragen.

Das ist nur dadurch möglich, wenn die Zahlungen für die gesetzlichen Kranken- und Pflegeversicherungen durch die Mehrwertsteuer (Umsatzsteuer) mitfinanziert würden.

- Dadurch könnten die Wirtschaftssubjekte (Unternehmen, Unternehmer) ihre Produktionskapazitäten erweitern und mehr Arbeitsplätze mit gesetzlichen Sozialversicherungen schaffen.
- Die Arbeitnehmerentgelte der Arbeitnehmer (Arbeiter, Angestellte) würden steigen. Bei der Zahlung der Mehrwertsteuer würden sich die Kosten der privaten Haushalte ausgleichen.
- Die Warenumsätze sowie die Produktivität der Unternehmen würden zunehmen, was die positiven Veränderungen in den Verhältnissen sowohl zwischen den betrieblichen Aufwendungen der Unternehmen zueinander und den Letzten zu den Erträgen (Gewinnen) der Unternehmen bewirken würden und folglich würden die Veränderungen der Verhältnisse zwischen den Teilen des Produktionswertes des Sozialproduktes herbeigeführt.

In Bezug auf die Volkswirtschaften der Länder der Europäischen Union sollten solche Maßnahmen in Ländern, wie Griechenland dringend durchgesetzt werden.
- Der EURO wird wieder nach und nach den Wert und die Kaufkraft zurückgewinnen.
- Auf dem Binnenmarkt würde in Kürze nach der Reformierung der gesetzlichen Kranken- und Pflegeversicherungen zur konjunkturellen Aufwärtsentwicklung kommen.

- Bei der steigenden Globalisierung in der Entwicklung der Weltwirtschaft wäre so eine Maßnahme ganz rechtzeitige und zweckentsprechende, weil sich dadurch der Binnenmarkt nicht nur unserer Volkswirtschaft, sondern auch die der anderen Länder der Europäischen Union positiver entwickeln würden.
Ein stabiler Binnenmarkt gibt jedem Land bzw. jeder Volkswirtschaft mehr Unabhängigkeit von den Entwicklungen der Volkswirtschaften der anderen Länder, sichert die Wettbewerbsfähigkeit deren Unternehmen und mithin den Wohlstand der Bürger.

- Auf solche Weise können Unternehmen (Unternehmer) auf dem Weltmarkt in Gegenwart und in Zukunft wettbewerbsfähiger werden.
Deshalb schlage ich folgendes vor:
1.     Die gesetzlichen Krankenversicherung und     Pflegeversicherung sollten reformiert werden:
1.1.    Grundsätzlich sollte jeder Bürger von Bundesrepublik Deutschland von Geburt an und bis zum Tod durch den Staat die gesetzlichen Kranken- und Pflegeversicherungen haben.

Die Finanzierung der gesetzlichen Kranken- und Pflegeversicherungen sollten aus dem Haushalt (Budget) des Staates durch Mehrwertsteuer (Umsatzsteuer) erfolgen. Deshalb sollte der Steuersatz für die Mehrwertsteuer (Umsatzsteuer) von 19 % auf 20 % erhöht werden.

Solche Maßnahmen hätten dem Prinzip ›Gerechtigkeit‹ entsprochen, weil an der Zahlung der Mehrwertsteuer (Umsatzsteuer) alle Bürger beteiligt sind, und das heißt, dass die Beiträge von jedem Bürger bereits durch die Zahlungen der Mehrwertsteuer (Umsatzsteuer) entrichtet würden.

2.   Die Unternehmen, bzw. die einzelnen Unternehmer sollten vom Entrichten ihrer Arbeitgeberanteile von 50 % der Beiträge zu Kranken- und Pflegeversicherungen befreit werden, unter einen Bedingung, dass sie  gegen diese Menge von Geld Arbeitsplätze mit gesetzlichen Sozialversicherungen schaffen.

Dafür sollte ihnen durch das Gesetz das Recht auf Steuerfreibetrag zustehen, der bei der Abgabe ihrer Steuererklärung ihr zu versteuerndes Einkommen vermindern sollte.
Die Höhe des Steuerfreibetrags sollte die  Summe aller Beiträge zu Kranken- und Pflegeversicherungen ausmachen.

3.   Arbeitnehmer sollten vom Entrichten ihrer Anteile von 50 % der Beiträge zu Kranken- und Pflegeversicherungen befreit werden, indem ihnen durch das Gesetz das Recht auf Steuerfreibetrag zustehen sollte, der bei der Abgabe ihrer Steuererklärung ihr zu versteuerndes Einkommen vermindern sollte.

4.   Zeitraum für die Durchführung der Reformen zu Kranken- und Pflegeversicherungen.
Diese Maßnahmen sollten stufenweise durchgesetzt werden.
Die Durchführung der Maßnahmen, die die Reformen der Kranken- und Pflegeversicherungen betreffen, sollten stufenweise innerhalb von 4 bzw. 5 Jahren, d. h. im Zeitraum von 4 Jahren (25 %, 50 %, 75 %, 100%) bzw. – von 5 Jahren (20 %, 40 %, 60, 80 %, 100 %) erfolgen.

Die stufenförmigen Durchführungen der Maßnahmen zur Reformen der Kranken- und Pflegeversicherungen gäben die Möglichkeit ihre Auswirkungen auf die Veränderungen der betrieblichen Aufwendungen der Unternehmen, einschließlich der Personalaufwendungen der Unternehmen, der Marktpreise der Güter (Ware, Leistungen), der Warenumsätze, der Produktivität der Unternehmen und folglich der Kaufkraft und des Wertes des Geldes zu erlernen, um rechtzeitig die notwendigen Korrekturen vorzunehmen.

## 35. Andere Maßnahmen, die zu stabilen Entwicklungen der deutschen Volkswirtschaft und der Volkswirtschaften der Länder der Europäischen Union beitragen würden

1). Kürzung des Solidaritätszuschlags und Steuerentlastungen der natürlichen Personen.

Im Oktober 2011 strebte Bundeskanzlerin Dr. Angela Merkel in der Diskussion über Steuerentlastungen eine Senkung des Solidaritätszuschlags an.

Ich finde, dass die Kürzungen des Solidaritätszuschlags eine richtige Maßnahme würde, weil dadurch nicht nur die Bürger, sondern auch die Unternehmen entlastet würden.

Unternehmen hätten die Möglichkeit bekommen, zusätzliche Arbeitsplätze zu schaffen bzw. Arbeitnehmerentgelte (Löhne, Gehälter) zu erhöhen.

Bundesfinanzminister Wolfgang Schäuble hatte sich gegen die Senkung des Solidaritätszuschlags ausgesprochen, und stattdessen schlug er vor, die Progression, nämlich den ansteigenden Steuersatz bei zunehmendem Einkommen, nach dem § 32 b des EStG abzuschaffen.

Solch eine Maßnahme würde nur diejenigen Bürger entlasten, die die mittleren und die hohen Einkommen (Löhne, Gehälter) haben, und würde nichts den Bürgern bringen, die geringe und kleine Einkommen (Löhne, Gehälter) beziehen.

Eine Kürzung des Solidaritätszuschlags würde der Volkswirtschaft Vorteile verschaffen, weil diese Maßnahme sowohl zur Senkung der Staatseinnahmen der Unternehmen als auch zur Erhöhung der Realeinkommen der privaten Haushalte führen würde.

Sollten die Staatseinnahmen der Unternehmen durch den Solidaritätszuschlag reduziert werden, dann wird sich die Proportionalität im Verhältnisse zwischen den betrieblichen Aufwendungen der Unternehmen verändern, was nach sich die Veränderung der Proportionalität im Verhältnisse zwischen den Teilen des Produktionswertes des Sozialproduktes ziehen würde.

Natürliche Personen, die zu den Wenig- und Mittelverdiener gehören, sollten durch die Einkommensteuer und einschließlich durch die Lohnsteuer nach dem EStG entlastet werden.

Dadurch würden die Realeinkommen der privaten Haushalte steigen und mithin werden sich positiv auch die Kaufkraft und der Wert des Geldes verändern.

2). Der Steuersatz durch die Mehrwertsteuer (Umsatzsteuer) sollte beim Bedarf von 19 % auf 20 % bzw. auf einen hohen Steuersatz erhöht werden.

3). Die Staatseinnahmen durch die Mineralöl-, Öko- und Stromsteuer sollten reduziert werden.

Der dadurch entstehende Verlust der Einnahmen sollte durch die Erhöhung der Mehrwertsteuer (Umsatzsteuer) bis auf 25 % auf Produkte der Ölproduktion (Öl, Benzin, Diesel) erstattet werden.

Wer hat davon Vorteil, wenn bereits beim Kaufen der Rohstoffe, wie Benzin, Diesel, Öl, Gas durch ihre Marktpreise jedem Unternehmen die Staatsausgaben durch Mineralölsteuer (Ökosteuer) entstehen und ihre betrieblichen Aufwendungen und mithin die Herstellungskosten zunehmen?

Zu diesem Zeitpunkt sind die Güter (Ware, Leistungen), für deren Herstellung die Rohstoffe angeschafft werden, noch gar nicht hergestellt und die Staatsausgaben werden schon durch die Preise der Güter (Ware) an Staat entrichtet.

Es kann folgendes vorkommen:
- Die Güter (Ware) werden wegen der zu hohen Herstellungskosten der Unternehmen überhaupt nicht produziert.
- Die hergestellten Güter (Ware) werden durch ihre Veräußerungen (Verkauf) den Unternehmen keine Erträge bzw. Gewinne bringen, wenn die Herstellungskosten zu hoch sind.

Deshalb schlage ich vor, die Staatseinnahmen durch die Mineralölsteuer (Ökosteuer) reduzieren, und gleichzeitig sollten die Staatseinnahmen durch die Mehrwertsteuer (Umsatzsteuer) auf Produkte der Ölproduktion (Öl, Benzin, Diesel) bis auf 25 % erhöht werden.
Der Steuersatz sollte gutachtlich von Fachleuten (Experten, Gutachtern) festgestellt werden.
Welche Vorteile werden davon die Unternehmen bzw. die einzelnen Unternehmer haben?

a) Ein entsprechender Anteil der betrieblichen Aufwendungen der Unternehmen würde aus den Herstellungskosten der Unternehmen entfernt.

b) Die Staatsausgaben durch die Mehrwertsteuer (Umsatzsteuer) würden den Unternehmen (Unternehmer) bei Veräußerungen ihrer schon hergestellten Güter (Ware) entstehen.

c) Durch die Verrechnungen der entrichteten Vorsteuer (Mehrwertsteuer) und der Umsatzsteuer (Mehrwertsteuer) werden die zu viel gezahlten durch die Mehrwertsteuer Staatsausgaben an die Unternehmen (Unternehmer) von Finanzbehörden erstattet.

4). Die Verleiher-Unternehmen müssen reformiert werden, und zwar in allen Ländern der Europäischen Union.

Warum?

Ein größter Teil von dem Geld, das die Arbeitnehmer gegen ihre Arbeit (Leistungen) bei Entleiher-Unternehmen erarbeiten, wird ihnen nicht ausgezahlt und davon bilden sich die Gehälter und Gewinne der Geschäftsführungen der Verleiher-Unternehmen.

Auf solche Weise konzentriert sich ein größter Teil vom Geld bei kleiner Zahl der Menschen, die an den Geschäftsführungen der Verleiher-Unternehmen beteiligt sind.

Das französische Recht sieht vor, dass ein Zeitarbeiter die gleiche Entlohnung erhält wie ein Stammarbeiter von Unternehmen.

Leider gibt solches Recht nicht für Leiharbeitnehmer in Deutschland.

In allen Ländern der Europäischen Union sollten die Zeitarbeiter (Leiharbeitnehmer) die gleichen Entlohnungen (Löhne, Gehälter) für ihre Leistungen bekommen, wie die Stammarbeitnehmer, die sich in Arbeitsverhältnissen mit dem Entleiher-Unternehmen befinden.

Ich glaube, dass das Europäische Parlament darüber eine Rechtslinie verabschieden sollte, damit in allen Ländern der Europäischen Union die Zeitarbeiter den Stammarbeitern der Unternehmen in Sachen der Entlohnungen bzw. der Höhe der Löhne, Gehälter gleichgestellt werden.

5). Unabhängigkeit der Länder der Europäischen Union voneinander würde den Bund stärker machen.

Jedem Land der Europäischen Union, ob es zur Eurozone gehört oder nicht, sollte das Recht auf eigene Währung zustehen, d.h. dass den Ländern der Eurozone sollte das Recht auf Austritt aus der Eurozone eingeräumt werden, und, dass sie dabei ihre Mitgliedschaft in der Europäischen Union behalten dürfen.

Das ist der Weg zu einem starken Bund.

In solchem Fall würden die schwachen Länder durch die starken Länder weniger unter Druck gesetzt und ihre Unabhängigkeit voneinander in einer Föderation bzw. einer Konföderation würde mehr garantiert.

Durch die gemeinsame Währung EURO wird die Europäische Union immer mehr zur wirtschaftlichen Bevormundung der starken Länder und das wird über kurz oder lang zum Zusammenbruch des Bundes führen.

Von vielen Politikern hört man oft, dass durch die gemeinsame Währung EURO die Länder der Eurozone zur Integration kommen.
Meines Erachtens werden die Länder, die zur Eurozone gehören, durch solch eine Währungspolitik allmählich in große Krise stürzen und nach sich die anderen Länder in Krise ziehen.

6). Subventionen.
In all meinen Schriften behaupte ich, dass man durch die Gewährungen der Subventionen die Herstellung der Güter (Ware, Leistungen) fördern sollte.

Seit langer Zeit werden durch die Subventionen viele Nicht-Hersteller der Güter belohnt. Solch eine Geldpolitik führt zur Geldentwertung. Die Folgen von solchen Subventionen habe ich schon beschrieben, die führen zur Entwertung der Währung.

Zeitfracht Medien GmbH
Ferdinand-Jühlke-Straße 7
99095 Erfurt, Deutschland
produktsicherheit@kolibri360.de